20
25

LÍLIAN
BRANDT
STEIN

REDES SOCIAIS, DESINFORMAÇÃO E MODERAÇÃO DE CONTEÚDO

DESAFIOS E POSSIBILIDADES SOB
AS LENTES DA RESPONSABILIDADE CIVIL
DOS PROVEDORES

Dados Internacionais de Catalogação na Publicação (CIP) de acordo com ISBD

S819r   Stein, Lílian Brandt
       Redes sociais, desinformação e moderação de conteúdo: desafios e possibilidades sob as lentes da responsabilidade civil dos provedores / Lílian Brandt Stein. - Indaiatuba, SP : Editora Foco, 2025.

       224 p. ; 16cm x 23cm.

       Inclui bibliografia e índice.

       ISBN: 978-65-6120-180-3

       1. Direito. 2. Direito digital. 3. Redes sociais. 4. Desinformação. 5. Moderação de conteúdo. I. Título.

2024-3020   CDD 340.0285   CDU 34:004

Elaborado por Vagner Rodolfo da Silva – CRB-8/9410

Índices para Catálogo Sistemático:

1. Direito digital 340.0285

2. Direito digital 34:004

LÍLIAN
BRANDT
STEIN

REDES SOCIAIS, DESINFORMAÇÃO E MODERAÇÃO DE CONTEÚDO

**DESAFIOS E POSSIBILIDADES SOB
AS LENTES DA RESPONSABILIDADE CIVIL
DOS PROVEDORES**

2025 © Editora Foco

Autora: Lílian Brandt Stein
Diretor Acadêmico: Leonardo Pereira
Editor: Roberta Densa
Coordenadora Editorial: Paula Morishita
Revisora Sênior: Georgia Renata Dias
Capa Criação: Leonardo Hermano
Diagramação: Ladislau Lima e Aparecida Lima
Impressão miolo e capa: FORMA CERTA

DIREITOS AUTORAIS: É proibida a reprodução parcial ou total desta publicação, por qualquer forma ou meio, sem a prévia autorização da Editora FOCO, com exceção do teor das questões de concursos públicos que, por serem atos oficiais, não são protegidas como Direitos Autorais, na forma do Artigo 8º, IV, da Lei 9.610/1998. Referida vedação se estende às características gráficas da obra e sua editoração. A punição para a violação dos Direitos Autorais é crime previsto no Artigo 184 do Código Penal e as sanções civis às violações dos Direitos Autorais estão previstas nos Artigos 101 a 110 da Lei 9.610/1998. Os comentários das questões são de responsabilidade dos autores.

NOTAS DA EDITORA:

Atualizações e erratas: A presente obra é vendida como está, atualizada até a data do seu fechamento, informação que consta na página II do livro. Havendo a publicação de legislação de suma relevância, a editora, de forma discricionária, se empenhará em disponibilizar atualização futura.

Erratas: A Editora se compromete a disponibilizar no site www.editorafoco.com.br, na seção Atualizações, eventuais erratas por razões de erros técnicos ou de conteúdo. Solicitamos, outrossim, que o leitor faça a gentileza de colaborar com a perfeição da obra, comunicando eventual erro encontrado por meio de mensagem para contato@editorafoco.com.br. O acesso será disponibilizado durante a vigência da edição da obra.

Impresso no Brasil (10.2024) – Data de Fechamento (8.2024)

2025
Todos os direitos reservados à
Editora Foco Jurídico Ltda.
Rua Antonio Brunetti, 593 – Jd. Morada do Sol
CEP 13348-533 – Indaiatuba – SP

E-mail: contato@editorafoco.com.br
www.editorafoco.com.br

SOBRE A AUTORA

Lílian Brandt Stein

Advogada. Doutoranda e Mestre (2022) em Direito, com ênfase em Direito Civil e Empresarial, pelo Programa de Pós-Graduação em Direito da Universidade Federal do Rio Grande do Sul (PPGD/UFRGS). Especialista em Direito dos Contratos e Responsabilidade Civil pela Unisinos (2021). Bacharel em Direito (2017) e em Jornalismo (2012) pela Unisinos, com período de mobilidade acadêmica junto à Faculdade de Direito da Universidade de Coimbra/Portugal (2015/2016). Membro do Grupo de Pesquisa Filosofia do Direito Privado UFRGS/CNPq. Tem interesse voltado ao direito privado, em especial, direito civil e empresarial, com pesquisas científicas na área de inovação tecnológica e seus desdobramentos, principalmente no que diz respeito à regulação e responsabilidade civil de agentes econômicos cujas atividades se estabelecem no âmbito da internet. E-mail: lilianbstein@gmail.com.

Aos meus pais, Sandra e Jaime,
pelo amparo em mais uma fase árdua e lindamente concluída.

AGRADECIMENTOS

Caminhos como o que agora chega ao final não se trilham sozinhos: exigem que ao caminhante se estenda a mão. Assim foi comigo. Mas sinto que tive a agradecer desde muito antes do início da jornada do Mestrado junto ao Programa da Pós-Graduação em Direito da Universidade Federal do Rio Grande do Sul (UFRGS) – cuja última etapa agora se completa, com a publicação, em forma de livro, da dissertação ali estruturada, desenvolvida, defendida e aprovada com nota máxima pela banca avaliadora. Muitas mãos me foram estendidas ao longo desse caminho. A estas, agora e sempre, devo agradecer:

Aos meus pais, Sandra Brandt e Jaime Stein, pela certeza de que jamais estive só. Agradeço por, a suas maneiras, terem se feito presentes, mesmo nos tantos dias em que estive ausente. Desafios muito importantes surgiram ao longo do período de Mestrado, e apenas foi possível seguir porque pude contar com o suporte e o amor desses dois seres humanos dos quais sou fã incondicional.

Ao meu amado irmão, Pedro Henrique Brandt Stein, laço indelével que me faz lembrar quem sou, e à minha querida cunhada, Nicole Teloecken, agradeço a amizade, a vibração e o incentivo; a meu "paidrasto", Sérgio Kehl, pelo ânimo ao me lembrar que bons dias sempre estavam por vir; e à minha avó, Elli Brandt, pelo olhar de afeto com o qual me zela e acalenta desde a infância.

Ao meu amor e melhor amigo, Antonio Almeida, com quem trilho, de mãos dadas e coração sereno, um caminho de amor tranquilo, admiração mútua e parceria intensa. Para além do cuidado e do apoio, agradeço pela escuta e leitura sempre atentas, que foram importante norte na elaboração deste trabalho; e aos seus pais, Simone e Antonio, pelo carinho com que me assistiram ao longo de tantos dias em que tive de me ater a leituras e escrita.

Ao meu orientador, Prof. Dr. Rafael de Freitas Valle Dresch, pela orientação tranquila e segura. Acima de tudo, pela generosidade e confiança que me foram depositadas antes mesmo do ingresso no Programa da Pós-Graduação em Direito (PPGD) da Universidade Federal do Rio Grande do Sul (UFRGS), e pelas muitas portas que se abriram desde então. Foi uma honra atravessar essa jornada seguindo os passos dessa grande referência para a Academia.

Ao meu mentor, amigo e para sempre chefe, Manoel Gustavo Neubarth Trindade, exemplo, inspiração e incentivo antes, durante e certamente após o Mestrado, pela compreensão e amparo com os quais, estou certa, pouquíssimos têm o privilégio de contar; e ao time NTA – Neubarth Trindade Advogados (Manoel Gustavo, Antonio Almeida, Felipe Cassel e Anelise Costa), pelo irrestrito apoio na reta final desta pesquisa, permitindo que eu pudesse concluí-la com foco e tranquilidade.

À Prof.ª Dra. Tula Wesendonck, ao Prof. Dr. Fabiano Koff Coulon, ao Prof. Dr. Bruno Miragem e, novamente, ao Prof. Dr. Manoel Gustavo Neubarth Trindade, pelas valiosíssimas contribuições em meu Exame de Qualificação e em minha Banca de Defesa de Dissertação, direcionando a pesquisa para que fosse possível alcançar resultado que, espero, esteja a contento da gentileza e prestatividade com os quais fui acolhida neste importante processo.

Aos meus amigos de infância, por esperarem, pacientemente, o meu retorno ao convívio (até a próxima empreitada...), especialmente a Bruna Mallmann, Julia Heylmann e Naiane Pletsch, irmãs da vida que jamais deixaram que eu me esquecesse do que era e sou capaz.

Aos amigos de infância que fiz já na fase adulta, especialmente aqueles que surgiram a partir do Direito, mas permanecem por outros incontáveis e muitíssimo especiais motivos – Camila Nienow, Larissa Mazzucco e Vitória Weber; Danilo Brum, Matheus Stortti e Vitor Barcellos.

À Maria Flavia Schroeder, que há muito tem me acompanhado em um processo contínuo de autoconhecimento, e que me permitiu estabelecer prioridades, reconhecer vulnerabilidades e compreender a academia como mais um dos tantos pilares que me fazem ser quem sou.

Aos colegas do Mestrado junto ao Programa de Pós-Graduação em Direito (PPGD) – em especial, Luísa Dresch, Gustavo Melo e Renan Boccacio –, com quem, ao longo de dois intensos anos, compartilhei momentos de angústia e alegria, esgotamento e êxtase, medo e esperança... Os laços que foram construídos nesse período jamais serão esquecidos, e certamente se fortalecerão daqui para a frente.

À Universidade Federal do Rio Grande do Sul (UFRGS) e aos professores do Programa de Pós-Graduação em Direito (PPGD), pela transformadora oportunidade de vivenciar (ainda que de forma integralmente virtual, em razão da pandemia) o ensino público comprometido e de qualidade, cujas lições foram determinantes do ponto de vista acadêmico, é claro – mas o foram, ainda mais, sob a perspectiva humana.

APRESENTAÇÃO

Honra-me o convite para apresentar o presente livro, não por um, mas por alguns motivos. Começo registrando o carinho e a admiração que tenho pela sua autora, Lílian. Conheci-a no ambiente acadêmico e logo percebi sua competência, seriedade e capacidade de realização, fazendo que nos aproximássemos e passássemos, por longos anos seguintes, trabalhando em conjunto, período no qual pude também conhecer a pessoa incrível que ela é, extremamente humana, agregadora e com talento inato para a liderança.

Entre outras qualidades, está a coragem de se lançar a investigar assuntos de fronteira, como é o caso da temática da responsabilidade civil dos provedores de aplicações de redes sociais, em razão da atividade de moderação de conteúdo potencialmente desinformativo. Portanto, só pelo tema que se propõe a trabalhar, a leitura do livro já se tornaria recomendável.

Aliás, justamente em um mundo em que se observam transformações cada vez mais rápidas e profundas, sobretudo por conta da insurgência da Economia de Plataforma, na qual as redes sociais exercem papel crucial e mesmo preponderante do ponto de vista informacional, a reflexão e a ponderação acerca da responsabilidade civil dos provedores é tarefa fundamental e mesmo inescapável, não só por conta do necessário exame da eficiência alocativa para se suportar os danos referentes a tais atividades, como também (e talvez em grau ainda maior) relativamente à função central exercida pela responsabilidade civil, que é balizar comportamentos, seja de pessoas naturais, seja de pessoas jurídicas.

Mas não só. Também por conta da emergência da Economia de Plataforma (na qual estão inseridas as redes sociais) e a consequente inserção de um maior número de agentes de produção e difusão de informações; e, com isso, por um lado, quiçá maior democratização, inclusive de acesso à informação, e, por outro, maior velocidade de disseminação dos dados (que, combinados, se transformam em informação) e uma eventual possível tendência de concentração, ambas derivadas do fenômeno das redes e dos seus consequentes efeitos; faz-se aumentar os riscos quanto ao potencial deletério, sobretudo no que tange ao conteúdo desinformativo, tudo com inegáveis impactos junto à entropia da informação.

Não obstante, cada vez mais evidente que, no âmbito do novo paradigma da Economia de Plataforma, quem controla os dados é quem exerce, efetivamente, o poder de mercado, antes atribuído primordialmente a quem detinha os meios de produção. Nesse sentido, outrossim, tão importante é a temática em pauta, em que não se deve olvidar que se poderá estar, em realidade, diante de uma verdadeira disputa quanto ao monopólio da informação. Como muito bem diz a autora, não existem certezas ou respostas definitivas, até mesmo porque se trata de um processo dinâmico, em contínuo desenvolvimento, e, assim, sempre existirão *trade-offs* e necessidade de refinado equilíbrio.

E, por conseguinte, ressalta também clara a importância do estudo do conceito, dos limites e do tratamento jurídico de tudo o que envolve o conteúdo desinformativo, mais conhecido, coloquialmente, pelo termo alienígena *fake news*, o que a autora se lança a fazer com maestria. Nesse sentido, ainda maior valor se agrega à obra, porquanto a autora possui formação em Jornalismo e atuou como jornalista, contribuindo com a visão de quem esteve na linha de frente atuando sobre o que aqui é a matéria-prima do trabalho.

Dessa forma, não só se revela recomendável, mas também indispensável a leitura do presente livro, pelo que a sugiro de forma efusiva e entusiasmada, para quem se interessa ou de alguma forma é atingido pela temática que aqui é objeto de estudo, ou seja, a todos.

Desejo uma boa leitura e sucesso à autora!

Porto Alegre, 5 de agosto de 2024.

Manoel Gustavo Neubarth Trindade

PREFÁCIO

Neste momento crítico da era digital, a informação transita em velocidade inimaginável, a capacidade computacional avança, a informação é ampliada exponencialmente, mas, com ela, o fenômeno da desinformação emerge como uma das mais inquietantes questões contemporâneas. O presente livro surge a partir da brilhante dissertação de mestrado defendida pela autora Lílian Brandt Stein, que tive a honra de orientar no Programa de Pós-graduação em Direito da Universidade Federal do Rio Grande do Sul. A obra tem por núcleo central o tema da responsabilidade civil dos provedores de aplicações de redes sociais na moderação de conteúdo potencialmente desinformativo e propõe uma reflexão profunda e multifacetada sobre um assunto que afeta não apenas a esfera jurídica, mas toda a sociedade.

A escolha da autora em estruturar este estudo em três capítulos distintos demonstra diligência e clareza. No primeiro capítulo, somos conduzidos por uma análise abrangente do fenômeno da desinformação, que não apenas delimita suas características essenciais, mas também ilumina a complexa dinâmica entre os agentes produtores de conteúdo, os intérpretes e as plataformas. É um convite para entendermos como, em um ambiente digital onde todos somos tanto produtores quanto consumidores de informação, a responsabilidade compartilhada se torna não apenas desejável, mas imprescindível.

No segundo capítulo, a discussão se aprofunda na temática da moderação de conteúdo. A busca por um equilíbrio entre liberdade de expressão e a necessidade de um fluxo informacional saudável são desafios que permeiam a legislação e a prática jurídica contemporânea. A autora, ao explorar os limites e possibilidades do ordenamento jurídico brasileiro, revela as lacunas que ainda persistem e as propostas a serem consideradas, apresentando argumentos que instigam a reflexão sobre o papel das plataformas no combate à desinformação.

Finalmente, o terceiro capítulo propõe um aprofundamento na questão da responsabilidade civil dos provedores, destacando a importância de se estabelecer uma relação justa e transparente entre usuários e plataformas. Nesta parte, a visão da autora sobre os aspectos reparatório e preventivo da responsabilidade civil se revela uma contribuição valiosa para as discussões atuais sobre a governança da informação.

Com o advento das redes sociais, assistimos a uma transformação sem precedentes na forma como consumimos e compartilhamos informações. Esta nova dinâmica não apenas democratizou a disseminação de conteúdo, mas também criou um ambiente fértil para a proliferação de desinformação. A autora, ao abordar a responsabilidade civil dos provedores, ilumina um aspecto fundamental: as plataformas digitais não podem ser meramente neutras; elas exercem um poder significativo sobre o que é visto e ouvido em nossa sociedade. Este reconhecimento nos leva a questionar a ética das práticas de moderação e a necessidade de uma abordagem proativa que não apenas reaja a abusos, mas que atue preventivamente na promoção de um discurso saudável e verídico.

Ademais, é essencial ressaltar que a discussão sobre responsabilidade civil vai além de um simples enquadramento legal; trata-se de uma verdadeira reflexão sobre a condição humana em um contexto tecnológico. A autora nos convida a considerar o impacto das redes sociais na formação de opiniões e na construção de realidades, ressaltando que os provedores têm um papel crucial na modelagem da esfera pública. No aprofundamento das nuances desse estudo, somos desafiados a reimaginar não apenas as responsabilidades legais, mas também as obrigações sociais que surgem com o uso dessas poderosas ferramentas de comunicação. Esta obra, por conseguinte, se apresenta como um importante aporte para aqueles que desejam compreender as intersecções entre direito, comunicação e ética na contemporaneidade, estimulando um diálogo necessário e urgente.

Assim, este livro é mais do que um tratado jurídico; é uma reflexão sobre o papel ético e social dos agentes e das tecnologias que permeiam nossas vidas na sociedade da informação. É um chamado à ação para que tanto juízes e legisladores, quanto provedores reconsiderem suas responsabilidades diante de um cenário informacional cada vez mais complexo e arriscado. Espero que os leitores se deixem guiar por estas páginas, que certamente instigarão o pensamento crítico e a discussão sobre um dos desafios mais prementes da nossa era digital.

Porto Alegre, 03 de setembro de 2024.

Rafael de Freitas Valle Dresch

SUMÁRIO

SOBRE A AUTORA V

AGRADECIMENTOS IX

APRESENTAÇÃO XI

PREFÁCIO XIII

INTRODUÇÃO XIX

1. O FENÔMENO DA DESINFORMAÇÃO 1

    1.1   O contexto: do *offline* ao *online*, notas sobre a sociedade em que a desinformação se desenvolve 1

    1.2   O conceito e a mensagem: características da desinformação e do conteúdo desinformativo 14

    1.3   Os agentes: mensageiros, alvos e ferramentas de desinformação 29

    1.4   Os intérpretes: por que o ambiente virtual é fértil à desinformação 39

2. A ATIVIDADE DE MODERAÇÃO DE CONTEÚDO 55

    2.1   Moderação de conteúdo: contexto, relevância e desafios 56

    2.2   Impactos do Marco Civil da Internet na atuação dos provedores: análise do art. 19 e seguintes da Lei nº 12.965/2014 67

    2.3   Viabilidade e delimitação da moderação de conteúdo sob a perspectiva do ordenamento jurídico brasileiro 88

    2.4   A moderação na prática: da exclusão de publicações e contas à educação digital 105

3. MODERAÇÃO DE CONTEÚDO COM POTENCIAL DESINFORMATIVO E A RESPONSABILIDADE CIVIL DOS PROVEDORES DE REDES SOCIAIS 115

    3.1   Reparação e prevenção como pilares da responsabilidade civil na moderação de conteúdo 117

3.2 O enquadramento jurídico da relação provedor-usuário: direitos e deveres sob o prisma do Código de Defesa do Consumidor 127

3.3 A caracterização da responsabilidade civil dos provedores na atividade de moderação de conteúdo a partir do fato do serviço 140

3.4 A moderação em pauta na jurisprudência brasileira: aspectos controvertidos 158

CONCLUSÃO 171

REFERÊNCIAS 175

ANOTAÇÕES 199

"Deus te livre, leitor, de uma ideia fixa;
antes um argueiro, antes uma trave no olho.
Vê o Cavour;
foi a ideia fixa da unidade italiana que o matou."
(Machado de Assis)[1]

---

1. ASSIS, Joaquim Maria Machado de. *Memórias Póstumas de Brás Cubas*. 5. ed. São Paulo: Ática, 1975. p. 16.

INTRODUÇÃO

Foi nos últimos anos que o termo "*fake news*" passou a estar atrelado a acontecimentos com alcance e impacto global. Notórios exemplos são a saída do Reino Unido da União Europeia e a disputa entre Donald Trump e Hillary Clinton à presidência dos Estados Unidos, ambos ainda em 2016, além da invasão do Capitólio, já em 2020. A larga utilização da expressão se verificou também ao longo da pandemia de Covid-19, marcada por controvérsias sobre o vírus, suas origens, tratamentos e prognósticos; bem como, já em janeiro de 2023, após conturbadas eleições presidenciais, no episódio dos ataques na Praça dos Três Poderes, em Brasília.

Fake news[2] é, hoje, um termo bastante familiar aos ouvidos de cidadãos do mundo todo, por muitos utilizado de maneira ampla, até mesmo indiscriminada. Conforme ganhou popularidade, deixou de fazer referência tão somente a uma imprecisão ou inveracidade, passando a acompanhar embates ideológicos e teorias conspiratórias, inflamando disputas em um contexto político e social já caracterizado pela polarização extrema. O massivo fluxo (des)informacional sinaliza inevitáveis perguntas: o que é fato? E o que é *fake*? Há, afinal, respostas para esses questionamentos?

Informações inverídicas, ambíguas, incompletas e descontextualizadas sempre circularam – seja especificamente no jornalismo, em razão de imprecisões técnicas ou problemas de apuração, seja na sociedade em geral, por meio de boatarias, trotes e lendas urbanas. Contudo, em tempos de pós-verdade,[3] essa questão ganha contornos mais complexos, a partir da contribuição de um elemento importante: a internet. Veículos de imprensa tradicionais, como TV,

---

2. Tanto a expressão "*fake news*", no idioma original, quanto suas possíveis traduções para o português (notícias falsas ou notícias fraudulentas, por exemplo) são objeto de discussões ainda sem conclusão por parte da doutrina especializada, tendo sido recomendada, inclusive, a substituição do termo por "desinformação". Essa controvérsia será tema do tópico 1.1. Antes de se apropriar da problemática, contudo, opta-se por preservar as expressões originalmente adotadas pelas referências citadas – que, muitas vezes, acabam empregando "*fake news*" como sinônimo de desinformação, embora não se considere essa escolha a mais precisa tecnicamente.

3. *Post-truth* foi escolhida pelo Dicionário Oxford como a palavra do ano ainda em 2016, sendo definida como "relativo ou referente a circunstâncias nas quais os fatos objetivos têm menos influência em moldar a opinião pública do que apelos à emoção e a crenças pessoais". Tradução livre. No original: "*Relating to or denoting circumstances in which objective facts are less influential in shaping public opinion than appeals to emotion and personal belief*" (OXFORD UNIVERSITY PRESS. *Word of the year 2016*. Oxford, 2016. Disponível em: https://languages.oup.com/word-of-the-year/2016/. Acesso em: 10 jun. 2024).

rádio e jornal impresso, têm perdido fôlego diante de outras ferramentas, que alteram profundamente a lógica antes verticalizada (da imprensa para o público) do ato de se informar. A permanente conectividade, típica da Sociedade em Rede de Manuel Castells,[4] democratiza o acesso ao conhecimento, com circulação constante, e em quantidade significativa, de conteúdo – agora, produzido horizontalmente, de todos para todos.[5]

Provedores de redes sociais[6] tornaram possível que, a partir de poucos cliques, seus usuários publiquem, compartilhem e recebam conteúdo, nos mais diversos formatos e sobre os mais variados temas[7] – mas não sem o filtro de complexos algoritmos, que promovem uma cuidadosa curadoria, disponibilizando *feeds* personalizados de acordo com os gostos de cada um. Também nesse contexto, figura a atividade de moderação de conteúdo, por meio da qual os provedores de aplicação, a partir de seus Termos de Uso, têm interferido no fluxo comunicacional de seus usuários, por meio de processos decisórios privados, nem sempre transparentes ou de fácil compreensão.

Da filtragem com vistas à diminuição de alcance, passando (muitas vezes, de forma combinada) por estratégias de rotulação, até a suspensão e exclusão de publicações e contas, importa discutir as possibilidades e os limites do agir dos provedores, à luz do ordenamento jurídico brasileiro, sobretudo no que diz respeito ao conteúdo passível de enquadramento como desinformação (que vem sendo apontado como o termo mais adequado para fazer referência ao que comumente se denomina como *"fake news"*),[8] apontado como relevante vetor de desordem informacional.[9]

---

4. CASTELLS, Manuel. *A sociedade em rede*. São Paulo: Paz e Terra, 1999. p. 57.
5. DOURADO, Tatiana. *Fake news*: quando as mentiras viram fatos políticos. Porto Alegre: Zouk, 2021. p. 40.
6. As redes sociais se enquadram como provedores de aplicação, de acordo com classificação trazida pelo Marco Civil da Internet (Lei nº 12.965, de 23 de abril de 2014). Esclarece-se que a presente abordagem faz referência aos provedores de aplicação também como "provedores de aplicação de redes sociais", "provedores de redes sociais", "provedores", "redes sociais" e "plataformas", eximindo-se de promover diferenciação semântica, tendo em vista serem comumente adotados como sinônimos pela doutrina. A classificação adotada pelo Marco Civil (que divide provedores de internet em provedores de conexão e provedores de aplicação) será detalhada no tópico 2.2.
7. A reflexão aqui proposta não se estende aos serviços de mensageria. Enquanto os provedores de rede social são aplicações de internet voltadas à conexão de usuários e compartilhamento de conteúdo por meio de contas conectadas e acessíveis, os serviços de mensageria privada viabilizam o envio de mensagens para destinatários certos e determinados, com criptografia de ponta-a-ponta, de modo que apenas remetente e destinatário tenham acesso ao conteúdo. As dinâmicas diferentes exigem, também, medidas de moderação diferentes, restringindo-se, aqui, à análise da primeira categoria.
8. EUROPEAN COMMISSION. *A multi-dimensional approach to disinformation*: report of the independent High-Level Group on fake news and online disinformation. Luxemburgo: Publications Office of the European Union, 2018. p. 10. Disponível em: https://digital-strategy.ec.europa.eu/en/library/final-report-high-level-expert-group-fake-news-and-online-disinformation. Acesso em: 26 maio 2024.
9. O contexto de desordem informacional será abordado no tópico 1.2 (WARDLE, Claire; DERAKHSHAN, Hossein. *Information disorder*: toward an interdisciplinary framework for research and policy making.

Os desafios, registre-se desde logo, são consideráveis: de um lado, há que se preservar o direito desses agentes privados de gerir e modular os ambientes que disponibilizam ao mercado, até mesmo com base na garantia constitucional da livre-iniciativa; de outro lado, há que se desestimular a tomada de comportamentos arbitrários, que poderiam configurar censura prévia, violando direitos individuais dos usuários. Paralelamente, somam-se a esse cenário os importantes riscos políticos e sociais da desinformação, potencializados pelo forte apelo desse tipo de conteúdo, apto a gerar o engajamento e os lucros tão almejados, inclusive por parte das plataformas, bem como a indiscutível dificuldade em se estabelecer o que é verdade e o que é mentira (e se isso seria possível, e quem estaria apto a fazê-lo).

Nesse esquema de pontos e contrapontos, de jogos de interesses distintos, é necessário buscar o equilíbrio, com vistas a tornar o ambiente virtual mais saudável e transparente. Na oportunidade de elaboração deste trabalho, a reflexão será empreendida sob a perspectiva de como se dá a responsabilidade civil dos provedores de aplicações de redes sociais em razão da moderação de conteúdo potencialmente desinformativo.[10] Para tanto, a partir de pesquisa doutrinária, legislativa e jurisprudencial, o presente estudo está dividido em três capítulos.

O Capítulo 1 cuida de estabelecer premissas importantes para se compreender o fenômeno da desinformação, com a delimitação do contexto, do conceito e de suas características, chamando a atenção para a existência de casos limítrofes (que figuram como ponto mais sensível à moderação). Também são analisadas as partes envolvidas nesse fenômeno, suas ferramentas e motivações: primeiro, os agentes, que produzem e disseminam conteúdo; depois, os intérpretes, alvos da desinformação – frequentemente a compartilhando, criando um ciclo vicioso e contribuindo para a desordem informacional. Permeando essa abordagem, será possível observar o papel das plataformas, bem como a lógica desse modelo de negócio (para o qual a desinformação poderia, em tese, mostrar-se até mesmo vantajosa).

O Capítulo 2 se debruça sobre as temáticas envolvendo moderação, buscando compreender suas características e desafios, além dos limites e possibilidades à luz do ordenamento jurídico brasileiro. Ante a atual ausência de regulação[11] específica

---

Strasbourg: Council of Europe, 2017. p. 20. Disponível em: https://rm.coe.int/information-disorder-toward-an-interdisciplinary-framework-for-researc/168076277c. Acesso em: 27 maio 2024).

10. Opta-se por empregar a expressão "*potencialmente* desinformativo" porque nem todo conteúdo que acaba por ser sujeitado a medidas de moderação pode ser considerado, efetivamente, desinformativo. A tomada de decisão a partir de conclusões equivocadas ou imprecisas figura entre os casos nos quais se verifica que a moderação foi executada de forma defeituosa. Também ao se referir à atividade de moderação, adota-se, ainda, as expressões "conteúdo com desinformação" e "conteúdo desinformativo".

11. Para os fins desta obra, adota-se o termo "regulação" de forma ampla, como sinônimo de normatização, em seu sentido de "disciplinar comportamentos, por meio de comandos jurídicos prescritivos". Re-

quanto à atividade (que, apesar das controvérsias, é considerada salutar à organização do fluxo informacional), aborda-se, além de propostas que já receberam espaço no legislativo, o microssistema de responsabilidade civil dos provedores por danos causados por terceiros, extraído da Lei nº 12.965/2014 (Marco Civil da Internet).[12] Embora não se aplique especificamente a situações envolvendo moderação, o texto fornece a base das discussões sobre o tema, servindo como importante baliza ao comportamento das plataformas em relação ao conteúdo que é publicado por seus usuários – o que, por óbvio, relaciona-se com a moderação.

Valendo-se das premissas estabelecidas nos dois primeiros capítulos, o Capítulo 3 avança sobre a responsabilidade civil dos provedores de redes sociais no âmbito da moderação de conteúdo desinformativo. Evidenciando os caracteres reparatório e preventivo da responsabilidade civil como elementares à tutela do direito dos usuários e ao refinamento da conduta das plataformas, promove-se, ainda, o enquadramento da relação entre estes e aqueles.

Adianta-se que, estando, em regra, configurada relação de consumo, evoca-se sistema de responsabilidade civil especial, amparado no art. 14 da Lei nº 8.078/1990 (Código de Defesa do Consumidor), para tratar das falhas na moderação de conteúdo como fato do serviço.[13] Buscando ilustrar os pontos de atenção sinalizados ao longo do trabalho, a abordagem se encerra voltando o olhar para a jurisprudência brasileira – cujas decisões têm sinalizado que, do ponto de vista da definição de *standards* de conduta que se espera sejam adotados pelas plataformas (e do que poderia, portanto, configurar defeito na prestação de serviço), o tema da moderação de conteúdo ainda tem muito a evoluir. O que se busca, portanto, é reunir elementos que se somem aos debates com vistas a alcançar as melhores práticas no que toca à moderação de conteúdo, atentando ao modelo de negócio dos provedores, tutelando os direitos dos usuários e contribuindo para o fortalecimento da internet na condição de espaço plural e democrático.

---

conhece-se que, *stricto sensu*, ambos gozam de significados distintos, estando o primeiro relacionado à "prerrogativa exclusiva do processo legislativo formal (...) em criar direitos e obrigações no sistema jurídico brasileiro" e a segunda, ao "poder regulatório, atribuído constitucionalmente, de inovar, modo geral e abstrato, no ordenamento jurídico, desde que dentro da seara técnica setorial e baseado nos standards trazidos pela lei" (TRINDADE, Manoel Gustavo Neubarth; MAIA, Pedro Antonacci; SANTOLIM, Cesar. A necessária distinção entre normatização, regulamentação e regulação: conceitos e efeitos jurídicos. *Revista Jurídica Luso-Brasileira*, Lisboa, v. 10, n. 1, p. 551, 2024. Disponível em: https://www.cidp.pt/revistas/rjlb/2024/1/2024_01_0513_0555.pdf. Acesso em: 10 jul. 2024).

12. BRASIL. *Lei nº 12.965, de 23 de abril de 2014*. Estabelece princípios, garantias, direitos e deveres para o uso da Internet no Brasil. Brasília, DF: Presidência da República, 2014.

13. Importa esclarecer, desde logo, que esta obra não cuidará de detalhar os danos resultantes da atividade de moderação de conteúdo, mesmo porque suas inúmeras e distintas particularidades mereceriam (e merecem) uma abordagem própria. Cuida-se, nesta oportunidade, em especial, do dever de indenizar pela violação do dever geral de segurança, que caracteriza a responsabilidade civil pelo fato do serviço.

1
O FENÔMENO DA DESINFORMAÇÃO

Este capítulo tem por objetivo compreender o fenômeno da desinformação, ponto sensível no que diz respeito à atividade de moderação de conteúdo. Serão abordados seu contexto, seu conceito e suas características, que permitirão identificar alguns dos riscos individuais e coletivos que o conteúdo desinformativo pode representar. Também serão analisados os personagens desse fenômeno, suas ferramentas e motivações: os agentes, que produzem e disseminam conteúdo; e os intérpretes, que recebem esse conteúdo – e que, com frequência, o compartilham, contribuindo para a estruturação de um ciclo informacional vicioso. Permeando a abordagem, será possível observar o papel das plataformas, para as quais a desinformação poderia, ao menos em tese, mostrar-se até mesmo vantajosa. Essa abordagem inicial é imprescindível para analisar os desafios da moderação desse tipo de conteúdo, sobretudo a partir da perspectiva da responsabilidade civil das plataformas.

Cabe, de antemão, apresentar o contexto que torna a desinformação uma pauta de tamanha relevância, abordando o papel da internet e, em especial, das redes sociais, na disseminação de conteúdo, na esteira da autocomunicação de massa, conforme expressão adotada por Manuel Castells.[1] A parte da reflexão que se destina à contextualização perpassa, então, pelas facilidades que se descortinam a partir do avanço da tecnologia, acompanhada, de um lado, por mudanças no comportamento dos indivíduos (usuários) e, de outro, pela consolidação de modelos de negócio de empresas de tecnologia. Estuda-se, ainda, o conceito de desinformação, bem como as peças da engrenagem que compõe esse complexo fenômeno – o que permitirá, mais à frente, compreender de que forma esse conteúdo está sujeito à moderação e quais são os limites dessa atuação.

1.1 O CONTEXTO: DO *OFFLINE* AO *ONLINE*, NOTAS SOBRE A SOCIEDADE EM QUE A DESINFORMAÇÃO SE DESENVOLVE

Boataria, lendas urbanas, teorias da conspiração, informações falsas e notícias imprecisas sempre circularam. Vários são os exemplos resgatados, como

---

1. CASTELLS, Manuel. *O poder da comunicação*. 4. ed. São Paulo: Paz e Terra, 2019. p. 22.

a expedição do homem à lua, contestada pela versão de que as imagens teriam sido supostamente forjadas em estúdio, até a morte do então presidente eleito Tancredo Neves, que teria sido vítima não de uma septicemia, mas de um atentado político.[2] Muito antes disso, lembram Marco Antônio Sousa Alves e Emanuella Ribeiro Halfeld Maciel, falsas estações de rádio alemãs transmitiam para o Reino Unido, durante a Segunda Guerra Mundial, comentários de um inglês que, ao se passar pelo alemão *Der Chef*, fazia críticas ao líder nazista Adolf Hitler.[3]

Ainda em 1938, aliás, o historiador francês Marc Bloch se debruçou sobre as notícias falsas que haviam circulado nas trincheiras da Primeira Guerra Mundial, constatando: "Falsos relatos houve que sublevaram multidões. As falsas notícias, em toda a multiplicidade de suas formas – simples boatos, imposturas, lendas – preenchem a vida da humanidade".[4] E prosseguiu:

> Estas [*as falsas notícias*] nascerão porventura muitas vezes de observações individuais inexactas ou de testemunhos imperfeitos, mas este acidente original não é tudo; na verdade, só por si, nada explica. O erro só se propaga, só se amplia, só vive com uma condição: encontrar na sociedade um caldo de cultura favorável. Nele, inconscientemente, as pessoas exprimem os seus preconceitos, os seus ódios, os seus medos, todas as suas emoções fortes.[5]

Este tópico tem por objetivo analisar esse "caldo de cultura favorável" que inquietava Bloch ainda na primeira metade do século XX, e que, décadas depois, ainda se mostra tão (e cada vez mais) atual. Há, a propósito, um ponto importante a se atentar quanto a esses exemplos, com importante repercussão à sua época: eles se passaram em períodos nos quais as dinâmicas de comunicação não eram tão ágeis quanto aquelas que se estabelecem hoje, na sociedade do século XXI.

Ainda assim, mesmo antes de o acesso a portais, sites e redes sociais se tornar parte do dia a dia de bilhões de pessoas ao redor do globo,[6] o impacto de uma informação era significativamente sentido, com poder para manipular massas

---

2. FRIAS FILHO, Otávio. O que é falso sobre *fake news*. *Revista USP*, São Paulo, n. 116, p. 41, jan./mar. 2018. Disponível em: https://www.revistas.usp.br/revusp/article/view/146576. Acesso em: 10 jun. 2024.

3. ALVES, Marco Antônio Sousa; MACIEL, Emmanuela R. Halfeld. O fenômeno das *fake news*: definição, combate e contexto. *Revista Internet & Sociedade*, São Paulo, v. 1, n. 1, p. 148, jan. 2020. Disponível em: https://revista.internetlab.org.br/o-fenomeno-das-fake-news-definicao-combate-e-contexto/. Acesso em: 10 jun. 2024.

4. BLOCH, Marc. *História e historiadores*. Trad. Telma Costa. Lisboa: Ed. Teorema, 1998. p. 179.

5. BLOCH, Marc. *História e historiadores*. Trad. Telma Costa. Lisboa: Ed. Teorema, 1998. p. 180.

6. De acordo com o Relatório Global Digital 2024, elaborado pelas consultorias Kepios, We Are Social e Meltwater, especializadas em marketing, consumo e comportamento digital, a internet atingiu a marca de 5,35 bilhões de usuários em 2023, o que corresponde a 62,3% da população (KEMP, Simon. Digital 2024 Global Overview Report. *DataReportal*, [*S.l.*], 31 jan. 2024. Disponível em: https://datareportal. com/reports/digital-2024-global-overview-report. Acesso em: 19 abr. 2024).

e provocar efeitos irreversíveis, como ocorreu no caso Escola Base,[7] que ganhou notoriedade no Brasil em março de 1994 – época em que os meios de comunicação tradicionais – em especial, rádio, mídia impressa e televisão – desempenhavam um papel primordial no dia a dia da população[8] (a operação comercial da internet no Brasil só seria liberada pelos Ministérios das Comunicações e da Ciência e Tecnologia um ano mais tarde, em 1995).[9]

O episódio (que envolveu infundadas denúncias aos proprietários e funcionários da instituição infantil homônima, que acabou definitivamente fechada) é bastante ilustrativo quanto às possíveis consequências da veiculação de um boato, ou mesmo de uma informação equivocada/imprecisa – e é preciso reiterar que se está falando, aqui, de uma época em que o acesso à informação era muito mais verticalizado, configurando o que Manuel Castells denomina como comunicação de massa tradicional, com a mensagem enviada de forma unidirecional, "de um para muitos", a partir de veículos como jornais, rádio, televisão, livros e filmes.[10]

Essa realidade tem se alterado no Brasil, embora o percentual de domicílios com aparelho de televisão, por exemplo, ainda seja significativo: de acordo com o Instituto Brasileiro de Geografia e Estatística (IBGE),[11] em 2019, 96,3% dos lares

---

7. O caso Escola Base se refere à instituição de educação infantil homônima, localizada em São Paulo. Em março de 1994, seus proprietários, dois funcionários e os pais de dois alunos foram acusados, por duas outras mães, de abuso sexual contra crianças que frequentavam o educandário. Com abordagem considerada sensacionalista, a mídia passou a divulgar amplamente as denúncias. O prédio da escola foi depredado e as atividades foram definitivamente encerradas, com os acusados tendo seus rostos e endereços expostos em rede nacional. O inquérito, contudo, acabou sendo arquivado, após a constatação de que a laceração nas partes íntimas de uma das crianças (que havia originado as denúncias) estaria ligada a uma constipação intestinal. Foram ajuizadas ações indenizatórias em face do Estado (em razão da atuação do delegado responsável pela condução do inquérito) e de veículos de imprensa, que acabaram condenados a se retratar e a indenizar os seis acusados. Muitos dos danos causados pela revolta da opinião pública, especialmente, os danos extrapatrimoniais, já eram irreversíveis (ESCOLA Base – 20 anos depois. Direção de Bianca Vasconcellos. *TV Brasil*, Brasília, DF, 7 nov. 2014. 1 vídeo (50 min 39 s). Disponível em: https://tvbrasil.ebc. com.br/caminhosdareportagem/episodio/escola-base-20-anos-depois. Acesso em: 15 jun. 2024).
8. É possível dimensionar o alcance da mídia tradicional a partir do exemplo da TV Globo, como ilustra Marialva Carlos Barbosa: "Em 1987, a receita anual estimada da TV Globo era da ordem de 500 milhões de dólares e o seu valor patrimonial atingia 1 bilhão de dólares. (...) Absorvia dois terços da verba destinada à televisão e tinha uma audiência potencial de 80 milhões de telespectadores, abrangendo 98% do território nacional. O Jornal Nacional sozinho possuía uma audiência de 50 milhões de telespectadores. No final da década, a Globo cobria, com suas 86 emissoras, 99% do território nacional, com uma audiência média de 56 pontos" (BARBOSA, Marialva. *História da comunicação no Brasil*. Petrópolis, RJ: Vozes, 2013. [E-book não paginado]).
9. BRASIL. *Portaria nº 148, de 31 de maio de 1995*. Aprova a Norma nº 004/95 – Uso da Rede Pública de Telecomunicações para acesso à Internet. Brasília, DF: Agência Nacional de Telecomunicações, 1995.
10. CASTELLS, Manuel. *O poder da comunicação*. 4. ed. São Paulo: Paz e Terra, 2019. p. 101.
11. INSTITUTO BRASILEIRO DE GEOGRAFIA E ESTATÍSTICA (IBGE). *Acesso à Internet e à televisão e posse de telefone móvel celular para uso pessoal 2019*. Rio de Janeiro, 2019. Disponível em: https://biblioteca.ibge.gov.br/visualizacao/livros/liv101794_informativo.pdf. Acesso em: 10 jun. 2024.

contavam com o item. O que se vê, contudo, é que tem diminuído o percentual de brasileiros que se valem desse meio para se informar, abrindo caminho para formas mais pulverizadas de transmissão de conteúdo, com disseminação que não apenas é mais veloz, como também permite o microdirecionamento, de acordo com Juliano Maranhão e Ricardo Campos.[12]

O ato de buscar informação em redes sociais e aplicativos de mensagens, conforme destacam José Luiz Bolzan de Morais e Adriana Martins Ferreira Festugatto, tem crescido não apenas pelas facilidades trazidas pela sociedade digital, de conexão permanente e fácil circulação de conteúdo, mas também por conta da "desconfiança generalizada em torno dos meios de comunicação hegemônicos".[13] Os autores sustentam esse argumento em pesquisa do Instituto Datafolha, de 2019, quando 78% dos brasileiros entrevistados disseram confiar pouco ou não confiar na imprensa.[14]

Vale citar, ainda, estudo realizado pelo DataSenado quanto à frequência com que brasileiros usam meios de comunicação como fonte de informação: 79% dos entrevistados afirmam que sempre utilizam o WhatsApp, 49% se valem do YouTube e 44%, do Facebook. Veículos jornalísticos considerados tradicionais, como televisão (50%), sites de notícias (38%), rádio (22%) e jornal impresso (8%), aparecem em segundo, quinto, sétimo e oitavo lugares, respectivamente.[15] As redes sociais, como se vê, são uma importante plataforma de informação – e, ao mesmo tempo, um ambiente profícuo à desinformação.

Isso se dá a partir de três características principais, apontadas por Clarissa Piterman Gross: os baixos custos e barreiras à entrada na rede, permitindo que qualquer usuário assuma a condição de criador de conteúdo, com rápida disseminação e alcance considerável; a possibilidade de manter o anonimato; e, ainda, a desnecessidade de pagamento direto ao produtor ou disseminador do conteúdo, de modo que o financiamento ocorre por meio do fornecimento de dados, que

---

12. MARANHÃO, Juliano; CAMPOS, Ricardo. *Fake news* e autorregulação regulada das redes sociais no Brasil: fundamentos constitucionais. *In*: ABBOUD, Georges; NERY JR., Nelson; CAMPOS, Ricardo (coord.). Fake news *e regulação*. São Paulo: Thomson Reuters Brasil, 2018. pos. 10382.

13. MORAIS, José Luiz Bolzan de; FESTUGATTO, Adriana Martins Ferreira. *A democracia desinformada*: eleições e *fake news*. Porto Alegre: Livraria do Advogado, 2021. p. 81.

14. INSTITUTO DATAFOLHA. *Grau de confiança nas instituições*. São Paulo, jul. 2019, p. 3. Disponível em: http://media.folha.uol.com.br/datafolha/2019/07/10/9b9d682bfe0f1c6f228717d59ce49fdfci.pdf. Acesso em: 10 jun. 2024.

15. INSTITUTO DE PESQUISA DATASENADO. *Redes sociais, notícias falsas e privacidade na internet*. Brasília, nov. 2019, p. 4. Disponível em: https://www12.senado.leg.br/institucional/datasenado/arquivos/mais-de-80-dos-brasileiros-acreditam-que-redes-sociais-influenciam-muito-a-opiniao--das-pessoas. Acesso em: 10 jun. 2024.

viabilizam um novo modelo de publicidade, direcionando o conteúdo de acordo com o perfil do usuário que se busca atingir.[16]

A lógica até então vigente, da comunicação de um emissor para o receptor, foi profundamente alterada pela internet, que passou a fazer parte da rotina de milhões de brasileiros a partir do início do século XXI, com viabilidade de acesso intensificada com o passar dos anos. Essas mudanças, que se deram em escala global, imprimiram novas características ao dia a dia da população.

Passou a vigorar, então, uma visão mais horizontal, típica do que Manuel Castells define como autocomunicação de massa, que "amplia a autonomia dos sujeitos comunicantes em relação às corporações de comunicação, à medida que os usuários passam a ser tanto emissores quanto receptores das mensagens".[17] Há, aqui, uma ideia de "comunicação pessoal", definida por André Lemos e Pierre Levy como "o controle individual e a partilha coletiva de informação em mobilidade com alcance planetário".[18] No mesmo sentido, complementa Manuel Castells:

> É comunicação de massa porque alcança uma audiência potencialmente global por meio de redes p2p e de conexão pela internet. (...) Tem também conteúdo autogerado, emissão autodirecionada e recepção autosselecionada por muitos que se comunicam com muitos. Essa é uma nova esfera da comunicação e, em última instância, um novo meio, cuja espinha dorsal é feita de redes de computadores, cuja linguagem é digital e cujos emissores estão globalmente distribuídos e são globalmente interativos. É bem verdade que o meio, até um meio revolucionário quanto esse, não determina o conteúdo e o efeito de suas mensagens. Mas ele tem o potencial de possibilitar diversidade ilimitada e produção autônoma da maioria dos fluxos de comunicação que constroem o significado na mente pública.[19]

Comenta o autor que a difusão da internet permitiu que as pessoas (nesse contexto, chamadas de usuários) se apropriassem de novas formas de comunicação, construindo sistemas próprios, tais como SMS, blogs, vlogs, podcasts, wikis e afins, mencionados em sua obra de 2009. A esse espectro vêm se somar as redes sociais (*social network sites*, ou SNS), fortalecendo a ideia de comunicação "todos-todos", como pontua Tatiana Dourado.[20] A autora segue citando Danah M. Boyd e Nicole B. Ellison, no sentido de que a grande diferença das redes sociais não é o fato de que viabilizam a conexão entre usuários, especialmente de pessoas

---

16. GROSS, Clarissa Piterman. *Fake news* e democracia: discutindo o status normativo do falso e a liberdade de expressão. *In*: RAIS, Diogo (coord.). *Fake news*: a conexão entre a desinformação e o direito. 2. ed. São Paulo: Thomson Reuters Brasil, 2020. p. 94-95.
17. CASTELLS, Manuel. *O poder da comunicação*. 4. ed. São Paulo: Paz e Terra, 2019. p. 22.
18. LEMOS, André; LÉVY, Pierre. *O futuro da internet*: em direção a uma ciberdemocracia. São Paulo: Paulus, 2010. p. 71.
19. CASTELLS, Manuel. *O poder da comunicação*. 4. ed. São Paulo: Paz e Terra, 2019. p. 118.
20. DOURADO, Tatiana. *Fake news*: quando as mentiras viram fatos políticos. Porto Alegre: Zouk, 2021. p. 40.

que não se conhecem, mas de que possibilitam que essas pessoas "articulem e tornem visíveis as suas redes sociais".[21]

É nesse panorama que se encaixa a "convulsão tecnológica" contemporânea, mencionada por Wolfgang Hoffmann-Riem: depois da invenção da impressão tipográfica, seguida da industrialização, a digitalização tende a provocar a "transformação digital da economia, da cultura, da política, da comunicação pública e privada, e provavelmente de quase todas as áreas da vida". Caracterizando o desenvolvimento técnico dessa época, estão algoritmos, *Big Data*, inteligência artificial (IA), robótica e *blockchain*.[22]

Dentre as inúmeras possibilidades que o processo de digitalização carrega (Wolfgang Hoffmann-Riem cita, por exemplo, a indústria 4.0, "casas inteligentes" e novos sistemas de vigilância), estão a criação e a utilização de redes sociais. Esses serviços são estruturados para permitir a conexão entre os usuários, por meio do intercâmbio de textos, fotos, vídeos, áudios – ou seja, de dados.[23] O modelo de negócio dessas empresas de tecnologia se volta, essencialmente, à coleta e ao processamento desses dados, esclarece Tatiana Dourado, por meio de uma série de funcionalidades que têm por objetivo justamente garantir que o usuário esteja entretido pelo maior tempo possível.[24]

Nesse modelo, explica Clarissa Piterman Gross que "o apelo às emoções do consumidor ganha espaço, o que favorece o sensacionalismo, a manipulação de informações e, por fim, a mentira fabricada".[25] Quanto mais atrativo o conteúdo, maior é o seu potencial para gerar lucro, de modo que Evgeny Morozov sublinha que "o capitalismo digital faz com que seja altamente rentável (...) produzir e compartilhar narrativas falsas que atraem cliques".[26] Nesse mesmo sentido, José Luiz Bolzan de Morais e Adriana Martins Ferreira Festugatto ponderam que os constantes esforços por audiência se fundam no fato de que o financiamento

---

21. BOYD, Danah M.; ELLISON, Nicole B. Social network sites: definition, history and scolarship. *Journal of Computer-Mediated Communication*, Oxford, v. 13, n. 1, out. 2007. p. 211. Disponível em: https://onlinelibrary.wiley.com/doi/epdf/10.1111/j.1083-6101.2007.00393.x. Acesso em: 10 jun. 2024.
22. HOFFMANN-RIEM, Wolfgang. *Teoria geral do direito digital*: transformação digital: desafios para o direito. Rio de Janeiro: Forense, 2021. p. 1.
23. HOFFMANN-RIEM, Wolfgang. *Teoria geral do direito digital*: transformação digital: desafios para o direito. Rio de Janeiro: Forense, 2021. p. 2.
24. DOURADO, Tatiana. *Fake news*: quando as mentiras viram fatos políticos. Porto Alegre: Zouk, 2021. p. 41.
25. GROSS, Clarissa Piterman. *Fake news* e democracia: discutindo o status normativo do falso e a liberdade de expressão. *In*: RAIS, Diogo (coord.). *Fake news*: a conexão entre a desinformação e o direito. 2. ed. São Paulo: Thomson Reuters Brasil, 2020. p. 95.
26. MOROZOV, Evgeny. *Big tech*: a ascensão dos dados e a morte da política. São Paulo: Ubu Editora, 2018. p. 164.

das plataformas se dá por meio de anúncios. Assim, quanto mais interações o conteúdo publicado gerar, maior será o retorno financeiro.[27]

A transformação digital que vem sofrendo a sociedade, que indiscutivelmente já não é a mesma da época em que o caso da Escola Base foi manchete dos principais meios de comunicação do Brasil, é bem definida por um termo cunhado por Luciano Floridi: *onlife*. A expressão faz referência a uma existência híbrida, em que já não são claras (ou nem sequer existem) as barreiras entre o real e o virtual. Há, como pontua o autor, uma informatização do meio em que a sociedade vive, com uma infosfera que tem se tornado cada vez mais "sincronizada, deslocalizada e correlacionada".[28]

Um dos mais relevantes aspectos a serem destacados no que diz respeito ao mundo *onlife* é, conforme observa Wolfgang Hoffmann-Riem, a possibilidade de sistemas de computador libertarem as pessoas da tomada de decisão. O autor destaca a existência de uma vertente que compreende que essa funcionalidade importaria em um aprimoramento sob a perspectiva da qualidade de vida, enquanto outra teme o fato de ser afetada por não poder interferir voluntariamente nessas decisões.[29] Nesse segundo espectro, estaria destaque feito por Mireille Hildebrandt, no sentido de que esse contexto tem transformado os indivíduos em "digitalmente inconscientes" (*digital unconscious*), tornando-os sujeitos a um controle que ultrapassa o âmbito da reflexão consciente.[30] Em comentário, complementa Wolfgang Hoffmann-Riem:

> Isso (*o controle inconsciente*) ameaça (ainda) corromper um princípio básico das sociedades modernas, a autonomia na ação. Embora a autonomia ainda seja legalmente garantida (na Constituição [*da Alemanha*], por exemplo no art. 2º, § 1º), seu exercício pode, de fato, ser prejudicado por controles externos tecnicamente sólidos, que não são ou são apenas dificilmente reconhecíveis como tal.[31]

No caso das redes sociais, isso se dá em razão da *curadoria* que é feita em relação ao conteúdo que ali circula, e que tem o poder de moldar a opinião públi-

---

27. MORAIS, José Luiz Bolzan de; FESTUGATTO, Adriana Martins Ferreira. *A democracia desinformada*: eleições e *fake news*. Porto Alegre: Livraria do Advogado, 2021. p. 83.

28. No original: "*As a consequence of the informatization of our ordinary environment, some people in hyperhistorical societies are already living onlife, in an infosphere that is becoming increasingly synchronized, delocalized, and correlated*" (FLORIDI, Luciano. *The 4th Revolution*: how the infosphere is reshaping human reality. Oxford: Oxford University Press, 2014. p. 48).

29. HOFFMANN-RIEM, Wolfgang. *Teoria geral do direito digital*: transformação digital: desafios para o direito. Rio de Janeiro: Forense, 2021. p. 26.

30. HILDEBRANDT, Mireille. *Smart Technologies and the end(s) of Law*. Cheltenham: Edward Elgar Publishing Limited, 2015. p. 40.

31. HOFFMANN-RIEM, Wolfgang. *Teoria geral do direito digital*: transformação digital: desafios para o direito. Rio de Janeiro: Forense, 2021. p. 26.

ca – o que se aproxima, como nota Tarleton Gillespie, do que fazem a imprensa tradicional e a publicidade. Isso se manifesta, pontua o autor, nas escolhas das plataformas a respeito do que pode aparecer, como será organizado e monetizado, o que pode ser removido e o que a "arquitetura técnica" permite e proíbe.[32] É por esse motivo que, desde já, mostra-se pertinente notar que a atuação desses agentes privados tem impacto em relação às liberdades que seriam idealmente alcançadas pelas redes – mormente, ao se considerar a internet ilustrada em discursos entusiasmados, lembrados por Benjamin Loveluck, e que apontam para a rede como um ambiente "sinônimo de liberdade de expressão, de difusão de conhecimento, de criação e de inovação, além de ser suscetível de promover a emancipação individual e coletiva".[33]

Sabe-se – e isso ficará mais claro ao longo do presente estudo – que o ambiente não é tão livre, e que o fluxo de informações não é tão fluido assim. No caso dos provedores de redes sociais, ainda que sejam espaços sem controle editorial prévio (característica que será enfrentada no tópico 2.2), o conteúdo publicado por usuários está sujeito à ação dos agentes privados. Isso se dá por meio de estratégias de curadoria, empregadas não apenas por pessoas, como ocorre na imprensa tradicional, mas também por algoritmos, que buscam, além de identificar conteúdo potencialmente lesivo, adequar o espaço aos interesses específicos de um usuário ou de uma comunidade.[34] É nessa esfera que repousa a atividade de moderação, que se estrutura em práticas como filtragem (redução de alcance), etiquetagem, suspensão e remoção de conteúdo e contas[35] – tema que, sob a perspectiva da responsabilidade civil das plataformas, em hipóteses de prestação inadequada do serviço, tem-se como objetivo analisar.

É evidente, reitere-se, que a amplificação da presença digital tem pontos favoráveis, dentre os quais Klaus Schwab cita o aumento da transparência, a maior facilidade de conexão entre indivíduos, a maior agilidade para troca e difusão de informações e a utilização mais eficiente dos serviços públicos. Na

---

32. No original: "*And, as with broadcasting and publishing, their choices about what can appear, how it is organized, how it is monetized, what can be removed and why, and what the technical architecture allows and prohibits, are all real and substantive interventions into the contours of public discourse*" (GILLESPIE, Tarleton. The politics of 'platforms'. *New Media & Society*, Thousand Oaks, v. 12, n. 3, maio 2010. p. 359. Disponível em: https://doi.org/10.1177/1461444809342738. Acesso em: 16 maio 2024).

33. LOVELUCK, Benjamin. *Redes, liberdades e controle*: uma genealogia política da internet. Trad. Guilherme João de Freitas Teixeira. Petrópolis, RJ: Vozes, 2018. p. 11.

34. GILLESPIE, Tarleton. The politics of 'platforms'. *New Media & Society*, Thousand Oaks, v. 12, n. 3, maio 2010. p. 359. Disponível em: https://doi.org/10.1177/1461444809342738. Acesso em: 16 maio 2024.

35. MONTEIRO, Artur Pericles Lima *et al. Armadilhas e caminhos na regulação da moderação de conteúdo, diagnósticos & recomendações*. São Paulo: InternetLab, 2021. p. 13. Disponível em: https://internetlab. org.br/wp-content/uploads/2021/09/internetlab_armadilhas-caminho-moderacao.pdf. Acesso em: 30 jun. 2024.

outra ponta, estariam a perda da privacidade e o maior potencial de vigilância; o aumento dos roubos de identidade, do assédio moral e da perseguição *online*; o crescimento da polarização e a restrição do pensamento a grupos de interesse, criando câmaras de eco;[36] e a divulgação de informações expressivas.[37] Essas últimas questões mencionadas pelo autor são particularmente interessantes ao estudo que aqui se propõe.

Busca-se, nesta abordagem inicial, ilustrar o cenário do qual emerge a necessidade de que se reflita sobre a desinformação e as formas como se apresenta e se fortalece no ambiente virtual – ao que se soma a discussão a respeito de como as plataformas de redes sociais têm lidado com esse fenômeno. Em outras palavras, há que se discutir se e como, no âmbito da moderação de conteúdo, essas plataformas têm atuado diante desse tipo de conteúdo, e quais são os limites dessa atuação – notadamente, em relação aos direitos dos próprios usuários e à manutenção do necessário fluxo informacional nesses espaços.

Esse é um debate que passa, necessariamente, pela reflexão e pela compreensão de quem são os atores que, juntos, criam um ambiente capaz de, por um lado, descortinar um horizonte de possibilidades e uma série de facilidades que, indiscutivelmente, impactaram a vida em sociedade, mas que, por outro lado, muitas vezes sob o manto da suposta liberdade proporcionada pelas redes sociais, tem apresentado dificuldades que não podem ser ignoradas. Tratar de contexto é importante quando se busca compreender um fenômeno de tamanha complexidade quanto a desinformação.

Pensando-se, então, nas peças que formam esse conjunto, é pertinente tratar das redes sociais. Em janeiro de 2022, figuraram entre as plataformas com mais usuários no Brasil: YouTube (144 milhões de usuários), Instagram (134,6 milhões), Facebook (111,3 milhões), TikTok (98,59 milhões), LinkedIn (68 milhões), Pinterest (37,1 milhões), X/Twitter (22,1 milhões) e Snapchat (6,8 milhões). Consta na lista, ainda, o Messenger (56,9 milhões)[38] – que não se enquadra como rede social, mas como ferramenta de mensageria instantânea,

---

36. Câmara de eco é um termo utilizado para definir ambientes que concentram informações e opiniões homogêneas, que reforçam um ponto de vista polarizado. São espaços que podem provocar a distorção da realidade baseada em posicionamentos específicos, geralmente corroborados por vieses de confirmação. O tema será abordado em maior profundidade no tópico 1.4. Mais em: PARISER, Eli. *O filtro invisível*: o que a internet está escondendo de você. Rio de Janeiro: Zahar, 2012; SUNSTEIN, Cass R. *#Republic*: divided democracy in the age of social media. New Jersey: Princeton University Press, 2017.

37. SCHWAB, Klaus. *A quarta revolução industrial*. Trad. Daniel Moreira Miranda. São Paulo: Edipro, 2016. p. 118.

38. KEMP, Simon. Digital 2024 Brazil. *DataReportal*, [*S.l.*], 2024. Disponível em: https://datareportal. com/reports/digital-2024-brazil. Acesso em: 17 jun. 2024.

com dinâmica distinta dos provedores objeto desta obra. Com a velocidade com que as tendências do ambiente virtual estão sujeitas a mudanças, não é exagero afirmar que esse ranking tem potencial de se alterar a cada dia. Praticamente a totalidade dos usuários, vale dizer, mantém contas em mais de uma plataforma.

Enquanto o Facebook permite o compartilhamento de textos mais longos, acompanhados de imagens e vídeos, o foco do Instagram, que pertence ao mesmo conglomerado, denominado Meta,[39] volta-se ao compartilhamento não apenas de fotos, como era sua proposta original, mas também de conteúdo em vídeo (quiçá visando a impedir o frenético crescimento do TikTok, que aposta no compartilhamento de vídeos curtos, sucesso principalmente entre o público jovem). O X (antigo Twitter), por sua vez, abre espaço para opiniões expressas em poucos caracteres, o que lhe confere, entre essas plataformas, característica de ainda maior dinamicidade. Todos esses são, ao menos em essência, espaços livres e democráticos, sujeitos a termos de uso e diretrizes específicas (que, como se verá, incluem as já mencionadas medidas de moderação), com particularidades que atraem seus usuários por motivos diversos.

Contudo, não se pode deixar de mencionar controvérsias em que as redes têm se envolvido – dentre as quais, as mais importantes estão ligadas, justamente, à desinformação (e às suas condutas no que diz respeito ao fenômeno). É o caso da polêmica inaugurada a partir da série de reportagens publicada em setembro de 2021 no *The Wall Street Journal*,[40] fruto de centenas de documentos internos vazados ao periódico e ao congresso norte-americano por uma ex-funcionária da Meta. Os arquivos, que acabaram denominados pela imprensa como *The Facebook Papers*, forneciam detalhes sobre o funcionamento da plataforma, inclusive quanto a medidas adotadas no âmbito da moderação de conteúdo com desinformação, discurso antidemocrático e discurso de ódio.[41]

---

39. Em outubro de 2021, o conglomerado Facebook anunciou um processo de *rebranding*, que incluía a alteração de seu nome para Meta. Por um lado, a estratégia do grupo (sob o qual repousam, também, marcas como Instagram, WhatsApp e Messenger) era focar em uma "nova fronteira digital", que seria a unificação de realidades virtuais, formando um espaço chamado metaverso. Ao mesmo tempo, a medida se mostrou uma forma de a marca se distanciar das controvérsias relacionadas à disseminação de desinformação e de discurso de ódio, que, naquela época, recebiam especial atenção da opinião pública a partir do caso *The Facebook Papers* (META PLATFORMS, INC. *Introducing Meta*: a social technology company. Menlo Park, 28 out. 2021. Disponível em: https://about.fb.com/news/2021/10/facebook-company-is-now-meta/. Acesso em: 17 jun. 2024; ISAAC, Mike. Facebook renames itself Meta. *The New York Times*, Nova Iorque, 28 out. 2021. Disponível em: https://www.nytimes.com/2021/10/28/technology/facebook-meta-name-change.html. Acesso em: 17 jun. 2024).

40. THE FACEBOOK Files: a Wall Street Journal investigation. *The Wall Street Journal*, Nova Iorque, set. 2021. Disponível em: https://www.wsj.com/articles/the-facebook-files-11631713039. Acesso em: 19 jun. 2024.

41. Posteriormente à série do *The Wall Street Journal*, milhares de documentos passaram a ser analisados por um consórcio formado por 17 veículos de imprensa dos Estados Unidos. Dentre as revelações,

1 • O FENÔMENO DA DESINFORMAÇÃO

Dentre os casos citados, está a invasão ao Capitólio, em janeiro de 2021, quando partidários do então presidente dos Estados Unidos, Donald Trump, reuniram-se em Washington, D.C. para protestar contra o resultado do pleito que havia elegido Joe Biden. Sob a alegação de ocorrência de fraude na votação, e com gritos de *"stop the steal"* ("pare o roubo", em tradução livre),[42] o evento terminou com cinco mortos, dezenas de feridos e centenas de presos. Os protestos foram o clímax de uma série de manifestações de Trump e apoiadores nas redes sociais – o que acabou levando, inclusive, à suspensão da conta do hoje ex-presidente no então Twitter.[43] No Facebook e no Instagram, as restrições, pelo mesmo motivo, se estenderam até fevereiro de 2023.[44]

Entre os documentos vazados meses mais tarde, no *The Facebook Papers*, estava a constatação de que, durante a campanha eleitoral, a empresa havia mobilizado esforços para moderar conteúdo que promovesse desinformação, violência e/ou discurso de ódio. Porém, a partir de 6 de novembro de 2020 (já depois do fim da votação, e durante a contagem de votos), muitas das medidas acabaram sendo abrandadas e/ou revertidas. Mais tarde, o Facebook teria concluído pela

---

constavam questionamentos, do próprio Facebook, em relação a uma suposta atuação ineficiente no âmbito da desinformação relacionada a vacinas contra Covid-19; a conclusão pela viabilização dos "três estágios do ciclo de vida da exploração humana (recrutamento, facilitação e exploração); e preocupações quanto a consequências negativas nas mudanças dos algoritmos – que passaram a diminuir o alcance de páginas de veículos de mídia, por exemplo, para potencializar conteúdo gerado por pessoas próximas a usuários (medida que teria tornado a rede social mais violenta, conforme conclusão de um dos relatórios divulgados a profissionais do Facebook) (SUBRAMANIAM, Tara. Key quotes from the Facebook Papers. *CNN Business*, [S.l.], 30 out. 2021. Disponível em: https://edition. cnn.com/2021/10/30/tech/facebook-papers-quotes/index.html. Acesso em: 24 jun. 2024).

42. A ascensão do movimento *Stop the Steal* é um exemplo de como o Facebook (e as redes sociais, em geral) é uma poderosa ferramenta para criar e disseminar movimentos *online*, inclusive aqueles baseados em desinformação. Nos Estados Unidos, grupos mantidos na plataforma têm sido os "centros nervosos" de movimentos como QAnon e de ativistas antivacinação. Como aconteceu no caso do *Stop the Steal*, a plataforma acaba se transformando em *hub* para apoiadores de determinadas causas, que ali se encontram e têm acesso a materiais que supostamente subsidiariam seus posicionamentos, como anota Renee DiResta, ao observar que "Os grupos do Facebook são uma poderosa ferramenta de organização" (FRENKEL, Sheera. The Rise and Fall of the 'Stop the Steal' Facebook Group. *The New York Times*, Nova Iorque, 5 nov. 2020. Disponível em: https://www.nytimes.com/2020/11/05/ technology/stop-the-steal-facebook-group.html. Acesso em: 19 jun. 2022).

43. Após uma série de notificações e suspensões, a medida foi tomada em razão de publicações em que Trump caracterizou como "patriotas" pessoas que haviam invadido o Capitólio. A suspensão foi levantada em 2023, após a aquisição da plataforma pelo empresário Elon Musk (TWITTER, INC. *Permanent suspension of @realDonaldTrump*. São Francisco, 8 jan. 2021. Disponível em: https://blog.twitter.com/ en_us/topics/company/2020/suspension. Acesso em: 28 jun. 2024; COSTER, Helen; DANG, Sheila. Trump returns to X, formerly Twitter, with mug shot and appeal for donation. *Reuters*, [S.l.], 25 ago. 2023. Disponível em: https://www.reuters.com/technology/trump-returns-social-media-site-x-formerly-twitter-with-mug-shot-post-2023-08-25/. Acesso em: 17 jun. 2024).

44. CLEGG, Nick. Ending Suspension of Trump's Accounts With New Guardrails to Deter Repeat Offenses. *Meta*, Menlo Park, 25 jan. 2023. Disponível em: https://about.fb.com/news/2023/01/trump-facebook--instagram-account-suspension/. Acesso em: 18 jun. 2024.

existência de uma mobilização "coordenada", sobretudo sob a alcunha "*Stop the Steal*" – que deixou de ser mero grito de protesto para se transformar em um potente movimento *online*.

Com a notoriedade do *The Facebook Papers*, ficou claro que o conglomerado de Mark Zuckerberg reconhecia (ao menos internamente) suas vulnerabilidades. A preocupação seria acentuada em relação a países nos quais a língua nativa não é o inglês, o que deixaria a plataforma mais suscetível a abusos por parte de movimentos controversos e de regimes autoritários. Ainda de acordo com o material vazado, 84% dos esforços contra a desinformação seriam destinados aos Estados Unidos, cabendo apenas 16% ao "Resto do Mundo", no que se incluem países como Índia, Itália, França e Brasil.[45] Questões culturais, aliás, inclusive envolvendo idioma, são importantes entraves à atuação das plataformas no que toca à moderação, seja humana, seja por inteligência artificial, como se verá no Capítulo 3.

Não se pode perder de vista que políticas e medidas adotadas nos Estados Unidos por redes sociais, ou em relação às redes sociais, não necessariamente seriam cabíveis no contexto e no ordenamento jurídico brasileiro. Ainda assim, traçar esse panorama inicial é importante porque ajuda a compreender a força que as plataformas digitais têm, em especial, quando se está a tratar de grandes eventos políticos e sociais. Não à toa, as maiores controvérsias dos tempos recentes (de pleitos eleitorais a questões de saúde pública) passaram, e continuarão passando, por esses caminhos.

Há, de um lado, evidente urgência no sentido de que as plataformas adotem medidas com vistas a tornar o ambiente mais saudável a seus usuários. No âmbito da moderação, a propósito, as redes têm encontrado guarida em seus termos de uso, a partir dos quais justificam as já citadas medidas, como filtragem, etiquetagem, suspensão e remoção de publicações e contas de seus usuários. De outro lado, contudo, evidencia-se a preocupação quanto aos limites dessa atuação, que pode acabar assumindo contornos de arbitrariedade – daí a necessidade de se observar essa atuação sob o prisma da responsabilidade civil, o que se dará no Capítulo 3.

O espectro de discussão é bastante amplo, e seu objeto merece ser vislumbrado a partir de perspectivas distintas, mesmo porque, atualmente, redes sociais alternativas vêm se somar àquelas mais conhecidas dos usuários e, nas palavras de Tatiana Dourado, "atraem grupos que se sentem blindados pelas políticas de moderação das plataformas mais comerciais e/ou que buscam experimentar

---

45. LIMA, Cristiano. *A whistleblower's power*: Key takeaways from the Facebook Papers. Washington, DC, 26 out. 2021. Disponível em: https://www.washingtonpost.com/technology/2021/10/25/what--are-the-facebook-papers/. Acesso em: 17 jun. 2024.

formas de sociabilidade mais reclusa e/ou alternativa". A autora observa que essas plataformas assumem características diversas (linha do tempo, fóruns, *imageboards* ou troca de mensagens instantâneas), sempre com o objetivo de estimular a conexão entre os usuários e a criação de comunidades.[46] Outra relevante característica está relacionada ao fato de que muitas dessas vias alternativas de redes sociais carecem de representação em países como o Brasil, o que pode imprimir dificuldades para que sigam determinações judiciais ou se sujeitem ao ordenamento jurídico local.

É bastante rico, como se vê, o cenário que se descortina a partir da internet e, em especial, das possibilidades que se extraem das redes sociais. Suas funcionalidades permitem a consolidação de novas características da sociedade atual, com as plataformas atuando como importantes espaços (e não apenas como espaços, mas também como agentes) de desenvolvimento individual e coletivo. Esse contexto carregado de complexidade renderia, por si só, uma extensa abordagem acadêmica, mas não é esse o objetivo principal desta obra. Ainda assim, jamais se poderia deixar de adentrar, ainda que preliminarmente, os meandros das dinâmicas que tornam a internet um ambiente repleto de controvérsias.

Dentre uma série de pautas relacionadas a esse contexto e que demandam detido debate acadêmico, certamente a da desinformação – e, em especial, os contornos da atividade de moderação desse tipo de conteúdo – é uma das mais candentes. Tal como se sinalizou no início deste tópico, informações fabricadas, descontextualizadas, mal apuradas ou inverídicas sempre circularam. A grande diferença está no fato de que, atualmente, esse tipo de conteúdo encontra, na internet, uma importante ferramenta de potencialização, como pontuam José Luiz Bolzan de Morais e Adriana Martins Ferreira Festugatto:

> (...) as *fake news* equivalem a uma roupagem modernizada dos clássicos truques de manipulação e dominação de outrora, com a Internet fornecendo um novo meio, dotado de ferramentas eficientes para a sua propagação e com alto poder de influência na autonomia do juízo, do convencimento e da racionalidade. (...) Todavia, em que pese o forte viés de distopia tecnológica que emana das "notícias falsas fabricadas" na Internet, essas não devem ser consideradas como um produto único e exclusivo das plataformas digitais. A novidade, sobretudo, vem do Whatsapp, do Facebook, do Twitter, e não da disseminação do falso.[47]

É justamente em razão de a novidade não estar na disseminação do falso, mas nas redes sociais como um novo meio para a sua propagação, que o debate sobre a atuação desses agentes privados diante desse fenômeno tem recebido

---

46. DOURADO, Tatiana. *Fake news*: quando as mentiras viram fatos políticos. Porto Alegre: Zouk, 2021. p. 43-44.
47. MORAIS, José Luiz Bolzan de; FESTUGATTO, Adriana Martins Ferreira. *A democracia desinformada*: eleições e *fake news*. Porto Alegre: Livraria do Advogado, 2021. p. 87-88.

cada vez mais espaço. Essa reflexão deve se guiar a partir de dois pilares, citados por Artur Pericles Lima Monteiro e outros: a garantia dos direitos dos usuários e a defesa de um ambiente aberto e democrático – reconhecendo-se, portanto, os deveres das plataformas, sem ignorar o seu papel na sociedade contemporânea.[48] No âmbito das garantias dos direitos dos usuários, portanto, emergem as questões relacionadas à responsabilidade civil, mormente em casos nos quais a atuação desses provedores se dá de maneira inadequada.

Este livro se volta a um panorama que se descortina na atualidade, de maneira dinâmica, com novos elementos a cada dia. A rapidez característica dos avanços tecnológicos, contudo, não pode frear os debates acadêmicos a respeito de estratégias para lidar com o fenômeno da desinformação (e em que termos e medidas fazê-lo). Reitera-se que, aqui, a proposta cuida das possibilidades e dos limites da atuação das redes sociais nesse contexto, referentemente à moderação de conteúdo. Por isso que, estabelecidas as premissas com vista a contribuir para a compreensão das características do cenário em que se desenvolve esse fenômeno, há que se passar à reflexão a respeito do que, afinal, pode ser configurado como desinformação e conteúdo desinformativo.

1.2 O CONCEITO E A MENSAGEM: CARACTERÍSTICAS DA DESINFORMAÇÃO E DO CONTEÚDO DESINFORMATIVO

É notável o esforço que tem sido empreendido nos debates acadêmicos com vistas a se estabelecer uma definição para o fenômeno da desinformação. Trata-se de uma tarefa importante, mas ainda inacabada – e que enfrenta, também, a própria popularização do termo *fake news*, hoje amplamente difundido, mas nem sempre empregado de maneira tecnicamente precisa. Não será nesta oportunidade, por certo, que o conceito definitivo será alcançado. Ainda assim, não se pode deixar de enfrentá-lo, inclusive com vistas a contribuir para as reflexões que se propõem a alcançar um acordo semântico sobre o que são, afinal, *fake news* (ou, ainda melhor, o que é desinformação, inserida em um contexto de desordem informacional).

Trata-se de passo essencial para identificar que tipo de material pode e/ou deve ser objeto de enfrentamento e está sujeito, ou não, à moderação pelas redes sociais. Há que se ressaltar, de início, as dificuldades que essa tarefa impõe: as fronteiras entre verdade e mentira, opinião e informação, fato e versão, como se verá, são tênues, e distinguir essas formas de conteúdo é um imponente desafio

---

48. MONTEIRO, Artur Pericles Lima *et al. Armadilhas e caminhos na regulação da moderação de conteúdo, diagnósticos & recomendações*. São Paulo: InternetLab, 2021. p. 6. Disponível em: https://internetlab. org.br/wp-content/uploads/2021/09/internetlab_armadilhas-caminho-moderacao.pdf. Acesso em: 30 jun. 2024.

para o Direito, como pondera José Luiz de Moura Faleiros Júnior, porque "qualquer discussão relativa ao controle, à regulação ou à imposição de sanções pela propagação de *fake news* fatalmente desafiará o intérprete à cognição dos limites imponíveis (no caso, às liberdades de imprensa e de expressão)".[49]

Essas mesmas dificuldades se apresentam – e, quiçá, até se potencializam – na atividade de moderação, que pode acabar por alçar o agente privado à posição de definir, *grosso modo*, o que é verdade e o que é mentira (para, de acordo com suas políticas, decidir o que se pode manter e o que se deve excluir). Ante a subjetividade característica da desinformação, conceder ao agente privado a possibilidade de diferenciar o que é verdadeiro do que é falso (estando, a partir daí, sujeito, ou não, às estratégias de moderação) é um caminho perigoso, como anota Ronaldo Porto Macedo Júnior.[50] Ainda assim, apesar das dificuldades e dos riscos daí advindos, parece se tratar de medida imprescindível, ao se considerar que ainda mais gravosa pode ser a desordem informacional que pode causar esse tipo de conteúdo. Como será demonstrado no Capítulo 2 a moderação é tão salutar quanto necessária – mas especialmente complexa, na seara da desinformação.

Retomando-se a abordagem proposta neste tópico, o que se procura é contribuir para a melhor compreensão sobre que tipo de conteúdo caracteriza desinformação, correspondente a fenômeno popularizado, como já referido, pelo termo *fake news*, do qual parte esta análise. Nesse sentido, cabe notar que, durante muito tempo, principalmente nos Estados Unidos, a expressão *fake news* era utilizada especificamente em referência a programas televisivos do gênero de comédia, como *Saturday Night Live* e *The Colbert Report*, que encenavam telejornais para promover sátiras políticas.[51] O termo se popularizou nas eleições estadunidenses de 2016, quando o então candidato Donald Trump passou a utilizá-lo repetidamente, para criticar a cobertura dada pela imprensa do país ao pleito.[52] Em 2018, Trump fez menção a "*fake news*" 210 vezes em sua conta no antigo Twitter.[53]

---

49. FALEIROS JÚNIOR, José Luiz. Liberdade de expressão, *fake news* e responsabilidade civil: breves reflexões. *In*: ERHARDT JÚNIOR, Marcos; LOBO, Fabíola Albuquerque; ANDRADE, Gustavo (coord.). *Liberdade de expressão e relações privadas*. Belo Horizonte: Fórum, 2021a. p. 179.

50. MACEDO JR., Ronaldo Porto. *Fake news* e novas ameaças à liberdade de expressão. *In*: ABBOUD, Georges; NERY JR., Nelson; CAMPOS, Ricardo (org.). Fake news *e regulação*. 2. ed. São Paulo: Thomson Reuters Brasil, 2020. pos. 7693.

51. TORRES, Russel; GERHART, Natalie; NEGAHBAN, Arash. Epistemology in the Era of Fake News: an exploration of information verification behaviors among social networking site users. *SIGMIS Database*, [S.l.], v. 3, n. 49, ago. 2018. p. 80.

52. ROSS, Andrew S.; RIVERS, Damien. J. Discursive deflection: accusation of "Fake News" and the spread of mis- and disinformation in the tweets of President Trump. *Social Media and Society*, [S.l.], v. 4, n. 2, abr. 2018. p. 1. Disponível em: https://doi.org/10.1177/2056305118776010. Acesso em: 26 jun. 2024.

53. ROSA, Raúlo Magallón. *Unfaking news*: como combater a desinformação. Porto: Media XXI, 2019. p. 34.

Após a amplificação do uso do termo durante as eleições presidenciais dos Estados Unidos de 2016, o Dictionary.com, um dos principais dicionários *online* do mundo, anunciou[54] a inserção de uma entrada para o termo, que acabou dividida em três ramificações: notícias falsas, elaboradas com o objetivo de alcançar ampla distribuição, buscando gerar receita e/ou enfraquecer a imagem de uma pessoa ou de um movimento; paródia, criada por meio de uma imitação jornalística satírica, com o objetivo de fazer humor; e, por fim, tática para contestar ou desacreditar informações compreendidas como hostis ou pouco lisonjeiras.[55]

Por parte da doutrina, a abordagem do conceito costuma caminhar em sentido semelhante, embora, por vezes, aponte particularidades que merecem ser sublinhadas. Diogo Rais e Stela Rocha Sales observam que a expressão *fake news* "(...) ora indica como se fosse uma notícia falsa, ora como se fosse uma notícia fraudulenta, ora como se fosse uma reportagem deficiente ou parcial, ou, ainda, uma agressão a alguém ou a alguma ideologia".[56] Sem fazer menção à ideia de notícia, José Luiz Faleiros Júnior aponta que

> A rigor, a expressão se tornou um "gênero" que congloba todo tipo de conteúdo indevido, seja por sua natureza deliberadamente falsa, caluniosa ou difamatória, seja porque propagado para confundir, iludir ou desinformar, seja para propagar teorias da conspiração ou mesmo para veicular visões carregadas de subjetivismo.[57]

Sugerem Diogo Rais e Stela Rocha Sales que a tradução jurídica adequada para o termo seria "notícias ou mensagens fraudulentas", concordando com o fato de que, para que assim se caracterizem, é necessária a atuação "propositadamente mentirosa". Sua ideia central não se limitaria a mera mentira (que orbita no campo da ética), mas alcançaria o caráter de fraude (aí, sim, com contornos jurídicos).[58] Eugênio Bucci reforça a tradução como "notícias fraudulentas", traçando um paralelo a respeito de suas diferenças nas línguas inglesa e portuguesa: "O sentido do adjetivo '*fake*', em inglês, envolve intenção do agente de enganar

---

54. STEINMETZ, Katy. The Dictionary is adding and entry for "fake news". *TIME*, Nova Iorque, 27 set. 2017. Disponível em: https://time.com/4959488/donald-trump-fake-news-meaning/. Acesso em: 26 maio 2022.
55. FAKE NEWS. *In*: Dictionary.com. [*S.l.*], 2017. Disponível em: https://www.dictionary.com/browse/fake-news. Acesso em: 26 maio 2024.
56. RAIS, Diogo; SALES, Stela Rocha. *Fake news, deepfakes* e eleições. *In*: RAIS, Diogo (coord.). *Fake news*: a conexão entre a desinformação e o direito. 2. ed. São Paulo: Thomson Reuters Brasil, 2020. p. 27.
57. FALEIROS JÚNIOR, José Luiz. Liberdade de expressão, *fake news* e responsabilidade civil: breves reflexões. *In*: ERHARDT JÚNIOR, Marcos; LOBO, Fabíola Albuquerque; ANDRADE, Gustavo (coord.). *Liberdade de expressão e relações privadas*. Belo Horizonte: Fórum, 2021a. p. 181.
58. RAIS, Diogo; SALES, Stela Rocha. *Fake news, deepfakes* e eleições. *In*: RAIS, Diogo (coord.). *Fake news*: a conexão entre a desinformação e o direito. 2. ed. São Paulo: Thomson Reuters Brasil, 2020. p. 27.

o interlocutor, o público ou o destinatário. O adjetivo 'falsa', em português, não implica esse dolo, essa intenção maliciosa".[59]

Avança Axel Gelfert na mesma linha, sublinhando o fato de que *fake news* são um tipo de desinformação criada de maneira não acidental, sendo disseminada por uma suposta fonte de notícias,[60] e estando propensa, como pondera Don Fallis, a criar falsas crenças.[61] Está-se sustentando aqui, portanto, e à luz do referido por Axel Gelfert, que *fake news* se prestam a ser enganosas – e isso se dá com alto potencial de alcance: o que confere urgência à sua discussão, na condição de fenômeno político-social, é justamente seu grande poder de amplificação.[62]

Muito embora as variadas definições apontadas pela doutrina gozem de importantes semelhanças, há diferenças que seguem dificultando que se alcance um conceito definitivo para o fenômeno. Ainda sem avançar ao conceito de desinformação (que, como já adiantado, é o mais adequado a abordar a temática), vale mencionar que autores apontam características distintas como requisitos para que se configurem como *fake news*. Tatiana Dourado, por exemplo, chama a atenção para a existência de uma "dupla falsificação elementar", de modo que, de um lado, haveria a invenção de fatos (ou melhor, um relato falso apresentado com características de fato) e, de outro, esse relato apresentaria a característica de "*news*":

> O adjetivo *fake* (falso, fraudulento, fabricado) e o substantivo *news* (notícia, matéria jornalística da expressão), assim, representam o mimetismo da mentira como matéria de jornal ou website de notícia que constituía – e ainda constitui – o padrão-ouro de credibilidade junto ao público que uma *fake news* pode tentar obter. Os recursos e a linguagem do jornalismo, assim, são artifícios explorados porque a imprensa se posicionou desde o século XIX como instituição legitimada a comunicar fatos de interesse público.[63]

A autora observa que a mimetização não necessariamente simula a estrutura de notícia, mas pode se valer de um viés jornalístico ao se apegar à ideia de novidade (como acontece em narrativas apresentadas por supostas testemunhas oculares de um acontecimento) ou, ainda, de notícia em sentido estrito (que

---

59. BUCCI, Eugênio. *Existe democracia sem verdade factual?* Barueri, SP: Estação das Letras e Cores, 2019. p. 10.
60. GELFERT, Axel. Fake news: a definition. *Informal Logic*, Windsor, v. 38, n. 1, 2018. p. 104. Disponível em: https://www.erudit.org/en/journals/informallogic/2018-v38-n1-informallogic04379/1057034ar. pdf. Acesso em: 25 maio 2024.
61. FALLIS, Don. What is disinformation? *Library Trends*, Baltimore, v. 63, n. 3, 2015. p. 406. Disponível em: https://muse.jhu.edu/article/579342. Acesso em: 25 maio 2024.
62. GELFERT, Axel. Fake news: a definition. *Informal Logic*, Windsor, v. 38, n. 1, 2018. p. 104. Disponível em: https://www.erudit.org/en/journals/informallogic/2018-v38-n1-informallogic04379/1057034ar. pdf. Acesso em: 25 maio 2024.
63. DOURADO, Tatiana. *Fake news*: quando as mentiras viram fatos políticos. Porto Alegre: Zouk, 2021. p. 53.

estaria ligada não à estrutura noticiosa em si, mas ao ato de informar algo considerado urgente). De qualquer forma, sua conclusão indica que, para que um conteúdo se configure como *fake news*, não deve haver qualquer dúvida quanto ao caráter inverídico da informação que carrega – o que poderia ser objetivamente comprovado por meio da imprensa, de projetos de checagem, de organizações públicas e privadas (como ocorre na atividade de moderação de conteúdo), da Justiça e, até, dos cidadãos.[64]

Enquanto Tatiana Dourado afasta desse conceito os discursos opinativos distorcidos (e, como reconhece, com potencial igualmente enganoso), autores como Ronaldo Porto Macedo Junior ampliam o arcabouço conceitual, até mesmo para que se compreendam situações consideradas limítrofes – e que são, afinal, o grande cerne de preocupação a respeito do tipo de conteúdo que pode ou não ser publicado, compartilhado e, mais ainda, moderado nas redes sociais:

> Num caso paradigmático, é evidente que *fake news* podem significar uma notícia forjada de forma deliberada para enganar uma audiência e, dessa forma, gerar algum tipo de vantagem econômica ou política indevida. Contudo, há casos limítrofes de difícil enquadramento, como websites que veiculam informações parcialmente distorcidas, descontextualizadas, enviesadas ou dúbias. Por vezes os emissores também recorrem à criação de manchetes que não traduzem o conteúdo das matérias, mas que servem de isca para leitores desavisados. O importante, contudo, é destacar que o conceito de *fake news* se refere a veiculação de mensagem capaz de gerar algum tipo de fraude dentro do sistema de comunicação na qual ela opera.[65]

Vê-se que Tatiana Dourado se refere àquele conteúdo com aspecto integralmente fraudulento, que poderia ser desconstruído por meio da verificação de fatos. Sendo constatada a inveracidade da informação prestada, daí se extrairia a prova real quanto à existência de *fake news*. De outro lado, Ronaldo Porto Macedo Junior expande o conceito, ao sublinhar os elementos que se posicionam na linha entre o que se poderia considerar totalmente verdadeiro e totalmente fraudulento – e que demanda, portanto, uma análise também sob o aspecto interpretativo. Os maiores desafios estão justamente nesses casos limítrofes, que se situam nas fronteiras da liberdade de expressão e de informação.

É essa linha nebulosa, aliás, que faz com que o combate a esse tipo de conteúdo seja tão desafiador, especialmente em razão de três dificuldades, destacadas por Camilo Onoda Luiz Caldas e Pedro Neri Luiz Caldas: a de identificar a própria

---

64. DOURADO, Tatiana. *Fake news*: quando as mentiras viram fatos políticos. Porto Alegre: Zouk, 2021. p. 54.
65. MACEDO JR., Ronaldo Porto. Liberdade de expressão ou dever de falar a verdade? *In*: BARBOSA, Mariana (org.). *Pós-verdade e* fake news: reflexões sobre a guerra de narrativas. Rio de Janeiro: Cobogó, 2019. p. 81.

informação fraudulenta, dado o esforço para ocultar as partes fabricadas por meio de técnicas como confusão de datas, alteração de nomes de personalidades e instituições, e utilização de denominações de portais de notícia de credibilidade etc.; a de chegar a sua fonte original, que comumente fica resguardada à sombra de contas anonimizadas e computadores protegidos; e a de conter os meios pelos quais são propagados (comumente com início em serviços de mensageria, passando, depois, para as redes sociais), que igualmente dificulta o mapeamento de sua origem.[66]

Importa trazer à discussão, ainda, o fato de que os avanços tecnológicos não apenas viabilizam a viralização de conteúdo, mas também têm tornado esse conteúdo cada vez mais verossímil. É isso que está por trás do conceito de *deepfakes*. Robert Chesney e Danielle Citron ilustram esse mais avançado estágio de concepção fraudulenta de informação alertando que, se uma imagem vale mais que mil palavras, nada poderia ser tão persuasivo quanto um áudio ou um vídeo gravado diretamente do evento. É justamente essa a premissa das *deepfakes*, que se tornam tão atrativas justamente porque "permite(m) às pessoas que se tornem testemunha em primeira mão de um evento, poupando-as de ter de decidir se devem confiar no relato de outra pessoa".[67]

A falsificação profunda, em tradução livre, dá-se a partir da manipulação de áudio e vídeo, de maneira muito realística, tornando extremamente difícil distinguir o que é real do que não é. A adulteração, explicam os autores, é feita a partir de mecanismos que vão muito além dos tradicionais programas de edição: o conteúdo, nesses casos, é criado por meio de um tipo específico de *deep learning*, no qual pares de algoritmos são colocados uns contra os outros nas chamadas *generative adversarial networks* (redes adversariais generativas, em tradução livre),[68] ou GANs (na sigla em inglês).[69]

---

66. CALDAS, Camilo Onoda Luiz; CALDAS, Pedro Neri Luiz. Estado, democracia e tecnologia: conflitos políticos no contexto do *big-data*, das *fake news* e das *shitstorms*. *Perspectivas em Ciência da Informação*, Belo Horizonte, v. 24, n. 2, 2019. p. 209. Disponível em: https://brapci.inf.br/index.php/res/v/120136. Acesso em: 11 maio 2024.

67. Tradução livre. No original: "*Audio and video recordings allow people to become firsthand witnesses of an event, sparing them the need to notice whether to trust someone else's account of fit*" (CHESNEY, Robert; CITRON, Danielle. Deepfakes and the New Disinformation War: the coming age of post-truth geopolitics. *Foreing Affairs*, [S.l.], v. 98, n. 1, jan./fev. 2019. p. 147. Disponível em: https://heinonline.org/HOL/P?h=hein.journals/fora98&i=149. Acesso em: 30 maio 2024).

68. CHESNEY, Robert; CITRON, Danielle. Deepfakes and the New Disinformation War: the coming age of post-truth geopolitics. *Foreing Affairs*, [S.l.], v. 98, n. 1, jan./fev. 2019. p. 147. Disponível em: https://heinonline.org/HOL/P?h=hein.journals/fora98&i=149. Acesso em: 30 maio 2024.

69. Explica Ian J. Goodfellow que, em uma GAN, um algoritmo, o "gerador", cria conteúdo por meio de fontes de dados (conforme o exemplo de Robert Chasney e Danielle Citron, fazendo imagens artificiais de gatos a partir de um banco de dados de fotos de gatos reais), enquanto um segundo algoritmo, o "discriminador", tenta identificar o conteúdo artifical. O fato de cada algoritmo estar constantemente

A origem das *deepfakes* é resgatada por Nina I. Brown, que relata que os primeiros casos surgiram na internet por meio da criação e manipulação de conteúdo pornográfico. Vídeos protagonizados por atores pornô eram alterados, com a inserção de rostos de atrizes e outras personalidades que não haviam dado consentimento para aparecer nas gravações.[70] Os riscos dessa prática são percebidos especialmente no contexto político-eleitoral. Diogo Rais e Stela Rocha Sales relembram um caso que envolveu o ex-governador de São Paulo, João Doria, casado, supostamente gravado em momentos íntimos com outras mulheres. Doria alegou que o vídeo era falso, mas, à época, a imprensa divulgou resultados de laudos com conclusões distintas,[71] sem que tenha havido uma resposta definitiva – o que torna evidente, nas palavras dos autores, o grau de refinamento dessas ferramentas e a dificuldade de se fazer prova em contrário.[72]

Vê-se que, se, de início, o fenômeno se manifestava essencialmente por meio de informações fabricadas e inseridas em mensagens escritas, com formato de texto, a tecnologia tem viabilizado a construção de narrativas que envolvem elementos que lhes garantem ainda mais verossimilhança – e, na mesma medida, as tornam potencialmente mais lesivas. Se a desinformação já se mostrava um importante desafio tanto para os provedores de aplicação, no âmbito da moderação, quanto para seus usuários, não há dúvidas de que as *deepfakes* conduzem essa reflexão a outro nível, com dificuldades ainda maiores.

Neste momento de definição (ou de *tentativa* de definição) do fenômeno da desinformação, optou-se por partir do termo popularmente mais conhecido, *fake news*, passando por sua mais recente espécie, as *deepfakes*. Como se demonstrou, muitos autores se valem do termo *fake news* de maneira ampla, inclusive como

---

treinando contra o outro leva a um rápido aprimoramento, permitindo que as GANs produzam conteúdo de áudio e vídeo falso altamente realista (GOODFELLOW, Ian J. *et al*. Generative Adversarial Networks. *Communications of the ACM*, Nova Iorque, v. 63, n. 11, p. 139-144, nov. 2020. Disponível em: https://dl.acm.org/doi/10.1145/3422622. Acesso em: 20 jun. 2024; CHESNEY, Robert; CITRON, Danielle. Deepfakes and the New Disinformation War: the coming age of post-truth geopolitics. *Foreing Affairs*, [*S.l.*], v. 98, n. 1, jan./fev. 2019. p. 148. Disponível em: https://heinonline.org/HOL/P?h=hein.journals/fora98&i=149. Acesso em: 30 maio 2024).

70. BROWN, Nina I. Deepfake and the weaponization of disinformation. *Virginia Journal of Law & Technology*, Charlottesville, v. 23, n. 1, 2020. p. 8-9. Disponível em: https://static1.squarespace.com/static/5e793709295d7b60295b2d29/t/5f0b7e4e0f4f095f7e70613f/1594588750542/v23i1_1-Brown.pdf. Acesso em: 30 maio 2024.

71. QUINTELLA, Sérgio. Perícia revela laudo sobre vídeo íntimo atribuído a João Doria. *Veja São Paulo*, São Paulo, 24 out. 2018. Disponível em: https://vejasp.abril.com.br/coluna/poder-sp/pericia-aponta-montagem-em-video-intimo-atribuido-a-joao-doria/. Acesso em: 30 maio 2024; NOVO laudo aponta que vídeo íntimo de João Doria é verdadeiro. *Metrópoles*, Brasília, 26 out. 2018. Disponível em: https://www.metropoles.com/brasil/ eleicoes-2018/novo-laudo-aponta-que-video-intimo-de-joao-doria-e-verdadeiro. Acesso em: 30 maio 2024.

72. RAIS, Diogo; SALES, Stela Rocha. *Fake news, deepfakes* e eleições. *In*: RAIS, Diogo (coord.). *Fake news*: a conexão entre a desinformação e o direito. 2. ed. São Paulo: Thomson Reuters Brasil, 2020. p. 29.

sinônimo de desinformação. Há uma importante fragilidade da expressão, justamente em razão de sua polissemia, que, conforme observam Diogo Rais e Stella Rocha Sales, dificultaria os diagnósticos necessários a encontrar formas de atuar diante desse desafio.[73] O enfrentamento de um termo que pode significar tantas coisas (até mesmo uma mera crítica ideológica, como nos ataques de Trump à imprensa e a seus adversários) torna-se, afinal, muito mais difícil.

A partir do termo *fake news*, ou de notícias fraudulentas, pode-se passar a um conceito mais amplo, que já vem sendo adotado ao longo desta obra: o conteúdo com desinformação, situado em um contexto da chamada desordem informacional. O Relatório do Grupo de Peritos de Alto Nível sobre Notícias e Desinformação em Linha, da União Europeia (*High Level Expert Group on Fake News and Online Disinformation*, ou HLEG, na sigla em inglês), define como desinformação "todas as informações falsas, inexatas ou deturpadas concebidas, apresentadas e promovidas para causar um prejuízo público intencional ou para obter lucro".[74] A orientação partida pelo HLEG se volta, portanto, ao abandono da expressão originalmente designada para tratar do fenômeno.

Fazer menção tão somente a notícias falsas, sustenta o documento, não seria suficiente para abarcar a complexidade da desinformação, tendo em vista que essa também inclui conteúdo resultante de combinações entre fatos e informações fabricadas – ou seja, diz respeito não apenas aos casos clássicos, passíveis de identificação a partir da mera checagem de informação, engloba, também, as antes mencionadas situações limítrofes –, bem como a sua forma de circulação:

> Em primeiro lugar, o termo é inadequado para capturar o complexo problema da desinformação, que envolve conteúdo que não é realmente ou completamente "falso", mas, também, informações fabricadas misturadas com fatos, bem como práticas que vão muito além de qualquer coisa que se assemelhe a "notícias", como contas automatizadas usadas para *astroturfing*,[75] redes de seguidores falsos, vídeos fabricados ou manipulados, publicidade

---

73. RAIS, Diogo; SALES, Stela Rocha. *Fake news, deepfakes e eleições. In*: RAIS, Diogo (coord.). *Fake news*: a conexão entre a desinformação e o direito. 2. ed. São Paulo: Thomson Reuters Brasil, 2020. p. 27.

74. Tradução livre. No original: "*Disinformation, as used in the Report, includes all forms of false, inaccurate, or misleading information designed, presented and promoted to intentionally cause public harm or for profit*" (EUROPEAN COMMISSION. *A multi-dimensional approach to disinformation*: report of the independent High-Level Group on fake news and online disinformation. Luxemburgo: Publications Office of the European Union, 2018. p. 3. Disponível em: https://digital-strategy.ec.europa.eu/en/library/final-report-high-level-expert-group-fake-news-and-online-disinformation. Acesso em: 26 maio 2024).

75. O termo se refere à prática de viabilizar a ampla disseminação, por organizações políticas ou religiosas, no campo da publicidade ou das relações públicas (para se dar apenas alguns exemplos), de mensagens com o objetivo de corroborar um posicionamento, atitude ou ideologia. Para isso, a autoria é desidentificada, de modo que cause a impressão de que esse apoio em massa parte de um grupo de pessoas sem qualquer vínculo com a ideia que se pretende fortalecer (KURTZ, Lahis. Astroturfing: when misinformation meets activism. *Institute for Research on Internet and Society (IRIS)*, Belo Horizonte, 23 dez. 2019. Disponível em: https://irisbh.com.br/en/when-disinformation-meets-activism/. Acesso em: 1º jun. 2024).

direcionada, *trolling* organizado, memes e muito mais. Também pode envolver uma matriz inteira de comportamento digital que tem maior relação com circulação de desinformação do que sobre produção de desinformação, abrangendo atos de postar, comentar, compartilhar, twittar e retweetar etc.[76]

O relatório refere expressamente não só o ato de fabricar informação de maneira total ou parcial, como também a atitude de compartilhar essa informação, por meio das ferramentas disponíveis no ambiente virtual. Logo, estariam contemplados, no conceito de desinformação, não apenas os agentes responsáveis pela origem do conteúdo fraudulento característico do fenômeno, mas, igualmente, aqueles que contribuem, voluntária ou involuntariamente, para que seu alcance seja ampliado. Desse ponto, aliás, extrai-se característica importante quanto ao fluxo da desinformação: se a origem do conteúdo carrega a intenção de enganar, sua viralização nem sempre ocorre pelo mesmo motivo.

É o que defendem Marco Antônio Sousa Alves e Emmanuela R. Halfeld Maciel, ao observar que o fenômeno não necessariamente envolve uma ação dolosa ou um ato consciente e voluntário de deturpação da realidade, mas uma ação que se contextualiza em um ambiente de guerra, que envolve informações que são consumidas e compartilhadas não porque correspondem à realidade, mas porque sustentam narrativas,[77] tema que será abordado em maior profundidade no tópico 1.4. O espectro da desinformação, como se pode concluir, é amplo.

Também quanto à recomendação do HLEG para que se passe a empregar o termo "desinformação", ressalte-se que a organização observa que a expressão *"fake news"* acabou apropriada por políticos e seus apoiadores, para atacar seus adversários e a cobertura realizada por veículos de imprensa.[78] *"Fake news"* passou

---

76. Tradução livre. No original: *"Firstly the term is inadequate to capture the complex problem of disinformation, which involves content that is not actually or completely 'fake' but fabricated information blended with facts, and practices that go well beyond anything resembling 'news' to include some forms of automated accounts used for astroturfing, networks of fake followers, fabricated or manipulated videos, targeted advertising, organized trolling, visual memes, and much more. It can also involve a whole array of digital behaviour that is more about circulation of disinformation than about production of disinformation, spanning from posting, commenting, sharing, tweeting and re-tweeting etc."* (EUROPEAN COMMISSION. *A multi-dimensional approach to disinformation*: report of the independent High-Level Group on fake news and online disinformation. Luxemburgo: Publications Office of the European Union, 2018. p. 10. Disponível em: https://digital-strategy.ec.europa.eu/en/library/final-report-high-level--expert-group-fake-news-and-online-disinformation. Acesso em: 26 maio 2024).

77. ALVES, Marco Antônio Sousa; MACIEL, Emmanuela R. Halfeld. O fenômeno das fake news: definição, combate e contexto. *Revista Internet & Sociedade*, São Paulo, v. 1, n. 1, p. 144-171, jan. 2020. p. 153. Disponível em: https://revista.internetlab.org.br/o-fenomeno-das-fake-news-definicao-combate-e--contexto/. Acesso em: 10 jun. 2024.

78. EUROPEAN COMMISSION. *A multi-dimensional approach to disinformation*: report of the independent High-Level Group on fake news and online disinformation. Luxemburgo: Publications Office of the European Union, 2018. p. 10. Disponível em: https://digital-strategy.ec.europa.eu/en/library/final-report-high-level-expert-group-fake-news-and-online-disinformation. Acesso em: 26 maio 2024.

a ser mais associado com o debate político-partidário e com a guerra ideológica, como concluído por Rasmus Kleis Nielsen e Lucas Graves, e menos com a técnica para definir a vulnerabilidade da informação.[79]

Evidenciada a inadequação do termo *fake news*, importa lançar os olhos para outros contornos relevantes a compreender o fenômeno da desinformação, inserido no que Claire Wardle e Hossein Derakhshan definem como desordem informacional (*information disorder*), que se divide em uma tríade: *mis-information* diz respeito a uma informação que é falsa, mas que não é criada com a intenção de causar dano (que pode resultar, por exemplo, de problemas de apuração, ou mesmo de equívocos de redação); *dis-information* é a informação deliberadamente criada para prejudicar uma pessoa, um grupo social, uma organização e até mesmo um país; e *mal-information* dá-se a partir do compartilhamento de informações genuínas, geralmente destinadas a permanecer na esfera privada, mas que são levadas a público com o intuito de causar dano (têm-se como exemplos vazamento de informações, ameaças e discurso de ódio).[80]

Em resumo, *mis-information* é falsa, mas não tem o objetivo de ser prejudicial. *Mal-information* é verdadeira e tem o objetivo de ser prejudicial. No centro, como ponto de intersecção dessas esferas, unindo as características de falsidade e prejudicialidade, está a *dis-information* – ou a desinformação.[81] Tampouco aqui há um conceito definitivo, embora se opte pela afiliação à delimitação apresentada pelo HLEG, baseada em Claire Wardle e Hossein Derakhshan. O debate proposto aqui se ocupa, em especial, da terceira categoria, que envolve tanto manipulações da realidade, inclusive com falsos contextos, quanto a criação de conteúdo inverídico.

Nesse caso, tem-se, a partir do conteúdo, a pretensão de causar algum tipo de dano, ou mesmo de obter algum tipo de vantagem (que seja se valer de seu apelo para aumentar seu alcance) – o que, como mencionado, não necessariamente se estende ao momento da circulação desse conteúdo em razão do compartilhamento por terceiros,[82] que igualmente deve ser objeto de cuidado, sobretudo

---

79. NIELSEN, Rasmus Kleis; GRAVES, Lucas. "News you don't believe": audience perspectives on fake news. *Reuters Institute*, [S.l.], out. 2017. Disponível em: https://reutersinstitute.politics.ox.ac.uk/sites/default/files/2017-10/Nielsen%26Graves_factsheet_1710v3_FINAL_download.pdf. Acesso em: 1º jun. 2024.

80. WARDLE, Claire; DERAKHSHAN, Hossein. *Information disorder*: toward an interdisciplinary framework for research and policy making. Strasbourg: Council of Europe, 2017. p. 20. Disponível em: https://rm.coe.int/information-disorder-toward-an-interdisciplinary-framework-for-researc/168076277c. Acesso em: 27 maio 2024.

81. WARDLE, Claire; DERAKHSHAN, Hossein. *Information disorder*: toward an interdisciplinary framework for research and policy making. Strasbourg: Council of Europe, 2017. p. 20. Disponível em: https://rm.coe.int/information-disorder-toward-an-interdisciplinary-framework-for-researc/168076277c. Acesso em: 27 maio 2024.

82. ALVES, Marco Antônio Sousa; MACIEL, Emmanuela R. Halfeld. O fenômeno das fake news: definição, combate e contexto. *Revista Internet & Sociedade*, São Paulo, v. 1, n. 1, p. 144-171, jan. 2020. p. 153.

quando se trata de moderação. Ao moderar, afinal, a tendência é que a plataforma se atenha especificamente ao conteúdo, não necessariamente considerando as motivações por trás de sua elaboração e compartilhamento.

Sob essa ótica, aliás, poder-se-ia considerar que *mis-information* também está sujeita a moderação – conclusão que está correta. Ainda assim, como se verá, em especial, nos dois próximos tópicos, opta-se nesta obra pelo estudo detido da desinformação justamente porque esse é um fenômeno novo, que envolve complexas engrenagens, formadas por agentes organizados a partir de motivações políticas e econômicas. A falsidade não tem origem em mero equívoco (o que não é uma novidade), mas na intenção de causar dano – o que, por certo, em muito amplia o seu potencial lesivo.

Observam Claire Wardle e Hossein Derakhshan que a desordem informacional (na qual se insere a desinformação) é formada por uma cadeia que envolve três fases: criação (a concepção da mensagem), produção (a transformação da mensagem em um produto de mídia) e distribuição (esse produto é distribuído e tornado público); e três elementos: o agente (envolvido em uma das três fases da cadeia de desinformação), o intérprete e a mensagem.[83]

O agente e o intérprete serão tema de estudo mais detido dos tópicos 1.3 e 1.4, que discorrerão sobre a origem e os mecanismos de disseminação da desinformação (utilizados pelos agentes), e os motivos que tornam a desinformação atrativa e de fácil aceitação (pelos intérpretes). Antes de passar a essa análise, cabe destinar especial atenção à mensagem, sobretudo para tratar das liberdades comunicativas, que ganham outros contornos no ambiente das redes virtuais.

Quanto à mensagem, é de se rememorar que, no Brasil, a Constituição Federal assegura as liberdades comunicativas, subdivididas em liberdade de informação, liberdade de expressão e liberdade de imprensa.[84] A distinção é

Disponível em: https://revista.internetlab.org.br/o-fenomeno-das-fake-news-definicao-combate-e--contexto/. Acesso em: 10 jun. 2024.

83. WARDLE, Claire; DERAKHSHAN, Hossein. *Information disorder*: toward an interdisciplinary framework for research and policy making. Strasbourg: Council of Europe, 2017. p. 22-28. Disponível em: https://rm.coe.int/information-disorder-toward-an-interdisciplinary-framework-for-research/168076277c. Acesso em: 27 maio 2024.

84. As liberdades comunicativas estão asseguradas nos arts. 5º, IV ("é livre a manifestação do pensamento, sendo vedado o anonimato") e IX ("é livre a expressão da atividade intelectual, artística, científica e de comunicação, independentemente de censura ou licença"), bem como no art. 220, *caput* ("A manifestação do pensamento, a criação, a expressão e a informação, sob qualquer forma, processo ou veículo não sofrerão qualquer restrição, observado o disposto nesta Constituição") e § 2º ("É vedada toda e qualquer censura de natureza política, ideológica e artística") (BRASIL. *Constituição da República Federativa do Brasil de 1988*. Brasília, DF: Presidência da República, 1988. Disponível em: http://www.planalto.gov.br/ccivil_03/constituicao/constituicao.htm. Acesso em: 28 jun. 2024).

apresentada por Luís Roberto Barroso, que define a liberdade de informação em caráter dúplice, como "o direito individual de comunicar livremente fatos e o direito difuso de ser deles informado";[85] cita a liberdade de expressão como aquela que "destina-se a tutelar o direito de externar idéias, opiniões, juízos de valor, em suma, qualquer manifestação do pensamento humano"; e classifica a liberdade de imprensa, por fim, como a garantia que contempla a possibilidade de os meios de comunicação em geral "comunicarem fatos e idéias, envolvendo, desse modo, tanto a liberdade de informação como a de expressão".[86]

No que diz respeito a essa distinção, a propósito, o autor traz ponto relevante, em especial, quanto à liberdade de informação e à liberdade de expressão: a primeira não poderia prescindir da verdade, ainda que essa seja uma verdade subjetiva. Haveria exercício de direito à informação, portanto, quando se estivesse tratando de comunicação de fatos noticiáveis, caracterizados por sua (ao menos pretensa) veracidade. Não é o que se exige no caso da liberdade de expressão – que, como observa Edilsom Pereira de Farias, gozaria de proteção mais ampla, justamente porque não estaria sujeita ao limite interno da veracidade. Assim, a informação está condicionada à veracidade, o que não necessariamente ocorre no caso de ideias e opiniões.[87]

Não há dúvidas, nesse contexto, quanto à importância das liberdades comunicativas para o fortalecimento do Estado Democrático de Direito, tal qual sinaliza José Antonio Dias Toffoli.[88] Essa concepção, aliás, ganhou notoriedade ainda no início do século XX, a partir da teoria de mercado das ideias (*marketplace of ideas*), difundida pelo juiz da Suprema Corte Americana Oliver Wendell Holmes, ao defender que a busca pela verdade apenas seria possível a partir do conflito de ideias e da livre exposição de argumentos, conforme notam José Luiz Bolzan de Morais e Adriana Martins Ferreira Festugatto.[89] Mais de um século

---

85. A partir dessa ideia, o conceito de liberdade de informação envolve tanto a liberdade individual de emitir informação, quanto o direito difuso de buscar informação (MACHADO, Jónatas E. M.; BRITO, Iolanda Rodrigues de. *Curso de direito da comunicação social*. Lisboa: Wolters Kluwer, 2013. [E-book não paginado]).

86. BARROSO, Luís Roberto. Colisão entre liberdade de expressão e direitos da personalidade. Critérios de ponderação. Interpretação constitucionalmente adequada do Código Civil e da Lei de Imprensa. *Revista de Direito Administrativo*, Rio de Janeiro, v. 235, 2004. p. 18-19. Disponível em: https://bibliotecadigital.fgv.br/ojs/index.php/rda/article/view/45123. Acesso em: 28 maio 2024.

87. FARIAS, Edilsom Pereira de. *Colisão de direitos*: a honra, a intimidade, a vida privada e a imagem *versus* a liberdade de expressão e informação. Porto Alegre: Sergio Antonio Fabris Editor, 1996. p. 132.

88. TOFFOLI, José Antonio Dias. *Fake news*, desinformação e liberdade de expressão. *In*: ABBOUD, Georges; NERY JR., Nelson; CAMPOS, Ricardo (org.). Fake news *e regulação*. 2. ed. São Paulo: Thomson Reuters Brasil, 2020. p. 22.

89. MORAIS, José Luiz Bolzan de; FESTUGATTO, Adriana Martins Ferreira. *A democracia desinformada*: eleições e *fake news*. Porto Alegre: Livraria do Advogado, 2021. p. 90.

depois, o caso *Schenck v. United States*[90] é frequentemente citado em discussões a respeito da liberdade de expressão no contexto da desinformação. O ambiente da internet parecia, ao menos *a priori*, o ideal para o fortalecimento da democracia a partir da liberdade de expressão e de informação.

Mas o que é, afinal, verdade? A verdade é um conceito fugidio, e não se busca aqui, evidentemente, debruçar-se extensivamente sobre o ponto, que há tanto tem despertado intensos debates nos campos da ética, da filosofia, do jornalismo, da semiótica etc. Ainda assim, essa reflexão urge quando se está diante do problema da desinformação, em especial, ao se falar sobre moderação, porque respostas sobre o que é desinformação e, mais, sobre quais seriam os limites da intervenção das redes sociais em relação ao conteúdo "informativo" elaborado e compartilhado por seus usuários passam, necessariamente, pela compreensão do que se espera de quem faz circular uma mensagem – e isso demanda que se fale sobre verdade.

Nesse contexto, cabe trazer o conceito de verdade factual, elaborado por Hannah Arendt ainda na metade do século XX. Em artigo publicado na revista *The New Yorker*, a filósofa defende que a verdade que efetivamente importaria para a política e para o jornalismo (hoje, junto à democracia, dois campos ameaçados pela desinformação), e que deveria permear o debate público, é a verdade amparada em acontecimentos. Hannah Arendt reconhece que a verdade factual seria mais frágil e precária, tendo em vista se configurar como um registro preliminar do que se passa no dia a dia, na rotina das pessoas e do mundo, sendo esse o motivo pelo qual estaria sujeita a manipulações. Ainda assim, a identificação dessa verdade seria possível para o cidadão comum.[91]

Reitere-se que não é o objetivo deste estudo avançar sobre os meandros das discussões a respeito de verdade, sendo esse o motivo pelo qual se sustenta

---

90. Nesse emblemático caso, a Suprema Corte dos Estados Unidos se posicionou no sentido de não estar amparado pelo direito à liberdade de expressão o discurso adotado pelo réu, que se opunha ao alistamento militar obrigatório durante a Primeira Guerra Mundial. Do voto de Holmes Jr., extrai-se trecho que serve a ilustrar os limites dessa garantia: "A mais rigorosa liberdade de expressão não protegeria um homem gritando falsamente 'fogo!' em um teatro e causando pânico" (Tradução livre. No original: "*The most stringent protection of free speech would not protect a man in falsely shouting fire in a theatre and causing a panic*". ESTADOS UNIDOS. Suprema Corte. *Schenck v. United States*, 249 U.S. 47, 1919. Disponível em: https://tile.loc.gov/storage-services/service/ll/usrep/usrep249/usrep249047/usrep249047.pdf. Acesso em: 29 maio 2024).

91. "Como os fatos e os acontecimentos – o invariável resultado de homens vivendo e agindo em conjunto – constituem a própria textura do domínio político, é, naturalmente, a verdade de fato que nos interessa mais aqui" (Tradução livre. No original: "*Moreover, since facts and events – the invariable outcome of men living and acting together – constitute the very exture of the political realm, it is, of course, factual truth that we are most concerned with here*". ARENDT, Hannah. Truth and politics. *The New Yorker*, Nova Iorque, 25 fev. 1967. p. 49. Disponível em: https://www.newyorker.com/magazine/1967/02/25/truth-and-politics. Acesso em: 29 maio 2024).

que o dever dos emissores estaria ligado à referida verdade factual. Ao analisar o pensamento crítico na era da pós-verdade, a propósito, Daniel J. Levitin ajuda a compreender esse posicionamento, sustentando que "É evidente que pessoas sensatas podem discordar sobre como analisar uma evidência e qual conclusão formar sobre ela. Todo mundo, claro, tem direito a ter a própria opinião. Mas não tem direito a ter os próprios fatos". Com base nisso, complementa, na sequência, que mentiras seriam configuradas a partir de uma ausência de fatos, ou de uma contradição em relação a fatos.[92] Tem-se, aqui, um importante norte para se pensar, mais à frente, o papel das plataformas quanto à moderação de conteúdo potencialmente desinformativo: os fatos.

É essa ideia de verdade que se deve ter em mente ao considerar a diferença entre a liberdade de informação e a liberdade de expressão, sendo esse o parâmetro estabelecido para se compreender os deveres do emissor de uma mensagem, especialmente quando se está falando de fatos, de um lado, e de opinião, de outro. Na internet, em particular, os limites entre opinião e informação se tornaram ainda mais tênues, e o mesmo se pode dizer em relação à própria produção de conteúdo, que já não parte apenas da mídia convencional – vinculada a obrigações jurídicas tanto na seara da liberdade de imprensa quanto nos limites da emissão de opiniões (liberdade de expressão) e da afirmação de fatos (liberdade de informação). Esse contexto é analisado por Georges Abboud e Ricardo Campos:

> O grande desafio para o direito surge justamente quando as organizações jornalísticas, com seus *standards* profissionais, as quais ofereciam um bom parâmetro para a decisão judicial acerca da liberdade de expressão, por exemplo, na consagrada diferença entre opinião e afirmação de fatos, sofrem uma descentralização devido ao surgimento do novo meio do direito Internet. Com a queda da centralidade das mídias de massa, cai também esse suporte e filtro das regras profissionais do jornalismo e também a vinculação das obrigações jurídicas organizacionais da redação de um jornal. Com a nova economia de plataformas, possibilita-se a produção de informação desvinculada de organizações.[93]

Torna-se mais palpável o papel que assumem essas obrigações ao se pensar no cidadão comum, no período prévio à internet: tinha resguardado o direito de noticiar informações relevantes, bem como de colher informações com vistas a compreender o contexto em que se inseria e, a partir daí, formar suas convicções; ao mesmo tempo, gozava do direito de compartilhar essas convicções, suas ideias e opiniões. No prisma oposto, estava a imprensa, com importante papel em relação

---

92. LEVITIN, Daniel J. *O guia contra mentiras*: como pensar criticamente na era da pós-verdade. Rio de Janeiro: Objetivo, 2019. p. 10-11.
93. ABBOUD, Georges; CAMPOS, Ricardo. A autorregulação regulada como modelo do Direito proceduralizado: regulação de redes sociais e proceduralização. *In*: ABBOUD, Georges; NERY JR., Nelson; CAMPOS, Ricardo (org.). *Fake news e regulação*. 2. ed. São Paulo: Thomson Reuters Brasil, 2020. p. 138.

a esse cidadão, assumindo a responsabilidade no que diz respeito à produção de conteúdo jornalístico sem censura prévia do Estado.

Eram claramente delimitados os contornos da atuação desses agentes antes do advento e da ampliação do acesso à internet. Muito embora ao homem médio fosse assegurada a liberdade de também comunicar fatos, é evidente que, em linhas gerais, não dispunha de ferramentas para fazê-lo – ao menos não frequentemente, nem mesmo com grande alcance. Cabia à imprensa a função de mediar o debate social, de apurar os acontecimentos de interesse geral e de fazer circular ideias e opiniões, o que se dava, como lembra Eugênio Bucci, por meio de protocolos amplamente difundidos e seguidos pelos profissionais.[94]

Na internet, entretanto, não há padrões editoriais, estando disponíveis inúmeros novos modos e espaços para curtir, compartilhar e consumir informação, por quem quer que lá circule, seguindo padrões de apuração ou não. Nesse cenário, torna-se difícil dizer que algo é completamente falso, ou completamente verdadeiro, ou mesmo distinguir o que é fato e o que é opinião. Mas também nesse ambiente é imprescindível atentar ao fato de que "A informação que goza de proteção constitucional é a informação verdadeira".[95] É por isso que, mesmo ao se considerar um ambiente em que a circulação de ideias parece, *a priori*, livre e sem o dever de observância em relação a fatos, o caminho parece apontar para a necessidade de atuação das plataformas com vistas a assegurar uma experiência saudável aos usuários, inclusive para que estejam asseguradas as liberdades comunicativas. Essa, adianta-se, é a premissa da atividade de moderação, objeto do Capítulo 2.

Havendo de se reconhecer que, quanto ao tema, ainda há mais dúvidas do que certezas, finaliza-se esta abordagem alcançando um acordo semântico quanto ao uso do termo desinformação para tratar de "informação deliberadamente criada para prejudicar uma pessoa, um grupo social, uma organização e até mesmo um país"[96] – ainda que a ampliação de seu alcance por meio de compartilhamento posterior não se dê em razão do ânimo de causar dano.[97]

---

94. BUCCI, Eugênio. *Existe democracia sem verdade factual?* Barueri, SP: Estação das Letras e Cores, 2019. p. 62.

95. SARLET, Ingo Wolfgang; MARINONI, Luiz Guilherme; MITIDIERO, Daniel. *Curso de direito constitucional*. 6. ed. São Paulo: Saraiva, 2017. p. 518-519.

96. WARDLE, Claire; DERAKHSHAN, Hossein. *Information disorder*: toward an interdisciplinary framework for research and policy making. Strasbourg: Council of Europe, 2017. p. 20. Disponível em: https://rm.coe.int/information-disorder-toward-an-interdisciplinary-framework-for-resear-c/168076277c. Acesso em: 27 maio 2024.

97. ALVES, Marco Antônio Sousa; MACIEL, Emmanuela R. Halfeld. O fenômeno das *fake news*: definição, combate e contexto. *Revista Internet & Sociedade*, São Paulo, v. 1, n. 1, p. 144-171, jan. 2020. p. 153. Disponível em: https://revista.internetlab.org.br/o-fenomeno-das-fake-news-definicao-combate-e--contexto/. Acesso em: 10 jun. 2024.

Tem-se consciência da dificuldade de identificar esse tipo de conteúdo, especialmente nos referidos casos limítrofes. Por isso, especialmente ao se considerar o fenômeno no âmbito das redes sociais e, particularmente, na atividade de moderação, um caminho viável a guiar a atuação das plataformas repousa na ideia de verdade factual assinalada por Hannah Arendt,[98] antes citada. Analisando-se o conteúdo que circula nas redes a partir de fatos (o que é possível, por exemplo, por meio de mecanismos de checagem e verificação), parece menos abstrata (mas igualmente difícil e desafiadora) a tarefa de submetê-lo à tomada de decisão quanto a eventual necessidade de que sofra, ou não, restrições de circulação.

Esse tema será tratado com maior profundidade no tópico 2.4, destinado a exemplificar práticas de moderação de conteúdo desinformativo. Antes disso, e ainda trilhando um caminho mais amplo de compreensão do fenômeno da desinformação, importa observar: o polo responsável por sua origem – os agentes, na já referida definição de Claire Wardle e Hossein Derakhshan[99] –, buscando compreender suas motivações, estratégias e ferramentas; os seus alvos (ou intérpretes, também conforme classificação dos autores); e, permeando essa abordagem, as plataformas, intermediadoras responsáveis por idealizar, disponibilizar e lucrar a partir de muitos dos espaços onde a desinformação ganha força.

1.3 OS AGENTES: MENSAGEIROS, ALVOS E FERRAMENTAS DE DESINFORMAÇÃO

A obra, neste ponto, volta-se aos agentes, envolvidos nas três fases da cadeia informacional de que tratam Claire Wardle e Hossein Derakhshan, referentes à criação, à produção e à distribuição de conteúdo – notadamente, nesta abordagem, o conteúdo desinformativo. Isso se dá, em geral, a partir de quatro motivações: política (tentativa de influenciar a opinião pública), financeira (faturamento por meio de publicidade), social (intenção de se conectar com um grupo, *online* ou *offline*) e psicológica (buscar prestígio ou reafirmação).[100]

---

98. ARENDT, Hannah. Truth and politics. *The New Yorker*, Nova Iorque, p. 48-88, 1967. p. 49. Disponível em: https://www.newyorker.com/magazine/1967/02/25/truth-and-politics. Acesso em: 29 maio 2024.
99. WARDLE, Claire; DERAKHSHAN, Hossein. *Information disorder*: toward an interdisciplinary framework for research and policy making. Strasbourg: Council of Europe, 2017. p. 22-28. Disponível em: https://rm.coe.int/information-disorder-toward-an-interdisciplinary-framework-for-research/168076277c. Acesso em: 27 maio 2024.
100. WARDLE, Claire; DERAKHSHAN, Hossein. *Information disorder*: toward an interdisciplinary framework for research and policy making. Strasbourg: Council of Europe, 2017. p. 26. Disponível em: https://rm.coe.int/information-disorder-toward-an-interdisciplinary-framework-for-research/168076277c. Acesso em: 27 maio 2024.

Essa classificação permite concluir que, dadas suas motivações, os agentes tendem a atuar por meio da disseminação de conteúdo capaz de atrair amplo interesse e, com isso, gerar amplo alcance. É por isso que, embora seja possível falar em desinformação atingindo direitos individuais, ela pode representar uma ameaça em ainda maior escala, avançando sobre questões atinentes à saúde pública e, até mesmo, à democracia.[101]

Para além de suas motivações, cumpre, também, analisar quem são esses agentes – que Claire Wardle e Hossein Derakhshan explicam que podem ser oficiais, como serviços de inteligência, partidos políticos e outros tipos de organizações; e não oficiais, como grupos de cidadãos envolvidos em uma causa em comum.[102] Essas classificações podem ser mais bem compreendidas a partir de dois exemplos, ambos vindos do leste europeu. Adianta-se que ambos os casos orbitam no campo da política, ainda que digam respeito a tipos de agentes distintos, com motivações igualmente distintas. Quando se fala em desinformação, afinal, torna-se difícil se distanciar das pautas em voga no debate público – e é justamente sua força perante grandes eventos que tem figurado como mecanismo de pressão para que as plataformas elaborem planos de atuação com vistas a enfrentar o fenômeno, o que se dá por meio das práticas de moderação.

Enfrentando esses casos, pretende-se facilitar a compreensão a respeito não apenas dos agentes, mas também das engrenagens em que estão inseridos (que, por óbvio, variam caso a caso, mas apresentam similaridades entre si). É evidente que a desinformação pode partir de agentes com atuação individual e isolada, ou tratar de assuntos e indivíduos que não despertam o interesse público. Ainda assim, como se passará a demonstrar, é usual que os agentes da desordem informacional busquem um amplo alcance, com a utilização de avançadas ferramentas de disseminação, sobre as quais igualmente este tópico irá se debruçar.

O primeiro exemplo que se traz, citado no estudo de Claire Wardle e Hossein Derakhshan,[103] diz respeito à Rússia, e envolve a atuação de agentes oficiais, com evidentes motivações políticas. Há no país um mecanismo bastante poderoso

---

101. RAIS, Diogo; SALES, Stela Rocha. *Fake news, deepfakes* e eleições. *In*: RAIS, Diogo (coord.). *Fake news*: a conexão entre a desinformação e o direito. 2. ed. São Paulo: Thomson Reuters Brasil, 2020. p. 63.

102. WARDLE, Claire; DERAKHSHAN, Hossein. *Information disorder*: toward an interdisciplinary framework for research and policy making. Strasbourg: Council of Europe, 2017. p. 25. Disponível em: https://rm.coe.int/information-disorder-toward-an-interdisciplinary-framework-for-resear-c/168076277c. Acesso em: 27 maio 2024.

103. WARDLE, Claire; DERAKHSHAN, Hossein. *Information disorder*: toward an interdisciplinary framework for research and policy making. Strasbourg: Council of Europe, 2017. p. 29. Disponível em: https://rm.coe.int/information-disorder-toward-an-interdisciplinary-framework-for-resear-c/168076277c. Acesso em: 27 maio 2024.

de propaganda[104] governamental, com significativa influência nos ecossistemas de informação da Europa. Em estudo sobre o tema, Christopher Paul e Miriam Matthews definiram a propaganda governamental russa como "metralhadora de mentiras" (*firehouse of falsehood*, na expressão original), traçando um comparativo entre as manobras soviéticas para moldar a opinião pública durante a Guerra Fria e hoje, na era da internet. Essa evolução ficou clara em episódios marcantes do país, como o conflito com a Geórgia, em 2008, a anexação da península da Crimeia, em 2014, e, mais recentemente, as controvérsias envolvendo a Síria e a Ucrânia.[105]

Os autores explicam que, de certa forma, a estratégia é similar ao período da Guerra Fria, "com ênfase na ofuscação e em fazer com que os alvos ajam no interesse do propagandista sem perceber que eles o fizeram". A diferença reside nas peculiaridades do ambiente contemporâneo, de modo que os canais governamentais passaram a se basear na internet, por meio das redes sociais, valendo-se, inclusive, da evolução do jornalismo profissional e amador. Esse modelo de propaganda contemporâneo, conclui o estudo, apresenta quatro características principais: engloba um grande volume de mensagens, em muitos canais distintos; a disseminação do conteúdo é rápida, contínua e repetitiva; há baixo comprometimento com a realidade objetiva; e, por fim, há baixo comprometimento com a consistência da informação.[106]

O estudo de Claire Wardle e Hossein Derakshan faz referência, ainda, a análises elaboradas pelo EU East Stratcomm Taskforce, que regularmente avalia os impactos da propaganda governamental do país ao redor da União Europeia. Dentre as conclusões da organização, está o fato de que a estratégia é espalhar o maior número possível de mensagens conflitantes, o que faria com que a audiência concluísse que há versões demais de uma mesma história, de modo que seria difícil identificar a verdade.[107] Essas mensagens

---

104. Registre-se que não se está a tratar de publicidade, embora publicidade e propaganda sejam dois termos muitas vezes empregados indistintamente no Brasil, o que não é preciso do ponto de vista técnico. Ainda que ambas as expressões disponham de capacidade informativa e força persuasiva, a primeira goza de caráter comercial, enquanto a segunda tem caráter ideológico (GOMES, Neusa Demartini. Publicidade ou propaganda? É isso aí! *Revista FAMECOS*, Porto Alegre, v. 8, n. 16, 10 abr. 2008. p. 115. Disponível em: https://revistaseletronicas.pucrs.br/ojs/index.php/ revistafamecos/article/view/3142. Acesso em: 24 maio 2024).

105. PAUL, Christopher; MATTHEWS, Miriam. The Russian "firehose of falsehood" propaganda model: why it might work and options to counter it. *RAND Corporation*, Santa Monica, 2016. p. 1. Disponível em: https://www.rand.org/pubs/perspectives/PE198.html. Acesso em: 23 maio 2024.

106. PAUL, Christopher; MATTHEWS, Miriam. The Russian "firehose of falsehood" propaganda model: why it might work and options to counter it. *RAND Corporation*, Santa Monica, 2016. p. 1. Disponível em: https://www.rand.org/pubs/perspectives/PE198.html. Acesso em: 23 maio 2024. Tradução livre. No original: "*In some ways, the current Russian approach to propaganda builds on Soviet Cold War-era techniques, with an emphasis on obfuscation and on getting targets to act in the interests of the propagandist without realizing that they have done so*".

107. Tradução livre. No original: "*In all, literally thousands of channels are used to spread pro-Kremlin dis-information, all creating an impression of seemingly independent sources confirming each other's*

são inseridas não apenas no contexto da grande mídia, mas também na mídia marginal, como sites, blogs, páginas do Facebook e, até mesmo, supostas agências de checagem.[108]

Em outra estratégia (que não é paradoxal, mas complementar, a depender dos objetivos a serem alcançados), os chamados *trolls*[109] são implantados não apenas para disseminar desinformação, mas para intimidar quem questiona esse conteúdo: "Ao todo, literalmente milhares de canais são usados para espalhar desinformação pró-Kremlin, todos criando uma impressão de fontes aparentemente independentes que confirmam a mensagem".[110] No caso de agentes oficiais, a sofisticação e o potencial impacto de uma campanha envolvendo mensagens sistemáticas são muito maiores, pontuam Claire Wardle e Hossein Derakshan.[111] Mas não se pode ignorar a influência dos agentes não oficiais. Nesse aspecto, um bom exemplo foi o fenômeno ocorrido na Macedônia do Norte (à época, simplesmente, Macedônia), em 2016.[112] Embora envolvesse uma eleição, a motivação mais relevante dos agentes não era política, mas financeira.

---

message" (EU EAST STRATCOM TASK FORCE. Means, goals and consequences of the pro-Kremlin disinformation campaign. *Istituto per gli Studi di Politica Internazionale*, Milão, 19 jan. 2017. Disponível em: https://www.ispionline.it/it/pubblicazione/means-goals-and-consequences-pro-kremlin-disinformation-campaign-16216. Acesso em: 23 maio 2024).

108. Nas primeiras semanas após a eclosão da guerra entre Rússia e Ucrânia, a agência de jornalismo investigativo ProPublica divulgou reportagem que denunciava que a TV estatal russa vinha rechaçando, com base em alegados procedimentos de verificação de fatos, conteúdo supostamente desinformativo de autoria da imprensa ucraniana. A ProPublica apurou que as verificações eram falsas (em outras palavras: um dos procedimentos mais bem-sucedidos no combate à desinformação, sobretudo em razão da credibilidade alcançada a partir da aplicação de standards jornalísticos de apuração de fatos, passou a ser utilizado para espalhar desinformação) (SILVERMAN, Craig; KAO, Jeff. In the Ukraine Conflict, fake fact-checks are being used to spread Disinformation. *ProPublica*, Nova Iorque, 8 mar. 2022. Disponível em: https://www.propublica.org/article/in-the-ukraine-conflict-fake-fact-checks-are-being-used-to-spread-disinformation. Acesso em: 22 maio 2024).

109. *Trolls* são indivíduos que perturbam o ambiente virtual (fórum, listas de discussões, games) através de mensagens que objetivam gerar discordância e conflitos, por meio de comportamentos inconvenientes, que ridicularizam e/ou inferiorizam os demais usuários (FRAGOSO, Suely. "HUEHUEHUE eu sou BR": *spam, trollagem e griefing* nos jogos *online*. *Revista FAMECOS*, Porto Alegre, v. 22, n. 3, jul. 2015. p. 137. Disponível em: https://revistaseletronicas.pucrs.br/ojs/index.php/revistafamecos/article/view/19302. Acesso em: 24 maio 2024).

110. EU EAST STRATCOM TASK FORCE. Means, goals and consequences of the pro-Kremlin disinformation campaign. *Istituto per gli Studi di Politica Internazionale*, Milão, 19 jan. 2017. Disponível em: https://www.ispionline.it/it/pubblicazione/means-goals-and-consequences-pro-kremlin-disinformation-campaign-16216. Acesso em: 23 maio 2024.

111. WARDLE, Claire; DERAKHSHAN, Hossein. *Information disorder*: toward an interdisciplinary framework for research and policy making. Strasbourg: Council of Europe, 2017. p. 29. Disponível em: https://rm.coe.int/information-disorder-toward-an-interdisciplinary-framework-for-research/168076277c. Acesso em: 27 maio 2024.

112. SILVERMAN, Craig; ALEXANDER, Lawrence. How teens in the Balkans are dumping Trump supporters with fake news. *Buzzfeed News*, Canadá, 3 nov. 2016. Disponível em: https://www.buzzfeed-

1 • O FENÔMENO DA DESINFORMAÇÃO **33**

Tradicionalmente conhecida como fornecedora de porcelana para a antiga Iugoslávia (região hoje formada, além do país, por Eslovênia, Croácia, Bósnia e Herzegovina, Montenegro e Sérvia), a pacata cidade de Veles teve os olhos do mundo voltados para si em razão de sua atuação durante a campanha que acabou por eleger Trump presidente dos Estados Unidos: naquele período, jovens moradores da localidade passaram a criar dezenas de sites com conteúdo caça-clique (*clickbait*, na expressão original),[113] que se travestiam de portais de política estadunidenses.

Embora publicassem, em geral, conteúdo pró-Trump, os chamados Veles Boys diziam não se importar com o candidato:[114] eles estavam respondendo a incentivos econômicos diretos, conforme apontado por uma reportagem especial do BuzzFeed News,[115] um dos primeiros veículos a identificar a pitoresca fábrica de desinformação. Seu objetivo era ganhar dinheiro fácil, a partir de visualizações e cliques. O Facebook era especialmente atrativo, já que, conforme relatórios de faturamento do período,[116] a interação de um usuário dos Estados Unidos valia cerca de três vezes mais do que a de um usuário de outro país – e a forma encontrada para aumentar o tráfego era publicar conteúdo sensacionalista

---

news.com/article/craigsilverman/how-macedonia-became-a-global-hub-for-pro-trump-misinfo#. hcRNEk6Ox. Acesso em: 22 maio 2024.

113. Caça-cliques são manchetes que buscam atrair o leitor por meio de linguagem carregada de superlativos, como advérbios e adjetivos, além de citações, exclamações, perguntas e letras maiúsculas. Esses títulos são, em geral, enganosos, ou veiculam informações diferentes daquelas que são encontradas quando se avança para o corpo do texto. Notícias caça-clique costumam estar relacionadas a portais menos comprometidos com padrões de qualidade jornalística, voltados à produção de conteúdo sensacionalista, provocativo ou relacionado a boatos. Uma de suas características é a tendência à utilização de linguagem menos formal, em comparação à produção profissional (BIYANI, Prakhar; TSIOUTSIOULIKLIS, Kostas; BLACKMER, John. "8 amazing secrets for getting more clicks": detecting clickbaits in news streams using article informality. *Proceedings of the AAAI Conference on Artificial Intelligence*, [S.l.], v. 30, n. 1, 2016. p. 95. Disponível em: https://ojs.aaai.org/index.php/AAAI/article/view/9966. Acesso em: 27 maio 2024).

114. Não há como se assegurar a inexistência de quaisquer outras motivações, embora tenham sido ventiladas hipóteses como a de que a Rússia teria atuado no comando da operação, com vistas a influenciar o resultado das eleições. Ainda assim, reportagens investigativas e trabalhos acadêmicos tendem a se posicionar no sentido de que a narrativa dos jovens era uníssona em relação a interesse restrito ao lucro (HUGHES, Heather C.; WAISMEL-MANOR, Israel. The Macedonian Fake News Industry and the 2016 US Election. *Political Science & Politics*, Cambridge, v. 54, n. 1, ago. 2020. p. 23. Disponível em: https://www.cambridge.org/core/journals/ps-political-science-and-politics/article/macedonian--fake-news-industry-and-the-2016-us-election/79F67A4F23148D230F120A3BD7E3384F. Acesso em: 27 maio 2024).

115. SILVERMAN, Craig; ALEXANDER, Lawrence. How teens in the Balkans are dumping Trump supporters with fake news. *Buzzfeed News*, Canadá, 3 nov. 2016. Disponível em: https://www.buzzfeed-news.com/article/craigsilverman/how-macedonia-became-a-global-hub-for-pro-trump-misinfo#. hcRNEk6Ox. Acesso em: 22 maio 2024.

116. CONSTINE, Josh. Facebook swells to 1.65B users and beats Q1 estimates with $5.38B revenue. *TechCrunch*, Bay Area, 27 abr. 2016. Disponível em: https://techcrunch.com/2016/04/27/facebook--q1-2016-earnings/. Acesso em: 27 maio 2024.

e frequentemente falso na plataforma do atual grupo Meta. Conforme os artigos eram alcançados, esses jovens passaram a lucrar quantias consideráveis.

Entrevistado para uma reportagem da CNN, um jovem chamado Mikhail contou ter chegado a receber US$ 2,5 mil por dia por meio de publicidade em seu site. Esse faturamento vinha, também, de serviços como o Google AdSense, que inserem anúncios direcionados na internet (no caso, no site de Mikhail). Quando esses anúncios são clicados, o responsável pelo gerenciamento do site, blog ou fórum é remunerado.[117] Trecho de uma reportagem da BBC traz o curioso relato de outro Veles Boy, um universitário de 19 anos: "'Os americanos amaram nossas histórias e queremos tirar dinheiro disso', diz ele, fazendo questão de deixar o relógio de marca à mostra. 'Quem se importa se são verdadeiras ou falsas?'".[118] Nas últimas semanas da campanha, haviam sido identificados mais de 100 sites com esse tipo de conteúdo hospedados no país.[119]

O terreno estadunidense, de fato, era (e ainda é) bastante fértil à prática. Durante os três últimos meses da corrida eleitoral de 2016, conteúdo fabricado se sobrepôs aos maiores veículos jornalísticos: as 20 histórias falsas de eleições que melhor performaram no Facebook durante o período geraram mais engajamento do que as 20 melhores histórias dos 19 maiores sites jornalísticos, como *The New York Times*, *The Washington Post* e *NBC News*. Dentre as narrativas fabricadas, estavam alegações de que a então candidata democrata Hillary Clinton tinha vendido armas para o grupo extremista Estado Islâmico e de que o Papa Francisco havia endossado a candidatura de Trump.[120]

No Brasil, a remuneração por meio de anúncios pagos também é um dos chamarizes para redes de compartilhamento de desinformação, com expressivo número de acessos. De acordo com levantamento de 2020 da agência de checagem Aos Fatos, sete veículos responsáveis por publicar "conteúdo falso ou enganoso sobre Covid-19 e a crise política no país" haviam acumulado ao menos 44,9 milhões de acessos em abril daquele ano – também recorrendo à ferramenta de monetização Google AdSense. Nesse período, foram identificados, nesses

---

117. GOOGLE, INC. *Quer saber como gerar receita com anúncios no seu site?* Teste o Google AdSense. Disponível em: https://www.google.com/adsense/start/resources/make-money-with-ads/. Acesso em: 24 maio 2024.

118. KIRBY, Emma Jane. A cidade europeia que enriquece inventando notícias – e influenciando eleições. *BBC News*, Londres, 12 dez. 2016. Disponível em: https://www.bbc.com/portuguese/internacional-38206498. Acesso em: 27 maio 2024.

119. THE FAKE news machine: inside a town gearing up for 2020. *CNN*, Atlanta, 2017. Disponível em: https://money.cnn.com/interactive/media/the-macedonia-story/. Acesso em: 24 maio 2024.

120. SILVERMAN, Craig. This Analysis shows how viral fake election news stories outperformed real news on Facebook. *BuzzFeed News*, Canadá, 16 nov. 2016. Disponível em: https://www.buzzfeednews.com/article/craigsilverman/viral-fake-election-news-outperformed-real-news-on-facebook. Acesso em: 27 maio 2024.

portais, pelo menos 50 links que veiculavam algum conteúdo com característica desinformativa.[121]

A desinformação, aliás, foi um dos temas do Relatório Final da Comissão Parlamentar de Inquérito da Pandemia (CPI da Pandemia), divulgado em outubro de 2021, que dedicou tópicos específicos para tratar do tema no contexto de saúde pública, indicando a existência de um "arranjo complexo e sistemático que tem o objetivo de gerar engajamento em sua audiência para extrair proveito econômico ou político".[122] O relatório destacava a existência de portais de desinformação que utilizavam as redes sociais para disseminar seu conteúdo, tanto por meio de canais próprios quanto a partir dos perfis pessoais de seus administradores. Esse comportamento gera as chamadas cascatas de informação que, como observa Tatiana Dourado, "são constituídas pela postagem original e por uma árvore de novos compartilhamentos continuados, e essa dinâmica está relacionada à condição de viralidade". Esse compartilhamento se dá por meio de um tráfego multiplataforma, que utiliza plataformas distintas, espalhando-se de indivíduo a indivíduo e alcançando a penetração social.[123]

Porém, vale avançar para outro ponto referido no Relatório da CPI da Pandemia, igualmente em evidência, quando se fala em fábricas de conteúdo com desinformação: os usuários anônimos, que se escondem por trás de contas falsas – aliás, muitas vezes esses usuários nem sequer são seres humanos. A engrenagem se dá, em geral, da seguinte forma: parte-se da publicação, geralmente em portais como os anteriormente referidos, de uma notícia fabricada; na sequência, compartilha-se essa publicação nas redes sociais; então, aciona-se uma máquina voltada a, nesses espaços compartilhados, aumentar o engajamento e ampliar o alcance desse material.

Nesse sentido, Diogo Rais e Stela Rocha Sales[124] fazem referência à série de reportagens Democracia Ciborgue, publicada pela BBC do Brasil ainda em 2018, que apontou cinco categorias inseridas no mercado de compra e venda de

---

121. NALON, Tai; RIBEIRO, Amanda. Como sete sites lucraram com anúncios do Google ao publicar informações sobre a pandemia. *Aos Fatos*, Rio de Janeiro, 21 maio 2020. Disponível em: https://www.aosfatos.org/noticias/como-sete-sites-lucraram-com-anuncios-no-google-ao-publicar-desinforma-cao-sobre-pandemia/. Acesso em: 27 maio 2024; AOS FATOS. *Desinformação e Google Ads*. Rio de Janeiro, abr./maio 2020. Disponível em: https://docs.google.com/spreadsheets/d/1J7HFLJjd2ep3T-dy0nKXkZ2HOWHB4NyEH4IzvcBvvTUU/edit#gid=187653037. Acesso em: 27 maio 2024.

122. BRASIL. Senado Federal. *Comissão Parlamentar de Inquérito da Pandemia (instituída pelos Requerimentos nºˢ 1.371 e 1.372, de 2021)* – Relatório Final. Brasília, DF, 26 out. 2021. Disponível em: https://legis.senado.leg.br/comissoes/mnas?codcol=2441&tp=4. Acesso em: 27 maio 2024.

123. DOURADO, Tatiana. *Fake news*: quando as mentiras viram fatos políticos. Porto Alegre: Zouk, 2021. p. 89.

124. RAIS, Diogo; SALES, Stela Rocha. *Fake news, deepfakes e eleições. In*: RAIS, Diogo (coord.). *Fake news*: a conexão entre a desinformação e o direito. 2. ed. São Paulo: Thomson Reuters Brasil, 2020. p. 32.

contas falsas, e que se posicionam ao final dessa cadeia que envolve produção, publicação, compartilhamento e disseminação de conteúdo com desinformação: robôs, ciborgues, *fakes* clássicos, robôs políticos e ativistas em série.[125] Cabe analisar suas particularidades.

Também conhecidos como *bots*, os robôs são a primeira das formas de manipular aquilo que merece mais ou menos atenção no âmbito das redes sociais. Sua sofisticação cresceu ao longo do tempo: ainda nos anos 1950, no início da história da computação, eles costumavam ser simples, programados para manter conversas breves e padronizadas com seres humanos (os chamados *chatbots*), como relembram Emilio Ferrara e outros, o que até hoje permite, por exemplo, que empresas e organizações públicas automatizem e agilizem seus atendimentos, sendo esse seu lado positivo. Tantos anos depois, os algoritmos atuam executando tarefas de forma autônoma e repetitiva, simulando comportamentos de seres humanos – ou seja, interagindo com outros usuários, curtindo e compartilhando informações e mensagens. Essas sofisticações conduziram a uma nova geração de *bots*, com características de sociabilidade, de modo que podem ser chamados de *social bots*.[126]

Dentre as principais estratégias adotadas por *bots* no âmbito da desinformação, o estudo Robôs, Redes Sociais e Política no Brasil apontou não apenas o compartilhamento de publicações fabricadas (no estudo, denominadas de "notícias falsas"), mas o ato de poluir o debate com informações reais, mas irrelevantes, para determinadas discussões. Gerando uma quantidade expressiva de informação, os dados verdadeiros e relevantes teriam seu impacto diminuído, de modo que sua atuação não apenas dissemina notícias falsas, como igualmente busca impedir que os usuários se informem de maneira adequada.[127]

Esse tipo de ação, sublinha o estudo, pode produzir opiniões artificiais, ou conferir a determinada opinião ou figura pública uma dimensão que se distancia da realidade. Sua presença é maior no debate político, o que serviria para influenciar usuários indecisos sobre o tema, além de fortalecer os usuários mais radicais no debate orgânico. O levantamento identificou que, nas eleições presidenciais de

---

125. GRAGNANI, Juliana. Como identificar os diferentes tipos de fakes e robôs que atuam nas redes. *BBC Brasil*, Londres, 16 dez. 2017. Disponível em: https://www.bbc.com/portuguese/brasil-42172154. Acesso em: 29 maio 2024.

126. FERRARA, Emilio *et al*. The rise of social bots. *Communications of the ACM*, Nova Iorque, v. 59, n. 7, p. 96-104, jun. 2016. Disponível em: https://arxiv.org/abs/1407.5225. Acesso em: 29 maio 2024.

127. DIRETORIA DE ANÁLISE DE POLÍTICAS PÚBLICAS DA FUNDAÇÃO GETULIO VARGAS (DAPP-FGV). *Robôs, redes sociais e política no Brasil*: interferências de perfis automatizados e atores políticos no debate eleitoral brasileiro. Rio de Janeiro, 2018. Disponível em: https://repositorio.fgv. br/server/api/core/bitstreams/99caf6a7-07b3-4dcc-9c5b-b73879fab73e/content. Acesso em: 29 maio 2024.

2014, contas automatizadas motivaram até 20% dos debates em apoio a políticos no antigo Twitter – o que joga luz, inclusive, sobre o fato de que esse problema já permeia as redes sociais há pelo menos uma década (e, portanto, ao menos cinco pleitos eleitorais, dentro dos nacionais/estaduais e municipais).

A fragilidade dos *bots*, cujas características melhor se aplicam a redes socias como o Twitter, reside no fato de que, apesar do aprimoramento dos algoritmos, eles são mais facilmente identificáveis, a partir do monitoramento e detecção de padrões – como a quantidade de vezes que replicam um conteúdo, a proporção entre seguidores e usuários seguidos, a data em que a conta foi criada, a utilização de plataformas externas às redes sociais para a publicação e a quantidade de menções a usuários.[128] Mas essas ferramentas se enfraquecem diante dos ciborgues.

Os ciborgues podem ser considerados uma versão mais avançada dos *bots*, porque combinam atividades automatizadas com a atuação de humanos. Essas contas, como esclarecem Kai Shu e outros, geralmente são cadastradas por humanos, gerando uma espécie de camuflagem (porque a conta parece real) para configurar programas aptos a desempenhar tarefas automatizadas.[129] Enquanto o comportamento do *bot* é mais previsível, a atuação híbrida entre algoritmo e humano torna o ciborgue mais difícil de ser identificado, em razão de sua capacidade de agir de formas diversas, em horários diferentes (ao contrário dos algoritmos programados), conforme afirma Emiliano de Cristofaro na referida reportagem da BBC Brasil.[130]

A apuração traz observação complementar, pontuando que a maioria das contas analisadas foi identificada como ciborgue: esses perfis são mais sofisticados, portando fotos de pessoas verdadeiras (mas com nomes falsos), publicando fotos e frases, adicionando, como amigos, pessoas reais e interagindo, de fato, com esses usuários – o que fazia com que até recebessem congratulações em seus "aniversários". Em meio a essas publicações que pareciam ter relação com suas rotinas, os perfis publicavam conteúdo elogiando políticos brasileiros e ajudando a aumentar seu engajamento por meio de "curtidas".

Há, ainda, os chamados *fakes* clássicos, perfis inventados por um humano, de maneira isolada, sem qualquer relação com empresas que vendem esse tipo

---

128. VAROL, Onur *et al*. Online human-bot interactions: detection, estimation, and characterization. *Proceedings of the international AAAI conference on web and social media*, Montréal, v. 11, n. 11, maio 2017. Disponível em: https://arxiv.org/abs/1703.03107. Acesso em: 29 maio 2024.

129. SHU, Kai *et al*. Fake news detection on social media: a data mining perspective. *ACM SIGKDD Explorations Newsletter*, v. 19, n. 1, set. 2017. p. 25. Disponível em: https://dl.acm.org/doi/abs/10.1145/3137597.3137600. Acesso em: 29 maio 2022.

130. GRAGNANI, Juliana. Como identificar os diferentes tipos de *fakes* e robôs que atuam nas redes. *BBC Brasil*, Londres, 16 dez. 2017. Disponível em: https://www.bbc.com/portuguese/brasil-42172154. Acesso em: 29 maio 2024.

de serviço de disseminação, nem com campanhas que solicitam acesso às contas de militantes – como é o caso dos robôs políticos, contas cedidas por militantes para que sejam conectadas a páginas de candidatos ou de campanhas. Diogo Rais e Stela Rocha Sales complementam que se trata, portanto, de "perfis de pessoas verdadeiras, mas que abrem mão de sua 'autonomia' para dar curtidas de forma automática, selecionadas pela campanha de um candidato".[131]

Importa tratar, por fim, dos ativistas em série (*serial activists*). O termo era utilizado originalmente no final dos anos 1990 para designar usuários envolvidos em diferentes manifestações políticas *online*. O conceito foi redefinido por Marco Bastos e Dan Mercea, que defendiam que os chamados ativistas *online* do final do século passado apresentavam formas de atuação não tão comprometidas (ao menos não em termos de volume de publicações, extensão espacial e tempo de dedicação). Passaram a defender, então, que o ativismo em série, em verdade, não seria produto de "cliques descomprometidos", mas englobaria "uma modalidade complexa de engajamento que, muitas vezes, conecta ações *online* e *onsite* em vários locais de protesto".[132]

A partir da definição de Marcos Bastos e Dan Mercea, pode-se dizer que ativistas em série são "extraordinariamente prolíficos" do ponto de vista político, com atuação vinculada a diversas *hashtags* políticas, relacionadas a, igualmente, diversas posições geográficas. Ao referir o estudo, a reportagem da BBC cita que, dentre os 21 ativistas em série entrevistados, a maior parte figurava na faixa dos 30 anos ou entre 50 e 60 anos, em períodos de desemprego, trabalho voluntário ou aposentadoria. Seu tempo de dedicação variava entre 5 e 12 horas no Twitter, voltado a causas distintas, com até 1,2 mil publicações ao dia – o que se poderia cogitar até mesmo se tratar de um perfil automatizado, embora fossem gerenciados por pessoas de verdade.[133]

Feita essa descrição, é relevante pontuar uma semelhança entre, ao menos, três das cinco categorias elencadas pela BBC, definidas a partir de estudos como

---

131. RAIS, Diogo; SALES, Stela Rocha. *Fake news, deepfakes* e eleições. *In*: RAIS, Diogo (coord.). *Fake news*: a conexão entre a desinformação e o direito. 2. ed. São Paulo: Thomson Reuters Brasil, 2020. p. 35.

132. Tradução livre e adaptada. No original: "*Therefore, this study reclaims the term from its earlier iteration and argues that serial activism is not the product of uncommitted click-activists, but encompasses a complex modality of engagement that often bridges actions online and onsite at multiple protest locations*" (BASTOS, Marcos T.; MERCEA, Dan. Serial activists: political Twitter beyond influentials and the twittertariat. *New Media & Society*, v. 18, n. 10, 2016. p. 2361. Disponível em: https://journals.sagepub.com/doi/epub/10.1177/1461444815584764. Acesso em: 30 maio 2024).

133. GRAGNANI, Juliana. Como identificar os diferentes tipos de *fakes* e robôs que atuam nas redes. *BBC Brasil*, Londres, 16 dez. 2017. Disponível em: https://www.bbc.com/portuguese/brasil-42172154. Acesso em: 29 maio 2024.

o de Kai Shu e outros,[134] bem como o de Marcos Bastos e Dan Mercea,[135] além de acolhidas por pesquisadores como Diogo Rais e Stela Rocha Sales:[136] a anonimização. Se os robôs políticos e os ativistas em série dizem respeito a seres humanos reais e, mais importante que isso, identificáveis, o mesmo não se verifica nos casos dos *bots*, ciborgues e *fakes* clássicos.

Mas esse exército não é o único que atua na teia de disseminação de desinformação – e, talvez, nem sequer seja o mais forte. Ao finalizar sua análise a respeito das cinco categorias apontadas pela BBC, Diogo Rais e Stela Rocha Sales mencionam estudo que caminharia no sentido contrário do senso comum, de que não seriam os robôs, ou outro sistema de automação, os responsáveis pela desenfreada disseminação das notícias fraudulentas.[137] Ainda que as ferramentas automatizadas acelerem esse processo, o principal fator para que ele ocorra é o comportamento humano, conforme conclusão de Soroush Vosoughi, Deb Roy e Sinan Aral.[138] O estudo, aliás, indica que políticas de contenção de desinformação devem se basear em intervenções comportamentais, em vez de se basear tão somente em conter a atuação de robôs, tópicos que serão enfrentados na análise específica das medidas de moderação. Ainda neste capítulo, cabe, na linha da reflexão de Soroush Vosoughi, Deb Roy e Sinan Aral, avançar o estudo para os destinatários da desinformação – ou intérpretes.

1.4 OS INTÉRPRETES: POR QUE O AMBIENTE VIRTUAL É FÉRTIL À DESINFORMAÇÃO

Enfrentados o contexto e o conceito de desinformação, bem como, a partir da classificação de Claire Wardle e Hossein Derakhshan,[139] as características da

---

134. SHU, Kai *et al.* Fake news detection on social media: a data mining perspective. *ACM SIGKDD explorations newsletter*, v. 19, n. 1, set. 2017. p. 25. Disponível em: https://dl.acm.org/doi/abs/10.1145/3137597.3137600. Acesso em: 29 maio 2024.

135. BASTOS, Marcos T.; MERCEA, Dan. Serial activists: political Twitter beyond influentials and the twittertariat. *New Media & Society*, v. 18, n. 10, 2016. p. 2361. Disponível em: https://journals.sagepub.com/doi/epub/10.1177/1461444815584764. Acesso em: 30 maio 2024.

136. RAIS, Diogo; SALES, Stela Rocha. *Fake news, deepfakes* e eleições. *In*: RAIS, Diogo (coord.). *Fake news*: a conexão entre a desinformação e o direito. 2. ed. São Paulo: Thomson Reuters Brasil, 2020. p. 35-36.

137. RAIS, Diogo; SALES, Stela Rocha. *Fake news, deepfakes* e eleições. *In*: RAIS, Diogo (coord.). *Fake news*: a conexão entre a desinformação e o direito. 2. ed. São Paulo: Thomson Reuters Brasil, 2020. p. 35-36.

138. VOSOUGHI, Soroush; ROY, Deb; ARAL, Sinan. The spead of true and false news online. *Science*, v. 359, n. 6380, mar. 2018. p. 1151. Disponível em: https://www.science.org/doi/10.1126/science.aap9559. Acesso em: 30 maio 2024.

139. WARDLE, Claire; DERAKHSHAN, Hossein. *Information disorder*: toward an interdisciplinary framework for research and policy making. Strasbourg: Council of Europe, 2017. p. 10. Disponível em: https://rm.coe.int/information-disorder-toward-an-interdisciplinary-framework-for-research/168076277c. Acesso em: 27 maio 2024.

mensagem e do agente, há que se avançar o estudo para aquele que os autores indicam como o terceiro elemento da desordem informacional: o intérprete. Faz-se imprescindível, afinal, saber de quem e como a desinformação se origina, mas é igualmente importante olhar quem e como a recebe – especificamente, no caso, como esse indivíduo interpreta a mensagem e o que faz a partir disso. Conhecer quem está no polo oposto ao agente (mas que, como se verá, também como agente pode atuar) e tratar de suas características comportamentais é uma das chaves para compreender a força da desinformação e se refletir, a partir daí, sobre os desafios no campo da moderação.

Busca-se, para tanto, analisar o que leva indivíduos a acreditar em narrativas que, em muitos casos, extrapolam a mínima razoabilidade – e não apenas acreditar, mas passá-las adiante, ainda mais rapidamente do que fariam caso se tratasse de uma informação verdadeira, corroborando conhecida citação, de incerta autoria: "Uma mentira pode dar a volta ao mundo, enquanto a verdade ainda calça os sapatos".[140]

Embora se cogite que essa frase tenha tido origem séculos atrás, ela é cientificamente comprovada nos dias de hoje. No referido estudo realizado por Soroush Vosoughi, Deb Roy e Sinan Aral, que analisaram 126.000 (cento e vinte e seis mil) histórias falsas e verdadeiras compartilhadas no Twitter, identificou-se que "a falsidade se difundiu significativamente mais longe, mais rápido, de forma mais profunda e mais ampla do que a verdade em todas as categorias de informação". Histórias falsas (fabricadas ou não) circulavam seis vezes mais rápido, igualmente alcançando, nesse tempo, mais pessoas que as histórias verdadeiras.[141] Conclusões como essa lançam luz a uma pergunta: por que e como, afinal, o terreno à desinformação é tão fértil?

Para responder a essa pergunta, se partirá, aqui, da análise da vulnerabilidade dos indivíduos no que diz respeito à informação (de qualquer espécie, verdadeira ou falsa) – o que já se constatava antes mesmo do uso massivo das redes sociais, e está relacionado a sua racionalidade limitada; passando aos ele-

---

140. A frase é geralmente atribuída ao escritor estadunidense Mark Twain. Em 2017, o jornal *The New York Times* apurou sua origem, esclarecendo que parecia ser uma variação de texto de autoria do satírico Jonatham Swift, séculos atrás. Conforme a publicação, variantes teriam sido moldadas a partir de então, tendo a atual versão do ditado sido popularizada por um pregador da era vitoriana (CHOKSHI, Niraj. That wasn't Mark Twain: how a misquotation is born. *The New York Times*, Nova Iorque, 26 abr. 2017. Disponível em: https://www.nytimes.com/2017/04/26/books/famous-misquotations.html. Acesso em: 30 maio 2024).

141. Tradução livre. No original: "*When we realized the diffusion dynamics of true and false rumors, we found that falsehood diffused significantly farther, faster, deeper, and more broadly than the truth in all categories of information*" (VOSOUGHI, Soroush; ROY, Deb; ARAL, Sinan. The spead of true and false news online. *Science*, v. 359, n. 6380, mar. 2018. p. 1147. Disponível em: https://www.science.org/doi/10.1126/science.aap9559. Acesso em: 30 maio 2024).

mentos que são acrescentados no ambiente das redes sociais, como algoritmos e curadoria personalizada, voltados a tornar esses espaços mais atrativos a seus usuários (e impactando no conteúdo que lhes é destinado); e chegando, por fim, às consequências desse conjunto, que é a construção de ambientes pouco plurais e férteis à desinformação.

Antes mesmo da explosão dos termos *"fake news"* e pós-verdade", Cass Sunstein tratava de boatos, na perspectiva mais ampla do termo, analisando os motivos pelos quais indivíduos acreditavam nesse tipo de conteúdo. Anos mais tarde, suas conclusões se mostram perfeitamente aplicáveis às discussões acerca de desinformação. Já naquela época, o autor sinalizava que o problema, que considerava "grave e generalizado", parecia estar aumentando "com a influência crescente da internet".[142] Explicava, ainda, que boatos são inevitáveis, o que se evidencia ante acontecimentos graves, que causam revolta. Isso porque, nessas situações, as pessoas ficam mais vulneráveis e, consequentemente, "muito mais propensas a acreditar em boatos que justifiquem seus estados emocionais e também a atribuir os acontecimentos a atos deliberados".[143]

Passados mais de dez anos, ao analisar o contextual atual de desordem informacional, com foco no impacto de notícias fraudulentas e teorias da conspiração como mecanismos de influência (sobretudo política), Giuliano Da Empoli, em entrevista a Carlos Serrano, justifica sua boa aceitação entre as pessoas em razão de sua capacidade de explicar a realidade (ou seja, de dar sentido ao que parece não ter sentido) de uma forma que "produz uma ressonância informacional e criam um sentimento de pertencimento".[144]

Cass Sunstein esclarece, contudo, que acreditar ou não em um boato (ou, trazendo a análise para a atualidade, na desinformação) está diretamente condicionado a convicções prévias. Isso se justifica, por um lado, pelo fato de que as crenças são motivadas, de modo que acreditar em determinadas proposições provoca bem-estar, ao passo que rejeitá-las causaria o efeito contrário. Por esse motivo, as pessoas buscam "reduzir a dissonância cognitiva se negando a acreditar em afirmações que contradizem suas crenças mais enraizadas".[145] Como exemplo,

---

142. SUNSTEIN, Cass R. *A verdade sobre os boatos*: como se espalham e por que acreditamos neles. Rio de Janeiro: Elsevier, 2010. p. 13.
143. SUNSTEIN, Cass R. *A verdade sobre os boatos*: como se espalham e por que acreditamos neles. Rio de Janeiro: Elsevier, 2010. p. 22.
144. COUTO, Marlen. Estratégia de Bolsonaro chegou ao seu limite. *O Globo*, Rio de Janeiro, 6 fev. 2022. Disponível em: https://oglobo.globo.com/politica/estrategia-de-bolsonaro-chegou-ao-seu-limite-a-nalisa-cientista-politico-giuliano-da-empoli-25382733?utm_source=meio&utm_medium=email. Acesso em: 22 maio 2024.
145. SUNSTEIN, Cass R. *A verdade sobre os boatos*: como se espalham e por que acreditamos neles. Rio de Janeiro: Elsevier, 2010. p. 23.

apresenta um caso clássico: quando uma personalidade pública tem a antipatia de um indivíduo, esse indivíduo "estará motivado a pensar que os boatos nocivos sobre ela são verdadeiros, mesmo que abusem de sua credulidade".[146] É por esse motivo que algumas informações gozam de força em determinado grupo e, em outro, não.

O autor explica que aquilo que um indivíduo sabe previamente pode tanto reforçar um boato quanto frustrá-lo. Utilizando-se do mesmo caso da personalidade pública, é dizer que os indivíduos que a admiram provavelmente gozam de uma série de informações favoráveis sobre ela; aqueles que dela desgostam, por outro lado, tendem a guardar informações que lhe são desfavoráveis. Para o primeiro grupo, apenas uma série de evidências poderia provocar a modificação das crenças, a fim de que aceitassem um boato negativo. No segundo grupo, esse mesmo boato acabaria gozando de muito maior receptividade.[147]

Registre-se, uma vez mais, que aqui se está falando do intérprete, terceiro elemento da cadeia de desordem informacional de que tratam Claire Wardle e Hossein Derakhshan.[148] O intérprete está inserido no contexto da audiência que raramente pode ser considerada simplesmente como um grupo que recebe informação de forma passiva. A audiência, na verdade, é formada por vários indivíduos que interpretam informação de acordo com seu próprio contexto sociocultural, suas posições políticas e suas experiências pessoais – e podem, por isso, reagir a uma mesma informação de maneiras distintas. Complementam os autores:

> Os tipos de informação que nós consumimos, e as maneiras pelas quais damos sentidos a eles, são significativamente impactados por nossa autoidentidade e pelas "tribos" com as quais nos associamos. E, em um mundo no qual o que gostamos, comentamos e compartilhamos é visível para nossos amigos, familiares e colegas, essas forças "sociais" e performativas são mais poderosas do que nunca.[149]

---

146. SUNSTEIN, Cass R. *A verdade sobre os boatos*: como se espalham e por que acreditamos neles. Rio de Janeiro: Elsevier, 2010. p. 24-25.

147. SUNSTEIN, Cass R. *A verdade sobre os boatos*: como se espalham e por que acreditamos neles. Rio de Janeiro: Elsevier, 2010. p. 26-27.

148. WARDLE, Claire; DERAKHSHAN, Hossein. *Information disorder*: toward an interdisciplinary framework for research and policy making. Strasbourg: Council of Europe, 2017. p. 27. Disponível em: https://rm.coe.int/information-disorder-toward-an-interdisciplinary-framework-for-research/168076277c. Acesso em: 27 maio 2024.

149. WARDLE, Claire; DERAKHSHAN, Hossein. *Information disorder*: toward an interdisciplinary framework for research and policy making. Strasbourg: Council of Europe, 2017. p. 27. Disponível em: https://rm.coe.int/information-disorder-toward-an-interdisciplinary-framework-for-research/168076277c. Acesso em: 27 maio 2024. Tradução livre. No original: *"The types of information we consume, and the ways in which we make sense of them, are significantly impacted by our self-identity and the 'tribes' we associate with. And, in a world where what we like, comment on and share is visible to our friends, family and colleagues, these 'social' and performative forces are more powerful than ever".*

Essa posição se complementa a partir de teoria abordada pela *Behavioral Law and Economics*, vertente comportamental da escola Análise Econômica do Direito: os indivíduos se valem de heurísticas e estão propensos a vieses cognitivos em variadas situações de julgamento sob estado de incerteza, conforme observa Daniel Kahneman, de modo que é possível afirmar que sua racionalidade é limitada.[150] Essa racionalidade limitada, nas palavras de Richard A. Posner, está relacionada ao fato de que "as pessoas têm idiossincrasias cognitivas que as impedem de processar racionalmente as informações". Essas idiossincrasias podem configurar, em alguns casos, "obstáculos sérios e intransponíveis ao agir racional" e, em outros, "meramente ao emprego de atalhos mentais em contextos nos quais a quantidade ideal de investimento no ato de pensar é pequena".[151]

Ao longo dos anos, estudos têm identificado e apontado uma série de vieses e heurísticas distintos, que fizeram cair por terra a ideia de que o homem é um ser inteiramente racional, como sublinha Jonathan Baron.[152] Essa irracionalidade, anotam Miriam J. Metzger e Andrew J. Flanagin, torna-se mais evidente quando analisada no contexto da internet e da sociedade da informação – com compartilhamento massivo de conteúdo que, tal qual já em maior profundidade se enfrentou, não está sujeito ao mesmo grau de filtro que os chamados *gatekeepers* profissionais.[153]

Em estudo a respeito dos motivos que levam a desinformação a encontrar espaço tão facilmente, David Lazer e outros sustentam, na linha do que Cass Sunstein já expunha, que as pessoas: preferem informações que confirmem suas atitudes preexistentes (o que chamam de exposição seletiva); tomam informações convergentes a suas crenças como mais persuasivas do que aquelas divergentes (o que conceituam como vieses de confirmação); e estão inclinadas a apreender informações que lhes agradem (vieses de desejabilidade).[154]

---

150. KAHNEMAN, Daniel. Maps of bounded rationality: psychology for behavioral economics. *The American Economic Review*, Nashville, v. 93, n. 5, dez. 2003. p. 1449. Disponível em: https://www.jstor.org/stable/3132137?seq=1. Acesso em: 22 maio 2024.

151. POSNER, Richard A. *Fronteiras da teoria do Direito*. São Paulo: WMF Martins Fontes, 2011. p. 326.

152. BARON, Jonathan. Heuristic and biases. *In*: ZAMIR, Eyal; TEICHMAN, Doron (ed.). *The Oxford Handbook of Behavioral Economics and the Law*. Nova Iorque: Oxford Press University, 2014. p. 22.

153. Nesse caso, os *gatekeepers* profissionais estariam, essencialmente, na mídia convencional, que, antes do advento da internet, detinha o poder decisório a respeito das informações que seriam levadas ao público. Junto à aplicação dos *standards* jornalísticos já apontados, haveria um "processo de filtragem meritocrático", de modo que apenas determinadas informações, indivíduos e acontecimentos valeriam espaço nesses veículos, a seu critério (METZGER, Miriam J.; FLANAGIN, Andrew J. Credibility and trust of information in online environments: The use of cognitive heuristics. *Journal of Pragmatics*, Santa Barbara, v. 59-B, dez. 2013. p. 212. Disponível em: https://flanagin.faculty.comm.ucsb.edu/CV/Metzger&Flanagin,2013(JoP).pdf. Acesso em: 7 jun. 2024).

154. LAZER, David *et al*. The science of fake news. *Science*, Washington, DC, v. 359, n. 6380, mar. 2018. p. 1095. Disponível em: https://www.science.org/doi/abs/10.1126/science. aao2998. Acesso em: 22 maio 2024.

No mesmo sentido, Stephan Lewandowsky e outros indicam quatro motivos que levam as pessoas a acreditar em uma informação que recebem: a consistência da mensagem (em relação a crenças prévias), a coerência da mensagem (considerando sua plausibilidade em relação a questões internas), a credibilidade da fonte e, por fim, a aceitação geral (em relação ao número de pessoas que aparentemente também acreditam).[155] Uma vez que se acredita na desinformação, torna-se difícil reverter essa crença, o que pode acabar perpetuando sua amplificação, em especial, em grupos ideológicos, como pontuam Robert Ackland e Karl Gwynn.[156] Esse problema persistiria, observam David Lazer e outros, mesmo em casos de informações posteriormente retificadas por meio de checagem e verificação, por exemplo (estratégias de enfrentamento ao fenômeno que serão abordadas no Capítulo 2).[157]

Corroborando o até aqui exposto, vale mencionar que a análise de credibilidade de uma informação, ou mesmo de um veículo de mídia, está sujeita ao uso de heurísticas cognitivas, como identificado em estudo conduzido por Miriam J. Metzger e Andrew J. Flanagin.[158] Concluiu-se que, em ambientes ricos do ponto de vista informacional, podendo até mesmo configurar um sobrecarga (*information overload*),[159] como é o caso da internet, muitas vezes, os indivíduos não têm capacidade cognitiva ou tempo para avaliar a informação de forma sistemática, de modo que acabam invocando uma série de heurísticas.

Dentre as identificadas, os autores apontam a heurística da reputação, que diz respeito ao fato de que, ao escolher entre as fontes, as pessoas tendem a acreditar em uma fonte cujo nome reconhecem como mais credível em comparação com uma fonte desconhecida, mesmo sem avaliar o conteúdo real do site, ou suas credenciais; a heurística do endosso, que sugere que as pessoas tendem a acreditar em informações e fontes se outros também o fizerem – especialmente se esses outros forem conhecidos (ou, caso sejam desconhecidos, que estejam

---

155. LEWANDOWSKY, Stephan *et al.* Misinformation and its correction: continued influence and successful debiasing. *Psychological Science in the Public Interest*, Washington, DC, v. 13, n. 3, dez. 2012. p. 112. Disponível em: https://journals.sagepub.com/doi/10.1177/1529100612451018. Acesso em: 13 maio 2024.

156. ACKLAND, Robert; GWYNN, Karl. Truth and the dynamics of news diffusion on Twitter. *In*: GREIFENEDER, Rainer *et al* (org.). *The psychology of fake news*. Nova Iorque: Routledge, 2021. p. 28.

157. LAZER, David *et al.* The science of fake news. *Science*, Washington, DC, v. 359, n. 6380, mar. 2018. p. 1095. Disponível em: https://www.science.org/doi/abs/10.1126/science.aao2998. Acesso em: 22 maio 2024.

158. METZGER, Miriam J.; FLANAGIN, Andrew J. Credibility and trust of information in online environments: The use of cognitive heuristics. *Journal of Pragmatics*, Santa Barbara, v. 59-B, dez. 2013. p. 214. Disponível em: https://flanagin.faculty.comm.ucsb.edu/CV/Metzger&Flanagin,2013(JoP).pdf. Acesso em: 7 jun. 2024.

159. SUNSTEIN, Cass R. *#Republic*: divided democracy in the age of social media. New Jersey: Princeton University Press, 2017. p. 63.

acompanhados de demonstrações de apoio, como resenhas ou avaliações);[160] a heurística da consistência, que se traduz na estratégia de validar a informação por meio da busca por outras fontes; e a heurística da autoconfirmação, que trata da tendência das pessoas de tomar como críveis as informações que confirmem suas crenças preexistentes, e como não críveis aquelas que as contrariem – mesmo que sejam razoáveis e estejam amparadas em ampla pesquisa e fontes apropriadas.[161]

Destaca-se que Miriam J. Metzger e Andrew J. Flanagin citam mais duas heurísticas, que têm maior relação com uma análise mais ampla de credibilidade, voltando-se a um portal, e não especificamente a uma informação específica. São os casos da heurística da violação de expectativa, aplicada nas hipóteses em que, se um portal não atender a suas expectativas de alguma forma (especialmente quanto a questões de conceito visual e gramática), os indivíduos o julgarão como sem credibilidade; e da heurística da intenção persuasiva, que diz respeito à tendência a tomar informações tendenciosas como não confiáveis, sendo geralmente desencadeada por informações comerciais ou que se desprendem da (ao menos suposta) imparcialidade jornalística.[162]

Mostra-se difícil a tarefa de classificar heurísticas em categorias exclusivas, que não se diferenciam, porque muitas situações de tomada de decisão envolvem heurísticas múltiplas, que podem ser combinadas e recombinadas, ou mesmo aglutinadas, de acordo com Gerd Gigerenzer e Peter M. Todd.[163] Da mesma forma, determinadas heurísticas podem se sobressair em relação a outras – e não se pode dizer que, à luz da heurística da violação de expectativa, muitos conhecidos portais de desinformação talvez acabassem reprovados caso submetidos a um "teste" de credibilidade.[164] Ainda assim, o *design* desagradável ou problemas de

---

160. Mais de dez anos depois da publicação desse estudo, e estando mais amplamente difundido o uso das redes sociais, faz-se o registro de que curtidas, comentários e compartilhamentos também se apresentam como importantes demonstrações de apoio. Tatiana Dourado observa, a propósito, que a exposição pública de métricas exorbitantes pode, inclusive, fazer com que publicações antigas contendo desinformações sejam reativadas a qualquer momento, "porque alguém julgou haver pertinência naquela história" (DOURADO, Tatiana. *Fake news*: quando as mentiras viram fatos políticos. Porto Alegre: Zouk, 2021. p. 92-93).

161. METZGER, Miriam J.; FLANAGIN, Andrew J. Credibility and trust of information in online environments: The use of cognitive heuristics. *Journal of Pragmatics*, Santa Barbara, v. 59-B, dez. 2013. p. 214-215. Disponível em: https://flanagin.faculty.comm.ucsb.edu/CV/Metzger&Flanagin,2013(JoP).pdf. Acesso em: 7 jun. 2024.

162. METZGER, Miriam J.; FLANAGIN, Andrew J. Credibility and trust of information in online environments: The use of cognitive heuristics. *Journal of Pragmatics*, Santa Barbara, v. 59-B, dez. 2013. p. 214-215. Disponível em: https://flanagin.faculty.comm.ucsb.edu/CV/Metzger&Flanagin,2013(JoP).pdf. Acesso em: 7 jun. 2024.

163. GIGERENZER, Gerd; TODD, Peter M. *Simple Heuristics That Make Us Smart*. Nova Iorque: Oxford University Press, 2001. p. 33.

164. Embora muitos portais invistam na sofisticação de seu material, é possível identificar elementos que denunciem carências no que diz respeito a técnicas e padrões jornalísticos, como o uso indiscriminado

redação nem sempre enfraquecem esses portais sob a perspectiva da audiência/ do intérprete.

Como se vê, é bastante complexo o sistema que se descortina quando um indivíduo se depara com uma informação – verdadeira ou falsa, seja no contexto *online* ou nos espaços *offline* –, acionando uma série de mecanismos que contribuem para a tomada de decisão a respeito do que se vai fazer a partir daí. Nas redes sociais, esses contornos se evidenciam, e as crenças encontram um terreno fértil: plataformas como Facebook e Twitter aplicam um filtro sobre todo o conteúdo que é publicado, apresentando um perfil personalizado para cada usuário. Ainda que não seja possível identificar exatamente quais são os critérios dos quais se valem os algoritmos das redes, sabe-se que informações que se adequam aos gostos e às crenças desse usuário são favorecidas em detrimento daquelas que não o fazem.

Isso se dá em razão do que Cass Sunstein define como *information overload* (sobrecarga informacional, em tradução livre), que se configura em razão da existência de "muitas opiniões, muitas opções, muitos tópicos, uma cacofonia de vozes". Esse risco onipresente de sobrecarga anda de mãos dadas com a necessidade de filtragem de conteúdo, conferindo ordem e limitando o exagerado número de fontes.[165] Em outras palavras, significa dizer que nem todo o conteúdo disponível na rede estará sujeito aos vieses e às heurísticas antes mencionados: os *feeds* de usuários, por exemplo, estão sujeitos aos filtros aplicados pelas próprias plataformas. Por esse motivo, é comum que usuários "esqueçam" da existência de outros perfis, embora os sigam e/ou os tenham como contatos na rede – simplesmente porque eles não aparecem em seus *feeds*.

Esse fator se explica a partir dos algoritmos, que desempenham um importante papel de seleção de quais informações são consideradas relevantes para cada usuário, sendo o que Tarleton Gillespie aponta como "uma característica crucial em nossa participação na vida pública". Para além de viabilizarem a navegação em bancos de dados que disponibilizam massiva informação, os algoritmos mapeiam determinadas preferências em detrimento de outras, "sugerindo novos ou

---

de cores ou a escrita de chamadas com todas as letras iniciais em maiúscula. A forma se distancia da padronização adotada por veículos de imprensa considerados tradicionais (o que poderia acionar, no leitor, a heurística em questão, em razão das significativas diferenças de padrão estético). O jornal *Folha de S.Paulo*, por exemplo, indica o uso de inicial maiúscula no começo da frase e em nomes próprios, adotando, em casos controversos ou duvidosos, "tendência simplificadora em direção às minúsculas". A padronização ficaria mais agradável ao leitor, igualmente diminuindo a poluição visual da página (MANUAL de redação. São Paulo: Publifolha, 2013. p. 80).

165. Tradução livre. No original: "*In the face of dramatic increases in communication options, there is and omnipresent risk of information overload – too many options, too many topics, too many opinions, a cacophony of voices. Indeed the risk of overload and the need for filtering go hand in hand*" (SUNSTEIN, Cass R. #*Republic*: divided democracy in the age of social media. New Jersey: Princeton University Press, 2017. p. 63).

esquecidos pedaços de cultura para que sejam encontrados".[166] São os algoritmos, portanto, que gerenciam as interações entre usuários e destacam as novidades de um perfil, excluindo as de outro. Eles é que estão designados a determinar o que é tendência e o que deve ser discutido – não apenas auxiliando a encontrar informação, mas, como alerta o autor, indicando o que deve ser procurado e como deve ser procurado para que o usuário possa participar do debate social e político.[167]

É o que torna as redes sociais tão atrativas para os usuários – e isso faz toda a diferença no período em que o massivo fluxo informacional tem, como consequência, a escassez de informação. Esse cenário deu espaço à chamada Economia de Atenção, como explica João Francisco Cassino, sublinhando se tratar de termo cunhado por pensadores como Thomas H. Davenport e John C. Beck, que entendem que a atenção seria um recurso escasso e, portanto, deveria ser gerenciado como tal, o que a transformaria em uma moeda de negócios.[168] Por que, para as redes sociais (que são, afinal, empresas), é tão importante atrair a atenção?

A resposta está nos dados pessoais de seus usuários e no que é feito a partir deles. Como explica Sérgio Amadeu da Silveira, esses dados são tratados e vendidos com a finalidade de "interferir, organizar o consumo e as práticas dos seus clientes". As plataformas de relacionamento, lembra o autor, não são responsáveis pela produção de conteúdo, de modo que não elaboram discursos nem criam narrativas. Os criadores de conteúdo são seus usuários, que entregam seus dados pessoais e metadados de navegação aos donos dos serviços,[169] consolidando o que Shoshana Zuboff veio a chamar de capitalismo de vigilância, que "reivindica de maneira unilateral a experiência humana como matéria-prima gratuita para a tradução em dados comportamentais".[170]

---

166. Tradução livre. No original: "*Algorithms play an increasingly important role in selecting what information is considered most relevant to us, a crucial feature of our participation in public life. Search engines help us navigate massive databases of information, or the entire web. Recommendation algorithms map our preferences against others, suggesting new or forgotten bits of culture for us to encounter*" (GILLESPIE, Tarleton. The relevance of algorithms. *In:* GILLESPIE, Tarleton; BOCZKOWSKI, Pablo J.; FOOT, Kirsten A. (ed.). *Media Technologies*: essays on communication, materiality, and society. Cambridge: The MIT Press, 2014. p. 167).
167. GILLESPIE, Tarleton. The relevance of algorithms. *In:* GILLESPIE, Tarleton; BOCZKOWSKI, Pablo J.; FOOT, Kirsten A. (ed.). *Media Technologies*: essays on communication, materiality, and society. Cambridge: The MIT Press, 2014. p. 167.
168. CASSINO, João Francisco. Modulação deleuziana, modulação algorítmica e manipulação midiática. *In:* SOUZA, Joyce; AVELINO, Rodolfo; SILVEIRA, Sérgio Amadeu da (org.). *A sociedade do controle*: manipulação e modulação nas redes sociais. São Paulo: Hedra, 2018. p. 18.
169. SILVEIRA, Sérgio Amadeu da. A noção de modulação e os sistemas algorítmicos. *In:* SOUZA, Joyce; AVELINO, Rodolfo; SILVEIRA, Sérgio Amadeu da (org.). *A sociedade do controle*: manipulação e modulação nas redes sociais. São Paulo: Hedra, 2018. p. 35.
170. ZUBOFF, Shoshana. *A era do capitalismo de vigilância*: a luta por um futuro na nova fronteira do poder. Rio de Janeiro: Intrínseca, 2020. p. 18.

O produto do capitalismo de vigilância, então, são as experiências privadas transformadas em dados, que se tornam *commodities* para as empresas que as detêm. O capitalismo de vigilância exerce influência sobre a divisão de aprendizagem da sociedade a partir do que Shoshana Zuboff denomina de "problema dos dois textos". No caso do Facebook, por exemplo, o primeiro texto seria aquilo que o usuário está acostumado a publicar e compartilhar em seu perfil – textos, vídeos, fotos, curtidas, observações "e todo esse maciço burburinho da nossa vida capturado e comunicado".[171]

Esse primeiro texto é perseguido por um "texto sombra", preenchido por "tudo aquilo com o que contribuímos para o primeiro texto, não importa quão trivial ou fugaz seja". Esse texto sombra é "uma crescente acumulação de superávit comportamental e suas análises, e diz mais sobre nós do que podemos saber acerca de nós mesmos". Esse material – que permite fazer pelo menos seis milhões de previsões comportamentais por segundo[172] – é vendido a outras empresas, em mercados restritos. Por isso que, para as redes sociais, o engajamento é tão importante: são as curtidas, as visualizações, os compartilhamentos, os comentários (inclusive aqueles apagados) e o tempo despendido em determinado *post* (ou mesmo o simples ato de parar de rolar o *feed* para uma rápida leitura da chamada para um link) que fornecem subsídios às empresas donas das plataformas.

A partir do superávit mencionado por Shoshana Zuboff, seria possível modificar o comportamento – fazendo com que, conforme os exemplos da autora, um usuário do Facebook compre um creme para espinhas no final de uma tarde de sexta-feira, clique em uma oferta de tênis após uma corrida em uma manhã de domingo ou vote nas eleições que se aproximam.[173] São essas técnicas de modulação, construídas a partir do superávit extraído das redes sociais, que tornam possível o marketing certeiro, específico e personalizado, como complementa Sérgio Amadeu da Silveira, em análise da obra de Zuboff:

> Quanto mais dependente dos dispositivos tecnológicos que coletam dados, mais as pessoas terão seus perfis comportamentais e opinativos organizados e analisados como parte de um processo que culminará no encurtamento do mundo, da condução da visão e na entrega de opções delimitadas. Os sistemas algorítmicos preditivos das plataformas querem conhecer cada vez mais as pessoas para melhor atendê-las e "fidelizá-las". A munição dessa guerra

---

171. ZUBOFF, Shoshana. *A era do capitalismo de vigilância*: a luta por um futuro na nova fronteira do poder. Rio de Janeiro: Intrínseca, 2020. p. 218.

172. BARBOSA, David. Coleta de dados por Google e Facebook criou "capitalismo de vigilância", diz Shoshana Zuboff. *O Globo*, Rio de Janeiro, 7 mar. 2021. Disponível em: https://oglobo.globo.com/cultura/livros/coleta-de-dados-por-google-facebook-criou-capitalismo-de-vigilancia-diz-shoshana-zuboff-24901334. Acesso em: 23 maio 2024.

173. ZUBOFF, Shoshana. *A era do capitalismo de vigilância*: a luta por um futuro na nova fronteira do poder. Rio de Janeiro: Intrínseca, 2020. p. 19-20.

concorrencial são os dados obtidos de cada pessoa para nutrir o processo de modulação, sem o qual não será possível se manter, nem mesmo vencer os concorrentes.[174]

Tornar o ambiente das redes sociais mais atrativo é, portanto, uma das principais preocupações das plataformas, que têm o objetivo de que seus usuários estejam conectados e interagindo pelo maior tempo possível – tornando possível, assim, a coleta de informações a seu respeito. Reside aí a justificativa para a seleção do conteúdo que chega a cada indivíduo, com a personalização dos *feeds* de acordo com suas preferências, feita a partir de mecanismos que criam um universo que é exclusivo para cada usuário. O resultado é o que se chama de bolha de filtro (*filter bubble*), conforme termo cunhado por Eli Pariser.[175]

É evidente, conforme esclarece o autor, que as pessoas tendem (e isso é anterior à internet) a consumir produtos de mídia que se adequem a seus interesses e hobbies. Mas ele explica que as bolhas de filtros carregam três dinâmicas específicas. A primeira delas diz respeito ao fato de que os indivíduos estão sozinhos em suas bolhas: enquanto telespectadores de um canal de TV, ainda que sobre um tema muito específico (como golfe), sabem que estão tendo acesso a um conteúdo junto a outros telespectadores, na bolha dos filtros, cada usuário está sozinho.[176]

A segunda característica se dá em razão de a bolha de filtros ser invisível. Enquanto os leitores de um jornal ou ouvintes de uma rádio sabem (ou ao menos deveriam saber) que estão se informando a partir de um veículo com determinada inclinação política, a pauta das empresas que se valem dos filtros (como as redes sociais) não é clara, tal como já mencionado. São ainda obscuras as políticas adotadas, o que faz com que mesmo autores que se debruçam sobre o assunto, como Eli Pariser[177] e Shoshana Zuboff,[178] encontrem dificuldade para compreender como são feitas a seleção e a ordenação do conteúdo que aparece no *feed* de um usuário. Enquanto não se sabe como essa personalização é feita, vale dizer que muitas pessoas nem sequer sabem que ela é feita. O mesmo, aliás,

---

174. SILVEIRA, Sérgio Amadeu da. A noção de modulação e os sistemas algorítmicos. *In*: SOUZA, Joyce; AVELINO, Rodolfo; SILVEIRA, Sérgio Amadeu da (org.). *A sociedade do controle*: manipulação e modulação nas redes sociais. São Paulo: Hedra, 2018. p. 44.

175. PARISER, Eli. *O filtro invisível*: o que a internet está escondendo de você. Rio de Janeiro: Zahar, 2012. p. 11.

176. PARISER, Eli. *O filtro invisível*: o que a internet está escondendo de você. Rio de Janeiro: Zahar, 2012. p. 12.

177. Pariser relata, em sua obra (que completou dez anos em 2022), uma conversa que teve com um dos responsáveis pela personalização de resultados de buscas do Google à época. Ele sugeriu que seria (já àquela época) praticamente impossível prever como os mecanismos de busca iriam moldar a experiência de um usuário, em razão da imensa quantidade de dados e de variáveis (PARISER, Eli. *O filtro invisível*: o que a internet está escondendo de você. Rio de Janeiro: Zahar, 2012. p. 14-15).

178. ZUBOFF, Shoshana. *A era do capitalismo de vigilância*: a luta por um futuro na nova fronteira do poder. Rio de Janeiro: Intrínseca, 2020. p. 218.

é possível se dizer sobre a moderação, conforme será tratado com mais profundidade no Capítulo 2.

A terceira e última característica é que as pessoas não escolhem entrar na bolha. Eli Pariser segue comparando a internet e os veículos de mídia tradicionais, explicando que, ao assistir a um canal ou ler um jornal específico, o telespectador ou leitor sabe que está utilizando um filtro específico na tentativa de entender o mundo. Esse tipo de escolha não acontece com os filtros personalizados, em que não é possível identificar quais são as inclinações dos responsáveis por esses filtros. O autor alerta, ainda, para a dificuldade em evitá-los, em razão de eles serem a base dos sites que os utilizam.[179]

Porém, os filtros têm seu lado positivo, ao se considerar a sobrecarga informacional. Os defensores da personalização, nas palavras do autor, "nos oferecem um mundo feito sob medida, adaptado à perfeição para cada um de nós. É um lugar confortável, povoado por nossas pessoas, coisas e ideias preferidas". É atraente, diz, a perspectiva de nunca mais se ficar entediado, ou de nunca mais se sentir perturbado por algo que não é de interesse, o que garantiria "um retorno ao universo ptolemaico no qual o sol e todo o resto gira ao nosso redor".[180]

Mas isso, ele alerta, tem um custo: a bolha dos filtros pode deformar a percepção que uma pessoa tem do mundo, inclusive criando uma espécie de determinismo informativo. Se, de um lado, os intérpretes carregam, como antes se viu, vieses e heurísticas que influenciam a forma como a informação recebida é analisada e interpretada, de outro, plataformas se valem de mecanismos que filtram o tipo de informação que vai chegar até esse intérprete.

A bolha dos filtros tende a reforçar o viés de confirmação, porque "O consumo de informações que se ajustam às nossas ideias sobre o mundo é fácil e prazeroso; o consumo de informações que nos desafiam a pensar de novas maneiras ou a questionar nossos conceitos e frustrante e difícil".[181] A utilização de algoritmos faz com que as plataformas reforcem pontos de vista de seus usuários, permitindo-lhes que permaneçam envoltos em suas seguras e confortáveis câmaras de eco, como sublinham Claire Wardle e Hossein Derakshan.[182]

---

179. PARISER, Eli. *O filtro invisível*: o que a internet está escondendo de você. Rio de Janeiro: Zahar, 2012. p. 11-12.
180. PARISER, Eli. *O filtro invisível*: o que a internet está escondendo de você. Rio de Janeiro: Zahar, 2012. p. 11-12.
181. PARISER, Eli. *O filtro invisível*: o que a internet está escondendo de você. Rio de Janeiro: Zahar, 2012. p. 80.
182. WARDLE, Claire; DERAKHSHAN, Hossein. *Information disorder*: toward an interdisciplinary framework for research and policy making. Strasbourg: Council of Europe, 2017. p. 49. Disponível em: https://rm.coe.int/information-disorder-toward-an-interdisciplinary-framework-for-resear-c/168076277c. Acesso em: 27 maio 2024.

Muito mais do que um espaço em que o som é refletido nas paredes e, por isso, ecoa, uma câmara de eco, conforme definição do Dicionário de Oxford, é "um ambiente no qual alguém encontra apenas opiniões e crenças semelhantes às suas, e não precisa considerar alternativas".[183] Acessando somente informações que corroborem seus pontos de vista, os indivíduos podem acabar se tornando mais extremistas, do ponto de vista social, e mais polarizados, sob a perspectiva política, de acordo com Paulo Barberá e outros.[184]

Esse pensamento é amplamente explorado por Cass Sunstein, que demonstra preocupação com o crescente poder de filtro (tanto das pessoas sobre si, quanto dos provedores sobre as pessoas) sobre o que é visto, sublinhando que as pessoas serem submetidas a materiais que elas não escolheram é algo central para a democracia; e que, ao mesmo tempo, as pessoas devem ter experiências em comum, como sociedade, inclusive se mobilizando pelas redes sociais (é o caso de um feriado nacional, uma Copa do Mundo ou um filme que transcende diferenças entre grupos, como seria o caso de Star Wars). Essas seriam experiências imprescindíveis para se criar o que o autor chama de "cola social" (*social glue*, no original).[185]

Ainda em 2017, antes mesmo da pandemia de Covid-19, Cass Sunstein lançava uma ideia que julgava controversa, pedindo que o leitor considerasse os riscos de terrorismo, mudanças climáticas e doenças infecciosas, alertando para o fato de que seria impossível alcançar perspectivas sensatas, até mesmo sobre temas mundanos, se as pessoas estivessem inseridas em câmaras de eco, em que apenas tivessem contato com aquilo que concordam e no que acreditam. O autor sustenta que estudos têm fornecido importantes evidências de que, ao menos em certos domínios, câmaras de eco em redes sociais como o Facebook não apenas existem, mas também são fortalecidas pelos vieses de confirmação.

Um desses estudos foi conduzido por Michela Del Vicario e outros, que analisaram o comportamento de usuários do Facebook entre 2010 e 2014, em especial, quanto ao compartilhamento de teorias da conspiração, notícias científicas e *trolls*. Em resumo, os pesquisadores identificaram comunidades de pessoas que pensavam de maneira semelhante. Teorias da conspiração,

---

183. Tradução livre. No original: "*An environment in which somebody encounters only opinions and beliefs similar to their own, and does not have to consider alternatives*" (ECHO CHAMBER. *In*: Oxford Learner's Dictionaries. Oxford, 2022. Disponível em: https://www.dictionary.com/browse/fake-news. Acesso em: 26 maio 2024).

184. BARBERÁ, Pablo *et al*. Tweeting from left to right: is online political communication more than an echo chamber? *Psychological Science*, [*S.l.*], v. 26, n. 10, ago. 2015. p. 1531. Disponível em: https://journals.sagepub.com/doi/10.1177/0956797615594620. Acesso em: 26 maio 2024.

185. SUNSTEIN, Cass R. *#Republic*: divided democracy in the age of social media. New Jersey: Princeton University Press, 2017. p. 5-8.

mesmo aquelas absolutamente infundadas, espalhavam-se rapidamente dentro dessas comunidades – e isso porque os usuários tendiam a compartilhar histórias com mensagens e informações que eram de seu interesse, rejeitando as demais. O resultado foi a formação de grupos homogêneos e polarizados, entre os quais as informações circulam muito rapidamente, com a "proliferação de narrativas tendenciosas fomentadas por rumores infundados, desconfiança e paranoia".[186]

Nesse cenário, os vieses de confirmação se reforçam, criando um ciclo vicioso, como complementa Cass Sunstein: "Se as pessoas começam com uma determinada crença e encontram informação que a confirma, elas intensificam seu compromisso com sua crença, fortalecendo seu viés".[187] Nesse ciclo vicioso, o conteúdo passa a ser compartilhado, criando as chamadas cascatas informacionais. Conforme elucida o autor, a maioria das pessoas não goza de conhecimento direto ou pessoal sobre determinado assunto (como os procedimentos para elaboração e aprovação de uma vacina, por exemplo, ou os bastidores de um pleito eleitoral), de modo que acaba por se submeter à multidão, criando um efeito manada.[188]

Isso se dá sob a perspectiva tanto do receptor, que toma o acolhimento por seus pares como um dos critérios avaliativos de uma informação, como referido por Stephan Lewandowsky e outros;[189] quanto do emissor, como advertem Diogo Rais e Stela Rocha Sales:[190]

> Na ânsia de provar que estamos certos, costumamos nos apoiar em qualquer material que reforce aquilo que já pensamos, e assim, baseados em uma notícia que sequer foi checada, mas que caiu como uma luva para a nossa prévia convicção, compartilhamos ansiosamente esse conteúdo, que pode ser uma desinformação.

---

186. Tradução livre. No original: "*Users tend to aggregate in communities of interest, which causes reinforcement and fosters confirmation bias, segregation, and polarization. This comes at the expense of the quality of the information and leads to proliferation of biased narratives fomented by unsubstantiated rumors, mistrust, and paranoia*" (DEL VICARIO, Michela *et al*. Echo chambers in the age of misinformation. *Proceedings of the National Academy of Sciences*, v. 113, n. 3, jan. 2016. p. 558. Disponível em: https://www.pnas.org/content/113/3/554. Acesso em: 16 jun. 2024).

187. SUNSTEIN, Cass R. *A verdade sobre os boatos*: como se espalham e por que acreditamos neles. Rio de Janeiro: Elsevier, 2010. p. 125.

188. SUNSTEIN, Cass R. *A verdade sobre os boatos*: como se espalham e por que acreditamos neles. Rio de Janeiro: Elsevier, 2010. p. 29.

189. LEWANDOWSKY, Stephan *et al*. Misinformation and its correction: continued influence and successful debiasing. *Psychological Science in the Public Interest*, Washington, DC, v. 13, n. 3, dez. 2012. p. 112. Disponível em: https://journals.sagepub.com/doi/10.1177/1529100612451018. Acesso em: 13 maio 2024.

190. RAIS, Diogo; SALES, Stela Rocha. *Fake news, deepfakes* e eleições. *In*: RAIS, Diogo (coord.). *Fake news*: a conexão entre a desinformação e o direito. 2. ed. São Paulo: Thomson Reuters Brasil, 2020. p. 27.

Voltando às características mencionadas por Claire Wardle e Hossein Derakshan,[191] acabam esclarecidos os motivos pelos quais é tão plausível tomar o intérprete (que, inicialmente, é um alvo da desordem informacional e, em especial, da desinformação) também como seu agente. Na era das redes sociais, em que todos os usuários gozam de condições de publicar conteúdo, cabe também ao intérprete a decisão sobre como compartilhar e enquadrar a mensagem para seus próprios contatos.

Esse contexto não é o único responsável pela disseminação da desinformação, que depende de uma série de outros fatores, explorados ao longo de todo o primeiro capítulo desta obra. À medida que o conteúdo vai se tornando mais relevante nas redes sociais, por meio dos mencionados filtros, baseados, por exemplo, em algoritmos que utilizam critérios de indexação (tais como palavras-chave), ele acaba atingindo usuários com maior perfil de interesse, como observam Angelo Sastre e outros.[192] Quanto maior o tráfego, maior o faturamento dos responsáveis por esses portais.

A palavra mágica por trás de toda essa engrenagem é, portanto, engajamento, que se alcança por meio de uma abordagem que Giuliano Da Empoli explica que independe de conteúdo, e que comumente gera adesão imediata. É justamente essa ideia de ausência de atenção ao conteúdo que se transforma em mais uma das portas ao conteúdo desinformativo.[193] Suas consequências, ainda mais a partir da ampla abrangência dos provedores de aplicação, podem ser nefastas – não apenas porque o fenômeno reforça a polarização de opiniões, mas também

---

191. WARDLE, Claire; DERAKHSHAN, Hossein. *Information disorder*: toward an interdisciplinary framework for research and policy making. Strasbourg: Council of Europe, 2017. Disponível em: https://rm.coe.int/information-disorder-toward-an-interdisciplinary-framework-for-researc/168076277c. Acesso em: 27 maio 2024.

192. SASTRE, Angelo; OLIVEIRA, Claudia Silene Pereira de; CORREIO, Francisco Rolfsen Belda. A influência do "filtro bolha" na difusão de *Fake News* nas mídias sociais: reflexões sobre as mudanças nos algoritmos do Facebook. *Revista GEMInIS*, São Carlos, SP, v. 9, n. 1, jun. 2018. p. 15. Disponível em: https://www.revistageminis.ufscar.br/index.php/geminis/article/view/366. Acesso em: 26 maio 2024.

193. "Juntos, esses engenheiros do caos estão em vias de reinventar uma propaganda adaptada à era dos selfies e das redes sociais, e, como consequência, transformar a própria natureza do jogo democrático. Sua ação é a tradução política do Facebook e do Google. É naturalmente populista, pois, como as redes sociais, não suporta nenhum tipo de intermediação e situa todo mundo no mesmo plano, com um só parâmetro de avaliação: os likes, ou curtidas. É uma ação indiferente aos conteúdos porque, como as redes sociais, só tem um objetivo: aquilo que os pequenos gênios do Vale do Silício chamam de 'engajamento' e que, em política, significa adesão imediata. Se o algoritmo das redes sociais é programado para oferecer ao usuário qualquer conteúdo capaz de atraí-lo com maior frequência e por mais tempo à plataforma, o algoritmo dos engenheiros do caos os força a sustentar não importa que posição, razoável ou absurda, realista ou intergaláctica, desde que ela intercepte as aspirações e os medos – principalmente os medos – dos eleitores" (EMPOLI, Giuliano da. *Os engenheiros do caos*. São Paulo: Vestígio, 2020. p. 155).

porque "retira a capacidade de discernir o real do irreal, gerando um ambiente de crescente desconfiança e descrença", como pondera José Antonio Dias Toffoli.[194]

Pelo panorama exposto neste primeiro capítulo, é de se concluir que usuários de redes sociais estão sujeitos à exposição (geralmente massiva) à desinformação – e que, como seres de racionalidade limitada que são, podem não apenas apreender e confiar em determinados conteúdos, mas, também, passar a disseminá-los. No cenário político-social da atualidade, é premente a necessidade de se discutir o que pode e deve ser feito com vistas ao enfrentamento do fenômeno da desinformação. É por isso que um dos tópicos mais pulsantes (e controversos) sobre o assunto está relacionado à moderação de conteúdo pelas plataformas, do que se ocupa o segundo capítulo desta obra.

---

194. TOFFOLI, José Antonio Dias. *Fake news*, desinformação e liberdade de expressão. *In*: ABBOUD, Georges; NERY JR., Nelson; CAMPOS, Ricardo (org.). Fake news *e regulação*. 2. ed. São Paulo: Thomson Reuters Brasil, 2020. p. 20.

2
A ATIVIDADE DE MODERAÇÃO DE CONTEÚDO

O primeiro capítulo cuidou de estabelecer premissas a respeito da desinformação, fenômeno que tem, como um de seus pilares, interações viabilizadas a partir da internet. Em específico, a dinâmica das redes sociais permite que esse tipo de conteúdo, corriqueiramente originado em sites e portais, disponha de ainda maior alcance – o que se dá não apenas pelas ferramentas de publicação, mas igualmente por compartilhamentos, comentários e "curtidas", seja a partir de perfis criados por humanos, seja de contas gerenciadas de forma automatizada (ou até mesmo híbrida, como no caso dos ciborgues).

Visando a avançar sobre o objeto de análise proposto, é válido compreender se, e como, os provedores de redes sociais têm atuado em relação ao que é publicado por seus usuários – e, evidentemente, de que forma essa conduta se assenta no ordenamento jurídico brasileiro. Este segundo capítulo trata, portanto, da atividade de moderação, com especial atenção à moderação de conteúdo desinformativo, que tem sua complexidade potencializada ante os obstáculos para se definir que tipo de publicação é passível de enquadramento nessa categoria. Afinal, ao se tratar de um fenômeno com a amplitude da desinformação, "é tão ou mais tênue a linha que separa o lícito do ilícito", como ressalta João Victor Rozatti Longhi.[1]

Seja por meio da exclusão de perfis ou publicações, seja a partir da redução de alcance ou rotulação/etiquetagem, as práticas de moderação têm suscitado uma série de debates. Antes de passar à efetiva discussão quanto à responsabilidade civil dos provedores de redes sociais na moderação de conteúdo potencialmente desinformativo, cabe trazer à luz aspectos relevantes dessa atividade – que, de início, cumpre registrar, não goza, ainda, de regulamentação específica no ordenamento jurídico brasileiro, apesar de movimentos como o Projeto de Lei

---

1. LONGHI, João Victor Rozatti. Censura inversa, riscos à democracia e conteúdos tóxicos: por um repensar da responsabilidade civil dos provedores de aplicação por conteúdo inserido por terceiros. *In*: SCHREIBER, Anderson; MARTINS, Guilherme Magalhães; CARPENA, Heloisa (coord.). *Direitos fundamentais e sociedade tecnológica*. Indaiatuba, SP: Editora Foco, 2022. p. 75.

n° 2.630/2020,[2] conhecido como Lei das *Fake News*, que destinava uma de suas sessões a elencar *standards* procedimentais a serem adotados.[3]

O dito vácuo regulatório (que, evidentemente, acaba surtindo efeito no âmbito da responsabilidade civil das plataformas ao moderarem conteúdo) impõe, assim, a análise de outras disposições do Marco Civil da Internet, especialmente de seu artigo 19, do qual é possível extrair disposições que vêm norteando e balizando (não sem controvérsias) a conduta dos provedores nessa seara.

2.1 MODERAÇÃO DE CONTEÚDO: CONTEXTO, RELEVÂNCIA E DESAFIOS

No Capítulo 1, que tratou de apresentar o contexto no qual se insere a desinformação, foi possível identificar que o fenômeno encontra importante espaço nas redes sociais – ambientes que, em regra, não estão sujeitos ao controle editorial prévio. Essa característica fica evidente ao se considerar quaisquer das principais plataformas de redes sociais, que têm como premissa o fato de que, tão logo um texto, foto ou vídeo seja postado por um usuário, *instantaneamente*, esse conteúdo estará disponível à rede toda, caso seu perfil seja público, ou, ao menos, a seus seguidores, na hipótese de que sua conta seja privada.

Esse simples raciocínio é suficiente para entender a lógica das redes sociais de grande abrangência: publicações originais e compartilhadas são disseminadas de maneira imediata, sem que haja interferência da plataforma. Trata-se de uma dinâmica diferente daquela que se desencadeia na atuação de um portal de notícias, por exemplo, que exerce controle editorial de maneira prévia,[4] e pode, assim,

---

2. BRASIL. Senado Federal. *Projeto de Lei n° 2.630/2020*. Institui a Lei Brasileira de Liberdade, Responsabilidade e Transparência na Internet. Autoria: Senador Alessandro Vieira. Brasília, DF, 2020.

3. BOTTINO, Celina; PERRONE, Christian; ARCHEGAS, João Victor. Moderação de conteúdo em 2021: quem regula o moderador? *JOTA*, São Paulo, 17 jan. 2022. Disponível em: https://www.jota. info/opiniao-e-analise/artigos/moderacao-de-conteudo-2021-quem-regula-moderador-17012022. Acesso em: 25 jun. 2024.

4. Quanto ao ponto, faz-se referência a entendimento do Superior Tribunal de Justiça no sentido de reconhecer a responsabilidade civil de empresa jornalística (enquadrada na categoria de provedora de conteúdo) em relação não apenas às matérias que publica, mas, igualmente, aos comentários de seus usuários: "É fato notório, nos dias de hoje, que as redes sociais contém um verdadeiro inconsciente coletivo que faz com que as pessoas escrevam mensagens, sem a necessária reflexão prévia, falando coisas que normalmente não diriam. Isso exige um controle por parte de quem é profissional da área de comunicação, que tem o dever de zelar para que o direito de crítica não ultrapasse o limite legal (...). Assim, a ausência de qualquer controle, prévio ou posterior, configura defeito do serviço, uma vez que se trata de relação de consumo. Ressalte-se que o ponto nodal não é apenas a efetiva existência de controle editorial, mas a viabilidade de ele ser exercido". Chama-se a atenção para o fato de que a Corte se ampara na viabilidade de se exercer o controle editorial prévio, cuja ausência não poderia ser admitida por uma empresa de notícias, tendo em vista que mensagens e comentários "mesclam-se com a própria informação, que é o objeto central da sua atividade econômica, devendo oferecer a

deliberadamente, incorporar informações (no caso, notícias) que configurem conteúdo lesivo. Ao fazê-lo, está sujeito à responsabilização. Essa delimitação está condicionada, justamente, à existência ou não de controle editorial prévio por parte de um provedor, como observa Marcel Leonardi.[5]

Os direitos e deveres das plataformas sob a perspectiva do ordenamento jurídico brasileiro serão aprofundados logo adiante, mas já é possível adiantar que a fiscalização das publicações de terceiros não está entre as atividades desse tipo de plataforma. Esse entendimento já era adotado anteriormente ao Marco Civil,[6] e assim seguiu após sua entrada em vigor, quando a Ministra do Supe-

---

segurança que dela legitimamente se espera". Desse trecho, é possível extrair importante diferença em relação aos provedores de hospedagem, que não têm, no caráter informativo, o cerne de sua atividade econômica.

"Recurso especial. Direito civil e do consumidor. Responsabilidade civil. Internet. Portal de notícias. Relação de consumo. Ofensas postadas por usuários. Ausência de controle por parte da empresa jornalística. Defeito na prestação do serviço. Responsabilidade solidária perante a vítima. Valor da indenização. 1. Controvérsia acerca da responsabilidade civil da empresa detentora de um portal eletrônico por ofensas à honra praticadas por seus usuários mediante mensagens e comentários a uma notícia veiculada. 2. Irresponsabilidade dos provedores de conteúdo, salvo se não providenciarem a exclusão do conteúdo ofensivo, após notificação. Precedentes. 3. Hipótese em que o provedor de conteúdo é empresa jornalística, profissional da área de comunicação, ensejando a aplicação do Código de Defesa do Consumidor. 4. Necessidade de controle efetivo, prévio ou posterior, das postagens divulgadas pelos usuários junto à página em que publicada a notícia. 5. A ausência de controle configura defeito do serviço. 6. Responsabilidade solidária da empresa gestora do portal eletrônica perante a vítima das ofensas. 7. Manutenção do 'quantum' indenizatório a título de danos morais por não se mostrar exagerado (Súmula 07/STJ). 8. Recurso especial desprovido" (BRASIL. Superior Tribunal de Justiça. *Recurso Especial nº 1.352.053/AL*. Recorrente: Pajucara Editora, Internet e Eventos Ltda. Recorrido: Orlando Monteiro Cavalcanti Manso. Relator: Min. Paulo de Tarso Sanseverino, 30 mar. 2015).

5. LEONARDI, Marcel. *Fundamentos do direito digital*. São Paulo: Thomson Reuters, 2019. [E-book não paginado]

6. Em trecho de acórdão que discutia o tema: "A fiscalização prévia, pelo provedor de conteúdo, do teor das informações postadas na web por cada usuário não é atividade intrínseca ao serviço prestado, de modo que não se pode reputar defeituoso, nos termos do art. 14 do CDC, o site que não examina e filtra os dados e imagens nele inseridos".

"Civil e consumidor. Internet. Relação de consumo. Incidência do CDC. Gratuidade do serviço. Indiferença. Provedor de conteúdo. Fiscalização prévia do teor das informações postadas no site pelos usuários. Desnecessidade. Mensagem de conteúdo ofensivo. Dano moral. Risco inerente ao negócio. Inexistência. Ciência da existência de conteúdo ilícito. Retirada imediata do ar. Dever. Disponibilização de meios para identificação de cada usuário. Dever. Registro do número de IP. Suficiência. 1. A exploração comercial da internet sujeita as relações de consumo daí advindas à Lei nº 8.078/90. 2. O fato de o serviço prestado pelo provedor de serviço de internet ser gratuito não desvirtua a relação de consumo, pois o termo mediante remuneração, contido no art. 3º, § 2º, do CDC, deve ser interpretado de forma ampla, de modo a incluir o ganho indireto do fornecedor. 3. A fiscalização prévia, pelo provedor de conteúdo, do teor das informações postadas na web por cada usuário não é atividade intrínseca ao serviço prestado, de modo que não se pode reputar defeituoso, nos termos do art. 14 do CDC, o site que não examina e filtra os dados e imagens nele inseridos. 4. O dano moral decorrente de mensagens com conteúdo ofensivo inseridas no site pelo usuário não constitui risco inerente à atividade dos provedores de conteúdo, de modo que não se lhes aplica a responsabilidade

rior Tribunal de Justiça Nancy Andrighi esclareceu que "a avaliação prévia do conteúdo de todas as informações inseridas na web eliminaria um dos maiores atrativos da internet, que é a transmissão de dados em tempo real".[7] Nota-se que, em essência, os provedores não guardam o dever de desempenhar, e não desempenham, atividade de controle *prévio* sobre o conteúdo publicado por

---

objetiva prevista no art. 927, parágrafo único, do CC/02. 5. Ao ser comunicado de que determinado texto ou imagem possui conteúdo ilícito, deve o provedor agir de forma enérgica, retirando o material do ar imediatamente, sob pena de responder solidariamente com o autor direto do dano, em virtude da omissão praticada. 6. Ao oferecer um serviço por meio do qual se possibilita que os usuários externem livremente sua opinião, deve o provedor de conteúdo ter o cuidado de propiciar meios para que se possa identificar cada um desses usuários, coibindo o anonimato e atribuindo a cada manifestação uma autoria certa e determinada. Sob a ótica da diligência média que se espera do provedor, deve este adotar as providências que, conforme as circunstâncias específicas de cada caso, estiverem ao seu alcance para a individualização dos usuários do site, sob pena de responsabilização subjetiva por culpa in omittendo. 7. A iniciativa do provedor de conteúdo de manter em site que hospeda rede social virtual um canal para denúncias é louvável e condiz com a postura esperada na prestação desse tipo de serviço – de manter meios que possibilitem a identificação de cada usuário (e de eventuais abusos por ele praticado) – mas a mera disponibilização da ferramenta não é suficiente. É crucial que haja a efetiva adoção de providências tendentes a apurar e resolver as reclamações formuladas, mantendo o denunciante informado das medidas tomadas, sob pena de se criar apenas uma falsa sensação de segurança e controle. 8. Recurso especial não provido" (BRASIL. Superior Tribunal de Justiça. *Recurso Especial nº 1.308.830/RS*. Recorrente: Google Brasil Internet Ltda. Recorrido: Eduardo Brasolin. Relatora: Ministra Nancy Andrighi. Brasília, DF, 24 jun. 2012).

7. Já durante a vigência do Marco Civil, a Ministra Nancy Andrighi reiterou seu posicionamento, destacando, inclusive, a dinamicidade do fluxo de informações nas plataformas: "Conforme entendimento desta Corte, o controle editorial prévio do conteúdo das informações se equipara à quebra do sigilo da correspondência e das comunicações, vedada pelo art. 5º, XII, da CF/88. Não bastasse isso, a avaliação prévia do conteúdo de todas as informações inseridas na web eliminaria um dos maiores atrativos da internet, que é a transmissão de dados em tempo real".

"Civil e processual civil. Recurso especial. Agravo de instrumento. Ação de obrigação de fazer. Facebook. Omissão, contradição ou obscuridade. Ausência. Julgamento extra petita. Ausência. Remoção de conteúdo infringente da internet. Prequestionamento. Ausência. Súmula 211/STJ. Monitoramento prévio de publicações na rede social. Impossibilidade 1. Ação ajuizada em 09/04/2014. Recurso especial interposto em 24/10/2014 e distribuído a este gabinete em 23/09/2016. 2. Não subsiste a alegada ofensa ao art. 535 do CPC/1973, pois o tribunal de origem enfrentou as questões postas, não havendo no aresto recorrido omissão, contradição ou obscuridade. 3. Este Superior Tribunal de Justiça tem entendimento segundo o qual não constitui julgamento extra petita a decisão do Tribunal de origem que aprecia o pleito inicial interpretado em consonância com a pretensão deduzida na exordial como um todo. 4. A falta de prequestionamento sobre dispositivo legal invocado pela recorrente enseja a aplicação da Súmula 211/STJ. 5. Esta Corte fixou entendimento de que '(i) não respondem objetivamente pela inserção no site, por terceiros, de informações ilegais; (ii) não podem ser obrigados a exercer um controle prévio do conteúdo das informações postadas no site por seus usuários; (iii) devem, assim que tiverem conhecimento inequívoco da existência de dados ilegais no site, removê-los imediatamente, sob pena de responderem pelos danos respectivos; (iv) devem manter um sistema minimamente eficaz de identificação de seus usuários, cuja efetividade será avaliada caso a caso'. Precedentes. 6. Impossibilidade de determinação de monitoramento prévio de perfis em rede social mantida pela recorrente. Precedentes. Por consequência, inviabilidade de cobrança de multa-diária. 7. Recurso especial parcialmente conhecido e, nessa parte, provido" (BRASIL. Superior Tribunal de Justiça. *Recurso Especial nº 1.641.155/SP*. Recorrente: Facebook Serviços Online do Brasil Ltda. Recorrido: Gleuce Luciano Marques. Relatora: Ministra Nancy Andrighi. Brasília, DF, 13 jun. 2017).

seus usuários. Dando um passo à frente, contudo, há que se refletir sobre suas estratégias em relação ao conteúdo *após* sua publicação ou compartilhamento. Trata-se, aqui, da moderação.

Anotam Artur Pericles Lima Monteiro e outros que a moderação de conteúdo ainda é um caminho que vem sendo trilhado com certa hesitação até mesmo por pesquisadores, o que se deve não apenas pela ausência de regulação específica, mas, ainda mais, em razão de fatores como o limitado número de informações fornecidas pelas grandes plataformas, que concentram milhares de usuários, a respeito dos processos a partir dos quais tomam suas decisões.[8]

É notório, porém, que essas plataformas têm adotado medidas em relação ao conteúdo que é publicado por seus usuários (de uma série de formas, e a partir de ferramentas distintas, que serão comentadas mais à frente). Nos Estados Unidos, um dos casos com maior notoriedade certamente foi o banimento, pelo então Twitter (atual X), do ex-presidente Trump,[9] e a suspensão de suas contas em outras plataformas.[10] No Brasil, o ex-presidente Jair Bolsonaro teve publicações sobre a pandemia de Covid-19 removidas por alguns provedores, sob o argumento de violação a padrões de comunidade.[11] Muitos outros episódios semelhantes, envolvendo pessoas públicas e anônimas, foram registrados desde então.

O cenário parece estabelecer ao menos dois pontos, em relação aos quais impende perseguir o equilíbrio: de um lado, como observam Artur Pericles Lima Monteiro e outros, espera-se que as plataformas adotem medidas que contribuam para a manutenção de um ambiente digital mais saudável a seus usuários; ao mesmo tempo, e sob a perspectiva oposta, sofrem pressão quando suas estratégias têm peso demasiado, acabando por cercear a liberdade de expressão dos usuários. Complementando suas impressões a respeito do tema, os autores registram que "as plataformas têm deixado a desejar no trabalho que elas mesmo

---

8. MONTEIRO, Artur Pericles Lima *et al. Armadilhas e caminhos na regulação da moderação de conteúdo, diagnósticos & recomendações.* São Paulo: InternetLab, 2021. p. 7. Disponível em: https://internetlab. org.br/wp-content/uploads/2021/09/internetlab_armadilhas-caminho-moderacao.pdf. Acesso em: 30 jun. 2024.

9. TWITTER, INC. *Permanent suspension of @realDonaldTrump.* São Francisco, 8 jan. 2021. Disponível em: https://blog.twitter.com/en_us/topics/company/2020/suspension. Acesso em: 28 jun. 2024.

10. CLEGG, Nick. Ending Suspension of Trump's Accounts With New Guardrails to Deter Repeat Offenses. *Meta*, Menlo Park, 25 jan. 2023. Disponível em: https://about.fb.com/news/2023/01/trump-facebook-instagram-account-suspension/. Acesso em: 18 jun. 2024.

11. MARQUES, José. Depois do Twitter, Facebook e Instagram também apagam post de Bolsonaro. *Folha de S.Paulo*, São Paulo, 30 mar. 2020. Disponível em: https://www1.folha.uol.com.br/poder/2020/03/depois-do-twitter-facebook-tambem-apaga-post-de-bolsonaro.shtml. Acesso em: 28 jun. 2022; MIRANDA, César. Facebook e Instagram excluem live de Bolsonaro com *fake news* sobre AIDS e a vacina da Covid. *O Estado de S. Paulo*, São Paulo, 25 out. 2021. Disponível em: https://politica.estadao. com.br/noticias/geral,facebook-e-instagram-excluem-live-de-bolsonaro-com-fake-news-sobre-aids-e-a-vacina-da-covid,70003879214. Acesso em: 28 jun. 2024.

inventaram – o de criar e aplicar regras sobre a expressão *online* de populações de milhões de pessoas".[12]

Previamente ao debate sobre a possibilidade de moderação de conteúdo à luz do ordenamento jurídico brasileiro, especialmente a partir do marco regulatório da internet do País, cabe compreender o conceito de moderação de conteúdo, posicionando-o diante de uma das mais relevantes premissas da internet, conforme pontua Tarleton Gillespie: a liberdade e a promessa de viabilizar participação, expressão e conexão social.[13] Se o fluxo de informações deve ser livre, é viável considerar seu controle no ambiente das redes sociais? Ao que parece, sim.

Explica o autor que, à medida que o alcance de um dos carros-chefes da internet – as plataformas – se amplia, igualmente assume maior magnitude o caos que delas emerge. Embora pareçam óbvios os benefícios de se falar e interagir com uma gama considerável de pessoas e de se juntar a grupos de interesses distintos, os perigos se elevam à mesma proporção, dando espaço a situações envolvendo pornografia, obscenidades, violência, abusos e outros ilícitos.[14] A essa gama, mais recentemente, somou-se a desinformação. Reside nesse ponto obscuro uma das justificativas mais prementes à moderação – afastando a ideia de que a internet é um campo aberto, uma folha em branco à liberdade de expressão, deixando claro que, nesse cenário, tomar as redes sociais como agentes neutros seria uma utopia. Conforme Tarleton Gillespie:

> A fantasia de uma plataforma verdadeiramente "aberta" é poderosa, ressoando com profundas noções utópicas de comunidade e democracia – mas é apenas isso, uma fantasia. Não há plataforma que não imponha regras, até certo ponto. Não o fazer seria simplesmente insustentável. As plataformas devem, de uma forma ou de outra, moderar: tanto para proteger um usuário de outro; ou um grupo, de seus antagonistas; e para remover o ofensivo, vil ou ilegal – bem como apresentar sua melhor face para novos usuários, seus anunciantes e parceiros e para o público em geral.[15]

---

12. MONTEIRO, Artur Pericles Lima *et al*. *Armadilhas e caminhos na regulação da moderação de conteúdo, diagnósticos & recomendações*. São Paulo: InternetLab, 2021. p. 7. Disponível em: https://internetlab. org.br/wp-content/uploads/2021/09/internetlab_armadilhas-caminho-moderacao.pdf. Acesso em: 30 jun. 2024.

13. GILLESPIE, Tarleton. *Custodians of the internet*: platforms, content moderation, and the hidden decisions that shape social media. New Heaven: Yale University Press, 2018. p. 5.

14. GILLESPIE, Tarleton. *Custodians of the internet*: platforms, content moderation, and the hidden decisions that shape social media. New Heaven: Yale University Press, 2018. p. 5.

15. Tradução livre. No original: "*The fantasy of a truly 'open' platform is powerful, resonating with deep, utopian notions of community and democracy—but it is just that, a fantasy. There is no platform that does not impose rules, to some degree. Not to do so would simply be untenable. Platforms must, in some form or another, moderate: both to protect one user from another, or one group from its antagonists, and to remove the offensive, vile, or illegal—as well as to present their best face to new users, to their dvertisers and partners, and to the public at large*" (GILLESPIE, Tarleton. *Custodians of the internet*: platforms,

A moderação de conteúdo se transformou em uma necessidade, como define James Grimmelmann.[16] Conceituam Thiago Dias Oliva, Victor Pavarin Tavares e Mariana Valente que "consiste em processo por meio do qual plataformas de internet agem sobre contas ou conteúdos que violem seus termos de uso, impactando sua disponibilidade, visibilidade e/ou credibilidade". O termo, lembram, envolve uma série de medidas, para além da tradicional remoção de publicações ou exclusão definitiva e suspensão temporária de perfis, englobando, também, redução artificial de alcance ou proeminência, superposição de tela de aviso, adição de informação complementar etc.[17]

Enquanto Paul M. Barret a define (talvez de maneira demasiadamente objetiva, como se englobasse apenas a remoção de publicações) como "o processo de decidir o que permanece *online* e o que é retirado",[18] Robyn Caplan considera a moderação como uma avaliação casuística da compatibilidade de manifestações com as regras previamente instituídas pela plataforma – frequentemente criticadas por sua vagueza e opacidade, apesar de dizerem respeito ao discurso de milhões de usuários ao redor do mundo.[19]

No entender de Ivar Alberto Hartmann e Julia Iunes Monteiro, a moderação guarda "certas similaridades com o exercício da função jurisdicional no sentido de exigir decisões individuais sobre o mérito de determinadas manifestações".[20] Esse "emergente sistema de governança de discursos", como descreve Rodrigo Vidal Nitrini,[21] goza, contudo, de características próprias – e, evidentemente, não confere aos provedores autonomia absoluta de gerenciamento de conteúdo.

---

content moderation, and the hidden decisions that shape social media. New Heaven: Yale University Press, 2018. p. 5).

16. GRIMMELMANN, James. The virtues of moderation. *Yale Journal of Law and Technology*, New Haven, v. 17, n. 1, 2015. p. 47. Disponível em: https://scholarship.law.cornell.edu/facpub/1486/. Acesso em: 28 jun. 2024.

17. OLIVA, Thiago Dias; TAVARES, Victor Pavarin; VALENTE, Mariana G. *Uma solução única para toda a internet?*: riscos do debate regulatório brasileiro para a operação de plataformas de conhecimento. São Paulo: InternetLab, 2020. p. 11. Disponível em: https://www.internetlab.org.br/wp-content/uploads/2020/09/policy_plataformas-conhecimento_20200910.pdf. Acesso em: 26 jun. 2024.

18. BARRET, Paul M. *Who moderates the social media giants?* A call to end outsourcing: June 2020. Nova Iorque: New York University Stern Center for Business and Human Rights, 2020. p. 3. Disponível em: https://bhr.stern.nyu.edu/tech-content-moderation-june-2020. Acesso em: 25 jun. 2024.

19. CAPLAN, Robyn. *Content or context moderation*: artisanal, community-reliant, and industrial approaches. Nova Iorque: Data & Society, 2018. p. 4. Disponível em: https://datasociety.net/library/content-or-context-moderation/. Acesso em: 25 jun. 2024.

20. HARTMANN, Ivar Alberto; MONTEIRO, Julia Iunes. *Fake news* no contexto de pandemia e emergência social: os deveres e responsabilidades das plataformas de redes sociais na moderação de conteúdo *online* entre a teoria e as proposições legislativas. *Direito Público*, Brasília, DF, v. 17, n. 94, jul./ago. 2020. p. 395. Disponível em: https://portal.idp.emnuvens.com.br/direitopublico/article/view/4607. Acesso em: 25 jun. 2024.

21. NITRINI, Rodrigo Vidal. *Liberdade de expressão nas redes sociais*: o problema jurídico da remoção de conteúdo das plataformas. Belo Horizonte: Dialética, 2021. p. 51.

Surge, nesse contexto, um novo espaço de tomada de decisão a respeito da liberdade de expressão – e isso se dá de maneira complexa. É o que se pode concluir de relato trazido por Carlos Eduardo Vieira Ramos[22] sobre episódio envolvendo o Facebook, ainda em 2016, quando um grupo nacionalista israelense publicou a imagem do que seria um território em disputa no conflito entre Israel e Palestina, com a legenda indicando que o local "É chamado de Israel, e não 'Palestina'! Compartilhe para concordar". A publicação foi removida sob a justificativa de violação aos Padrões de Comunidade do Facebook, ficando suspensa a atividade da página por três dias, com determinação de adequação e remoção de material potencialmente problemático, sob pena de exclusão da conta.

Sem alternativas para a reversão da decisão tomada pela plataforma, os administradores da página buscaram auxílio do político Dov Lipman, ex-membro do parlamento israelense, que manejou um teste com vistas a analisar os fundamentos das decisões tomadas pelo Facebook quanto à restrição de conteúdo. Lipman criou uma página na rede social, substituindo, naquela imagem, a palavra "Palestina" por "Israel". O texto passou a fazer referência ao mesmo local, com a legenda "É chamado Palestina, e não 'Israel'! Compartilhe para concordar". Apresentada a publicação à moderação de conteúdo da plataforma, foi decidido que não violava os padrões da comunidade.

Em carta aberta ao Facebook, divulgada em um jornal de Jerusalém,[23] Lipman reconheceu as dificuldades da plataforma em manejar e garantir o direito à liberdade de expressão, ao mesmo tempo que buscava evitar a incitação à violência – mas solicitou esclarecimentos quanto à diferença entre as decisões tomadas em relação a um e outro posicionamento sobre o conflito israelo-palestino, um dos mais importantes debates políticos e diplomáticos da atualidade. Por meio de uma mensagem padrão,[24] o Facebook pediu desculpas, informando o restabelecimento do conteúdo, sem esclarecer o que, de fato, havia motivado sua restrição.

A partir desse relato, Carlos Eduardo Vieira Ramos apresenta ao menos três conclusões: o caso demonstra o poder do qual as plataformas gozam em relação ao que as pessoas dizem e aos espaços que usam para se manifestar; condutas como essas indicam que as plataformas vêm fazendo "juízos complexos quanto ao direito à liberdade de expressão, que repercutem em espaços que vão muito

---

22. RAMOS, Carlos Eduardo Vieira. *Direito das plataformas digitais*: regulação privada da liberdade de expressão na internet. Curitiba: Juruá, 2021. p. 21-23.

23. LIPMAN, Dov. To whom it may concern – an open letter to Facebook. *The Jerusalem Post*, Jerusalém, 9 jun. 2016. Disponível em: https://www.jpost.com/Opinion/To-whom-it-may-concern-an-open-letter-to-Facebook-456388. Acesso em: 25 jun. 2024.

24. BEARAK, Max. Facebook apologizes for taking down a pro-Israel post. *The Washington Post*, Washington, D.C., 15 jun. 2016. Disponível em: https://www.washingtonpost.com/news/worldviews/wp/2016/06/15/facebook-apologizes-for-taking-down-a-pro-israel-post/. Acesso em: 25 jun. 2024.

além das comunidades virtuais que criaram"; e, por fim, que "o aumento da importância das decisões tomadas por essas empresas é inversamente proporcional àquilo que se sabe sobre como esses julgamentos são feitos".[25] Quanto a esse último ponto, vale dar atenção às perguntas que formula ao final da análise do caso – muitas das quais comumente repetidas por usuários ao questionarem medidas de moderação de conteúdo:

> Por que a publicação foi inicialmente excluída? Que tipo de regra ela violou? Quem decidiu removê-la? Por que isso foi considerado um erro após a demonstração, feita pelo parlamentar, de que havia uma inconsistência com o juízo feito em uma situação semelhante? Por que, ao invés de restabelecer a primeira publicação, o Facebook não decidiu banir as duas? Em síntese: como, afinal de contas, decisões quanto àquilo que as pessoas podem dizer são tomadas pelas plataformas da internet?[26]

Como se vê, há significativos contornos de obscuridade na atuação das plataformas – que, muito mais do que meros novos *espaços de manifestação*, transformaram-se em *novos espaços de decisão*, ótica sustentada por Carlos Eduardo Vieira Ramos.[27] Amparando-se em Jack M. Balkin,[28] o autor defende que a moderação de conteúdo também deve ser entendida como uma forma de regular a liberdade de expressão – nesse caso, desempenhada a partir de agentes privados.

---

25. RAMOS, Carlos Eduardo Vieira. *Direito das plataformas digitais*: regulação privada da liberdade de expressão na internet. Curitiba: Juruá, 2021. p. 21-23.
26. RAMOS, Carlos Eduardo Vieira. *Direito das plataformas digitais*: regulação privada da liberdade de expressão na internet. Curitiba: Juruá, 2021. p. 24.
27. Embora não se trate, em detalhes, do objeto do presente estudo, é pertinente complementar registrando que, em sua abordagem a respeito da moderação de conteúdo, Carlos Eduardo Vieira Ramos apresenta uma contraposição à tese formulada por Jack M. Balkin ainda em 2014, na qual apontava que a nova escola de regulação da liberdade de expressão ("*New School Speech Regulation*"), voltada ao mundo digital, estava relacionada à adaptação, pelo Estado, de técnicas regulatórias, com maior possibilidade de atuação *ex ante*, inclusive direcionando agentes privados a se engajarem em monitoramento e "censura colateral" ("*collateral censorship*"), com vistas à filtragem e, até mesmo, ao bloqueio de conteúdo. Embasando-se em trabalho posterior de Balkin, já em 2018, Vieira Ramos aponta o que entende por insuficiência da análise de 2014, que se restringe à adaptação da ação estatal ao mundo digital e seus impactos sobre entes privados. Evidencia, então, a relevância de políticas elaboradas pelas próprias plataformas, criando-se um "mecanismo de decisão independente", que diz respeito, justamente, à moderação de conteúdo, contexto que conduz a uma concepção pluralista de regulação (BALKIN, Jack M. Old-School/New-School Speech Regulation. *Harvard Law Review*, Nova Iorque, v. 27, n. 8, 2014. p. 2341. Disponível em: https://harvardlawreview.org/print/vol-127/old-schoolnew-school-speech-regulation/. Acesso em: 25 jun. 2024; RAMOS, Carlos Eduardo Vieira. *Direito das plataformas digitais*: regulação privada da liberdade de expressão na internet. Curitiba: Juruá, 2021. p. 72-73).
28. BALKIN, Jack M. Free speech is a triangle. *Columbia Law Review*, Rochester, v. 118, n. 7, p. 2011-2056, 2011. Disponível em: https://papers.ssrn.com/sol3/papers.cfm?abstract_id=3186205. Acesso em: 25 jun. 2024.

Essa ideia, a propósito, repousa na perspectiva pluralista de Jack M. Balkin de que "a liberdade de expressão é um triângulo" ("*free speech is a triangle*").[29] O triângulo, na hipótese, é formado pelo Estado, pelas estruturas privadas e pelos indivíduos, contexto que cria ao menos três problemas a serem enfrentados: o fato de que a regulação, nesse novo cenário, pode produzir censura colateral e restrições digitais prévias por parte dos agentes privados; o crescimento da manipulação do discurso, a partir do monitoramento digital; e, ainda, o cometimento de abusos, por esses agentes privados, em relação aos usuários, a partir de medidas de restrição digital tomadas de forma arbitrária, não transparente e sem o devido processo legal.[30]

É especialmente em relação ao terceiro ponto que esta obra pretende se debruçar, sobretudo a partir da responsabilidade civil como um mecanismo balizador de melhores práticas por parte das plataformas, pautadas nos deveres decorrentes da boa-fé objetiva,[31] considerando-se que, apesar de todo o arcabouço já existente para tratar de suas possíveis consequências (como o Código de Defesa do Consumidor e o Código Civil, do que tratará o próximo capítulo), a regulação da moderação de conteúdo ainda se encontra em fase embrionária no ordenamento jurídico brasileiro, especialmente nos debates legislativo e jurisprudencial. Até aqui, portanto, o que se pode extrair é que as plataformas têm adotado estratégias de moderação de conteúdo – mas, corriqueiramente, isso não se dá a partir de procedimentos que poderiam ser classificados como adequados (mesmo porque, com frequência, seus protocolos nem sequer ficam claros aos usuários).

Mas, se as plataformas têm demonstrado condutas questionáveis em relação à atividade de moderação, seria possível considerar que lhes fosse retirada essa possibilidade? Muito embora ainda seja necessário compreender, de forma mais aprofundada, se a adoção de práticas de moderação encontra amparo no ordenamento jurídico brasileiro, cabe esclarecer que a doutrina tende a se posicionar no sentido de que a atividade é necessária à própria internet, dentro de suas premissas originais. É o posicionamento de Artur Pericles Lima Monteiro e

---

29. BALKIN, Jack M. Free speech is a triangle. *Columbia Law Review*, Rochester, v. 118, n. 7, 2011. p. 2055. Disponível em: https://papers.ssrn.com/sol3/papers.cfm?abstract_id=3186205. Acesso em: 25 jun. 2024.

30. BALKIN, Jack M. Free speech is a triangle. *Columbia Law Review*, Rochester, v. 118, n. 7, 2011. p. 2055. Disponível em: https://papers.ssrn.com/sol3/papers.cfm?abstract_id=3186205. Acesso em: 25 jun. 2024.

31. Registra-se, desde já, a boa-fé objetiva como "fonte geradora de deveres jurídicos de cooperação, informação, proteção e consideração às legítimas expectativas do alter, copartícipe da relação obrigacional", conforme disposto por Judith Martins-Costa (MARTINS-COSTA, Judith. *A boa-fé no direito privado*: critérios para a sua aplicação. 2. ed. São Paulo: Saraiva Educação, 2018. p. 44-45).

outros, ao alertar que retirar o poder de moderação das plataformas (que, dizem, poderia "soar como um caminho intuitivo a agradar gregos e troianos") teria potencial para prejudicar os próprios usuários.[32]

Defendem os autores que a internet depende da moderação de conteúdo para construir espaços digitais múltiplos e variados, cujas propostas, dependendo de suas premissas, acolhem, ou não, determinados tipos de comportamento (o que é permitido em uma casa de shows pode ser proibido em uma sala de concertos). Além disso, salientam que a ausência de moderação acabaria prejudicando o acesso à informação e o exercício da liberdade de expressão (a Wikipédia, por exemplo, remove conteúdo que não atende a seus critérios editoriais, ainda que não seja considerado ilícito).[33]

Por fim, apontam que, sem moderação, uma grande quantidade de *spam* inundaria *timelines*, tornando muitos serviços inviáveis. Os autores consideram, quanto a esse último ponto, que "A remoção ágil destas publicações (e perfis) dedicadas a inundar usuários com conteúdo indesejado é parte do que torna os serviços de tais empresas minimamente seguros (em relação a fraudes e crimes) e úteis nas finalidades que se propõe".[34] Sobre esse tópico, vale trazer ponderação de Tarleton Gillespie, fazendo referência a Finn Brunton,[35] no sentido de que, se não houvesse moderação, há muito o *spam* teria sufocado redes sociais não gerenciadas, embora removê-lo seja uma forma de censurar conteúdo. Ainda assim, quase todos os usuários concordam que esse conteúdo deve, de fato, ser removido – o que conduz à conclusão de que, então, quase todos os usuários concordam que, em maior ou menor medida, as plataformas devem moderar.[36]

A moderação (que se dá, sublinhe-se, *depois* que o conteúdo foi publicado) é, portanto, uma prática com vistas não apenas a disponibilizar um ambiente mais agradável e sadio aos usuários, mas, também, a tornar esse espaço mais atrativo a

---

32. MONTEIRO, Artur Pericles Lima *et al. Armadilhas e caminhos na regulação da moderação de conteúdo, diagnósticos & recomendações*. São Paulo: InternetLab, 2021. p. 7. Disponível em: https://internetlab. org.br/wp-content/uploads/2021/09/internetlab_armadilhas-caminho-moderacao.pdf. Acesso em: 30 jun. 2024.
33. MONTEIRO, Artur Pericles Lima *et al. Armadilhas e caminhos na regulação da moderação de conteúdo, diagnósticos & recomendações*. São Paulo: InternetLab, 2021. p. 7. Disponível em: https://internetlab. org.br/wp-content/uploads/2021/09/internetlab_armadilhas-caminho-moderacao.pdf. Acesso em: 30 jun. 2024.
34. MONTEIRO, Artur Pericles Lima *et al. Armadilhas e caminhos na regulação da moderação de conteúdo, diagnósticos & recomendações*. São Paulo: InternetLab, 2021. p. 16-19. Disponível em: https:// internetlab.org.br/wp-content/uploads/2021/09/internetlab_armadilhas-caminho-moderacao.pdf. Acesso em: 30 jun. 2024.
35. BRUNTON, Finn. *Spam*: a shadow history of the Internet. Cambridge: The MIT Press, 2013.
36. GILLESPIE, Tarleton. *Custodians of the internet*: platforms, content moderation, and the hidden decisions that shape social media. New Heaven: Yale University Press, 2018. p. 217.

parceiros comerciais – eis que mais lucrativo. Essa ideia, aliás, foi registrada em carta assinada pelo então Diretor de Produto do YouTube, Neal Mohan, na qual relatou ter identificado que conteúdo com desinformação teria, na plataforma, menos engajamento do que vídeos e músicas, além de prejudicar a confiança de usuários e anunciantes. Em resumo, conclui a manifestação, "responsabilidade é bom para o negócio".[37]

Cabe, aqui, uma importante ponderação: foi relatado, ao longo desta obra, especialmente no Capítulo 1, que é de interesse das empresas que comandam as redes sociais que os níveis de engajamento nas publicações sejam altos, o que é bem recebido por parceiros e anunciantes; essa constatação, no entanto, não serve para assegurar a circulação indiscriminada de qualquer tipo de conteúdo, mesmo porque isso também seria prejudicial a seu próprio modelo de negócio. A qualidade da moderação, pontua Tarleton Gillespie, é determinante nesse aspecto[38] – o que, por certo, não garante que a atividade seja desempenhada de forma efetivamente adequada.

Apesar da ideia de que, ao acessar uma plataforma, os usuários estejam acessando uma "miríade de conteúdo", Tatiana Stroppa menciona que, em verdade, acabam submetidos à tomada de decisão de corporações que buscam maximizar seu bem-estar, a fim de que despendam mais tempo conectados, nem sempre podendo "atingir outros valores, como a diversidade de perspectivas e o encontro de conteúdos que sejam contrários às preferências padronizadas". O interesse público não necessariamente norteia os modelos de moderação e direcionamento de conteúdo estruturados pelas plataformas, sendo esse o alerta para que, nas palavras da autora, sejam estabelecidos "critérios jurídicos para o monitoramento e a verificação de suas atuações".[39]

É certo que a complexidade atrelada ao fenômeno da desinformação confere novos elementos ao tema, principalmente ante a dificuldade de se lidar com o conteúdo desinformativo, comumente marcado por elementos de subjetividade. Ainda neste capítulo, serão analisadas algumas das medidas que têm sido adotadas pelos provedores no âmbito desse tipo de conteúdo, que demanda e envolve estratégias específicas de moderação, inclusive no que concerne a identificação, checagem e sinalização de publicações.

---

37. MOHAN, Neal. Perspective: tackling misinformation on YouTube. *YouTube Official Blog*, San Bruno, 25 ago. 2021. Disponível em: https://blog.youtube/inside-youtube/tackling-misinfo/. Acesso em: 26 jun. 2024.
38. GILLESPIE, Tarleton. *Custodians of the internet*: platforms, content moderation, and the hidden decisions that shape social media. New Heaven: Yale University Press, 2018. p. 38-41.
39. STROPPA, Tatiana. *Plataformas digitais e moderação de conteúdos*: por uma regulação democrática. Belo Horizonte: Fórum, 2021. p. 176-177.

Ainda assim, como preliminar conclusão desta parte da abordagem, é possível vislumbrar que a atividade de moderação é fundamental inclusive para viabilizar a segurança e a diversidade da prestação de serviços, de acordo com as propostas de cada plataforma. Ao mesmo tempo, não se pode desconsiderar que essa mesma atividade, se desempenhada de forma inadequada, pode resultar em restrições indevidas, violando direitos fundamentais dos usuários – em especial, aqui, aqueles que dizem respeito a seus direitos comunicativos fundamentais.[40]

Toma-se por claro que a moderação não apenas é importante, mas também se mostra necessária, e que, justamente por isso, deve ser executada de forma comprometida para assegurar o direito à liberdade de expressão em sentido amplo, igualmente contemplando as demais categorias de direitos individuais, coletivos e difusos. Mas há que se pensar sobre como pode se dar essa atividade. Em relação ao ordenamento jurídico brasileiro, a propósito, gargalos regulatórios apontam até mesmo para a necessidade de, antes de se tratar de seus limites, estabelecer se, de fato (e embora isso reconhecidamente aconteça, e ainda que seja salutar), é possível moderar conteúdo. Essa discussão demanda que se parta para uma análise da Lei nº 12.965/2014, o Marco Civil da Internet.

2.2 IMPACTOS DO MARCO CIVIL DA INTERNET NA ATUAÇÃO DOS PROVEDORES: ANÁLISE DO ART. 19 E SEGUINTES DA LEI Nº 12.965/2014

Demonstrado que, por parte das plataformas, estratégias de moderação têm sido adotadas em relação ao conteúdo publicado pelos usuários – algumas, aliás, com notórias repercussões –, cabe questionar: esse tipo de atividade encontra embasamento jurídico no ordenamento brasileiro? No Brasil, seria possível cogitar a exclusão definitiva da conta de um usuário, tal qual no caso Trump *versus* X/Twitter? Responder a essas perguntas demanda a análise do Marco Civil da Internet, cujas disposições servem para nortear a conduta dos provedores no País, inclusive no âmbito da responsabilidade civil – mas que, reitere-se, é carente de tratamento específico a respeito da atividade de moderação de conteúdo.

---

40. Jónatas E. M. Machado e Iolanda Rodrigues de Brito sustentam que, em sentido amplo, a liberdade de expressão é um direito multifuncional, "que se desdobra num 'cluster' de direitos comunicativos fundamentais (*Kommunikationsgrundrechte*) que dele decorrem naturalmente, como sejam, por exemplo, a liberdade de expressão *stricto sensu*, de informação, de investigação acadêmica, de criação artística, de edição, de jornalismo, de imprensa, de radiodifusão, de programação, de comunicação individual, de telecomunicações e comunicação em rede" (MACHADO, Jónatas E. M.; BRITO, Iolanda Rodrigues de. *Curso de direito da comunicação social*. Lisboa: Wolters Kluwer, 2013. [E-book não paginado]).

Justamente por isso que, ante a impossibilidade de simplesmente atentar ao(s) dispositivo(s) relacionado(s) ao tema, a ausência de regulação específica exige investigação mais ampla, que parte da compreensão sobre quais são, efetivamente, as atividades exercidas pelos diferentes provedores de internet, chegando à revisão sobre o microssistema de responsabilidade civil dos provedores de aplicação em relação a danos causados por conteúdo publicado por terceiros, extraído da Seção III do Marco Civil da Internet, que compreende os arts. 18 a 21.

Esse microssistema serve como importante baliza ao comportamento das plataformas em relação ao conteúdo que é publicado por seus usuários, o que, por óbvio, relaciona-se de forma direta com a moderação. A reponsabilidade civil, afinal, é um relevante mecanismo de incentivo e desincentivo à adoção de condutas por agentes econômicos, como sustenta Hugo A. Acciarri,[41] até mesmo com vistas a que sejam induzidos a um "comportamento socialmente desejável", tal qual assinalam Manoel Gustavo Neubarth Trindade e Cesar Santolim.[42]

A forma como as redes sociais vão se posicionar perante seus usuários publicam e compartilham, portanto, e como melhor se verá adiante, está diretamente relacionada aos riscos a que estão sujeitas no que diz respeito a eventuais sanções: se as regras de responsabilidade forem muito rígidas, pode-se criar um ambiente de estímulo à censura prévia; se forem muito brandas, podem deixar os usuários à mercê de conteúdo lesivo, que viole direitos individuais, coletivos e difusos.

É importante dizer uma vez mais que, no âmbito do Marco Civil da Internet, o microssistema de responsabilidade civil estabelecido na Seção II, em especial no art. 19, não guarda relação direta com a moderação, restringindo-se a delimitar a responsabilidade dos provedores de aplicação pelo conteúdo de terceiros (seus usuários). Ainda assim, é desse artigo que se extrai a conclusão de que as redes sociais não têm o dever de exercer controle editorial (previamente à publicação) nem de adotar medidas de moderação (posteriormente à publicação, exceto em caso de determinação judicial para fazê-lo, como a seguir se verá). Da mesma forma, é desse artigo que emerge a controvérsia sobre a possibilidade de a plataforma atuar "de ofício", antecipando-se a uma eventual determinação, por parte do Poder Judiciário, de remoção de publicação.

Relevante contribuição a esse debate passa pela delimitação das atividades exercidas pelos provedores de internet, tendo em vista que, conforme disposto

---

41. ACCIARRI, Hugo A. *Elementos da análise econômica do direito de danos*. São Paulo: Revista dos Tribunais, 2014. p. 37.
42. TRINDADE, Manoel Gustavo Neubarth; SANTOLIM, Cesar. A teoria dos *punitive damages*: considerações quanto à aplicabilidade no ordenamento jurídico brasileiro. *In:* GONÇALVES, Oksandro; RIOS, Rodrigo Sánchez; OSORIO, Ricardo Serrano (org.). *Direito e economia entre Peru e Brasil*: alcance da sua institucionalidade jurídico-econômica. Curitiba: Íthala, 2016. p. 400.

no art. 3º, VI, do Marco Civil, a disciplina do uso da internet no Brasil tem, como um de seus ideais, a responsabilização dos agentes de acordo com as atividades que exercem.[43] Assim, identificar quais sãos as atividades desempenhadas pelos provedores, bem como suas características do ponto de vista técnico, permite compreender o grau de ingerência que exercem em relação à conduta de seus usuários, como notam Chiara Spadaccini de Teffé, Carlos Affonso Souza e Beatriz Laus Marinho Nunes.[44] A partir disso, será possível analisar os contornos da moderação, pelas redes sociais, do conteúdo que é publicado por seus usuários – respondendo-se quais são, afinal, as atividades da plataforma, e de que forma *e se* aí se inclui a moderação.

É sabido que uma série de intermediários são responsáveis por viabilizar o acesso de usuários à internet, da conexão à efetiva disponibilização de conteúdo. O Marco Civil aponta para uma classificação dualista desses intermediários,[45] fazendo menção a provedores de conexão e provedores de aplicação. A lei se exime, contudo, de apresentar suas definições, limitando-se a apontar as atividades desempenhadas por cada um. Os provedores de conexão, objetos do art. 5º, V, são dedicados, conforme anotam Chiara Spadaccini de Teffé, Carlos Affonso Souza e Beatriz Laus Marinho Nunes, a viabilizar o acesso à internet; os de aplicação, com previsão no art. 5º, VII, dizem respeito ao conjunto de funcionalidades que podem ser acessadas por meio dessa conexão.[46]

A própria jurisprudência contribuiu para o aprofundamento dessa classificação, que foi acompanhada, e até mesmo complementada, pela doutrina. Cabe mencionar orientação adotada pelo Superior Tribunal de Justiça ainda em 2012, quando da análise de caso relacionado a danos causados na internet. A Corte Superior entendeu, a partir de julgado de relatoria da Ministra Nancy Andrighi,[47]

---

43. LEONARDI, Marcel. *Fundamentos do direito digital*. São Paulo: Thomson Reuters, 2019. [E-book não paginado]

44. TEFFÉ, Chiara Spadaccini de; SOUZA, Carlos Affonso; NUNES, Beatriz Laus Marinho. Responsabilidade civil de provedores. *In*: BOTTINO, Celina; LEMOS, Ronaldo; SOUZA, Carlos Affonso (coord.). *Marco Civil da Internet*: jurisprudência comentada. São Paulo: Revista dos Tribunais, 2018. p. 96.

45. TEFFÉ, Chiara Spadaccini de; SOUZA, Carlos Affonso; NUNES, Beatriz Laus Marinho. Responsabilidade civil de provedores. *In*: BOTTINO, Celina; LEMOS, Ronaldo; SOUZA, Carlos Affonso (coord.). *Marco Civil da Internet*: jurisprudência comentada. São Paulo: Revista dos Tribunais, 2018. p. 96.

46. Art. 5º do Marco Civil da Internet (Lei nº 12.965/2014): "Para os efeitos desta Lei, considera-se: (...) V – conexão à internet: a habilitação de um terminal para envio e recebimento de pacotes de dados pela internet, mediante a atribuição ou autenticação de um endereço IP; (...) VII – aplicações de internet: o conjunto de funcionalidades que podem ser acessadas por meio de um terminal conectado à internet; (...)".

47. Como exemplo, Chiara Spadaccini de Teffé, Carlos Affonso Souza e Beatriz Laus Marinho Nunes referem julgado de relatoria da Ministra Nancy Andrighi, datado ainda do ano de 2012, referente ao notório caso Xuxa x Google, no qual a apresentadora buscava a remoção de determinados resultados do mecanismo de busca (TEFFÉ, Chiara Spadaccini de; SOUZA, Carlos Affonso; NUNES, Beatriz Laus Marinho. Responsabilidade civil de provedores. *In*: BOTTINO, Celina; LEMOS, Ronaldo; SOUZA,

que o gênero "provedor de serviços de internet" origina cinco espécies: provedor de *backbone,* provedor de acesso, provedor de hospedagem, provedor de informação e provedor de conteúdo.

O voto é citado por autores que tratam do tema, como João Quinelato de Queiroz,[48] com pequenas alterações correspondentes a nomenclatura, tal qual em Marcel Leonardi,[49] embora as funções acabem por ser as mesmas. Adota-se, nesta

---

Carlos Affonso (coord.). *Marco Civil da Internet:* jurisprudência comentada. São Paulo: Revista dos Tribunais, 2018. p. 96).

"Civil e consumidor. Internet. Relação de consumo. Incidência do CDC. Gratuidade do serviço. Indiferença. Provedor de pesquisa. Filtragem prévia das buscas. Desnecessidade. Restrição dos resultados. Não-cabimento. Conteúdo público. Direito à informação. 1. A exploração comercial da Internet sujeita as relações de consumo daí advindas à Lei nº 8.078/90. 2. O fato de o serviço prestado pelo provedor de serviço de Internet ser gratuito não desvirtua a relação de consumo, pois o termo 'mediante remuneração', contido no art. 3º, § 2º, do CDC, deve ser interpretado de forma ampla, de modo a incluir o ganho indireto do fornecedor. 3. O provedor de pesquisa é uma espécie do gênero provedor de conteúdo, pois não inclui, hospeda, organiza ou de qualquer outra forma gerencia as páginas virtuais indicadas nos resultados disponibilizados, se limitando a indicar links onde podem ser encontrados os termos ou expressões de busca fornecidos pelo próprio usuário. 4. A filtragem do conteúdo das pesquisas feitas por cada usuário não constitui atividade intrínseca ao serviço prestado pelos provedores de pesquisa, de modo que não se pode reputar defeituoso, nos termos do art. 14 do CDC, o site que não exerce esse controle sobre os resultados das buscas. 5. Os provedores de pesquisa realizam suas buscas dentro de um universo virtual, cujo acesso é público e irrestrito, ou seja, seu papel se restringe à identificação de páginas na web onde determinado dado ou informação, ainda que ilícito, estão sendo livremente veiculados. Dessa forma, ainda que seus mecanismos de busca facilitem o acesso e a consequente divulgação de páginas cujo conteúdo seja potencialmente ilegal, fato é que essas páginas são públicas e compõem a rede mundial de computadores e, por isso, aparecem no resultado dos sites de pesquisa. 6. Os provedores de pesquisa não podem ser obrigados a eliminar do seu sistema os resultados derivados da busca de determinado termo ou expressão, tampouco os resultados que apontem para uma foto ou texto específico, independentemente da indicação do URL da página onde este estiver inserido. 7. Não se pode, sob o pretexto de dificultar a propagação de conteúdo ilícito ou ofensivo na web, reprimir o direito da coletividade à informação. Sopesados os direitos envolvidos e o risco potencial de violação de cada um deles, o fiel da balança deve pender para a garantia da liberdade de informação assegurada pelo art. 220, § 1º, da CF/88, sobretudo considerando que a Internet representa, hoje, importante veículo de comunicação social de massa. 8. Preenchidos os requisitos indispensáveis à exclusão, da web, de uma determinada página virtual, sob a alegação de veicular conteúdo ilícito ou ofensivo – notadamente a identificação do URL dessa página – a vítima carecerá de interesse de agir contra o provedor de pesquisa, por absoluta falta de utilidade da jurisdição. Se a vítima identificou, via URL, o autor do ato ilícito, não tem motivo para demandar contra aquele que apenas facilita o acesso a esse ato que, até então, se encontra publicamente disponível na rede para divulgação. 9. Recurso especial provido" (BRASIL. Superior Tribunal de Justiça. *Recurso Especial nº 1.316.921/RJ.* Recorrente: Google Brasil Internet Ltda. Recorrida: Maria da Graça Xuxa Meneghel. Relatora: Ministra Nancy Andrighi. Brasília, DF, 29 jun. 2012).

48. QUEIROZ, João Quinelato de. *Responsabilidade civil na rede:* danos e liberdade à luz do Marco Civil da Internet. Rio de Janeiro: Processo, 2019. p. 71-75.

49. Marcel Leonardi divide o gênero provedores de serviços de internet em cinco espécies: provedor de *backbone,* provedor de acesso, provedor de correio eletrônico, provedor de hospedagem e provedor de conteúdo. Enquanto os provedores de *backbone* e de acesso seguem com a mesma definição adotada pelo STJ, o autor entende que as redes sociais se enquadrariam como provedores de hospedagem (e não de conteúdo), que define como "plataformas prontas para a disponibilização de conteúdo por usuários em formatos preestabelecidos, tais como álbuns de fotos, canais de vídeo, blogs e outros". Para Marcel

oportunidade, a caracterização apresentada pelo STJ, assim detalhada: o provedor de *backbone*, considerado a "espinha dorsal da internet", oferece conectividade por meio de estruturas de rede que permitem a circulação de elevado número de informações, como a Embratel. O provedor de acesso, por sua vez, corresponde à pessoa jurídica que possibilita que seus clientes, por meio de dispositivos próprios, acessem a internet, como Vivo e Claro. O provedor de hospedagem viabiliza o armazenamento de dados de terceiros, que podem ser acessados por acesso remoto, sendo exemplos serviços de e-mail e de armazenamento na nuvem.

Já provedor de informação é a pessoa jurídica ou natural que disponibiliza conteúdo em relação ao qual, geralmente, exerce controle editorial prévio, no que se enquadram blogs e portais de notícias. Por fim, o provedor de conteúdo "disponibiliza na rede dados criados ou desenvolvidos pelos provedores de informação ou pelos próprios usuários da web"[50] – caso das redes sociais.

Para fins da reflexão aqui proposta, que se volta à análise dos desafios e possibilidades diante da moderação de conteúdo desinformativo no âmbito das redes sociais, é mais relevante a segunda categoria mencionada pelo Marco Civil da Internet, que trata dos provedores de aplicação. Em especial, considerando-se a subdivisão sugerida pelo STJ, aquela que diz respeito aos provedores de conteúdo – mesmo porque, diferentemente do que ocorre no caso dos provedores de informação, em essência, aplicações de redes sociais não exercem qualquer tipo de controle prévio em relação ao que seus usuários publicam –, o que, tal qual já observado, não significa que não desempenhem controle de forma posterior.

Estabelecidas as atividades dos provedores, e dando sequência ao raciocínio de que essa delimitação é importante para se pensar sua responsabilização, cabe dizer que a Seção III do Marco Civil é inaugurada com disposição trazida pelo art. 18,[51] que indica que os provedores de conexão gozam de "imunidade legal"[52] quando se trata de responsabilização por condutas de seus usuários. Essa posição já era reconhecida pela jurisprudência brasileira desde o início do século

---

Leonardi, o provedor de conteúdo, por sua vez, consiste em pessoa natural ou jurídica que disponibiliza conteúdo em relação ao qual, geralmente, exerce controle editorial prévio, no que se enquadram blogs e portais de notícias. Já o provedor de correio eletrônico permite o envio de mensagens por usuários a outros destinatários, sendo Gmail e Outlook dois exemplos (LEONARDI, Marcel. *Fundamentos do direito digital*. São Paulo: Thomson Reuters, 2019. [E-book não paginado]).

50. BRASIL. Superior Tribunal de Justiça. *Recurso Especial nº 1.316.921/RJ*. Recorrente: Google Brasil Internet Ltda. Recorrida: Maria da Graça Xuxa Meneghel. Relatora: Ministra Nancy Andrighi. Brasília, DF, 29 jun. 2012.

51. Conforme redação do art. 18 do Marco Civil da Internet (Lei nº 12.965/2014): "O provedor de conexão à internet não será responsabilizado civilmente por danos decorrentes de conteúdo gerado por terceiros".

52. TEFFÉ, Chiara Spadaccini de; SOUZA, Carlos Affonso; NUNES, Beatriz Laus Marinho. Responsabilidade civil de provedores. *In*: BOTTINO, Celina; LEMOS, Ronaldo; SOUZA, Carlos Affonso (coord.). *Marco Civil da Internet*: jurisprudência comentada. São Paulo: Revista dos Tribunais, 2018. p. 97.

XX,[53] apenas tendo sido consolidada na legislação. Já quanto aos provedores de aplicação, a imunidade existe, mas com ressalvas, que estão apontadas no art. 19:

> Com o intuito de assegurar a liberdade de expressão e impedir a censura, o provedor de aplicações de internet somente poderá ser responsabilizado civilmente por danos decorrentes de conteúdo gerado por terceiros se, após ordem judicial específica, não tomar as providências para, no âmbito e nos limites técnicos do seu serviço e dentro do prazo assinalado, tornar indisponível o conteúdo apontado como infringente, ressalvadas as disposições legais em contrário.[54]

Na sequência, o art. 20 do Marco Civil determina que, dispondo dos dados de contato do usuário responsável pelo conteúdo cuja retirada foi judicialmente determinada, deve "comunicar-lhe as informações e os motivos relativos à indisponibilização do conteúdo, com elementos que permitam o contraditório e a ampla defesa em juízo, salvo expressa previsão legal ou expressa determinação judicial fundamentada em contrário". O mesmo dispositivo indica a possibilidade de substituição do conteúdo bloqueado "pela motivação ou pelo teor da ordem judicial que ocasionou a indisponibilização", o que se dará em caso de solicitação do usuário nesse sentido.

Veja-se que, nos termos do art. 19, não podem, a princípio, os provedores de aplicações de internet ser responsabilizados por danos causados pelo conteúdo publicado por seus usuários – o que se dá com o expresso objetivo de assegurar a liberdade de expressão e impedir a censura, como se depreende de sua redação, e evidencia a força da responsabilidade civil como mecanismo a incentivar e desincentivar comportamentos por parte dos agentes econômicos. Mas reitere-se: os provedores de aplicação (e, dentro da abordagem aqui proposta, os de conteúdo) não podem ser responsabilizados *a princípio*.

Isso porque, nos termos do referido artigo, haverá responsabilidade se, após determinação judicial específica,[55] o provedor em questão não proceder à retirada

---

53. Ainda em 2002, o Tribunal de Justiça do Rio Grande do Sul adotava posicionamento de que empresa que limitava sua atuação a viabilizar o acesso à internet não gozaria de ingerência sobre conteúdo supostamente difamatório em site.
"Apelação cível. Ação cautelar. Medida com objetivo de retirar do ar site na internet. Ilegitimidade passiva do provedor de acesso. Manutenção da sentença. É parte ilegítima para figurar no polo passivo da medida cautelar ajuizada o provedor de acesso da internet que apenas possibilita a seus associados o acesso a rede mundial de computadores. Apelo desprovido" (RIO GRANDE DO SUL. Tribunal de Justiça. *Apelação Cível nº 70001582444*. Sexta Câmara Cível. Apelantes: Karen Cristina Soares do Patrocínio, José Luiz Aquino, Meri Catarina do Patrocínio Aquino e Clarissa do Patrocínio Aquino. Apelada: Webcom Marketing e Informática Ltda. Relator: Des. Antônio Corrêa Palmeiro da Fontoura. Porto Alegre, RS, 29 maio 2002).
54. BRASIL. *Lei nº 12.965, de 23 de abril de 2014*. Estabelece princípios, garantias, direitos e deveres para o uso da Internet no Brasil. Brasília, DF: Presidência da República, 2014.
55. À luz do § 1º do art. 19, a ordem judicial específica demandará "identificação clara e específica do conteúdo apontado como infringente, que permita a localização inequívoca do material", o que se dá por

do conteúdo lesivo. Há exceções, referentes a conteúdos que infrinjam direitos autorais, por força do disposto no art. 19, § 2º, do Marco Civil,[56] e a publicações, nos termos do art. 21, que contenham violações de intimidade decorrentes da divulgação, sem autorização dos envolvidos, de quaisquer materiais contendo cenas de nudez e atos sexuais de caráter privado.[57]

---

meio da URL, conforme posicionamento consolidado do Superior Tribunal de Justiça: "Necessidade de indicação clara e específica do localizador URL do conteúdo infringente para a validade de comando judicial que ordene sua remoção da internet. O fornecimento do URL é obrigação do requerente. Precedentes deste STJ"; e "Esta Corte orienta que não é possível imputar ao provedor de pesquisa a obrigação de controle prévio de conteúdo e também a sua remoção sem indicação específica (URL)". Respectivamente: "Civil e processual civil. Responsabilidade civil do provedor de aplicação. YouTube. Obrigação de fazer. Remoção de conteúdo. Fornecimento de localizador URL da página ou recurso da internet. Comando judicial específico. Necessidade. 1. Ação ajuizada 08/04/2011. Recurso especial interposto em 06/08/2015 e atribuído a este Gabinete em 13/03/2017. 2. Necessidade de indicação clara e específica do localizador URL do conteúdo infringente para a validade de comando judicial que ordene sua remoção da internet. O fornecimento do URL é obrigação do requerente. Precedentes deste STJ. 3. A necessidade de indicação do localizador URL não é apenas uma garantia aos provedores de aplicação, como forma de reduzir eventuais questões relacionadas à liberdade de expressão, mas também é um critério seguro para verificar o cumprimento das decisões judiciais que determinar a remoção de conteúdo na internet. 4. Em hipóteses com ordens vagas e imprecisas, as discussões sobre o cumprimento de decisão judicial e quanto à aplicação de multa diária serão arrastadas sem necessidade até os Tribunais superiores. 5. A ordem que determina a retirada de um conteúdo da internet deve ser proveniente do Poder Judiciário e, como requisito de validade, deve ser identificada claramente. 6. O Marco Civil da Internet elenca, entre os requisitos de validade da ordem judicial para a retirada de conteúdo infringente, a 'identificação clara e específica do conteúdo', sob pena de nulidade, sendo necessário, portanto, a indicação do localizador URL. 7. Na hipótese, conclui-se pela impossibilidade de cumprir ordens que não contenham o conteúdo exato, indicado por localizador URL, a ser removido, mesmo que o acórdão recorrido atribua ao particular interessado a prerrogativa de informar os localizadores únicos dos conteúdos supostamente infringentes. 7. Recurso especial provido" (BRASIL. Superior Tribunal de Justiça. *Recurso Especial nº 1.698.647/SP*. Recorrente: Google Brasil Internet Ltda. Recorrido: Cristiane Leal de Oliveira. Relatora: Ministra Nancy Andrighi. Brasília, DF, 15 fev. 2018); e "Agravo interno no recurso especial. Ação de obrigação de fazer cumulada com indenização por danos morais. Responsabilidade civil. Danos à imagem e à honra. Disponibilização de informações que vincula o nome do autor a predicativos que depreciam a sua honra. Remoção de conteúdo. Fornecimento de endereço específico. Necessidade. Precedentes da corte. 1. Esta Corte orienta que não é possível imputar ao provedor de pesquisa a obrigação de controle prévio de conteúdo e também a sua remoção sem indicação específica (URL). 2. Agravo interno a que se nega provimento" (BRASIL. Superior Tribunal de Justiça. *Agravo Interno no Agravo em Recurso Especial nº 931.341/SP*. Agravante: José Roberto Tricoli. Agravado: Facebook Serviços Online do Brasil Ltda. Relatora: Ministra Maria Isabel Galloti. Brasília, DF, 14 dez. 2021).

56. Nos termos da redação do art. 19, § 2º, do Marco Civil da Internet (Lei nº 12.965/2014): "A aplicação do disposto neste artigo para infrações a direitos de autor ou a direitos conexos depende de previsão legal específica, que deverá respeitar a liberdade de expressão e demais garantias previstas no art. 5º da Constituição Federal". Esclarece Tarcisio Teixeira que, até o momento, a lei específica a respeito da matéria é a Lei nº 9.610/1998 – Lei de Direitos Autorais (BRASIL. *Lei nº 9.610, de 19 de fevereiro de 1998*. Altera, atualiza e consolida a legislação sobre direitos autorais e dá outras providências. Brasília, DF: Presidência da República, 1998; TEIXEIRA, Tarcisio. *Direito digital e processo eletrônico*. 6. ed. São Paulo: Saraiva Educação, 2022. p. 47).

57. Conforme disposto no art. 21 do Marco Civil da Internet (Lei nº 12.965/2014): "O provedor de aplicações de internet que disponibilize conteúdo gerado por terceiros será responsabilizado subsidiariamente

Importa reiterar que essa norma não diz respeito a medidas adotadas pelas plataformas no âmbito da moderação – mas de sua responsabilidade em relação a conteúdo de terceiros que venha a causar danos. Significa dizer que, além do autor da publicação que tiver provocado dano, a plataforma responde civilmente, caso se mantenha inerte diante da determinação judicial para exclusão. Nesse caso, a responsabilidade seria solidária, em conjunto com o ofensor, de acordo com Guilherme Magalhães Martins.[58]

É possível que se pergunte qual é a relevância dessa disposição, que envolve responsabilidade relacionada a conteúdo de terceiros, para a discussão a respeito da moderação de conteúdo (que trata, afinal, de ato próprio da plataforma). A resposta pode ser encontrada ao se observar a caminhada legislativa e jurisprudencial que culminou na redação do art. 19 tal qual se conhece hoje, bem como ponderando as correntes doutrinárias favoráveis e contrárias ao microssistema inaugurado pelo Marco Civil. Muito mais do que apenas discorrer sobre a responsabilidade dos provedores em relação ao conteúdo de terceiros, ante a ausência de regulação da moderação, é o art. 19 um dos mecanismos norteadores da atuação das plataformas em relação àquilo que é publicado por seus usuários.[59]

Antes da entrada em vigor do Marco Civil, os tribunais brasileiros, inclusive o Superior Tribunal de Justiça, estavam próximos de consolidar posicionamento por meio do qual a responsabilização da plataforma independeria de comando judicial, estabelecendo-se após sua ciência quanto ao conteúdo

---

pela violação da intimidade decorrente da divulgação, sem autorização de seus participantes, de imagens, de vídeos ou de outros materiais contendo cenas de nudez ou de atos sexuais de caráter privado quando, após o recebimento de notificação pelo participante ou seu representante legal, deixar de promover, de forma diligente, no âmbito e nos limites técnicos do seu serviço, a indisponibilização desse conteúdo". A exceção prevê a adoção do sistema *notice and takedown*, que estabelece a inércia após mera ciência do provedor como requisito para sua responsabilização – nesse caso, subsidiária à do infrator, observa Tarcisio Teixeira (TEIXEIRA, Tarcisio. *Direito digital e processo eletrônico*. 6. ed. São Paulo: Saraiva Educação, 2022. p. 47).

58. MARTINS, Guilherme Magalhães. *Responsabilidade civil por acidentes de consumo na internet*. São Paulo: Thomson Reuters, 2020. pos. RB-3.3.

59. É de se notar que, para além das discussões legislativas atualmente, a moderação tem recebido espaço no debate público também a partir de outras frentes, inclusive com a formalização de parcerias entre as plataformas e órgãos públicos, como o Programa Permanente de Enfrentamento à Desinformação da Justiça Eleitoral, instituído pelo Tribunal Superior Eleitoral (TSE), que envolve medidas como a celebração de Termos de Cooperação com as principais plataformas de redes sociais do Brasil, com foco na promoção de medidas no combate à desinformação, o que envolve estratégias de moderação (BRASIL. Tribunal Superior Eleitoral. *Portaria TSE nº 510, de 4 de agosto de 2021*. Institui o Programa Permanente de Enfrentamento à Desinformação no âmbito da Justiça Eleitoral e disciplina a sua execução. Diário da Justiça Eletrônico do Tribunal Superior Eleitoral (DJE/TSE), Brasília, DF, n. 145, p. 466-467, 6 ago. 2021. Disponível em: https://sintse.tse.jus.br/documentos/2021/Ago/6/diario-da-justica-eletronico-tse/portaria-no-510-de-4-de-agosto-de-2021-institui-o-programa-permanente-de-enfrentamento-a-desinformac. Acesso em: 26 jun. 2024).

lesivo, como relembra João Victor Rozatti Longhi.[60] Naquele cenário, bastando ser meramente cientificado quanto a texto ou imagem supostamente ilícitos, o provedor deveria retirar o conteúdo imediatamente, "sob pena de responder solidariamente com o autor direto do dano, em virtude da omissão praticada".[61] Trata-se do sistema tradicionalmente conhecido como *notice and takedown* (ou *first notice, then takedown*), que aponta, ressalte-se, para a responsabilidade civil da plataforma a partir da mera ciência quanto a determinado conteúdo, sem a necessidade de comando judicial para fins de remoção. Esse sistema é adotado na União Europeia.[62]

---

60. LONGHI, João Victor Rozatti. *Responsabilidade civil e redes sociais*: retirada de conteúdo, perfis falsos, discurso de ódio e *fake news*. Indaiatuba, SP: Editora Foco, 2020. p. 79.

61. BRASIL. Superior Tribunal de Justiça. *Agravo Regimental no Recurso Especial nº 1.309.891/MG*. Agravante: Google Brasil Internet Ltda. Agravada: Jéssica Carla Leite Rodrigues. Relator: Ministro Sidnei Beneti. Brasília, DF, 26 jun. 2012.

62. A respeito da regulação da atividade das plataformas na experiência estrangeira, sobretudo no que toca à responsabilização por conteúdo de terceiros, cabe mencionar a experiência da União Europeia, onde o regime de responsabilidade das plataformas vinha amparado, há mais de 20 anos, pela Diretiva nº 2000/31/CE (Diretiva sobre o Comércio Eletrônico), que tratava da prestação de um serviço de armazenamento de informações fornecidas por um usuário na sociedade da informação. De acordo com a Diretiva nº 2000/31/CE, em seu art. 14, os "prestadores de um serviço da sociedade da informação" (intermediários *online*) não seriam responsáveis pelo conteúdo veiculado por meio de seus serviços antes de serem cientificados desse conteúdo. Ao tomar conhecimento de um conteúdo ilício, o intermediário deveria atuar com diligência, com vistas a removê-lo ou a inviabilizar que seja acessado. Trata-se de um sistema conhecido como "*notice and takedown*", que aponta para a responsabilidade civil da plataforma a partir da mera ciência quanto a determinado conteúdo, sem a necessidade de comando judicial para fins de remoção. Nos termos do art. 15 da Diretiva nº 2000/31/CE, a regra de exclusão de responsabilidade eximiria o provedor da "obrigação geral de vigilância". Essas diretrizes foram atualizadas e emendadas com a aprovação de dois textos que têm tido repercussão global: o *Digital Markets Act* (DMA), ou Regulamento dos Mercados Digitais (Regulamento EU nº 2022/1925 do Parlamento Europeu e do Conselho), e, em especial, o *Digital Services Act* (DSA), ou Regulamento dos Serviços Digitais. O DSA reafirmou o modelo de responsabilidade dos provedores estabelecido anteriormente pela Diretiva de Comércio Eletrônico, mantendo o sistema do *notice and takedown* – agora chamado de *notice and take action* (*notice and action mechanisms*, na redação original do art. 14), como anota Domingos Soares Farinho. O objetivo é, também, promover mais transparência na moderação, que também deve ser baseada em princípios como publicidade, contraditório e devido processo. Não se pretende proceder a uma análise exaustiva dos sistemas adotados por outros ordenamentos jurídicos em relação à responsabilidade das plataformas por conteúdo gerado por terceiros, tendo em vista este apenas ser, no ordenamento jurídico brasileiro, o ponto de partida para discussões sobre a responsabilidade civil das plataformas em razão da moderação – que não trata de responsabilidade por ato de terceiro, mas por ato próprio, como se demonstrará adiante. Quanto à experiência estrangeira a respeito da responsabilidade civil das plataformas por danos causados por conteúdo de terceiros, sugere-se a leitura combinada de: LONGHI, João Victor Rozatti. *Responsabilidade civil e redes sociais*: retirada de conteúdo, perfis falsos, discurso de ódio e *fake news*. Indaiatuba, SP: Editora Foco, 2020. p. 79; QUEIROZ, João Quinelato de. *Responsabilidade civil na rede*: danos e liberdade à luz do Marco Civil da Internet. Rio de Janeiro: Processo, 2019. p. 87-108; FARINHO, Domingos Soares. Os direitos humanos no Regulamento Serviços Digitais. *In*: CAMPOS, Ricardo; GRINGS, Maria *et al.* (coord.). *O futuro da regulação de plataformas digitais: digital services act* (DSA) e *digital markets act* (DMA) e seus impactos no Brasil. São Paulo: Contracorrente, 2023. pos. 2147;

Rememora Anderson Schreiber que a sistemática do *notice and takedown* é inspirada na Lei de Direitos Autorais na Era Digital (*Digital Millennium Copyright Act*, ou "DMCA", na sigla em inglês),[63] lei estadunidense de 1998 voltada ao direito autoral. Suas disposições criavam uma espécie de exceção à responsabilidade por violação de direitos autorais na internet, "assegurando imunidade aos provedores que atendessem prontamente à notificação do ofendido para retirada do material impróprio".[64]

A partir da notificação, haveria, por parte do provedor, uma "obrigação específica de agir", que, caso atendida, lhe isentaria de responsabilidade civil.[65] Note-se que o DMCA, dispondo especificamente sobre conteúdo relacionado a direito autoral, é uma exceção à regra da responsabilidade dos provedores nos Estados Unidos. Desde 1996, a *Section 230*, incluída no *Communications Decency Act* (CDA) do *U.S. Code*,[66] exime-os de responsabilidade, entendendo-os me-

---

CAMPOS, Ricardo; OLIVEIRA, Samuel Rodrigues de; SANTOS, Carolina Xavier. Riscos sistêmicos e dever de cuidado. *In*: CAMPOS, Ricardo (org.); GRINGS, Maria Gabriela *et al.* (coord.). *O futuro da regulação de plataformas digitais: digital services act* (DSA) e *digital markets act* (DMA) e seus impactos no Brasil. São Paulo: Contracorrente, 2023. pos. 5808; EIFERT, Martin; METZGER, Axel; SCHWEITZER, Heike; WAGNER, Gerhard. Domesticando os gigantes: o pacote DMA/DSA. *In*: CAMPOS, Ricardo (org.); GRINGS, Maria Gabriela *et al.* (coord.). *O futuro da regulação de plataformas digitais: digital services act* (DSA) e *digital markets act* (DMA) e seus impactos no Brasil. São Paulo: Contracorrente, 2023. pos. 1090-2285. Quanto à legislação: UNIÃO EUROPEIA. *Diretiva 2000/31/CE do Parlamento Europeu e do Conselho, de 8 de junho de 2000*, relativa a certos aspectos legais dos serviços da sociedade de informação, em especial do comércio electrónico, no mercado interno (Directiva sobre o comércio electrónico). Disponível em: https://eur-lex.europa.eu/legal-content/PT/TXT/?uri=CELEX:32000L0031. Acesso em: 20 jun. 2024; UNIÃO EUROPEIA. *Diretiva (UE) 2019/790 do Parlamento Europeu e do Conselho, de 17 de abril de 2019*, relativa aos direitos de autor e direitos conexos no mercado único digital e que altera as Diretivas 96/9/CE e 2001/29/CE. Disponível em: https://eur-lex.europa.eu/legal-content/PT/TXT/?uri=CELEX%3A32019L0790. Acesso em: 20 jun. 2024; UNIÃO EUROPEIA. *Regulamento (UE) 2022/2065 do Parlamento Europeu e do Conselho de 19 de outubro de 2022*, relativo a um mercado único para os serviços digitais e que altera a Diretiva 2000/31/CE (Regulamento dos Serviços Digitais). Disponível em: https://eur-lex.europa.eu/legal-content/PT/TXT/?uri=CELEX%3A32022R2065. Acesso em: 21 jun. 2024; UNIÃO EUROPEIA. *Regulamento (UE) 2022/1925 do Parlamento Europeu e do Conselho, de 14 de setembro de 2022*, relativo à disputabilidade e equidade dos mercados no setor digital e que altera as Diretivas (UE) 2019/1937 e (UE) 2020/1828 (Regulamento dos Mercados Digitais). Disponível em: https://eur-lex.europa.eu/legal-content/PT/TXT/HTML/?uri=CELEX:32022R1925. Acesso em: 21 jun. 2024.

63. ESTADOS UNIDOS. *Digital Millennium Copyright Act of 1998 (DMCA)*. Washington, D.C., 1998. Disponível em: https://www.copyright.gov/legislation/dmca.pdf. Acesso em: 24 jun. 2024.

64. SCHREIBER, Anderson. Liberdade de expressão e tecnologia. *In*: SCHREIBER, Anderson; MORAES, Bruno Terra de; TEFFÉ, Chiara Spadaccini de (coord.). *Direito e mídia*: tecnologia e liberdade de expressão. Indaiatuba, SP: Editora Foco, 2020. p. 13.

65. SCHREIBER, Anderson. Liberdade de expressão e tecnologia. *In*: SCHREIBER, Anderson; MORAES, Bruno Terra de; TEFFÉ, Chiara Spadaccini de (coord.). *Direito e mídia*: tecnologia e liberdade de expressão. Indaiatuba, SP: Editora Foco, 2020. p. 13.

66. ESTADOS UNIDOS. *United States Code*. Washington, D.C., 1789. Disponível em: https://uscode.house.gov/. Acesso em: 24 jun. 2024.

ramente como intermediários, ou, especificamente, como plataformas neutras (*neutral platforms*).[67]

Anderson Schreiber defende que trazer a sistemática do *notice and takedown* para o ordenamento jurídico brasileiro poderia motivar alegações de afronta ao princípio da reparação integral, visto que o dano sofrido durante o período anterior à notificação ficaria sem ressarcimento (ou acabaria restrito ao terceiro gerador do conteúdo, geralmente anônimo ou de difícil identificação). Apesar do que chama de "imunidade parcial" do provedor, entende que a importação da teoria parecia promissora ao "incentivar uma atuação mais proativa das sociedades empresariais proprietárias de redes sociais" que, ante a notificação de um usuário, teriam "a oportunidade de avaliar o conteúdo postado pelo terceiro e decidir se seria ou não o caso de adotar medidas para sua retirada".[68]

Defende que essa criação de uma "obrigação específica de agir", ao mesmo tempo que promoveria um equilíbrio entre o dever geral de monitoramento e a necessidade de evitar a propagação de danos na rede, contribuiria, ainda, para "um ambiente virtual mais sadio, respeitador dos direitos fundamentais do ser humano, sem a necessidade de impor à vítima o recurso ao Poder Judiciário que, além de custoso, requer tempo incompatível com a rápida difusão do conteúdo ofensivo".[69]

A partir de 2014, no entanto, com a entrada em vigor do Marco Civil da Internet, a teoria do *notice and takedown* foi substituída pelo microssistema extraído do art. 19, condicionando a responsabilidade da plataforma à inércia, após um comando judicial de exclusão de conteúdo. Passou-se a tratar, então, de

---

67. Conforme o 47 U.S.C. § 230, (c)(1): "Nenhum provedor ou usuário de um serviço de computador interativo deve ser tratado como editor ou locutor de qualquer informação fornecida por outro provedor de conteúdo de informação" (Tradução livre. No original: "*No provider or user of an interactive computer service shall be treated as the publisher or speaker of any information provided by another information content provider*"). Trata-se daquela que é considerada "a mais importante lei em defesa da liberdade de expressão on-line", como sustentado pela *Electronic Frontier Foundation*. Aliás, a *Section 230* garante às plataformas, ainda, o poder de livremente moderar o conteúdo, baseada na chamada cláusula do bom samaritano (*good samaritan clause*). Para além disso, nos termos do 47 U.S.C. § 230, (c)(2), não recairá responsabilidade, do ponto de vista civil, sobre os provedores que, de boa-fé, voluntariamente removerem ou restringirem acesso a conteúdo considerado obsceno, excessivamente violento, perturbador ou, em alguma medida, inadequado (SECTION 230 of the Communications Decency Act. *Electronic Frontier Foundation*, São Francisco. Disponível em: https://www.eff.org/issues/cda230. Acesso em: 24 jun. 2024).
68. SCHREIBER, Anderson. Liberdade de expressão e tecnologia. *In*: SCHREIBER, Anderson; MORAES, Bruno Terra de; TEFFÉ, Chiara Spadaccini de (coord.). *Direito e mídia*: tecnologia e liberdade de expressão. Indaiatuba, SP: Editora Foco, 2020. p. 14.
69. SCHREIBER, Anderson. Liberdade de expressão e tecnologia. *In*: SCHREIBER, Anderson; MORAES, Bruno Terra de; TEFFÉ, Chiara Spadaccini de (coord.). *Direito e mídia*: tecnologia e liberdade de expressão. Indaiatuba, SP: Editora Foco, 2020. p. 14.

responsabilidade civil subjetiva,[70] tal qual anotam Cristiano Colombo e Eugênio Facchini Neto – condicionada, como dispõe o artigo, ao fato de, "após ordem judicial específica, (*o provedor*) não tomar as providências para, no âmbito e nos limites técnicos do seu serviço e dentro do prazo assinalado, tornar indisponível o conteúdo apontado como infringente".[71]

Ainda que a sistemática proposta pelo art. 19 trate especificamente dos requisitos para a responsabilização dos provedores por danos causados por conteúdo de terceiros, fato é que sua delimitação tem impacto sobre a forma como se portam em relação ao que é publicado e compartilhado por seus usuários. Isso, veja-se, guarda conexão direta com procedimentos de tomada de decisão do agente privado – ou seja: guarda conexão direta com procedimentos de moderação. Essa conclusão fica ainda mais evidente quando se traz ao debate mais alguns dos argumentos favoráveis e contrários ao microssistema de responsabilidade civil dos provedores inaugurado pelo Marco Civil, que, como mencionado, promoveu significativa alteração em relação ao posicionamento que vinha sendo adotado pelos tribunais brasileiros.[72]

---

70. A natureza subjetiva da responsabilidade vem expressamente marcada já na Exposição de Motivos do Marco Civil, que indica que "As opções adotadas privilegiam a responsabilização subjetiva, como forma de preservar as conquistas para a liberdade de expressão decorrentes da chamada Web 2.0, que se caracteriza pela ampla liberdade de produção de conteúdo pelos próprios usuários, sem a necessidade de aprovação prévia pelos intermediários" (BRASIL. *Exposição de Motivos do Marco Civil da Internet*. Lei nº 12.965, de 23 de abril de 2014. Brasília, DF: Presidência da República, 2014. Disponível em: http://www.planalto.gov.br/ccivil_03/Projetos/ExpMotiv/EMI/2011/86-MJ%20MP%20MCT%20MC.htm. Acesso em: 26 jun. 2024).

71. COLOMBO, Cristiano; FACCHINI NETO, Eugênio. Ciberespaço e conteúdo ofensivo gerado por terceiros: a proteção dos direitos de personalidade e a responsabilização civil dos provedores de aplicação, à luz da jurisprudência do Superior Tribunal de Justiça. *Revista Brasileira de Políticas Públicas*, Brasília, DF, v. 7, n. 3, 2017. p. 234. Disponível em: https://www.publicacoes.uniceub.br/RBPP/article/view/4910. Acesso em: 25 jun. 2024.

72. A alteração foi observada em julgado do Ministro Luis Felipe Salomão, comparando a anterior jurisprudência dominante na Corte e a disposição instituída pelo Marco Civil da Internet: "Assim, segundo a nova lei de regência, em regra, a responsabilidade civil do provedor de internet consubstancia responsabilidade por dano decorrente de descumprimento de ordem judicial, previsão que se distancia, em grande medida, da jurisprudência atual do STJ, a qual, para extrair a conduta ilícita do provedor, se contenta com a inércia após notificação extrajudicial".

"Direito civil e processual civil. Violação de direitos autorais. Rede social. Orkut. Responsabilidade civil do provedor (administrador). Inexistência, no caso concreto. Estrutura da rede e comportamento do provedor que não contribuíram para a violação de direitos autorais. Responsabilidades contributiva e vicária. Não aplicação. Inexistência de danos que possam ser extraídos da causa de pedir. Obrigação de fazer. Indicação de URL's. Necessidade. Apontamento dos IP's. Obrigação do provedor. Astreintes. Valor. Ajuste. 1. Os arts. 102 a 104 da Lei n. 9.610/1998 atribuem responsabilidade civil por violação de direitos autorais a quem fraudulentamente 'reproduz, divulga ou de qualquer forma utiliza' obra de titularidade de outrem; a quem 'editar obra literária, artística ou científica' ou a quem 'vender, expuser a venda, ocultar, adquirir, distribuir, tiver em depósito ou utilizar obra ou fonograma reproduzidos com fraude, com a finalidade de vender, obter ganho, vantagem, proveito, lucro direto ou indireto, para si ou para outrem'. 2. Em se tratando de provedor de internet comum, como os administradores de rede

Nesse sentido, cabe elencar observações tecidas por dois dos autores do anteprojeto da lei, Carlos Affonso Souza e Ronaldo Lemos,[73] sobre as inquietações durante o período de debates que culminaram no texto aprovado pelo Congresso em 2014. De maneira geral, buscava-se garantir que não fosse necessário que cada novidade tecnológica ou ferramenta provocasse o legislador a promover mudanças no ordenamento jurídico – que até poderiam fazer sentido em determinado momento, mas perderiam a utilidade logo à frente, com a mesma velocidade com que se estabelecem as dinâmicas na internet. A regulação (e a lei, em especial),

---

social, não é óbvia a inserção de sua conduta regular em algum dos verbos constantes nos arts. 102 a 104 da Lei de Direitos Autorais. Há que investigar como e em que medida a estrutura do provedor de internet ou sua conduta culposa ou dolosamente omissiva contribuíram para a violação de direitos autorais. 3. No direito comparado, a responsabilidade civil de provedores de internet por violações de direitos autorais praticadas por terceiros tem sido reconhecida a partir da ideia de responsabilidade contributiva e de responsabilidade vicária, somada à constatação de que a utilização de obra protegida não consubstanciou o chamado fair use. 4. Reconhece-se a responsabilidade contributiva do provedor de internet no cenário de violação de propriedade intelectual, nas hipóteses em que há intencional induzimento ou encorajamento para que terceiros cometam diretamente ato ilícito. A responsabilidade vicária tem lugar nos casos em que há lucratividade com ilícitos praticados por outrem e o beneficiado se nega a exercer o poder de controle ou de limitação dos danos, quando poderia fazê-lo. 5. No caso em exame, a rede social em questão não tinha como traço fundamental o compartilhamento de obras, prática que poderia ensejar a distribuição ilegal de criações protegidas. Conforme constatado por prova pericial, a arquitetura do Orkut não provia materialmente os usuários com os meios necessários à violação de direitos autorais. O ambiente virtual não constituía suporte essencial à prática de atos ilícitos, como ocorreu nos casos julgados no direito comparado, em que provedores tinham estrutura substancialmente direcionada à violação da propriedade intelectual. Descabe, portanto, a incidência da chamada responsabilidade contributiva. 6. Igualmente, não há nos autos comprovação de ter havido lucratividade com ilícitos praticados por usuários em razão da negativa de o provedor exercer o poder de controle ou de limitação dos danos, quando poderia fazê-lo, do que resulta a impossibilidade de aplicação da chamada teoria da responsabilidade vicária. 7. Ademais, não há danos materiais que possam ser imputados à inércia do provedor de internet, nos termos da causa de pedir. Ato ilícito futuro não pode acarretar ou justificar dano pretérito. Se houve omissão culposa, são os danos resultantes dessa omissão que devem ser recompostos, descabendo o ressarcimento, pela Google, de eventuais prejuízos que a autora já vinha experimentando antes mesmo de proceder à notificação.8. Quanto à obrigação de fazer – retirada de páginas da rede social indicada –, a parte autora também juntou à inicial outros documentos que contêm, de forma genérica, URLs de comunidades virtuais, sem a indicação precisa do endereço interno das páginas nas quais os atos ilícitos estariam sendo praticados. Nessas circunstâncias, a jurisprudência da Segunda Seção afasta a obrigação do provedor, nos termos do que ficou decidido na Rcl 5.072/AC, Rel. p/ acórdão Ministra Nancy Andrighi, *DJe* 4/6/2014. 9. A responsabilidade dos provedores de internet, quanto a conteúdo ilícito veiculado em seus sites, envolve também a indicação dos autores da informação (IPs). 10. Nos termos do art. 461, §§ 5º e 6º, do CPC, pode o magistrado a qualquer tempo, e mesmo de ofício, alterar o valor ou a periodicidade das astreintes em caso de ineficácia ou insuficiência ao desiderato de compelir o devedor ao cumprimento da obrigação. Valor da multa cominatória ajustado às peculiaridades do caso concreto. 11. 'Embargos de declaração manifestados com notório propósito de prequestionamento não têm caráter protelatório' (Súmula n. 98/STJ). 12. Recurso especial parcialmente provido" (BRASIL. Superior Tribunal de Justiça. *Recurso Especial nº 1.512.647/MG*. Recorrente: Google Brasil Internet Ltda. Recorrido: Botelho Indústria e Distribuição Cinematográfica Ltda. Relator: Ministro Luis Felipe Salomão. Brasília, DF, 5 ago. 2015).

73. SOUZA, Carlos Affonso; LEMOS, Ronaldo. *Marco civil da internet*: construção e aplicação. Juiz de Fora: Editar Editora Associada, 2016. p. 16.

sustentam, deve ser um elemento a estimular o desenvolvimento tecnológico, da personalidade e das condições econômicas e sociais tanto dos indivíduos quanto da coletividade.

Com base nisso, rechaçam o conceito de "internet livre", sem qualquer interferência do Estado, defendendo a ideia, aplicada ao Marco Civil, de que a lei deve servir a preservar as liberdades que podem ser usufruídas justamente pela internet.[74] Quanto à responsabilização dos provedores – e, importa reiterar, à época, a moderação de conteúdo não era um dos temas em pauta –, Carlos Affonso Souza e Ronaldo Lemos[75] registram a pretensão do legislador de criar um sistema que, por um lado, não prejudicasse a vítima de um eventual dano em razão da perpetuação de um conteúdo lesivo, mas que, por outro, não incentivasse o provedor a simplesmente efetuar a remoção a partir de qualquer notificação. Conclui-se, então, que a preocupação principal era evitar a remoção discricionária de conteúdo, garantindo a fluidez informacional e a diversidade do discurso na rede, como refere Bruna Martins dos Santos.[76]

Lembram Artur Pericles Lima Monteiro e outros,[77] ainda, que, à época da elaboração do Marco Civil, as discussões em curso não eram voltadas ao conteúdo restringido pela moderação, na condição de atividade desempenhada pelos próprios provedores. O foco, em verdade, estava voltado justamente a outro objetivo, oposto: desincentivar, do ponto de vista jurídico, que os provedores agissem contra o conteúdo gerado por seus usuários, tão somente em razão do receio de evitar uma responsabilização.

---

74. Ao resgatar a experiência legislativa do Marco Civil da Internet, Carlos Affonso Souza e Ronaldo Lemos questionam a necessidade de se criar uma lei para tratar de questões ligadas ao exercício de direitos na rede, perguntando "qual seria a eficácia de um instrumento legal em tempos de progresso tecnológico cada vez mais veloz". A indagação se fundamenta na Declaração de Independência do Ciberespaço, elaborada por John Perry Barlow, um dos fundadores do movimento ciberlibertarianista, ainda em 1996. A carta defendia, como uma das premissas do espaço virtual, o fluxo livre de informações, sem a interferência do Estado em seu desenvolvimento por meio de regulações. Observando a necessidade de que esse conceito fosse afastado, o Marco Civil foi concebido com objetivo de se distanciar de uma regulação repressiva, assentando-se bases principiológicas, com vistas a "evitar uma caducidade precoce de seus dispositivos" (SOUZA, Carlos Affonso; LEMOS, Ronaldo. *Marco civil da internet*: construção e aplicação. Juiz de Fora: Editar Editora Associada, 2016. p. 16; BARLOW, John Perry. A declaration of the independence of cyberspace. *Electronic Frontier Foundation*, Davos, 8 fev. 1996. Disponível em: https://www.eff.org/cyberspace-independence. Acesso em: 23 jun. 2024).

75. SOUZA, Carlos Affonso; LEMOS, Ronaldo. *Marco civil da internet*: construção e aplicação. Juiz de Fora: Editar Editora Associada, 2016. p. 69.

76. SANTOS, Bruna Martins dos. Uma avaliação do modelo de responsabilidade civil de intermediários do Marco Civil para o desenvolvimento do Brasil. *Internet Society*, Brasília, ago. 2020. p. 29. Disponível em: https://isoc.org.br/files/1_5163560127365644511.pdf. Acesso em: 29 jun. 2024.

77. MONTEIRO, Artur Pericles Lima *et al*. *Armadilhas e caminhos na regulação da moderação de conteúdo, diagnósticos & recomendações*. São Paulo: InternetLab, 2021. p. 8. Disponível em: https://internetlab. org.br/wp-content/uploads/2021/09/internetlab_armadilhas-caminho-moderacao.pdf. Acesso em: 30 jun. 2024.

A alteração promovida pelo Marco Civil busca, portanto, privilegiar a liberdade de expressão e informação em relação a possíveis violações a direitos de personalidade, conforme observa André Zonaro Giacchetta.[78] Quanto ao ponto, é válido trazer complementação por Caitlin Mulholland, ao avaliar a posição do legislador como favorável à manifestação de ideias e contrária à censura:

> Significa isso dizer que, no ordenamento brasileiro, o provedor de aplicação não tem o dever de verificar previamente e impedir o conteúdo a ser postado por terceiro (o que configuraria censura) porque ele não será responsabilizado posteriormente pelos danos causados pelo mesmo. Isto é, a responsabilidade pelo conteúdo gerado, postado e/ou disseminado na Internet recai primeiramente e, como regra, sobre aquele que diretamente realiza a conduta danosa, excluindo a responsabilidade do provedor em relação à vítima do dano.[79]

Define-se, assim, o papel do provedor, especialmente o de hospedagem, como as redes sociais, que se eximem da função editorial e do dever de monitoramento prévio.[80] Ao mesmo tempo, fomenta-se a prevenção e a eliminação do conteúdo causador do dano sem dar espaço a comportamentos arbitrários, que poderiam ser estimulados pelo temor de uma responsabilização futura, conforme pontuam Carlos Affonso Souza e Ronaldo Lemos.[81] Adota-se como um dos princípios a "presunção de inocência", à qual se lança luz já nos termos da Exposição de Motivos do Marco Civil:

> As opções adotadas privilegiam a responsabilização subjetiva, como forma de preservar as conquistas para a liberdade de expressão decorrentes da chamada Web 2.0, que se caracteriza pela ampla liberdade de produção de conteúdo pelos próprios usuários, sem a necessidade de aprovação prévia pelos intermediários. A norma mira os usos legítimos, protegendo a privacidade dos usuários e a liberdade de expressão, **adotando como pressuposto o princípio da presunção de inocência, tratando os abusos como eventos excepcionais**.[82] (grifou-se)

---

78. GIACHETTA, André Zonaro. Atuação e responsabilidade dos provedores diante das *fake news* e da desinformação. *In*: RAIS, Diogo (coord.). *Fake news*: a conexão entre a desinformação e o direito. 2. ed. São Paulo: Thomson Reuters Brasil, 2020. p. 282.

79. MULHOLLAND, Caitlin. Responsabilidade civil indireta dos provedores de serviço de Internet e sua regulação no Marco Civil da Internet. *In*: CELLA, José Renato Gaziero; ROVER, Aires Jose; NASCIMENTO, Valéria Ribas do (org.). *Direito e novas tecnologias*. Florianópolis: CONPEDI, 2015. p. 486. Disponível em: http://site.conpedi.org.br/publicacoes/c178h0tg/vwk790q7/dTa7488W12NDA0SJ.pdf. Acesso em: 24 jun. 2024.

80. TEFFÉ, Chiara Spadaccini de; SOUZA, Carlos Affonso; NUNES, Beatriz Laus Marinho. Responsabilidade civil de provedores. *In*: BOTTINO, Celina; LEMOS, Ronaldo; SOUZA, Carlos Affonso (coord.). *Marco Civil da Internet*: jurisprudência comentada. São Paulo: Revista dos Tribunais, 2018. p. 109.

81. SOUZA, Carlos Affonso; LEMOS, Ronaldo. *Marco civil da internet*: construção e aplicação. Juiz de Fora: Editar Editora Associada, 2016. p. 102.

82. BRASIL. *Exposição de Motivos do Marco Civil da Internet*. Lei nº 12.965, de 23 de abril de 2014. Disponível em: http://www.planalto.gov.br/ccivil_03/Projetos/ExpMotiv/EMI/2011/86-MJ%20MP%20MCT%20MC.htm. Acesso em: 26 jun. 2024.

Essa mesma ponderação é elaborada por Chiara Spadaccini de Teffé, ao ressaltar que o objetivo do Marco Civil, a partir do sistema de responsabilidade adotado, era e é viabilizar o desenvolvimento de espaços que primassem pela liberdade de expressão e de informação, ao mesmo tempo que cuida de garantir à vítima de danos eventualmente ali consolidados os meios adequados para identificar o ofensor e remover o conteúdo, por meio das plataformas.[83] Somando-se a isso, de um lado, as plataformas estariam livres da pressão de remover qualquer conteúdo apontado como ilícito, o que poderia criar uma espécie de "censura colateral" (*collateral censorship*, na expressão original, cunhada por Jack M. Balkin),[84] em razão do receio de responsabilização; de outro, não se estaria impedindo esses provedores de remover conteúdo voluntariamente, caso contrário a suas disposições próprias – ponto que será mais bem aprofundado adiante.

Igualmente apontando as vantagens da alteração legislativa promovida pelo Marco Civil, Marcel Leonardi[85] menciona problemas nos mecanismos de notificação e retirada de conteúdo sem ordem judicial, como o *notice and take down*. No entender do autor, além de não oferecerem granularidade,[86] esses sistemas permitem abusos frequentes,[87] incentivando a remoção arbitrária de conteúdo, inclusive a partir do acolhimento de "reclamações frívolas, que jamais seriam

---

83. TEFFÉ, Chiara Spadaccini de. Marco Civil da Internet: considerações sobre a proteção da liberdade de expressão, neutralidade da rede e privacidade. *In*: BECKER, Daniel; FERRARI, Isabela (org.). *Regulação 4.0*: novas tecnologias sob a perspectiva regulatória. São Paulo: Thomson Reuters Brasil, 2019. p. 143.

84. BALKIN, Jack M. Free speech is a triangle. *Columbia Law Review*, Rochester, v. 118, n. 7, 2011. p. 2016-2017. Disponível em: https://papers.ssrn.com/sol3/papers.cfm?abstract_id=3186205. Acesso em: 25 jun. 2024?

85. LEONARDI, Marcel. *Fundamentos do direito digital*. São Paulo: Thomson Reuters, 2019. [E-book não paginado]

86. LEONARDI, Marcel. *Fundamentos do direito digital*. São Paulo: Thomson Reuters, 2019. [E-book não paginado]. Quanto à granularidade, Marcel Leonardi explica que, com vistas a atender uma notificação e se beneficiar da isenção de responsabilidade, os provedores podem acabar tendo de desativar completamente uma página ou um website em razão de apenas um item, o que se dá, por exemplo, nos casos em que o serviço apenas disponibiliza espaço para o armazenamento de um website, sem interferir nas ferramentas que são utilizadas por seus usuários.

87. Com base em estudos de membros da *Electronic Frontier Foundation* e do *Berkman Center for Internet & Society* da Harvard Law School, Marcel Leonardi comenta que o sistema instituído pelos Estados Unidos a partir do DMCA, para casos atinentes ao direito autoral, indica que a notificação e retirada é frequentemente utilizada para o cometimento de abusos. Além de servir como ferramenta de intimidação, pode ser empregada em casos nos quais sequer se está falando de direito autoral, com importantes implicações no que diz respeito à liberdade de expressão (VON LOHMANN, Fred. Unintended consequences: twelve years under the DMCA. *Electronic Frontier Foundation*, fev. 2010. Disponível em: https://www.eff.org/files/eff-unintended-consequences-12-years.pdf. Acesso em: 20 jun. 2024; SELTZER, Wendy. Free speech unmoored in copyright's safe harbor: DMCA and Chilling Effects On Free Speech. *Harvard Journal of Law & Technology*, Massachusetts, v. 24, n. 1, p. 171-232, set./dez. 2020. Disponível em: http://jolt.law.harvard.edu/articles/pdf/v24/24HarvJLTech171.pdf. Acesso em: 17 jun. 2024; LEONARDI, Marcel. *Fundamentos do direito digital*. São Paulo: Thomson Reuters, 2019. [E-book não paginado]).

atendidas pelo Judiciário", tão somente com vistas a que os provedores se isentem de responsabilidade.

A intervenção do Judiciário, embora questionada por parte da doutrina, tem sua importância reiterada em estudos como o divulgado pela organização InternetLab.[88] A partir de seu repositório Dissenso.org, que apresenta um panorama representativo das principais tendências jurisprudenciais a respeito da liberdade de expressão e acesso à informação no ambiente digital no Brasil, verificou-se que, das 152 decisões catalogadas em agosto de 2018, apenas em 33,5% tratavam de pedidos de remoção de conteúdo que acabaram deferidos ou confirmados em segunda instância. Significa dizer que, em mais de 60% dos casos, o pronto atendimento de pedidos de usuários, pelas plataformas, implicaria na remoção de manifestações e conteúdos legítimos – com decisões amparadas, provavelmente, no temor de responsabilização.

Mas a alteração promovida pelo Marco Civil da Internet, como já sinalizado, é objeto de divergências por parte da doutrina, com notória corrente crítica ao requisito da notificação judicial para a responsabilização das plataformas. João Quinelato de Queiroz, amparando-se em Anderson Schreiber,[89] menciona que "abalizada doutrina já definiu esse instrumento como um retrocesso", pois "cria uma proteção intensa para as sociedades empresárias que exploram as redes sociais e reduz o grau de proteção que já vinha sendo fixado pela jurisprudência brasileira para os usuários da internet".[90]

De acordo com João Victor Rozatti Longhi, tem-se um microssistema denominado como "inimputabilidade da rede", que "acaba por deixar desprotegida a vítima de violações à sua personalidade, uma vez que terá que buscar o judiciário para ver resguardado seu direito à imagem, honra, privacidade, identidade etc.".[91] Esse ponto merece atenção porque se poderia interpretar que a determinação judicial seria um requisito à própria retirada de conteúdo, e não apenas à respon-

---

88. OLIVA, Thiago. Responsabilidade de intermediários e a garantia da liberdade de expressão na rede. *InternetLab*, São Paulo, 23 abr. 2019. Disponível em: https://internetlab.org.br/pt/especial/responsabilidade-de-intermediarios-e-a-garantia-da-liberdade-de-expressao-na-rede/. Acesso em: 26 jun. 2024.

89. SCHREIBER, Anderson. Marco Civil da Internet: avanço ou retrocesso? A responsabilidade civil por dano derivado do conteúdo gerado por terceiro. *In*: DE LUCCA, Newton; SIMÃO FILHO, Adalberto; LIMA, Cíntia Rosa Pereira de (coord.). *Direito & Internet III – Tomo II*: Marco Civil da Internet (Lei nº 12.965/2014). São Paulo: Quartier Latin, 2015. p. 284.

90. QUEIROZ, João Quinelato. Responsabilidade civil solidária entre provedores de conteúdo ofensivo à luz do Marco Civil: critérios objetivos na perspectiva constitucional. *In*: SCHREIBER, Anderson; MORAES, Bruno Terra de; TEFFÉ, Chiara Spadaccini de (coord.). *Direito e mídia*: tecnologia e liberdade de expressão. Indaiatuba, SP: Editora Foco, 2020. p. 300-301.

91. LONGHI, João Victor Rozatti. *Responsabilidade civil e redes sociais*: retirada de conteúdo, perfis falsos, discurso de ódio e *fake news*. Indaiatuba, SP: Editora Foco, 2020. p. 79-81.

sabilização da plataforma. Caberá análise específica a seguir, mas, desde já, vale o registro de que a retirada de conteúdo antes mesmo de notificação judicial é amplamente acolhida tanto pela doutrina quanto pela jurisprudência.

É pertinente assinalar que a própria constitucionalidade do art. 19 do Marco Civil tem refletido em discussões tanto na doutrina quanto no Poder Judiciário. Autores como Anderson Schreiber, por exemplo, defendem que o dispositivo violaria o art. 5º, X, da Constituição Federal,[92] ao condicionar a reparação dos danos causados pela violação a direitos de personalidade ao prévio ajuizamento de demanda judicial e à emissão de uma ordem judicial específica. Estabelecer uma condição à reparação da vítima por parte da plataforma, entende o autor, restringiria "uma tutela que o Constituinte quis plena e integral".[93]

Muito embora o requisito se relacione apenas à responsabilização do provedor, o que permitiria que a vítima buscasse compensação junto ao terceiro que divulgou o conteúdo lesivo, Anderson Schreiber sustenta que se trataria de um contra-argumento "quase ficcional", em razão das já mencionadas dificuldades no que diz respeito à identificação desse usuário, bem como a uma possível insuficiência patrimonial, além de carência de meios técnicos para evitar a propagação do dano, do que disporiam as plataformas.[94] A essa crítica, o autor soma a alegada violação ao inciso XXXV do art. 5º da Constituição Federal,[95] que assegura o princípio da inafastabilidade do controle jurisdicional, tendo em vista que o dispositivo garantiria um direito da vítima, e não um dever. Quanto a essa posição, à qual se filia João Quinelato de Queiroz,[96] observam Ana Frazão e Ana Rafaela Medeiros:

> Causa estranheza, ainda, o fato de o legislador ter imputado à vítima o ônus de recorrer ao Judiciário, como condição indispensável para a deflagração da responsabilidade das pla-

---

92. Conforme disposto no art. 5º, X, da Constituição Federal: "são invioláveis a intimidade, a vida privada, a honra e a imagem das pessoas, assegurado o direito a indenização pelo dano material ou moral decorrente de sua violação; (...)".

93. SCHREIBER, Anderson. Marco Civil da Internet: avanço ou retrocesso? A responsabilidade civil por dano derivado do conteúdo gerado por terceiro. *In*: DE LUCCA, Newton; SIMÃO FILHO, Adalberto; LIMA, Cíntia Rosa Pereira de (coord.). *Direito & Internet III – Tomo II*: Marco Civil da Internet (Lei nº 12.965/2014). São Paulo: Quartier Latin, 2015. p. 293.

94. SCHREIBER, Anderson. Marco Civil da Internet: avanço ou retrocesso? A responsabilidade civil por dano derivado do conteúdo gerado por terceiro. *In*: DE LUCCA, Newton; SIMÃO FILHO, Adalberto; LIMA, Cíntia Rosa Pereira de (coord.). *Direito & Internet III – Tomo II*: Marco Civil da Internet (Lei nº 12.965/2014). São Paulo: Quartier Latin, 2015. p. 293.

95. Nos termos do art. 5º, XXXV, da Constituição Federal: "a lei não excluirá da apreciação do Poder Judiciário lesão ou ameaça a direito".

96. QUEIROZ, João Quinelato. Responsabilidade civil solidária entre provedores de conteúdo ofensivo à luz do Marco Civil: critérios objetivos na perspectiva constitucional. *In*: SCHREIBER, Anderson; MORAES, Bruno Terra de; TEFFÉ, Chiara Spadaccini de (coord.). *Direito e mídia*: tecnologia e liberdade de expressão. Indaiatuba, SP: Editora Foco, 2020. p. 300-301.

taformas e não como mero mecanismo para a tutela de seus direitos. Impõe-se às vítimas o ônus de enfrentar batalhas jurídicas, muitas vezes longas e dispendiosas, agravando o dano, especialmente diante da morosidade do Judiciário em contraposição à velocidade de replicação dos conteúdos no ambiente virtual.[97]

O tema é objeto do Recurso Extraordinário 1.037.396,[98] com repercussão geral (Tema 987 do STF). A controvérsia tem origem na alegação de ter sido criado perfil falso no Facebook, por terceiro desconhecido, fazendo-se passar pela autora. A autora teria cientificado a plataforma a respeito por ferramenta própria, sem obter retorno. Por esse motivo, ajuizou demanda pleiteando a exclusão do perfil falso e o pagamento de indenização a título de danos morais. A lide foi julgada parcialmente procedente em primeira instância, determinando que a plataforma excluísse o perfil e fornecesse o número de IP (*internet protocol*) do computador a partir do qual a conta foi criada. Quanto ao pedido indenizatório, no entanto, entendeu-se pela inexistência de ilícito civil apto a caracterizar danos extrapatrimoniais, em razão da necessidade de ordem judicial prévia para retirada de conteúdo, conforme disposição do Marco Civil.

Já em segunda instância, a decisão foi reformada, ante o argumento de que, no que diz respeito a questões indenizatórias, condicionar a retirada do perfil a uma ordem judicial "significaria isentar os provedores de aplicações, caso da ré, de toda e qualquer responsabilidade indenizatória, fazendo letra morta do sistema protetivo haurido à luz do Código de Defesa do Consumidor". Segue o acórdão argumentando que essa hipótese "fulminaria o seu direito básico de 'efetiva prevenção e reparação de danos patrimoniais e morais, individuais, coletivos e difusos'", como dispõe o art. 6º, VI, do Código de Defesa do Consumidor,[99] que igualmente regula a relação entre o usuário e a plataforma.

Assim, determinou-se a condenação do provedor ao pagamento de indenização por danos morais, fixada em R$ 10.000,00 (dez mil reais), a revogação da ordem de fornecimento do IP e a manutenção da obrigação de remoção do perfil (àquela altura, já devidamente cumprida). Nos termos da decisão, alegadamente contrariando o sistema protetivo consumerista, o art. 19 do Marco Civil acabaria por afrontar o art. 5º, XXXII, da Constituição Federal. Observa-se, desse breve

---

97. FRAZÃO, Ana; MEDEIROS, Ana Rafaela. Responsabilidade civil dos provedores de internet: a liberdade de expressão e o art. 19 do Marco Civil. *In*: ERHARDT JÚNIOR, Marcos; LOBO, Fabíola Albuquerque; ANDRADE, Gustavo (coord.). *Liberdade de expressão e relações privadas*. Belo Horizonte: Fórum, 2021. p. 424.

98. BRASIL. Supremo Tribunal Federal. *Recurso Extraordinário nº 1.037.396*. Recorrente: Facebook Serviços Online do Brasil Ltda. Recorrido: Lourdes Pavioto Correa. Relator: Ministro Dias Toffoli. [2017-] (ainda não julgado).

99. Art. 6º do Código de Defesa do Consumidor: "São direitos básicos do consumidor: (...) VI – a efetiva prevenção e reparação de danos patrimoniais e morais, individuais, coletivos e difusos; (...)".

resumo, que, em segunda instância, a aplicação dos arts. 18 e 19 do Marco Civil da Internet foi afastada, sendo assumida, ainda que de forma implícita, sua inconstitucionalidade material.[100]

O Facebook acabou por interpor o mencionado Recurso Extraordinário, sustentando a violação dos princípios da legalidade[101] e da reserva de plenário.[102] Defendeu, então, a constitucionalidade do art. 19 do Marco Civil da Internet, sob o fundamento de se coadunar com as previsões constantes no art. 5º, IV, IX, X, XIV, XXXII e XXXV,[103] e no art. 220, *caput* e § 2º, da Constituição Federal.[104]

Ainda pendente de julgamento,[105] o Tema 987 conta com a apresentação de pareceres jurídicos cuja relevância merece citação, como é o caso de manifestação de autoria de Claudia Lima Marques e Bruno Miragem, em resposta à consulta formulada pelo Facebook, na qual se posicionam pela compatibilidade do art. 19 com os dispositivos do Código de Defesa do Consumidor e, em consequência, com o art. 5º, XXXII, da Constituição Federal.[106] Quanto ao questionamento em relação à proporcionalidade da exigência de ordem judicial para retirada do

---

100. Essa observação é extraída de manifestação do Núcleo de Informação e Coordenação do Ponto BR, entidade civil sem fins lucrativos responsável por implementar as decisões e projetos do Comitê Gestor da Internet no Brasil (CGI.br), que protocolou requerimento de admissão como *amicus curiae* no Recurso Extraordinário nº 1.037.396/SP (NÚCLEO DE INFORMAÇÃO E COORDENAÇÃO DO PONTO BR (NIC.br). Manifestação. *In*: BRASIL. Supremo Tribunal Federal. *Recurso Extraordinário nº 1.037.396.* Recorrente: Facebook Serviços Online do Brasil Ltda. Recorrido: Lourdes Pavioto Correa. Relator: Ministro Dias Toffoli. [2017-] [ainda não julgado]).

101. Art. 5º, II, da Constituição Federal: "Ninguém será obrigado a fazer ou deixar de fazer alguma coisa senão em virtude de lei".

102. Art. 97 da Constituição Federal: "Somente pelo voto da maioria absoluta de seus membros ou dos membros do respectivo órgão especial poderão os tribunais declarar a inconstitucionalidade de lei ou ato normativo do Poder Público".

103. Art. 5º da Constituição Federal: "Todos são iguais perante a lei, sem distinção de qualquer natureza, garantindo-se aos brasileiros e aos estrangeiros residentes no País a inviolabilidade do direito à vida, à liberdade, à igualdade, à segurança e à propriedade, nos termos seguintes: (...) IV – é livre a manifestação do pensamento, sendo vedado o anonimato; (...) IX – é livre a expressão da atividade intelectual, artística, científica e de comunicação, independentemente de censura ou licença; (...) X – são invioláveis a intimidade, a vida privada, a honra e a imagem das pessoas, assegurado o direito a indenização pelo dano material ou moral decorrente de sua violação; (...) XIV – é assegurado a todos o acesso à informação e resguardado o sigilo da fonte, quando necessário ao exercício profissional; (...) XXXII – o Estado promoverá, na forma da lei, a defesa do consumidor; (...) XXXV – a lei não excluirá da apreciação do Poder Judiciário lesão ou ameaça a direito; (...)".

104. Art. 220 da Constituição Federal: "A manifestação do pensamento, a criação, a expressão e a informação, sob qualquer forma, processo ou veículo não sofrerão qualquer restrição, observado o disposto nesta Constituição. (...) § 2º É vedada toda e qualquer censura de natureza política, ideológica e artística".

105. Sem previsão de julgamento até o fechamento desta edição, em agosto de 2024.

106. MARQUES, Claudia Lima; MIRAGEM, Bruno. Parecer. *In*: BRASIL. Supremo Tribunal Federal. *Recurso Extraordinário nº 1.037.396.* Recorrente: Facebook Serviços Online do Brasil Ltda. Recorrido: Lourdes Pavioto Correa. Relator: Ministro Dias Toffoli. [2017-] (ainda não julgado). Porto Alegre, 31 ago. 2020. p. 51-52.

conteúdo gerado por terceiros como condição para a responsabilização do provedor de aplicação, o entendimento dos autores caminha no sentido afirmativo:

> Trata-se de critério adotado por lei, expressamente visado a assegurar a liberdade de expressão e impedir a censura, que não sacrifica ou restringe excessivamente o direito da vítima a mitigação e reparação do dano sofrido em razão do conteúdo ilícito publicado. Considerando preservada a possibilidade do exercício da pretensão contra o autor da ofensa, assim como da exclusão do conteúdo infringente em vista da infração às regras definidas pelo próprio provedor de aplicações da internet nas condições gerais de oferta do serviço, o conteúdo da norma que exige ordem judicial para retirada do conteúdo, e seu descumprimento como condição à imputação de responsabilidade do provedor, é proporcional à finalidade pretendidas, e não ofende o direito da vítima à reparação, tampouco o direito fundamental à defesa do consumidor na forma da lei (art. 5º, XXXII, da Constituição da República).[107]

Não se tem a pretensão de, por meio da presente abordagem, esgotar a temática envolvendo o Tema 987 do STF e a (in)constitucionalidade do art. 19 do Marco Civil da Internet – o que, por certo, renderia um estudo específico, ante a riqueza de argumentos favoráveis e contrários, que se buscou apresentar, ao menos em resumo, neste tópico. O que não se pode perder de vista é que, tal qual se tratou de demonstrar, a delimitação da responsabilidade das plataformas goza de significativa influência sobre sua atuação no que diz respeito à moderação. Isso fica claro nos autos do Recurso Extraordinário em questão, em manifestação do TikTok, ao requerer ingresso na qualidade de *amicus curiae*.

A plataforma justifica o fato de que a matéria discutida na demanda lhe interessaria de forma sensível, "tendo em vista a nítida potencialidade de afetar seu modelo de atuação". Relata, então, que procede ao que define como remoção proativa de conteúdo e contas, empreendida antes mesmo de denúncias registradas em seus canais internos, em casos de violação a suas Diretrizes de Comunidade ou a seus Termos de Serviços; e menciona, ainda, a análise de conteúdo após as denúncias/notificações extrajudiciais de usuários, que aponta como uma importante ferramenta a se despertar a averiguação de conteúdo supostamente lesivo – sem, contudo, força legal para gerar a responsabilização.[108] Chama a atenção, ainda, para a forma como eventual alteração nessa delimitação impactaria o modelo desses provedores:

---

107. MARQUES, Claudia Lima; MIRAGEM, Bruno. Parecer. *In*: BRASIL. Supremo Tribunal Federal. *Recurso Extraordinário nº 1.037.396*. Recorrente: Facebook Serviços Online do Brasil Ltda. Recorrido: Lourdes Pavioto Correa. Relator: Ministro Dias Toffoli. [2017-] (ainda não julgado). Porto Alegre, 31 ago. 2020. p. 51-52.
108. BYTEDANCE BRASIL TECNOLOGIA LTDA. Manifestação. *In*: BRASIL. Supremo Tribunal Federal. *Recurso Extraordinário nº 1.037.396*. Recorrente: Facebook Serviços Online do Brasil Ltda. Recorrido: Lourdes Pavioto Correa. Relator: Ministro Dias Toffoli. [2017-] (ainda não julgado). Brasília, 22 de abril de 2022. p. 3.

(...) a mera notificação extrajudicial como instrumento de configuração de responsabilidade e de remoção de conteúdo – aqui representada pela denúncia *online* – poderia gerar um efeito reflexo de exclusiva automatização da retirada de conteúdo, em razão do fluxo de denúncias. Afinal, uma vez recebida a notificação extrajudicial, a tomada de decisão se resumiria entre a retirada do material – evitando a responsabilização futura – ou a sua manutenção, com o correspondente risco de responsabilidade. (...) Na prática, o contexto ora aventado conferiria nova função para a ferramenta de denúncia no âmbito das plataformas: a remoção automática de conteúdos e contas. Isso porque a mais eficiente medida de prevenção de responsabilidade seria a rápida remoção do conteúdo infringente produzido *online*, porquanto não seria viável, do ponto de vista pragmático, qualquer análise mais detida acerca do teor de cada postagem, especialmente tendo em consideração o elevado número de usuários e de conteúdos veiculados diariamente, tornando inevitável a exclusiva supressão automatizada.[109]

Em resumo, ainda que a sistemática estabelecida pelo art. 19 do Marco Civil da Internet esteja relacionada à responsabilidade das plataformas por conteúdo de terceiros, compreender a discussão que daí emerge é importante porque, como se procurou demonstrar, esse artigo influencia o modelo de atuação das plataformas. Enquanto se aguarda o posicionamento do Supremo Tribunal Federal a respeito da matéria, segue-se com o entendimento de que o requisito para que se verifique a responsabilidade dos provedores, nesses casos, reside no não atendimento a um comando judicial específico de exclusão de um conteúdo lesivo.

Essa sistemática afasta o dever de monitoramento prévio das plataformas, assegurando ao Poder Judiciário a efetiva análise a respeito do caráter lesivo de determinado conteúdo. Por outro lado, e como se verá a seguir, esse mesmo microssistema viabiliza que, a partir de seus termos de uso, os provedores, mesmo sem a existência de um comando judicial, adotem, por conta própria, medidas de moderação. Esse segundo ponto será aprofundado a seguir.

2.3 VIABILIDADE E DELIMITAÇÃO DA MODERAÇÃO DE CONTEÚDO SOB A PERSPECTIVA DO ORDENAMENTO JURÍDICO BRASILEIRO

Como se viu, tratar de moderação de conteúdo demanda o estudo do Marco Civil da Internet, lei de abril de 2014, resultado de uma série de rodadas de debates públicos *online* e presenciais iniciados sete anos antes, ainda em 2007. Foi a primeira iniciativa do gênero no Brasil, sendo, até hoje, um dos principais exemplos no que diz respeito a procedimentos de redação legislativa abertos e

---

109. BYTEDANCE BRASIL TECNOLOGIA LTDA. Manifestação. *In:* BRASIL. Supremo Tribunal Federal. *Recurso Extraordinário nº 1.037.396.* Recorrente: Facebook Serviços Online do Brasil Ltda. Recorrido: Lourdes Pavioto Correa. Relator: Ministro Dias Toffoli. [2017-] (ainda não julgado). Brasília, 22 de abril de 2022. p. 11.

colaborativos.[110] Apesar dos entendimentos nem sempre convergentes a respeito de suas disposições, o texto é a base da regulação da internet no País, estabelecendo princípios, garantias, direitos e deveres para o seu uso.

À época de sua elaboração, no entanto, e como ressaltam Artur Pericles Lima e outros, a moderação não estava entre os principais pontos de atenção do legislador. O foco, tal qual visto no tópico anterior, era outro: evitar que, do ponto de vista jurídico, os provedores fossem incentivados a agir *contra* o conteúdo gerado por seus usuários, ante o receio de responsabilizações por danos daí eventualmente causados. Assim, por meio do art. 19, o objetivo era desestimular a adoção de medidas que pudessem configurar censura, assegurando a liberdade de expressão.[111]

Uma década após a entrada em vigor do Marco Civil da Internet, o panorama segue este: nem esse nem outro texto legal se voltam a regular especificamente a atividade de moderação, tampouco apresenta qualquer restrição a que o provedor de aplicação, independentemente de qualquer notificação, filtre, suspenda ou remova publicações e contas que considere inadequadas ou incompatíveis com seus termos de uso. Quanto ao conteúdo publicado pelos usuários de redes sociais, o Marco Civil se restringe, conforme a já enfrentada redação do art. 19, a condicionar a responsabilidade civil dos intermediários a uma prévia intervenção judicial.

Não obstante a ausência de regulação específica, é notório que as plataformas têm levado a cabo medidas de moderação (que, do ponto de vista prático, serão objeto de análise do próximo tópico). Antes, no entanto, cumpre estudar não apenas sua efetiva viabilidade, mas, também, seus possíveis desdobramentos no ordenamento jurídico brasileiro – mesmo porque o vácuo legislativo a respeito do tema fez nascer iniciativas diversas nos últimos anos, amparadas em alegadas pretensões de conferir contornos mais palpáveis à atividade. Como exemplos, vale citar o Projeto de Lei (PL) nº 2.630/2020,[112] popularmente chamado de Lei das *Fake News*, arquivado em abril de 2024, e a Medida Provisória (MP) nº 1.068/2021,[113] também conhecida como MP das *Fake News*, que vigorou por cerca de uma semana, em setembro de 2021.

---

110. LEMOS, Ronaldo. Uma breve história da criação do Marco Civil. *In*: DE LUCCA, Newton; SIMÃO FILHO, Adalberto; LIMA, Cíntia R. P. (coord.). *Direito & Internet III – Tomo I*: Marco Civil da Internet (Lei nº 12.965/14). São Paulo: Quartier Latin, 2015. p. 82.

111. MONTEIRO, Artur Pericles Lima *et al. Armadilhas e caminhos na regulação da moderação de conteúdo, diagnósticos & recomendações*. São Paulo: InternetLab, 2021. p. 8. Disponível em: https://internetlab. org.br/wp-content/uploads/2021/09/internetlab_armadilhas-caminho-moderacao.pdf. Acesso em: 30 jun. 2024.

112. BRASIL. Senado Federal. *Projeto de Lei nº 2.630/2020*. Institui a Lei Brasileira de Liberdade, Responsabilidade e Transparência na Internet. Autoria: Senador Alessandro Vieira. Brasília, DF, 2020.

113. BRASIL. *Medida Provisória nº 1.068, de 6 de setembro de 2021*. Altera a Lei nº 12.965, de 23 de abril de 2014, e a Lei nº 9.610, de 19 de fevereiro de 1998, para dispor sobre o uso de redes sociais. Brasília, DF: Presidência da República, 2021.

A respeito de ambas, serão tecidas breves considerações ao final deste tópico. Apesar de não exercerem impacto sobre o atual cenário da regulação da atividade de moderação de conteúdo (seja porque o PL foi arquivado para abertura de um novo grupo de trabalho sobre regulação das plataformas, seja porque a MP já foi extinta), ambas as iniciativas figuraram e seguem figurando no cerne dos debates público e acadêmico a respeito de moderação. Suas disposições não podem ser ignoradas, porque dizem respeito, respectivamente, ao possível futuro e a um brevíssimo e recente passado, contribuindo com relevantes elementos referentes aos benefícios e aos riscos da moderação por agentes privados. Tendo-se isso desde já estabelecido, é pertinente retornar a análise ao atual cenário regulatório, ancorado no Marco Civil da Internet.

Ainda que o Marco Civil seja silente quanto à moderação, é possível buscar amparo em seu texto para se discutir quais são os limites, hoje, dos atos de excluir, suspender, bloquear e/ou diminuir o alcance de conteúdo e/ou de perfis de usuários. É de se notar que há entendimento, ainda que minoritário, no sentido de que o Marco Civil da Internet, indicando a responsabilização apenas após a notificação judicial, estaria vedando ao provedor que promovesse a exclusão de conteúdo por conta própria.[114] Na doutrina, é o caso de Tarcisio Teixeira, ao referir que, se essa decisão coubesse ao provedor, de forma discricionária, ele poderia ser acusado de censura prévia. Por esse motivo, defende, somente o Poder Judiciário "poderá avaliar se certo conteúdo (produzido em razão do exercício da liberdade de expressão) é prejudicial ou não a outrem".[115]

Para a doutrina majoritária, contudo, é justamente essa ausência de regulação que abre espaço para a moderação, como pondera Clara Iglesias Keller.[116] João Victor Rozatti Longhi e Guilherme Magalhães Martins – embora sejam críticos

---

114. Como exemplo: "Obrigação de fazer e dano moral – Facebook – Provedor de aplicações de hospedagem – Dano moral pela não remoção de imagens da autora – Não caracterização – Da leitura dos arts. 19 e 21 do Marco Civil da Internet, verifica-se que a necessidade de ordem judicial para a remoção de conteúdo é regra, e que apenas excepcionalmente caberá remoção por mera notificação do participante, no caso de 'vídeos ou outros materiais contendo cenas de nudez ou de atos sexuais de caráter privado', o que se identifica com a chamada 'pornografia de vingança', mas não se observa, considerando-se que não há nudez ou atos sexuais nas imagens postadas, que se pretende remover, ainda que de natureza íntima, pela utilização pela autora somente de lingerie em selfie, mas sem parceiro, ainda que produzidas as imagens em caráter privado, de modo que não era mesmo o caso de condenação por dano moral, por não haver dever de indisponibilização sem ordem judicial – Recurso desprovido" (SÃO PAULO. Tribunal de Justiça. *Apelação de Justiça nº 1045609-40.2020.8.26.0114*. 4ª Câmara de Direito Privado. Apelante: C. R. da S. Apelado: Facebook Serviços Online do Brasil Ltda. Relator: Alcides Leopoldo. São Paulo, 1 jun. 2022).
115. TEIXEIRA, Tarcisio. *Direito digital e processo eletrônico*. 6. ed. São Paulo: Saraiva Educação, 2022. p. 47.
116. KELLER, Clara Iglesias. Policy by judicialisation: the institutional framework for intermediary liability in Brazil. *International Review of Law, Computers & Technology*, Leeds, v. 35, n. 3, jul. 2020. p. 192. Disponível em: https://doi.org/10.1080/13600869.2020.1792035. Acesso em: 26 jun. 2024.

da delimitação da responsabilidade das plataformas nos termos estabelecidos pelo Marco Civil – concordam que o art. 19 não impede que o provedor retire conteúdo que entende por ilícito, assegurando que, quando adota essa prática, está amparado nas condições estabelecidas nos contratos celebrados com seus usuários.[117]

Ao criar uma conta em uma rede social, como registram Luca Belli e outros, um indivíduo costuma se deparar com a necessidade de ler e concordar com seus termos de uso/termos de serviço. É justamente esse o instrumento que governa a relação jurídica a partir daí estabelecida, na qual figuram, de um lado, o usuário, na condição de contratante, e, de outro, o provedor, na condição de contratado – este, invariavelmente, encarregado da redação do contrato padronizado.[118] Ante a impossibilidade de negociação, característica típica de um contrato de adesão,[119] o usuário tem duas possibilidades, como apontam os autores:[120] *take it or leave it* ("pegar ou largar"). Aceitando as condições impostas, ambas as partes passam a se obrigar em relação ao que ali for disposto – porque o contrato, afinal, faz lei entre as partes.[121]

Para citar algumas das disposições comuns dos termos de uso, vale tomar o Facebook como exemplo: seus Termos de Serviço[122] constituem o instrumento por meio do qual regula as relações com seus usuários, elencando os serviços fornecidos, sua forma de financiamento, os requisitos para utilização da plataforma

---

117. LONGHI, João Victor Rozatti; MARTINS, Guilherme Magalhães. Liberdade de expressão e redes sociais: a que ponto chegaremos? *Consultor Jurídico*, São Paulo, 13 jan. 2021. Disponível em: https://www.conjur.com.br/2020-abr-12/martins-longhi-liberdade-expressao-redes-sociais/. Acesso em: 29 jun. 2024.

118. BELLI, Luca *et al. Termos de uso e direitos humanos*: uma análise dos contratos das plataformas *online*. Rio de Janeiro: Revan, 2019. p. 18. Disponível em: https://repositorio.fgv.br/items/7b2cef5d-4d52-412d-b929-3da16a8cd67a. Acesso em: 22 jun. 2024.

119. Claudia Lima Marques conceitua contrato de adesão como "aquele cujas cláusulas são preestabelecidas unilateralmente pelo parceiro contratual economicamente mais forte (fornecedor), *ne varietur*, isto é, sem que o outro parceiro (consumidor) possa discutir ou modificar substancialmente o conteúdo do contrato escrito" (MARQUES, Claudia Lima. *Contratos no Código de Defesa do Consumidor*: o novo regime das relações contratuais. 9. ed. São Paulo: Thomson Reuters Brasil, 2019. p. 54).

120. BELLI, Luca *et al. Termos de uso e direitos humanos*: uma análise dos contratos das plataformas *online*. Rio de Janeiro: Revan, 2019. p. 18. Disponível em: https://repositorio.fgv.br/items/7b2cef5d-4d52-412d-b929-3da16a8cd67a. Acesso em: 22 jun. 2024.

121. Em relação ao princípio da força obrigatória dos contratos, Orlando Gomes pontua: "Celebrado que seja, com observância de todos pressupostos e requisitos necessários à sua validade, deve ser executado pelas partes como se suas cláusulas fossem preceitos legais imperativos. O contrato obriga os contratantes, sejam quais forem as circunstâncias em que tenha de ser cumprido. Estipulado validamente seu conteúdo, vale dizer, definidos os direitos e obrigações de cada parte, as respectivas cláusulas têm, para os contratantes, força obrigatória" (GOMES, Orlando. *Contratos*. 27. ed. atual. por Edvaldo brito e Reginalda Paranhos de Brito. Rio de Janeiro: Forense, 2019. p. 31).

122. META PLATFORMS, INC. *Termos de Serviço*. Menlo Park, 26 jul. 2022. Disponível em: https://www.facebook.com/terms. Acesso em: 22 jun. 2024.

etc. O documento também concede ao provedor, de forma expressa, a faculdade de suspender ou encerrar contas, em casos de violações a termos e políticas. A respeito especificamente do conteúdo publicado, os usuários estão vinculados aos Padrões da Comunidade,[123] que tratam de medidas de moderação. Os Termos de Uso mencionam, ainda, e como é de praxe,[124] outros termos e políticas aplicáveis (termos comerciais, políticas de publicidade etc.).

Nos casos de moderação, portanto, o agir vem amparado pelas condições gerais dos contratos celebrados com usuários. A possibilidade de moderação também é reconhecida por Claudia Lima Marques e Bruno Miragem, no antes referido parecer a respeito da (in)constitucionalidade do art. 19:

> Da mesma forma, não se deixa de notar que os próprios provedores de aplicações de internet podem estabelecer condições em seus termos de uso para utilização de serviços que ofertam, que será objeto de adesão dos usuários. Nestes casos, a retirada ou indisponibilização de conteúdo são realizadas pelo provedor, considerando a infração pelo usuário do comportamento com o qual se comprometeu como condição para fruição do serviço. É infração que resulta da convenção das partes, portanto, a regra que resulta da autonomia privada, de caráter negocial, embora nada impeça que coincidam sobre o conteúdo concreto da violação, com determinada ilicitude.[125]

Explicam os autores, na sequência, e corroborando o entender da doutrina majoritária a respeito do tema, que a violação aos termos de uso tem natureza contratual, em razão de haver infração a uma regra estabelecida a partir do exercício da autonomia privada das partes. Ao analisar o cenário típico das relações contratuais estabelecidas no meio, Claudia Lima Marques destaca que, ainda que o contrato seja elaborado unilateralmente, "há uma bilateralidade essencial", "apesar de o fornecedor ser 'virtual' e o consumidor ser 'massificado'".[126]

Vale pontuar, então, que a liberdade contratual viabiliza a tomada de decisões unilaterais por parte da plataforma. Constituída uma relação privada de natureza contratual, conforme esclarece André Zonaro Giacchetta, essas plataformas "podem – e devem – estabelecer o modo pelo qual seu serviço será fornecido e

---

123. META PLATFORMS, INC. *Padrões de Comunidade do Facebook*. Menlo Park, 2024. Disponível em: https://transparency.meta.com/pt-br/policies/community-standards/. Acesso em: 22 jun. 2024.

124. BELLI, Luca *et al. Termos de uso e direitos humanos*: uma análise dos contratos das plataformas *online*. Rio de Janeiro: Revan, 2019. p. 18. Disponível em: https://repositorio.fgv.br/items/7b2cef5d-4d52-412d-b929-3da16a8cd67a. Acesso em: 22 jun. 2024.

125. MARQUES, Claudia Lima; MIRAGEM, Bruno. Parecer. *In*: BRASIL. Supremo Tribunal Federal. *Recurso Extraordinário 1.037.396*. Recorrente: Facebook Serviços Online do Brasil Ltda. Recorrido: Lourdes Pavioto Correa. Relator: Ministro Dias Toffoli. [2017-] (ainda não julgado). Porto Alegre, 31 ago. 2020. p. 31.

126. MARQUES, Claudia Lima. *Contratos no Código de Defesa do Consumidor*: o novo regime das relações contratuais. 9. ed. São Paulo: Thomson Reuters Brasil, 2019. p. 96.

a forma como poderá ser utilizado pelos usuários, por meio da estipulação de condutas e práticas proibidas".[127]

Lembra o autor que os provedores, na condição de ofertantes de um serviço, gozariam de autonomia para dispor sobre suas condições, abalizando os parâmetros de uma relação privada com base na liberdade contratual, como corolário da livre-iniciativa, um dos fundamentos da ordem econômica, nos termos da Constituição Federal, em seu art. 170, bem como do próprio Marco Civil.[128] Essa ideia é reforçada pela Lei nº 13.874, de 20 de setembro de 2019 (Lei da Liberdade Econômica),[129] cujo art. 421, parágrafo único, dispõe que, "Nas relações contratuais privadas, prevalecerão o princípio da intervenção mínima e a excepcionalidade da revisão contratual".[130]

O Marco Civil da Internet, portanto, acaba concedendo às plataformas o poder de decidir quais tipos de conteúdo são adequados – o que não necessariamente diz respeito ao caráter ilícito ou não desse conteúdo, mas às próprias características de determinada rede. Exemplo nesse sentido é dado por João Victor Archegas, ao comparar casos de nudez: enquanto essa prática é expressamente proibida nos termos de uso do Facebook (e da maioria das redes), não sofre restrição na plataforma de conteúdo adulto OnlyFans, reconhecida pela hospedagem de publicações com viés erótico não explícito.[131] Acaba sendo a partir dessa delimitação – que nem sempre é de todo transparente – que cada plataforma assume a sua identidade, como assinala Artur Pericles Lima Monteiro.[132]

---

127. GIACHETTA, André Zonaro. Atuação e responsabilidade dos provedores diante das *fake news* e da desinformação. *In*: RAIS, Diogo (coord.). *Fake news*: a conexão entre a desinformação e o direito. 2. ed. São Paulo: Thomson Reuters Brasil, 2020. p. 299.

128. Art. 2º do Marco Civil da Internet (Lei nº 12.965/2014): "A disciplina do uso da internet no Brasil tem como fundamento o respeito à liberdade de expressão, bem como: (...) V – a livre-iniciativa, a livre concorrência e a defesa do consumidor; (...)".

129. BRASIL. *Lei nº 13.874, de 20 de setembro de 2019*. Institui a Declaração de Direitos de Liberdade Econômica; estabelece garantias de livre mercado; altera as Leis nºˢ 10.406, de 10 de janeiro de 2002 (Código Civil), 6.404, de 15 de dezembro de 1976, 11.598, de 3 de dezembro de 2007, 12.682, de 9 de julho de 2012, 6.015, de 31 de dezembro de 1973, 10.522, de 19 de julho de 2002, 8.934, de 18 de novembro 1994, o Decreto-Lei nº 9.760, de 5 de setembro de 1946 e a Consolidação das Leis do Trabalho, aprovada pelo Decreto-Lei nº 5.452, de 1º de maio de 1943; revoga a Lei Delegada nº 4, de 26 de setembro de 1962, a Lei nº 11.887, de 24 de dezembro de 2008, e dispositivos do Decreto-Lei nº 73, de 21 de novembro de 1966; e dá outras providências.

130. GIACHETTA, André Zonaro. Atuação e responsabilidade dos provedores diante das *fake news* e da desinformação. *In*: RAIS, Diogo (coord.). *Fake news*: a conexão entre a desinformação e o direito. 2. ed. São Paulo: Thomson Reuters Brasil, 2020. p. 300-301.

131. POLLO, Luiza. Moderação de conteúdo por redes sociais divide especialistas. *CNN Brasil*, São Paulo, 16 set. 2021. Disponível em: https://www.cnnbrasil.com.br/tecnologia/moderacao-de-conteudo-por-redes-sociais-divide-especialistas-saiba-como-e-hoje/. Acesso em: 27 jun. 2024.

132. POLLO, Luiza. Moderação de conteúdo por redes sociais divide especialistas. *CNN Brasil*, São Paulo, 16 set. 2021. Disponível em: https://www.cnnbrasil.com.br/tecnologia/moderacao-de-conteudo-por-redes-sociais-divide-especialistas-saiba-como-e-hoje/. Acesso em: 27 jun. 2024.

Fica estabelecido, assim, que os provedores de aplicação não estão impedidos de determinar requisitos para a remoção de conteúdo em seus termos de uso, podendo acolher eventuais denúncias enviadas pelas supostas vítimas de danos decorrentes do conteúdo publicado, ou mesmo identificar violação de ofício, com base em mecanismos próprios,[133] sobre os quais se tratará com mais detalhes no próximo tópico.

Embora acolhida pela doutrina, essa hipótese enseja ressalvas – que, diga-se, intimamente se relacionam com o próprio regime de responsabilidade trazido pelo Marco Civil, já extensamente abordado nesta obra: Clara Iglesias Keller pondera que, apesar dos esforços empreendidos pelo legislador no que concerne a garantir a liberdade de expressão no ambiente virtual, a delimitação de responsabilidade das plataformas apenas após comando judicial pode acabar promovendo um "escrutínio seletivo", voltado apenas às políticas de conteúdo praticadas pelas maiores companhias, deixando considerável espaço para moderação privada sem o devido controle. A autora cita, ainda, vulnerabilidades referentes ao julgamento de questões técnicas por entes (humanos ou não) sem a devida *expertise* para tanto, bem como o isolamento das políticas das plataformas em relação ao debate público e democrático.[134]

Ana Frazão e Ana Rafaela Medeiros concordam que, apesar de o Marco Civil ter sido elaborado sob a égide da liberdade de expressão, a redação de seus dispositivos não impede que o provedor suprima, de forma unilateral, conteúdos que tomar como ofensivos. Mas, para as autoras, que se posicionam contrariamente ao microssistema de responsabilidade civil inaugurado pelo art. 19, a lei assegurou às plataformas "o melhor dos dois mundos: a possibilidade de usufruir de um regime de quase irresponsabilidade, sem prejuízo de poder estabelecer, unilateralmente, regras de governança, para filtrar, bloquear, remover e direcionar os conteúdos publicados por terceiros".[135]

No que toca à moderação, complementam alertando para o gerenciamento do fluxo informacional por parte desses agentes econômicos, o que se dá "por meio

---

133. FRAZÃO, Ana; MEDEIROS, Ana Rafaela. Responsabilidade civil dos provedores de internet: a liberdade de expressão e o art. 19 do Marco Civil. *In*: ERHARDT JÚNIOR, Marcos; LOBO, Fabíola Albuquerque; ANDRADE, Gustavo (coord.). *Liberdade de expressão e relações privadas*. Belo Horizonte: Fórum, 2021. p. 421.

134. KELLER, Clara Iglesias. Policy by judicialisation: the institutional framework for intermediary liability in Brazil. *International Review of Law, Computers & Technology*, Leeds, v. 35, n. 3, jul. 2020. p. 7. Disponível em: https://doi.org/10.1080/13600869.2020.1792035. Acesso em: 26 jun. 2024.

135. FRAZÃO, Ana; MEDEIROS, Ana Rafaela. Responsabilidade civil dos provedores de internet: a liberdade de expressão e o art. 19 do Marco Civil. *In*: ERHARDT JÚNIOR, Marcos; LOBO, Fabíola Albuquerque; ANDRADE, Gustavo (coord.). *Liberdade de expressão e relações privadas*. Belo Horizonte: Fórum, 2021. p. 429-430.

de algoritmos secretos e obscuros, sem nenhuma *accountability*",[136] ressaltando que a estruturação de suas práticas deve evitar violações à liberdade de expressão, o que exige maior transparência e incremento do dever de cuidado. Também em sentido crítico, João Quinelato de Queiroz defende que a ausência de previsão específica sobre moderação no Marco Civil da Internet seria um "cheque em branco ao provedor de aplicações", para que atuasse sem ter de se atentar a uma previsão específica da legislação quanto ao ponto. O autor avalia que, nesse caso, "a lei que supostamente privilegia a liberdade de expressão perdeu a oportunidade de evitar a verdadeira censura privada".[137]

Pelo cenário exposto, conclui-se que, se não há dúvidas quanto à possibilidade de as plataformas moderarem conteúdo de fato, carece de maior detalhamento a forma como essa moderação deve se dar, especialmente ante os citados problemas de *accountability*: ainda que o tema esteja contemplado nas redações de seus termos e políticas de serviço, as plataformas não costumam ser, de fato, transparentes ao exercer esse tipo de atividade.[138]

Ao remover uma publicação, é comum que sinalizem ao usuário a ocorrência de suposta violação a termos de uso – mas, geralmente, isso se dá por meio de mensagens padronizadas, sem o detalhamento sobre *como*, afinal, essa violação ocorreu. A falta de transparência acaba por se transformar em um entrave inclusive ao exercício do contraditório e da ampla defesa, contribuindo para um contexto de insegurança e instabilidade na utilização desses espaços – que são, indiscutivelmente, pilares do exercício da liberdade de expressão na atualidade.

Vem sendo sinalizado aqui que a moderação de conteúdo desinformativo se apresenta como ainda mais complexa, o que decorre inclusive da necessidade de análise de fatores externos atinentes às publicações (como a verificação de fatos), com vistas a, então, identificar a ocorrência ou não de violação aos termos de uso, como expõem Maurício Requião e Luiza Moraes Galrão.[139] Outro ponto sensível passa por conferir ao ente privado o direito de definir o que é, afinal,

---

136. FRAZÃO, Ana; MEDEIROS, Ana Rafaela. Responsabilidade civil dos provedores de internet: a liberdade de expressão e o art. 19 do Marco Civil. *In*: ERHARDT JÚNIOR, Marcos; LOBO, Fabíola Albuquerque; ANDRADE, Gustavo (coord.). *Liberdade de expressão e relações privadas*. Belo Horizonte: Fórum, 2021. p. 421.

137. QUEIROZ, João Quinelato de. *Responsabilidade civil na rede*: danos e liberdade à luz do Marco Civil da Internet. Rio de Janeiro: Processo, 2019. p. 124.

138. CAPLAN, Robyn. *Content or context moderation*: artisanal, community-reliant, and industrial approaches. Nova Iorque: Data & Society, 2018. p. 4. Disponível em: https://datasociety.net/library/content-or-context-moderation/. Acesso em: 25 jun. 2024.

139. REQUIÃO, Maurício; GALRÃO, Luiza Moraes. *Fake news*, capitalismo de vigilância e redes sociais. *In*: ERHARDT JÚNIOR, Marcos; LOBO, Fabíola Albuquerque; ANDRADE, Gustavo (coord.). *Liberdade de expressão e relações privadas*. Belo Horizonte: Fórum, 2021. p. 173.

desinformação[140] – tarefa que nem mesmo a mais dedicada doutrina enfrenta com facilidade, mais ainda em casos limítrofes. Para além da proposta de reforma do Código Civil, que também esse debruça sobre o tema de regulação das plataformas, essa dificuldade fez surgir ao menos duas iniciativas legislativas cujas discussões nucleares estiveram relacionadas à atividade de moderação e ao fenômeno da desinformação: o Projeto de Lei nº 2.630/2020[141] e a Medida Provisória nº 1.068/2021.[142]

Ambos os textos são marcados por importantes particularidades, relevantes para se compreender os caminhos já trilhados no debate sobre regulação das plataformas no Brasil. Como já mencionado, nenhuma dessas iniciativas está, hoje, em vigor – porque o PL foi arquivado e a MP foi extinta, de modo que não produzem qualquer efeito no ordenamento jurídico brasileiro, especialmente no que diz respeito ao atual panorama da responsabilidade civil dos provedores na moderação de conteúdo com desinformação, tema desta obra. Proceder a uma breve análise desses textos, no entanto, permite identificar uma série de inquietações que vêm sendo sinalizadas tanto pela doutrina quanto pela jurisprudência, em relação à necessidade de aprimoramento das práticas das plataformas no que tange à moderação.

Arquivado em abril de 2024, o popularmente conhecido como Lei das *Fake News*, o Projeto de Lei nº 2.630/2020 havia sido aprovado pelo Senado Federal em 30 de junho de 2020, após mais de 150 emendas desde o texto inicial. Com texto originalmente inspirado na NetzDG (de *Netzwerkdurchsetzungsgesetz*, a Lei de Fiscalização da Rede Alemã),[143] propunha instituir a Lei Brasileira de Liberdade,

---

140. Essa consideração é tecida por Ronaldo Porto Macedo Júnior, em análise do atual cenário de enfrentamento à desinformação na Alemanha, que tem por expoente a NetzDG (de *Netzwerkdurchsetzungsgesetz*), que será brevemente detalhada a seguir. Em relação à necessidade de que as plataformas removam conteúdo "evidentemente ilegal" a partir do momento em que deste tomarem conhecimento, e ponderando a dificuldade de se analisar e avaliar publicações que envolvam desinformação, conclui: "O Estado entra em um território perigoso quando ele decide direta ou indiretamente o que é falso e o que é verdadeiro. Acredito que há argumentos filosóficos fortes em defesa da liberdade de expressão contra esse poder. Delegar o mesmo poder a agentes privados (*gatos*) para decidir o que é falso e o que é verdadeiro coloca a regulação alemã no mesmo caminho perigoso" (MACEDO JR., Ronaldo Porto. *Fake news* e novas ameaças à liberdade de expressão. *In*: ABBOUD, Georges; NERY JR., Nelson; CAMPOS, Ricardo (org.). Fake news *e regulação*. 2. ed. São Paulo: Thomson Reuters Brasil, 2020. pos. 7693).

141. BRASIL. Senado Federal. *Projeto de Lei nº 2.630/2020*. Institui a Lei Brasileira de Liberdade, Responsabilidade e Transparência na Internet. Autoria: Senador Alessandro Vieira. Brasília, DF, 2020.

142. BRASIL. *Medida Provisória nº 1.068, de 6 de setembro de 2021*. Altera a Lei nº 12.965, de 23 de abril de 2014, e a Lei nº 9.610, de 19 de fevereiro de 1998, para dispor sobre o uso de redes sociais. Brasília, DF: Presidência da República, 2021.

143. Primeira lei voltada a combater crimes de ódio em redes sociais na Europa, a NetzDG motivou a denúncia de milhões de publicações consideradas "conteúdo manifestamente ilegal" (*offensichtlich rechtswidrigen Inhalt*) em redes sociais como X e YouTube – e uma quantidade menor no Facebook e

Responsabilidade e Transparência na Internet, propondo-se a definir "normas, diretrizes e mecanismos de transparência" para provedores de redes sociais, ferramentas de busca e serviços de mensageria privada, inclusive estabelecendo novos papéis e responsabilidades quanto à moderação de conteúdo.

Sob relatoria do deputado federal Orlando Silva (PCdoB-SP), o texto passou por modificações que o afastaram significativamente da versão original, permeada por questões controversas, como a exigência de apresentação de documento pessoal para criação de contas em um provedor e a consolidação de um conceito legislativo para desinformação. Em meio a alterações no regime de responsabilidade das plataformas sobretudo no caso de material publicitário e impulsionado por meio de pagamento, a proposta legislativa tinha, como outro de seus pontos mais relevantes, justamente a melhor delimitação da atividade de moderação. Dentre os destaques, figuravam o dever de transparência das plataformas em relação a seus termos e políticas de uso, a serem disponibilizados de forma acessível, com expressa indicação dos critérios para remoção de conteúdo; e o dever de produção de relatórios semestrais de transparência, nos quais devem ser numeradas medidas – remoções, suspensões e rotulações – adotadas em cumprimento às políticas privadas, bem como pedidos de revisão e de reversões após análises de recursos, além de casos de cumprimento de ordem judicial.

---

no Instagram (que pertence ao Grupo Meta), que inicialmente não forneciam atalhos para mecanismos de denúncia. A lei alemã exigia, fundamentalmente, que os provedores garantissem que conteúdos clara e evidentemente ilícitos fossem removidos dentro de 24 horas. Outros conteúdos objetos de denúncia deveriam ser analisados e, se for o caso, excluídos dentro de sete dias após o protocolo da reclamação (§ 1 III Netz DG). Pelo texto, os provedores seriam responsabilizados a partir da mera notificação, como observa Martin Eifert – o que configura o chamado *notice and takedown*, sistema já mencionado no tópico anterior. A lei alemã foi duramente criticada, durante a apreciação no Parlamento, por opositores que viam nela graves ameaças à liberdade de expressão e à privacidade dos usuários. Apesar disso, foi adotada em resposta à crescente preocupação com discurso de ódio na internet vindo, por exemplo, de grupos neonazistas e xenófobos. Com a entrada em vigor do DSA, a regulamentação das plataformas digitais passa por um momento de harmonização na União Europeia, a fim de adequação dos procedimentos a serem adotados internamente em relação às novas normas (ALEMANHA. *Network Enforcement Act (Netzdurchsetzunggesetz, NetzDG), de 01 de setembro de 2017*. Berlim, out. 2017. Disponível em: https://germanlawarchive.iuscomp.org/?p=1245. Acesso em: 27 jun. 2024; EIFERT, Martin. A lei alemã para a melhoria da aplicação da lei das redes sociais e a regulação da plataforma. *In*: ABBOUD, Georges; NERY JR., Nelson; CAMPOS, Ricardo (org.). Fake news *e regulação*. 2. ed. São Paulo: Thomson Reuters Brasil, 2020. pos. 5.342; MCHANGAMA, Jacob; FISS, Joelle. The digital Berlin Wall: how Germany (accidentally) created a prototype for global online censorship. *Justitia*, Copenhagen, nov. 2019. Disponível em: https://globalfreedomofexpression. columbia.edu/wp-content/uploads/2019/11/Analyse_The-Digital-Berlin-Wall-How-Germany-Accidentally-Created-a-Prototype-for-Global-Online-Censorship.pdf. Acesso em: 28 jun. 2024; FERNANDES, André Lucas; VALVERDE, Danielle Novaes de Siqueira; CONSTANTE, Isabel Meira; VALOIS, Rhaiana Caminha. *Regulação de plataformas digitais*: modelos de sistemas regulatórios para supervisão de plataformas digitais. Recife: IP.rec, 2023. Disponível em: https://ip.rec.br/wp-content/uploads/2023/12/Modelos-de-Sistemas-Regulatorios-para-Supervisao-de-Plataformas-Digitais.pdf. Acesso em: 30 jun. 2024. p. 14-20).

O PL nº 2.630/2020 também cuidava de detalhar os "Procedimentos de Devido Processo". Indicava que, nos casos de aplicação de termos e políticas de uso para fins de exclusão, indisponibilização, redução de alcance ou sinalização de conteúdos, os provedores devem, *imediatamente*, notificar o usuário, esclarecendo: a natureza e o alcance da medida; sua fundamentação, com a cláusula dos termos ou a base legal; os procedimentos e prazos para requerimento de revisão; e, caso a decisão tenha sido tomada de forma automatizada, o detalhamento dos critérios utilizados.

Pretendia-se que fosse assegurado aos usuários, ainda, acesso a canais para submissão tanto de denúncias quanto de pedidos de revisão. Esses pedidos teriam de ser respondidos de modo fundamentado, com reversão imediata de medidas, se identificado equívoco na moderação. Para situações nas quais se constatasse eventual equívoco na atuação da plataforma, impunha-se que fosse dada publicidade. Se constatado dano individual ou difuso a direito fundamental, a autoridade judicial poderia determinar aos provedores que procedessem ao envio de informações a todos os impactados, garantindo o mesmo alcance da publicação lesiva.

Entre outros pontos abordados, estava a obrigatoriedade de que os provedores dispusessem de representação legal no País e a possibilidade de criação de uma instituição de autorregulação voltada à transparência e à responsabilidade no uso da internet – sinalizando uma ideia de autorregulação regulada.[144] Vê-se que, apesar de originalmente concebido com foco na desinformação, o PL nº 2.630/2020 acabou se transformando no ponto basilar das discussões a respeito da regulação das *big techs* no Brasil, inclusive no que toca à moderação de conteúdo. Por esse motivo, certamente exercerá influência sobre eventuais propostas futuras.

Já em sentido oposto ao que propunha o PL nº 2.630/2020, quanto à melhor delimitação da moderação, em setembro de 2021, a publicação da Medida

---

144. A autorregulação regulada, aliás, tem sido apontada pela doutrina como uma alternativa satisfatória em situações envolvendo dinâmicas que se alteram rapidamente e que exigem conhecimento especializado, como é o caso da internet. Especificamente no caso da autorregulação regulada no âmbito da desinformação, Georges Abboud e Ricardo Campos explicam que a "mais-valia" se evidenciaria, de um lado, no fato de que dispensa uma regulação mais direta, promovida, por exemplo, por agências reguladoras; e, de outro, porque "incorpora dentro de seu conceito regulatório a participação do setor privado objeto de regulação, incorporando um conhecimento de áreas tecnológicas, o qual o Estado não dispõe". Esse modelo, defendem os autores, é capaz de suprir o déficit de conhecimento, igualmente provocando uma "abertura temporal do direito para lidar com uma sociedade cada vez mais complexa" (ABBOUD, Georges; CAMPOS, Ricardo. A autorregulação regulada como modelo do Direito proceduralizado: regulação de redes sociais e proceduralização. *In:* ABBOUD, Georges; NERY JR., Nelson; CAMPOS, Ricardo (org.). Fake news *e regulação*. 2. ed. São Paulo: Thomson Reuters Brasil, 2020. pos. 4258).

Provisória nº 1.068/2021,[145] editada pelo presidente da República, Jair Bolsonaro, visava a promover alterações no Marco Civil da Internet, notadamente restringindo esse tipo de atividade. A redação da MP indicava uma série de direitos e garantias dos usuários de redes sociais, como o acesso a informações claras e objetivas relacionadas a políticas de moderação (inclusive com previsão de notificação em caso de tomada de medidas pela plataforma). Assinalava, ainda, garantias ao contraditório, ampla defesa e recurso – medidas que podem ser consideradas salutares, como se pode presumir a partir do até aqui exposto. Também assegurava a restituição de conteúdo e restabelecimento de conta em casos de moderação indevida.

Ainda que esse conjunto de garantias pudesse fazer presumir se tratar de uma iniciativa promissora, o ponto sensível da MP residia no fato de condicionar a moderação de conteúdo a um rol taxativo de situações, estabelecendo que medidas de exclusão, cancelamento ou suspensão só poderiam ser tomadas caso se enquadrassem em hipóteses configuradas como "justa causa", o que se aplicava em relação tanto a contas e perfis,[146] quanto a conteúdo.[147] O texto afastava,

---

145. BRASIL. *Medida Provisória nº 1.068, de 6 de setembro de 2021*. Altera a Lei nº 12.965, de 23 de abril de 2014, e a Lei nº 9.610, de 19 de fevereiro de 1998, para dispor sobre o uso de redes sociais. Brasília, DF: Presidência da República, 2021.

146. Em relação a serviços e funcionalidades de contas e perfis, a MP alterava o Marco Civil da Internet por meio da inclusão do art. 8º-B: "Em observância à liberdade de expressão, comunicação e manifestação de pensamento, a exclusão, o cancelamento ou a suspensão, total ou parcial, dos serviços e das funcionalidades da conta ou do perfil de usuário de redes sociais somente poderá ser realizado com justa causa e motivação. § 1º Considera-se caracterizada a justa causa nas seguintes hipóteses: I – inadimplemento do usuário; II – contas criadas com o propósito de assumir ou simular identidade de terceiros para enganar o público, ressalvados o direito ao uso de nome social e à pseudonímia e o explícito ânimo humorístico ou paródico; III – contas preponderantemente geridas por qualquer programa de computador ou tecnologia para simular ou substituir atividades humanas na distribuição de conteúdo em provedores; IV – prática reiterada das condutas previstas no art. 8º-C; V – contas que ofertem produtos ou serviços que violem patente, marca registrada, direito autoral ou outros direitos de propriedade intelectual; ou VI – cumprimento de determinação judicial. (...)" (BRASIL. *Medida Provisória nº 1.068, de 6 de setembro de 2021*. Altera a Lei nº 12.965, de 23 de abril de 2014, e a Lei nº 9.610, de 19 de fevereiro de 1998, para dispor sobre o uso de redes sociais. Brasília, DF: Presidência da República, 2021).

147. Quanto a exclusão, suspensão ou bloqueio de conteúdo, a MP incluiria, no Marco Civil da Internet, o art. 8º-C: "Em observância à liberdade de expressão, comunicação e manifestação de pensamento, a exclusão, a suspensão ou o bloqueio da divulgação de conteúdo gerado por usuário somente poderá ser realizado com justa causa e motivação. § 1º Considera-se caracterizada a justa causa nas seguintes hipóteses: I – quando o conteúdo publicado pelo usuário estiver em desacordo com o disposto na Lei nº 8.069, de 13 de julho de 1990; II – quando a divulgação ou a reprodução configurar: a) nudez ou representações explícitas ou implícitas de atos sexuais; b) prática, apoio, promoção ou incitação de crimes contra a vida, pedofilia, terrorismo, tráfico ou quaisquer outras infrações penais sujeitas à ação penal pública incondicionada; c) apoio, recrutamento, promoção ou ajuda a organizações criminosas ou terroristas ou a seus atos; d) prática, apoio, promoção ou incitação de atos de ameaça ou violência, inclusive por razões de discriminação ou preconceito de raça, cor, sexo, etnia, religião ou orientação sexual; e) promoção, ensino, incentivo ou apologia à fabricação ou ao consumo,

portanto, a faculdade de os provedores procederem à moderação com base em seus termos de uso, restringindo sua atuação a hipóteses específicas. Em caso de descumprimento, as plataformas estariam sujeitas a penas que variavam de advertência a suspensão de atividades no Brasil.

Dentre os principais pontos de crítica à MP nº 1.068/2021, portanto, estava o fato de que promovia alterações no regime de responsabilidade de intermediários em vigor no Brasil, "resultado de um processo amplamente colaborativo e multissetorial no qual diversos atores da sociedade se envolveram na construção de consensos", conforme observado em nota pública divulgada, à época, pelo Comitê Gestor da Internet no Brasil (CGI.br).[148] A chamada MP das *Fake News* vigorou por menos de uma semana, sendo sumariamente rejeitada e devolvida ao Poder Executivo pelo presidente do Senado, Rodrigo Pacheco (DEM-MG).[149]

Dentre os principais argumentos, estava o fato de disciplinar questões relativas ao exercício de direitos políticos, à liberdade de expressão, comunicação e manifestação de pensamento, que não podem ser objeto de regramento por meio desse instrumento legal, de acordo com o art. 62, § 1º, I, *a*, da Constituição Federal.[150] Anotou-se, ainda, que a MP visava a promover "alterações inopinadas no Marco Civil da Internet", além de tratar de matéria cuja análise já está em curso

---

explícito ou implícito, de drogas ilícitas; f) prática, apoio, promoção ou incitação de atos de violência contra animais; g) utilização ou ensino do uso de computadores ou tecnologia da informação com o objetivo de roubar credenciais, invadir sistemas, comprometer dados pessoais ou causar danos a terceiros; h) prática, apoio, promoção ou incitação de atos contra a segurança pública, defesa nacional ou segurança do Estado; i) utilização ou ensino do uso de aplicações de internet, sítios eletrônicos ou tecnologia da informação com o objetivo de violar patente, marca registrada, direito autoral ou outros direitos de propriedade intelectual; j) infração às normas editadas pelo Conselho Nacional de Autorregulamentação Publicitária referentes a conteúdo ou material publicitário ou propagandístico; k) disseminação de vírus de *software* ou qualquer outro código de computador, arquivo ou programa projetado para interromper, destruir ou limitar a funcionalidade de qualquer recurso de computador; ou l) comercialização de produtos impróprios ao consumo, nos termos do disposto no § 6º do art. 18 da Lei nº 8.078, de 11 de setembro de 1990; III – requerimento do ofendido, de seu representante legal ou de seus herdeiros, na hipótese de violação à intimidade, à privacidade, à imagem, à honra, à proteção de seus dados pessoais ou à propriedade intelectual; ou IV – cumprimento de determinação judicial. (...)" (BRASIL. *Medida Provisória nº 1.068, de 6 de setembro de 2021*. Altera a Lei nº 12.965, de 23 de abril de 2014, e a Lei nº 9.610, de 19 de fevereiro de 1998, para dispor sobre o uso de redes sociais. Brasília, DF: Presidência da República, 2021).

148. COMITÊ GESTOR DA INTERNET NO BRASIL (CGI.BR). *Nota pública em razão de recentes proposições, da MP 1068/2021 e debates sobre remoção de conteúdos na internet*. São Paulo, 13 set. 2021. Disponível em: https://www.cgi.br/esclarecimento/nota-publica-em-razao-de-recentes-proposicoes-da-mp-1068-2021-e-debates-sobre-remocao-de-conteudos-na-internet/. Acesso em: 29 jun. 2024.

149. PACHECO, Rodrigo. Ato declaratório do Presidente da Mesa do Congresso Nacional nº 58, de 2021. *Senado Federal*, Brasília, 14 set. 2021. Disponível em: https://legis.senado.leg.br/sdleg-getter/documento?dm=9016003&ts=1650634284524&disposition=inline. Acesso em: 26 jun. 2024.

150. Art. 62, § 1º, I, *a*, da Constituição Federal: "1º É vedada a edição de medidas provisórias sobre matéria: I – relativa a: a) nacionalidade, cidadania, direitos políticos, partidos políticos e direito eleitoral; (...)".

no Congresso Nacional, por meio do já citado PL nº 2.630/2020. Posicionamento semelhante foi adotado pelo Supremo Tribunal Federal, instado a partir de uma série de Ações Diretas de Inconstitucionalidade, propostas por partidos políticos diversos.[151]

A não conversão da MP nº 1.068/2021 em lei não significou o fim da discussão sobre o tema no Legislativo – e isso não apenas em razão do PL nº 2.630/2020, mas igualmente por outras iniciativas, dentre as quais é possível citar os Projetos de Lei nº 213/2021,[152] 246/2021,[153] 291/2021,[154] 495/2021,[155] 1.362/2021[156] e 2.831/2021[157] – todos com proposições que caminhavam no sentido de restringir a moderação de conteúdo por parte de agentes privados. Para todos os efeitos, a conclusão a que se chega é que, atualmente, a moderação de conteúdo passa, necessariamente, pelas disposições do Marco Civil da Internet, sendo a atividade, de fato, carente de regulamentação mais aprofundada.

É nesse cenário de ausência de regulação específica sobre o tema que se deve fazer referência a documentos como os Princípios de Santa Clara sobre Transparência e *Accountability* em Moderação de Conteúdo (*The Santa Clara Principles*

---

151. Merece citação a Ação Direta de Inconstitucionalidade nº 6.991, proposta pelo Partido Socialista Brasileiro, à qual se sucederam outras iniciativas similares, por parte de outros partidos, todas julgadas prejudicadas pela relatora, Ministra Rosa Weber, em razão de perda de objeto, tendo em vista que a Medida Provisória não foi convertida em lei, tendo sua vigência encerrada (BRASIL. Supremo Tribunal Federal. *Ação Direta de Inconstitucionalidade nº 6.991*. Requerente: Partido Socialista Brasileiro – PSD. Intimado: Presidente da República. Relatora: Ministra Rosa Weber. Brasília, 14 set. 2021).

152. BRASIL. Câmara dos Deputados. *Projeto de Lei nº 213, de 2021*. Altera o Marco Civil da Internet para possibilitar a indisponibilização de conteúdo por provedor de aplicações de internet somente devido a ordem judicial. Autoria: Dep. Luiz Philippe de Orleans e Bragança. Brasília, DF: Câmara dos Deputados, 2021.

153. BRASIL. Câmara dos Deputados. *Projeto de Lei nº 246, de 2021*. Dispõe sobre a responsabilidade civil de provedores de aplicações de internet pela atividade de moderação, na forma de rotulagem de conteúdo que expresse a opinião do usuário, e assim caracterize exercício de liberdade fundamental. Autoria: Dep.ª Caroline De Toni. Brasília, DF: Câmara dos Deputados, 2021.

154. BRASIL. Câmara dos Deputados. *Projeto de Lei nº 291, de 2021*. Altera a Lei nº 12.965, de 23 de abril de 2014, para vedar a retirada de mensagens de usuários por provedor de aplicação em desacordo com as garantias constitucionais de liberdade de expressão, comunicação e manifestação de pensamento. Autoria: Dep. Daniel Silveira. Brasília, DF: Câmara dos Deputados, 2021.

155. BRASIL. Câmara dos Deputados. *Projeto de Lei nº 495, de 2021*. Altera o art. 18 da Lei nº 12.965, de 23 de abril de 2014, o Marco Civil da Internet – MCI, para proibir a censura sobre palavras e expressões ou posições políticas nos conteúdos postados por usuários na rede mundial de computadores. Autoria: Dep.ª Soraya Manato. Brasília, DF: Câmara dos Deputados, 2021.

156. BRASIL. Câmara dos Deputados. *Projeto de Lei nº 1.362, de 2021*. Dispõe sobre a liberdade de expressão e informação na internet. Autoria: Dep. Daniel Silveira. Brasília, DF: Câmara dos Deputados, 2021.

157. BRASIL. Câmara dos Deputados. *Projeto de Lei nº 2.831, de 2021*. Altera o Marco Civil da Internet – Lei nº 12.965, de 23 de abril de 2014 – para proibir a exclusão de postagens em redes sociais sem que se tenha concedido direito de ampla defesa e ao contraditório ao usuário responsável pela postagem, e dá outras providências. Autoria: Dep. Capitão Alberto Neto. Brasília, DF: Câmara dos Deputados, 2021.

on Transparency and Accountability in Content Moderation),[158] cuja primeira versão foi concebida em 2018, por um grupo de organizações e pesquisadores de direitos digitais nos Estados Unidos, com o objetivo de apresentar sugestões para conferir mais transparência e *accountability* às decisões tomadas por empresas no âmbito da moderação de conteúdo. Complementada em 2021, a partir de discussões que envolveram instituições e agentes também de outros países, como o Brasil (representado pela organização InternetLab),[159] a carta dispõe de dois pilares de princípios – fundamentais e operacionais.[160]

São considerados princípios fundamentais da moderação de conteúdo: *direitos humanos e devido processo*, instando as plataformas a apenas se valer de processos automatizados, complementados com revisão humana ou não, quando estiverem certas da precisão desses processos, devendo, ainda, facilitar o acesso a suporte àqueles que tiverem publicações e contas submetidos a moderação; *regras e políticas compreensíveis*, permitindo que os usuários compreendam que tipo de conteúdo está sujeito à moderação e que ações podem ser tomadas pelo provedor; *competência cultural*, que demanda que os procedimentos de moderação levem em consideração particularidades como idioma, cultura e contexto político e social das publicações; *envolvimento do Estado*, que determina às plataformas que sejam claras quanto à influência estatal na aplicação de suas regras e políticas; e, por fim, *integridade e explicação*, de modo a contribuir para que os usuários disponham de um grau elevado de compreensão a respeito da lógica de tomada de decisão adotada em processos relacionados ao conteúdo, inclusive os automatizados.

Os princípios operacionais, por sua vez, são três: *números*, sugerindo a publicação de relatórios a respeito de todo o conjunto de ações tomadas pela empresa

---

158. ACLU FOUNDATION OF NORTHERN CALIFORNIA *et al. The Santa Clara Principles on transparency and accountability in content moderation*. [*S.l.*], 2021. Disponível em: https://santaclaraprinciples.org/. Acesso em: 27 jun. 2024.

159. Em 2021, o InternetLab divulgou documento, elaborado por Artur Pericles Lima Monteiro e outros, que aponta para o mesmo caminho dos Princípios de Santa Clara, sob a perspectiva procedimental, a serem observados pelos provedores: a necessidade de prestação de informações precisas e de justificativas sobre as medidas de moderação; a disponibilização de canais para recorrer de decisões de moderação, com revisão humana; clareza quanto a termos, políticas e práticas de moderação; e divulgação periódica de dados (MONTEIRO, Artur Pericles Lima *et al. Armadilhas e caminhos na regulação da moderação de conteúdo, diagnósticos & recomendações*. São Paulo: InternetLab, 2021. p. 28-30. Disponível em: https://internetlab.org.br/wp-content/uploads/2021/09/internetlab_armadilhas-caminho-moderacao.pdf. Acesso em: 30 jun. 2024).

160. Também foram estabelecidos dois princípios para os governos e outros agentes estatais: a remoção de barreiras à transparência da companhias e a promoção de trasparência também para as práticas governamentais (ACLU FOUNDATION OF NORTHERN CALIFORNIA *et al. The Santa Clara Principles on transparency and accountability in content moderation*. [*S.l.*], 2021. Disponível em: https://santaclaraprinciples.org/. Acesso em: 27 jun. 2024).

no âmbito da moderação; *notificações*, ressaltando a importância de que o usuário seja comunicado a respeito dos motivos que conduziram à adoção de uma medida de moderação – e que exceções estejam devidamente registradas em seus termos de uso; e *recursos*, que cuida da obrigação da plataforma de viabilizar ao usuário o acesso a processos de prestação de esclarecimentos, revisão e apelação quanto a decisões tomadas pelas companhias com amparo em diretrizes internas.

Cabe esclarecer que os Princípios de Santa Clara não gozam de caráter vinculativo, de modo que sua não observância não está associada a qualquer sanção. O documento serve apenas para guiar o aprimoramento das práticas das plataformas, figurando como um *standard* de comportamento. As maiores plataformas já endossaram publicamente suas disposições – caso das empresas do grupo Meta, além de provedores como YouTube, LinkedIn e X.[161]

Como outro documento com característica de recomendação, é possível citar os Princípios de Manila sobre Responsabilidade dos Intermediários[162] – inclusive já mencionados pela jurisprudência brasileira, como lembram Cristiano Colombo e Eugênio Facchini Neto.[163] Também fruto de discussões da sociedade

---

161. GEBHARDT, Gennie. Who has your back? Censorship Edition 2019. *Electronic Frontier Foundation (EFF)*, San Francisco, 12 jun. 2019. Disponível em: https://www.eff.org/wp/who-has-your-back-2019#santa-clara-principles. Acesso em: 30 jun. 2024.

162. THE MANILA Principles on Intermediary Liability. *Electronic Frontier Foundation (EFF)*, San Francisco, 30 maio 2015. Disponível em: https://www.eff.org/files/2015/07/08/manila_principles_background_paper.pdf. Acesso em: 30 jun. 2024.

163. Os autores rememoram o julgamento do Recurso Especial nº 1.629.255/MG, que trata de pedido de obrigação de fazer (remoção de vídeos com notícias falsas em relação à conduta profissional da autora) e pagamento de indenização, pelo Facebook, por danos morais. No voto, a relatora, Ministra Nancy Andrighi, analisa a responsabilidade da plataforma também com base no referido documento. Além das disposições a respeito da moderação de conteúdo, a carta destaca, como princípios, a proteção dos intermediários pela responsabilização por conteúdo de terceiros, bem como a necessidade de preenchimento de requisitos para atendimento a ordens de restrição de conteúdo (como a indicação do URL), um dos pontos de controvérsia do caso analisado. Ao dar provimento ao recurso da plataforma, a julgadora afastou a obrigação de remover conteúdo infringente, em razão da ausência de indicação do localizador URL, igualmente afastando a responsabilidade do provedor pelos danos (COLOMBO, Cristiano; FACCHINI NETO, Eugênio. Ciberespaço e conteúdo ofensivo gerado por terceiros: a proteção dos direitos de personalidade e a responsabilização civil dos provedores de aplicação, à luz da jurisprudência do Superior Tribunal de Justiça. *Revista Brasileira de Políticas Públicas*, Brasília, DF, v. 7, n. 3, 2017. p. 230-231. Disponível em: https://www.publicacoes.uniceub.br/RBPP/article/view/4910. Acesso em: 25 jun. 2024).
"Civil e processual civil. Responsabilidade civil do provedor de aplicação. Rede social. Facebook. Obrigação de fazer. Remoção de conteúdo. Fornecimento de localizador URL. Comando judicial específico. Necessidade. Obrigação do requerente. Multa diária. Obrigação impossível. Descabimento. 1. Ação ajuizada em 08/06/2015. Recurso especial interposto em 29/08/2016 e atribuído a este gabinete em 28/09/2016. 2. Esta Corte fixou entendimento de que '(i) não respondem objetivamente pela inserção no site, por terceiros, de informações ilegais; (ii) não podem ser obrigados a exercer um controle prévio do conteúdo das informações postadas no site por seus usuários; (iii) devem, assim que tiverem conhecimento inequívoco da existência de dados ilegais no site, removê-los imediatamente, sob pena de responderem pelos danos respectivos; (iv) devem manter um sistema minimamente eficaz

civil organizada, a carta igualmente dispõe de seção com recomendações à prática de moderação, ressaltando a importância de se contemplar a garantia ao devido processo em todas as leis, políticas e práticas de restrição de conteúdo, sendo esse um elemento primordial a assegurar a liberdade de expressão.

Apesar de a atividade de moderação de conteúdo ainda não dispor de regulamentação específica no Brasil, buscou-se demonstrar, neste ponto, as discussões a respeito da possibilidade de que, ainda assim, seja exercida; bem como os movimentos legislativos hoje em curso, com vistas à melhor delimitação das práticas adotadas pelas plataformas nesse âmbito. Não há dúvidas de que se trata de um tema que merece detido estudo, sobretudo a partir de uma perspectiva voltada, especificamente, à regulação. O que se pretende analisar, no entanto, é a responsabilidade civil das plataformas no atual cenário do ordenamento jurídico brasileiro, notadamente em situações de moderação considerada indevida.

Porém, antes de passar à discussão sob a perspectiva da responsabilidade civil, cabe observar a moderação na prática, analisando o que os principais provedores de rede social têm feito no que diz respeito ao conteúdo desinformativo. Volta-se a atenção, para tanto, às estratégias utilizadas por plataformas com maior abrangência, como o Facebook e o Instagram, ambos do grupo Meta, mencionando, ainda, o X e o YouTube, que têm procedimentos semelhantes.[164] Ciente

---

de identificação de seus usuários, cuja efetividade será avaliada caso a caso'. 3. Sobre os provedores de aplicação, incide a tese da responsabilidade subjetiva, segundo a qual o provedor de aplicação torna-se responsável solidariamente com aquele que gerou o conteúdo ofensivo se, ao tomar conhecimento da lesão que determinada informação causa, não tomar as providências necessárias para a sua remoção. 4. Necessidade de indicação clara e específica do localizador URL do conteúdo infringente para a validade de comando judicial que ordene sua remoção da internet. O fornecimento do URL é obrigação do requerente. Precedentes deste STJ. 5. A necessidade de indicação do localizador URL não é apenas uma garantia aos provedores de aplicação, como forma de reduzir eventuais questões relacionadas à liberdade de expressão, mas também é um critério seguro para verificar o cumprimento das decisões judiciais que determinarem a remoção de conteúdo na internet. 6. Em hipóteses com ordens vagas e imprecisas, as discussões sobre o cumprimento de decisão judicial e quanto à aplicação de multa diária serão arrastadas sem necessidade até os Tribunais superiores. 7. O Marco Civil da Internet elenca, entre os requisitos de validade da ordem judicial para a retirada de conteúdo infringente, a 'identificação clara e específica do conteúdo', sob pena de nulidade, sendo necessária a indicação do localizador URL. 8. Recurso especial provido" (BRASIL. Superior Tribunal de Justiça. *Recurso Especial nº 1.629.255/MG.* Recorrente: Facebook Serviços Online do Brasil Ltda. Recorrido: Marcia Roselly Soares. Relatora: Ministra Nancy Andrighi. Brasília, 25 ago. 2017).

164. Opta-se pela abordagem a partir dessas plataformas em razão de sua maior consolidação no cenário brasileiro, o que inclusive permite analisar as medidas que adotam a partir de discussões empreendidas no âmbito do Judiciário. Não se desconsidera, portanto, que há outras plataformas que já gozam de alcance considerável no Brasil, como TikTok, Twitch e Discord, citados em artigo de Ronaldo Lemos. Ainda assim, entende-se que a experiência das plataformas consideradas de "velha geração" pode ser tomada, de maneira mais ampla, para discutir a responsabilidade civil dos provedores na atividade de moderação, o que se estenderá a novas redes que ganharem espaço – respeitando-se, evidentemente, suas características e particularidades. Sobre o envelhecimento de plataformas tradicionais e o surgimento de uma nova geração: LEMOS, Ronaldo. Mídias digitais estão em momento de mudança. *Folha de S.Paulo,*

de que esses procedimentos estão em constante revisão e transformação, e tão somente com vistas a contribuir de forma mais ampla para o debate, registra-se que a abordagem não se deterá às particularidades de cada plataforma, elaborando uma análise ampla, com o singelo objetivo de contribuir para o melhor entendimento acerca de como a moderação tem se dado na prática.

2.4 A MODERAÇÃO NA PRÁTICA: DA EXCLUSÃO DE PUBLICAÇÕES E CONTAS À EDUCAÇÃO DIGITAL

Já se mencionou que a moderação de conteúdo não se restringe à exclusão de conteúdo e ao banimento de contas, medidas geralmente adotadas em casos considerados extremos, cuja inadequação em relação às políticas das plataformas é evidente. É o que ocorre, por exemplo, quanto a publicações com discurso e condutas de ódio, representações de violência, exploração sexual de menores, promoção ou incentivo ao suicídio ou autoflagelação, mídia sensível, ou, ainda, produtos e serviços ilegais ou não regulamentados – hipóteses extraídas, em literalidade, da página "Regras do X",[165] mas que, seguramente, aplicam-se às demais plataformas de grande alcance. Não poderia ser diferente: em geral, esses casos, ou a incitação a essas condutas, podem caracterizar ilícitos inclusive tipificados na legislação penal brasileira. Identificado um conteúdo dessa natureza, a plataforma se ampara em seus termos de uso para determinar a exclusão da publicação e, em caso de condutas reiteradas, da própria conta.

A desinformação, no entanto, reside em uma zona mais nebulosa. Também por isso é que o primeiro capítulo desta obra foi destinado a compreender esse complexo fenômeno, repleto de nuances, marcado pela nem sempre óbvia distinção entre fatos, versões e opiniões. Costumam ser tênues as linhas entre o que pode facilmente ser caracterizado como conteúdo fabricado e o que pode não passar de mera manifestação do pensamento. Em muitos casos (talvez na maioria deles), o conteúdo com desinformação não é integralmente inverídico: fala-se em trechos inadequados, manipulados, descontextualizados, inseridos em narrativas factuais (estas, sim, verdadeiras).[166] Trata-se de um fenômeno

---

São Paulo, 22 fev. 2022. Disponível em: https://www1.folha.uol.com.br/colunas/ronaldolemos/2022/02/midias-digitais-estao-em-momento-de-mudanca.shtml. Acesso em: 28 jun. 2024.

165. X COORP. *Regras do X*. Disponível em: https://help.x.com/pt/rules-and-policies/x-rules#:~:text=M%C3%ADdia%20sens%C3%%20ADvel%2C%20incluindo%20viol%C3%AAncia%20expl%C3%ADcita,agress%C3%A3o%20tamb%C3%A9m%20n%C3%A3o%20s%C3%A3o%20permitidas. Acesso em: 26 jun. 2024.

166. MACEDO JR., Ronaldo Porto. Liberdade de expressão ou dever de falar a verdade? *In*: BARBOSA, Mariana (org.). *Pós-verdade e fake news: reflexões sobre a guerra de narrativas*. Rio de Janeiro: Cobogó, 2019. p. 81.

repleto de subjetividade – e que se altera e se complexifica enquanto é estudado pela academia, a partir de diversas abordagens.

O próprio grupo Meta, em sua Central de Transparência,[167] esclarece que a desinformação é tratada de maneira distinta de todos os demais tipos de discurso elencados em seus Padrões de Comunidade (como violência explícita ou discurso de ódio), ante a dificuldade de definição dessa categoria e a impossibilidade de que a plataforma tenha "acesso impecável às informações" necessárias ao enquadramento de um conteúdo como tal.

É justamente na subjetividade da desinformação que se encontram as maiores dificuldades à moderação desse tipo de conteúdo, que exige dos provedores que se ocupem de duas etapas: primeiro, a checagem e verificação (geralmente, por meio de terceiros); depois, a efetiva tomada de medidas, com base em seus termos de uso, e que variam de acordo com a "categoria" em que se enquadra a desinformação veiculada. É pertinente traçar um panorama sobre as estratégias que têm sido empregadas ante o fenômeno, reiterando-se a impossibilidade de enfrentar seus pormenores, mesmo no âmbito das principais plataformas. O que se objetiva é apenas trazer para o campo da prática o que até aqui se tem discutido na teoria – até mesmo para melhor compreender os pontos sensíveis sob a perspectiva da responsabilidade civil, do que tratará o Capítulo 3.

Vale registrar que, de maneira comum às principais plataformas de redes sociais, a moderação é, hoje, praticada a partir de uma combinação entre máquinas e pessoas.[168] Não poderia ser diferente: a exclusiva atuação de seres humanos não seria suficiente para comportar a quantidade e a variedade de conteúdo, nem a velocidade com que se espalha. Com o tempo, como relata Tarleton Gillespie,[169] tanto em razão da necessidade de escalar a atividade de moderação, quanto ante as dificuldades de encontrar pessoas interessadas em executar esse tipo de atividade (bastante controversa, sobretudo do ponto de vista de saúde mental),[170] as

---

167. META PLATFORMS, INC. *Desinformação*: fundamentos da política. Menlo Park, jul. 2024. Disponível em: https://transparency.meta.com/pt-br/policies/community-standards/misinformation/. Acesso em: 18 jul. 2024.

168. META PLATFORMS, INC. *Nossa abordagem contra a desinformação*. Menlo Park, 2 abr. 2024. Disponível em: https://transparency.fb.com/pt-br/features/approach-to-misinformation/. Acesso em: 26 jun. 2024; TIKTOK. *Diretrizes da comunidade*. Culver City, 17 abr. 2024. Disponível em: https://www.tiktok.com/community-guidelines?lang=pt-BR. Acesso em: 26 jun. 2024; MOHAN, Neal. Perspective: tackling misinformation on YouTube. *YouTube Official Blog*, San Bruno, 25 ago. 2021. Disponível em: https://blog.youtube/inside-youtube/tackling-misinfo/. Acesso em: 26 jun. 2024.

169. GILLESPIE, Tarleton. Content moderation, AI, and the question of scale. *Big Data and Society*, jul./dez. 2020. p. 1. Disponível em: https://journals.sagepub.com/doi/10.1177/2053951720943234. Acesso em: 6 jun. 2024.

170. Ainda em 2017, o jornal *The Guardian* publicou uma reportagem que tratava das condições de trabalho, definindo esses trabalhadores como mal pagos e desvalorizados na atividade de analisar, diariamente,

plataformas passaram a ver, na inteligência artificial, uma importante ferramenta para identificar discursos de ódio, pornografia e outros tipos de ameaça.[171]

A atuação de moderadores humanos, no entanto, é imprescindível, especialmente ante a falibilidade da inteligência artificial – e isso se evidenciou no auge da pandemia de Covid-19, quando mesmo publicações legítimas a respeito do tema eram excluídas pelo Facebook, pois identificadas como *spam*, o que o provedor se limitou a definir, como relatam João Carlos Magalhães e Christian Katzenbach, como mero "*bug*" (mas que, à época, deixou evidente os problemas que a tecnologia, agindo por si, pode causar).[172] A moderação, em geral, está sujeita a falhas, que podem causar danos a usuários que tiverem publicações e contas suspensas, ou expor os demais usuários a imagens e textos indevidos, que deveriam ser prontamente removidos.

Nesse sentido, Tarleton Gillespie sugere que a moderação seja pensada a partir de duas perspectivas: primeiro, com a utilização de ferramentas de *machine learning* que permitam mapear conteúdos que, de maneira mais notória e facilmente identificável, são assustadores, violentos e indevidos, protegendo os moderadores humanos de ter que os analisar e permitindo que foquem em outros materiais, com potencial não tão evidente de violação aos termos de uso da plataforma (como é o caso da desinformação e suas nuances e ambiguidades). Em segundo lugar, o autor destaca a necessidade de se pensar não em substituir equipes humanas por meio de *machine learning*, mas de lhes conferir suporte

---

fotos, vídeos, perfis e grupos com situações como terrorismo, abuso sexual infantil e violência extrema. Analisando a reportagem, Gillespie complementa que esse material não apenas tem alto impacto, mas, também, pode ser carregado de ambiguidade, demandando julgamentos que os moderadores nem sempre estão capacitados para fazer (SOLON, Olivia. Underpaid and overburdened: the life of a Facebook moderator. *The Guardian*, Londres, 25 maio 2017. Disponível em: https://www.theguardian. com/news/2017/may/25/facebook-moderator-underpaid-overburdened-extreme-content. Acesso em: 26 jun. 2024; e GILLESPIE, Tarleton. *Custodians of the internet*: platforms, content moderation, and the hidden decisions that shape social media. New Heaven: Yale University Press, 2018. p. 122).

171. Gillespie cita fala de Jack Dorsey, em trecho de entrevista em uma TED Conference, em 2019. O antigo CEO do Twitter sublinha a preocupação da plataforma em formatar algoritmos em vez de apenas contratar pessoas, em razão da necessidade de a moderação ser escalável. O objetivo, então, seria trabalhar na "detecção proativa de abusos", sendo as conclusões submetidas à revisão humana, caso necessário: "Nós queremos temos uma situação em que os algoritmos estão constantemente vasculhando cada tweet e trazendo as informações mais interessantes para o topo para que os humanos possam julgar se devemos agir ou não". Tradução livre. No original: "*We want to have a situation where algorithms are constantly scouring every single tweet and bringing the most interesting ones to the top so that humans can bring their judgment to whether we should take action or not*" (DORSEY, Jack. How Twitter need to change. *TED Conference*, [*S.l.*], abr. 2019. Disponível em: https://www.ted.com/talks/ jack_dorsey_how_twitter_needs_to_change/ transcript. Acesso em: 26 jun. 2024).

172. MAGALHÃES, João Carlos; KATZENBACH, Christian. Coronavirus and the frailness of platform governance. *Internet Policy Review – Journal on Internet Regulation*, Berlim, 29 mar. 2020. Disponível em: https://policyreview.info/articles/news/coronavirus-and-frailness-platform-governance/1458. Acesso em: 26 jun. 2024.

a partir dessas ferramentas, por exemplo, fornecendo dados contextuais sobre violações específicas (como "qual é a probabilidade desse conteúdo causar danos ou ofender?").[173] Esses dois pilares são essenciais à análise de conteúdo potencialmente desinformativo, também ante a importância do caráter interpretativo.[174]

Avançando à prática, no grupo Meta, que controla o Facebook e o Instagram, as estratégias variam de acordo com o tema que permeia a desinformação. Em seu Centro de Transparência,[175] o conglomerado informa que sua abordagem com vistas a identificar e analisar conteúdo dessa natureza se utiliza da combinação entre tecnologia de monitoramento, análise humana e verificadores de fatos independentes. A partir disso, são três medidas passíveis de adoção: remoção, redução e informação – ou exclusão, filtragem e etiquetagem de conteúdo e conta, como nomeiam Artur Pericles Lima Monteiro e outros.[176] Reitera-se que essas são as medidas comumente adotadas pelas maiores plataformas.

A primeira delas, remoção, embora pareça mais comum, é utilizada de maneira limitada, em quatro situações: quando a desinformação (ali definida pela Meta como "conteúdo com uma alegação que é considerada falsa por uma autoridade terceira")[177] tem o potencial de contribuir diretamente para o risco iminente de violência ou agressão física a pessoas; quando é considerada prejudicial à saúde, como em publicações envolvendo alegações falsas sobre vacinas (desde que essas alegações tenham sido desmentidas pelas principais organizações de saúde) ou que promovam ou defendam curas milagrosas prejudiciais à saúde; quando pode suprimir uma votação ou nela interferir (como desinformações sobre datas, lugares e horários de votação, ou sobre requisitos eleitorais); e, por fim, em casos de mídia manipulada por meio de inteligência artificial, sem que isso esteja claro para uma pessoa comum, levando a acreditar que um participante

---

173. GILLESPIE, Tarleton. Content moderation, AI, and the question of scale. *Big Data and Society*, jul./dez. 2020. p. 5. Disponível em: https://journals.sagepub.com/doi/10.1177/2053951720943234. Acesso em: 6 jun. 2024.
174. O panorama aqui trazido sobre a moderação por meio da inteligência artificial é breve e merece abordagem específica, até mesmo ante a já mencionada obscuridade em relação aos mecanismos utilizados pelos provedores. Quanto ao objeto aqui enfrentado, vale dizer que eventuais inconsistências na análise de conteúdo, seja por humanos, seja por inteligência artificial, terão de ser analisadas casuisticamente.
175. META PLATFORMS, INC. *Nossa abordagem contra a desinformação*. Menlo Park, 2 abr. 2024. Disponível em: https://transparency.fb.com/pt-br/features/approach-to-misinformation/. Acesso em: 26 jun. 2024.
176. MONTEIRO, Artur Pericles Lima *et al. Armadilhas e caminhos na regulação da moderação de conteúdo, diagnósticos & recomendações*. São Paulo: InternetLab, 2021. Disponível em: https://internetlab.org.br/wp-content/uploads/2021/09/internetlab_armadilhas-caminho-moderacao.pdf. Acesso em: 30 jun. 2024.
177. META PLATFORMS, INC. *Nossa abordagem contra a desinformação*. Menlo Park, 2 abr. 2024. Disponível em: https://transparency.fb.com/pt-br/features/approach-to-misinformation/. Acesso em: 26 jun. 2024.

desse vídeo "disse palavras que não foram ditas"[178] – hipótese que configura uma *deepfake*, espécie de desinformação já detalhada no Capítulo 1.

Nesses casos, o grupo Meta anuncia que tem se comprometido a notificar os usuários, além de páginas e grupos, a fim de que possam entender os motivos que conduziram à remoção, sob a alegada justificativa de evitar futuras publicações de "conteúdo violador".[179] Há, ainda, um sistema de contabilização de advertências, com vistas a quantificar as violações e responsabilizar o usuário pelo conteúdo que publicar. A empresa garante, também, que disponibiliza canais por meio dos quais os usuários podem se manifestar, caso entendam que o conteúdo foi removido inadequadamente.[180]

Na tentativa de imprimir lisura às medidas de rotulação e remoção de conteúdos e contas, na plataforma Facebook, foi inserida ferramenta que permite solicitar a reanálise da exclusão ou ocultação, caso o usuário entenda que não houve violação aos Padrões da Comunidade. Se a medida foi ratificada, há a possibilidade de recorrer ao Comitê de Supervisão do Facebook e do Instagram, que se propõe a analisar, de forma independente e com posicionamento vinculante, as decisões tomadas pelas plataformas.[181]

Mas a remoção/suspensão de publicações, perfis e páginas, como se tem mencionado, não é a única medida que orbita no campo da moderação (embora seja a mais comum, e a que seguramente mais estimula discussões no Judiciário). Nesses casos, a distribuição de uma publicação é reduzida no *feed*, fazendo com que menos pessoas a vejam.[182] Essa, diga-se, é uma medida menos evidente –

---

178. No caso de mídia manipulada, a Meta informa que exige informações e/ou contexto adicional para aplicar medidas restritivas, não estendendo a política a conteúdo considerado paródia ou sátira, ou, ainda, editado com o objetivo de omitir ou mudar a ordem de palavras ditas (META PLATFORMS, INC. *Mídia manipulada*. Menlo Park, 2024. Disponível em: https://transparency.fb.com/pt-br/policies/community-standards/manipulated-media/?source=https%3A%2F%2Fwww.facebook.com%2Fcommunitystandardsc%2Fmanipulated_media. Acesso em: 25 jun. 2024).

179. META PLATFORMS, INC. *Remoção de conteúdo em violação*. Menlo Park, 22 fev. 2023. Disponível em: https://transparency.fb.com/pt-br/enforcement/taking-action/taking-down-violating-content/. Acesso em: 25 jun. 2024.

180. META PLATFORMS, INC. *Restrições de usuários*. Menlo Pak, 23 fev. 2023. Disponível em: https://transparency.fb.com/pt-br/enforcement/taking-action/restricting-accounts/. Acesso em: 25 jun. 2024.

181. Atualmente, pessoas do mundo todo, entre jornalistas, ex-magistrados e militantes da área de direitos humanos, formam o Comitê de Supervisão do Facebook, anunciado em maio de 2020, dentre os quais, o advogado e professor brasileiro Ronaldo Lemos. O Comitê se apresenta com o objetivo de disponibilizar uma "checagem independente da moderação de conteúdo da Meta". O site dispõe de uma página por meio da qual é possível contestar as decisões sobre conteúdo do Facebook, do Instagram e do Threads (COMITÊ DE SUPERVISÃO. *Apelação ao Comitê de Supervisão*. [S.l.], 2024. Disponível em: https://www.oversightboard.com/appeals-process/. Acesso em: 24 jun. 2024).

182. META PLATFORMS, INC. *Reduzindo a distribuição de conteúdo problemático*. Menlo Park, 18 maio 2023. Disponível em: https://transparency.meta.com/en-gb/enforcement/taking-action/lowering-distribution-of-problematic-content/. Acesso em: 25 jun. 2024.

mas, talvez na mesma proporção, seja a mais sensível, tendo em vista que não é tão facilmente perceptível: um usuário sabe quando teve uma publicação ou perfil excluídos, mas nem sempre consegue identificar quando seu alcance foi diminuído.

Entram, aí, as complexas dinâmicas dos algoritmos voltados à curadoria de *feeds*, como já antes aprofundado. De qualquer forma, essa é uma medida menos restritiva ao se considerar a necessidade de assegurar a liberdade de expressão dos usuários. Trata-se, no caso, de uma medida que se enquadra em um conceito típico da *Behavioral Law and Economics*: o paternalismo libertário de Richard Thaler e Cass Sunstein, que caminha no sentido de, a partir dos setores público e privado, direcionar as pessoas para, de forma consciente, fazerem escolhas benéficas. Esclarecem os autores que o paternalismo libertário não tem a pretensão de ser intrusivo, tendo em vista que não impede ou inviabiliza a tomada de determinadas decisões[183] – como ocorre no caso da remoção, por exemplo, que impede a circulação do conteúdo.[184]

Essa perspectiva pode ser bastante útil para refletir sobre o fenômeno da desinformação, em especial, sobre a moderação de conteúdo desinformativo. Considerando-se o direito fundamental à liberdade de expressão, não se poderia falar em simplesmente remover qualquer tipo de conteúdo indevido, ou de impedir que as pessoas se manifestem sobre determinados temas (especialmente aqueles relacionados à política ou à saúde pública, em incontestável evidência na sociedade atual). Trata-se, sim, de conduzi-las (mas não as forçar) a tomar melhores e mais conscientes decisões a esse respeito.

Exemplo de conduta nesse sentido vem do Facebook e do Instagram, que têm intensificado o combate à desinformação em suas plataformas a partir do direcionamento de equipes para identificar a veiculação de conteúdo indevido, deixando a verificação dos fatos sob responsabilidade de verificadores de fatos

---

183. Como exemplos, os autores asseguram que as pessoas podem fumar, comer muitos doces ou gastar todo o seu dinheiro antes mesmo da aposentadoria – e ninguém as forçará a fazer o contrário. Ainda assim, explicam que a abordagem é paternalista porque os "arquitetos de escolhas", que podem ser públicos ou privados, acabam por, conscientemente, induzir as pessoas a seguir caminhos "que melhorarão sua vida". Esses estímulos são chamados de *nudges*, e se caracterizam por serem intervenções de baixo custo, leves o suficiente para que não sejam consideradas uma ordem. A diferença em relação a abordagens mais incisivas pode ser extraída de outro exemplo dado pelos autores, no âmbito da alimentação: posicionar frutas de forma visível é um *nudge*; proibir *junk food*, não (THALER, Richard H.; SUNSTEIN, Cass R. *Nudge*: como tomar melhores decisões sobre saúde, dinheiro e felicidade. Rio de Janeiro: Objetiva, 2019. p. 14).
184. THALER, Richard H.; SUNSTEIN, Cass R. *Nudge*: como tomar melhores decisões sobre saúde, dinheiro e felicidade. Rio de Janeiro: Objetiva, 2019. p. 13.

independentes certificados.[185] Como mencionado, quando identificado, por um verificador de fatos, o que a plataforma chama de "história falsa", esta passará (caso não se enquadre em hipótese de exclusão) a aparecer mais abaixo no *feed*, reduzindo de maneira significativa a quantidade de usuários que a visualiza.

A redução de visualizações do conteúdo se dá porque, ao posicioná-lo mais abaixo no *feed*, aumenta-se o esforço cognitivo que se demanda do usuário para visualizá-lo. Para acessar esse material, seria necessário movimentar a barra de rolagem e passar, antes, por outras publicações. Trata-se de uma medida similar a exemplo mencionado por Richard Thaler e Cass Sunstein:[186] ao posicionar frutas na parte mais visível da vitrine e doces, na mais escondida, impõe-se um esforço cognitivo, aumentando o "custo" de escolher a segunda opção (e conduzindo a uma escolha mais saudável). O mesmo ocorre em relação às mencionadas "histórias falsas".

Passa-se, então, à última categoria de moderação: a rotulação (ou etiquetagem) de conteúdo, que igualmente pode ser ancorada em conceito de Richard Thaler e Cass Sunstein, aqui citados por Jonathan Baron.[187] Essa medida se presta a reduzir o escopo de atuação dos vieses cognitivos dos usuários a partir da disponibilização de informações melhores e mais completas – no caso, a respeito de desinformação e de como identificá-la. Uma opção, como Lazer e outros argumentam, dá-se pela inclusão, pelas plataformas, de sinais quanto à qualidade de uma fonte ou artigo em seu algoritmo ("*nudging with information*"),[188] priorizando, no *feed*, fontes consideradas confiáveis (e combinando, portanto, a filtragem e a etiquetagem).[189]

A rotulação de conteúdo já vem sendo uma prática recorrente, tendo ganhado espaço ainda durante a pandemia de Covid-19. No final de 2020, com a proximidade do início da vacinação no Brasil, o então Twitter atualizou seus termos de uso, informando que, além das já previstas remoções, passaria a rotular

---

185. META PLATFORMS, INC. *Programa de verificação de fatos independente do Facebook*. Menlo Park. Disponível em: https://www.facebook.com/formedia/mjp/programs/third-party-fact-checking. Acesso em: 27 jun. 2024.

186. THALER, Richard H.; SUNSTEIN, Cass R. *Nudge*: como tomar melhores decisões sobre saúde, dinheiro e felicidade. Rio de Janeiro: Objetiva, 2019. p. 14.

187. BARON, Jonathan. Heuristic and biases. *In*: ZAMIR, Eyal; TEICHMAN, Doron (ed.). *The Oxford Handbook of Behavioral Economics and the Law*. Nova Iorque: Oxford Press University, 2014. p. 22.

188. THORNHILL, Calum *et al*. A digital nudge to counter confirmation bias. *In*: INTERNATIONAL AAAI CONFERENCE ON WEB AND SOCIAL MEDIA, 3., 2019, Munique. *Anais eletrônicos...* Munique: Association for the Advancement of Artificial Intelligence (AAAI), 2019. Disponível em: https://doi.org/10.3389/fdata.2019.00011. Acesso em: 26 jun. 2024.

189. LAZER, David *et al*. The science of fake news. *Science*, Washington, DC, v. 359, n. 6380, mar. 2018. p. 1095. Disponível em: https://www.science.org/doi/abs/10.1126/science.aao2998. Acesso em: 22 maio 2024.

publicações com informações enganosas sobre o tema.[190] A ideia é que a rotulação, essa "forma sutil de moderação", como define Savvas Zannettou,[191] se dê a partir de duas frentes, descritas por Filipo Sharevski e outros: o autor da publicação/compartilhamento recebe, quando identificado tema sensível, um sinal prévio, antes mesmo da submissão, estimulando-o a reconsiderar o conteúdo para, apenas então, seguir em frente; e o próprio conteúdo, caso submetido, fica sinalizado.[192]

Ainda que não se enquadre especificamente no escopo da moderação de conteúdo, não se pode deixar de falar, por fim, sobre as iniciativas que tratam da educação digital, cuja promoção vem expressamente determinada no Marco Civil da Internet, em seus arts. 26[193] e 29, parágrafo único.[194] Em uma sociedade com acesso cada vez mais consolidado à internet, torna-se de absoluta importância "o aprimoramento das capacidades cognitivas e competências individuais para o uso letrado e seguro das ferramentas que, hodiernamente, compõem as rotinas e atividades cotidianas", como pontua José Luiz Faleiros Júnior.[195]

Esclarece Renato Opice Blum que não se está falando de educação em informática, mas na preocupação em "formar cidadãos conscientes das características da vida no *cyberspace*, seus riscos, direito e obrigações".[196] Muitos são os projetos, por exemplo, com vistas a disseminar a prática de checagem de notícias nas redes sociais. Isso se daria não apenas a partir do acesso a portais e páginas que atuam com *fact-checking*, mas ensinando os próprios usuários a, por conta própria, realizar simples procedimentos de verificação, sempre

---

190. TWITTER, INC. *Covid-19*: nossa abordagem para informações enganosas sobre vacina. Brasil, 16 dez. 2020. Disponível em: https://blog.twitter.com/pt_br/topics/company/2020/covid-19-nossa-abordagem-para-informacoes-enganosas-sobre-vacinas.html. Acesso em: 25 jun. 2024.

191. ZANNETTOU, Savvas. "I won the election!": an empirical analysis of soft moderation interventions on Twitter. *arXiv*, [S.l.], 18 jan. 2021. Disponível em: https://arxiv.org/abs/2101.07183. Acesso em: 25 jun. 2024.

192. SHAREVKSI, Filipo *et al*. Misinformation warning labels: Twitter's soft moderation effects on COVID-19 vaccine belief echoes. *arXiv*, [S.l.], 1º abr. 2021. Disponível em: https://arxiv.org/abs/2104.00779. Acesso em: 25 jun. 2024.

193. Art. 26 do Marco Civil da Internet (Lei nº 12.965/2014): "O cumprimento do dever constitucional do Estado na prestação da educação, em todos os níveis de ensino, inclui a capacitação, integrada a outras práticas educacionais, para o uso seguro, consciente e responsável da internet como ferramenta para o exercício da cidadania, a promoção da cultura e o desenvolvimento tecnológico".

194. Art. 29, parágrafo único, do Marco Civil da Internet (Lei nº 12.965/2014): "Cabe ao poder público, em conjunto com os provedores de conexão e de aplicações de internet e a sociedade civil, promover a educação e fornecer informações sobre o uso dos programas de computador previstos no *caput*, bem como para a definição de boas práticas para a inclusão digital de crianças e adolescentes".

195. FALEIROS JÚNIOR, José Luiz. Responsabilidade civil e *fake news*: a educação digital como meio para a superação da desinformação e do negacionismo. *In*: BARBOSA, Mafalda Miranda; ROSENVALD, Nelson; MUNIZ, Francisco (coord.). *Responsabilidade civil e comunicação*: IV Jornadas Luso-Brasileiras de Responsabilidade Civil. Indaiatuba, SP: Editora Foco, 2021b. p. 253.

196. OPICE BLUM, Renato. O Marco Civil da Internet e a educação digital no Brasil. *In*: ABRUSIO, Juliana (coord.). *Educação digital*. São Paulo: Revista dos Tribunais, 2015. [E-book não paginado]

que se deparassem com um conteúdo vindo das redes.[197] No mesmo sentido, muito embora tenha informado que, entre fevereiro de 2020 e agosto de 2021, mais de um milhão de vídeos com "informações perigosas sobre coronavírus" foram removidos, o YouTube reconheceu que muitas das informações ligadas ao tema ainda eram rodeadas por incertezas – e que, na ausência de certezas, não deveriam ser as empresas de tecnologia a "estabelecer limites no território obscuro da desinformação".[198]

Por isso, a empresa se comprometeu a ampliar o alcance de conteúdo considerado confiável (a partir, especialmente, da consulta a *experts* em assuntos controvertidos), bem como fornecer contexto aos usuários, para ajudá-los a tomar "decisões mais coerentes".[199] O então Twitter, por sua vez, chegou a anunciar medidas de publicidade *pro bono* para ONGs em todo o mundo, com o objetivo de divulgar informações confiáveis sobre Covid-19, além de promover sessões de perguntas e respostas, bem como de palestras de especialistas, para esclarecer dúvidas sobre o tema.[200]

Porém, alguns autores têm se mostrado céticos quanto ao chamado "empoderamento" dos indivíduos. É o caso de David Lazer e outros, que sustentam sua crítica justamente nos vieses de confirmação, em razão da tendência dos indivíduos de não questionar a veracidade das fontes, a menos que seus próprios valores ou crenças sejam infringidos. Isso sugere que seria improvável que um usuário se envolvesse ativamente no processo de verificação de fatos, ou que utilizasse, de maneira massiva, os serviços fornecidos por agências verificadoras. Essa seria uma alternativa complementar, mas não a única.[201]

---

197. Além de uma série de cartilhas com preceitos básicos de verificação (como checar a fonte e a data, duvidar de posicionamentos radicais e ler a matéria completa, e não apenas o título), a UNESCO tem orientado professores sobre formas de tratar de educação midiática e informacional em sala de aula, tendo por tema não apenas a compreensão e avaliação de informações, mas questões como liberdade de expressão e ética (CAROLYN, Wilson *et al*. *Alfabetização midiática e informacional*: currículo para formação de professores. Brasília, DF: Unesco, 2013. Disponível em: https://unesdoc.unesco.org/ark:/48223/pf0000220418. Acesso em: 21 jun. 2024; CARVALHO, Talita de. Como identificar notícias falsas? O caso de Marielle Franco. *Politize!*, [S.l], 29 mar. 2018. Disponível em: https://www.politize.com.br/como-identificar-noticias-falsas/. Acesso em: 21 jun. 2024).

198. MOHAN, Neal. Perspective: tackling misinformation on YouTube. *YouTube Official Blog*, San Bruno, 25 ago. 2021. Disponível em: https://blog.youtube/inside-youtube/tackling-misinfo/. Acesso em: 26 jun. 2024.

199. YOUTUBE. *Como o YouTube promove conteúdo confiável?* Disponível em: https://www.youtube.com/intl/ALL_br/howyoutubeworks/our-commitments/fighting-misinformation/#raising-high-quality-information. Acesso em: 26 jun. 2024.

200. TWITTER, INC. *Covid-19*: nossa abordagem para informações enganosas sobre vacina. Brasil, 16 dez. 2020. Disponível em: https://blog.twitter.com/pt_br/topics/company/2020/covid-19-nossa-abordagem-para-informacoes-enganosas-sobre-vacinas.html. Acesso em: 25 jun. 2024.

201. LAZER, David *et al*. The science of fake news. *Science*, Washington, DC, v. 359, n. 6380, mar. 2018. Disponível em: https://www.science.org/doi/abs/10.1126/science.aao2998. Acesso em: 22 maio 2024.

Munir os cidadãos – e, em especial, os usuários de redes sociais – com ferramentas que permitam que se protejam de conteúdo desinformativo é um grande desafio, certamente a ser empreendido a longo prazo, por meio de políticas públicas e de lições ainda nos bancos escolares. Mas, mesmo que esse objetivo fosse plenamente alcançado (o que, é de se reconhecer, parece utopia), a moderação seguiria (e seguirá) se mostrando uma importante aliada à saúde do ambiente virtual.

Reitere-se, contudo, que essa prática exige melhores contornos: sua importância, afinal, não dá carta branca para que as plataformas atuem de acordo com seus caprichos. Pelo contrário, é justamente isso que faz necessário refletir sobre formas de aprimoramento, contribuindo para que os debates que se desenrolam nesses ambientes sejam plurais e saudáveis, assunto do qual se tratou no presente capítulo. Na sequência, cumpre passar ao ponto derradeiro desta abordagem: as hipóteses em que a moderação parece falhar, exigindo que se discuta a respeito da responsabilidade civil dos provedores no exercício dessa atividade, notadamente no que concerne a conteúdo com desinformação.

3
MODERAÇÃO DE CONTEÚDO COM POTENCIAL DESINFORMATIVO E A RESPONSABILIDADE CIVIL DOS PROVEDORES DE REDES SOCIAIS

Nos dois capítulos anteriores, foram citados casos de moderação de conteúdo inseridos em passagens importantes da história recente e que chamaram a atenção para a intervenção das plataformas no fluxo comunicacional, com manifesto impacto também no debate público, como ocorreu à época da invasão do Capitólio, nos Estados Unidos. Sem empreender análise específica do "caso Trump" (até mesmo em razão de se tratar de ordenamento jurídico com importantes diferenças em relação ao cenário brasileiro),[1] ou mesmo dos ataques em

---

1. Nos Estados Unidos, a principal particularidade da responsabilidade civil das plataformas reside na tradição de absoluta proteção à liberdade de expressão dos cidadãos, resguardada na Primeira Emenda da Constituição, estabelecida ainda em 1791: "O congresso não deverá fazer qualquer lei (...) restringindo a liberdade de expressão, ou da imprensa". A literalidade dessa disposição está impregnada à cultura estadunidense, que tem a liberdade de expressão como seu direito maior. Essa ideia foi transposta ao ambiente da internet a partir da já mencionada *Section 230* do *Communications Decency Act* (CDA), promulgada nos anos 1990, época de franca expansão da internet. Àquela altura, a *Section 230*, especificamente em seu 47 U.S.C. § 230, (c)(1), concedia aos provedores de serviços de informática interativos, como regra geral, imunidade sobre o conteúdo de seus usuários (disposição que, sublinhe-se, comporta exceções, relacionadas a crimes de propriedade intelectual e outros crimes federais, como a pornografia infantil e o tráfico sexual). Ponto interessante é que, apesar da ampla tutela à liberdade de expressão, a imunidade dos provedores se estende para garantir que também possam, "de boa-fé", permitir ou remover conteúdo de terceiros, "esteja ou não o referido material protegido constitucionalmente". Em outras palavras, nos Estados Unidos, as plataformas gozam de absoluta autonomia na moderação de conteúdo, baseada na chamada cláusula do bom samaritano (*good samaritan clause*), prevista na *Section 230* do CDA. Nos termos do 47 U.S.C. § 230, (c)(2), não recairá responsabilidade, do ponto de vista civil, sobre os provedores que, de boa-fé, voluntariamente removerem ou restringirem acesso a conteúdo considerado obsceno, excessivamente violento, perturbador ou, em alguma medida, inadequado. A intenção legislativa era, de maneira excepcional (pois se tratava de um espaço ainda incipiente), fomentar o desenvolvimento de empresas de tecnologia, ao mesmo tempo que as encorajava a moderar o conteúdo em seus sites e blogs (essencialmente, comentários de visitantes), sem temer serem responsabilizadas por esse conteúdo, como lembram Agustina Del Campo, Morena Schatzky, Laura Hernández e J. Carlos Lara. É possível afirmar, a partir de Bertram Lee, que a suspensão definitiva da conta de Donald Trump no Twitter foi amparada nessa disposição, que vem sendo questionada não apenas sob a perspectiva política, mas igualmente em razão da preocupação com o fato de as plataformas disso se valerem para se eximir de discussões sobre como seu agir afeta

Brasília em 8 de janeiro de 2003, seu correspondente brasileiro, é possível afirmar que, muito antes desses emblemáticos episódios, usuários anônimos de todo o mundo já vinham sendo impactados por medidas similares – que, não raro, são empregadas com base em escolhas questionáveis por parte dos provedores.

É o que sopesam Artur Pericles Lima Monteiro e outros, ao avaliar que "São cotidianos os episódios de 'falsos positivos' e 'falsos negativos' no processo de moderação, ou seja, aquele conteúdo que foi excluído mesmo sem violar regra da plataforma e aquele que inequivocamente viola regra e foi mantido". Ressalte-se que essas decisões são tomadas no cerne de uma atividade com fins econômicos, desempenhada em larga escala, nem sempre com a devida *accountability*. Nesse contexto, comumente se revelam "desacordos sobre os limites do discurso e a providência que lhe é direcionada", podendo resvalar no que os autores denominam como "zonas cinzentas".[2] Ou seja: para além do caráter questionável de muitos dos processos decisórios, frequentemente, nem sequer é possível compreendê-los.

Como se pode perceber, são candentes os debates a respeito dos limites da moderação de conteúdo (principalmente do conteúdo potencialmente desinformativo) e dos riscos dessa prática, que tem sido guiada pelo agir nem sempre transparente, e por vezes arbitrário, por parte das plataformas. São esses agentes privados, afinal, que definem, a partir de seus termos de uso, as regras a serem seguidas pelos usuários de suas aplicações, inclusive no que tange a publicações e contas sujeitas a medidas de filtragem, etiquetagem, remoção etc. Ao mesmo tempo que esses contornos de obscuridade na atuação das plataformas (que constituem um "novo sistema de governança")[3] devem ser enfrentados sob a

---

direitos civis, por exemplo. No Brasil, como se vem sinalizando ao longo do estudo, não há disposição semelhante (ESTADOS UNIDOS. *U. S. Constitution (1787)*. Washington, D.C., 1787. Disponível em: https://www.law.cornell.edu/constitution/index.html. Acesso em: 24 jun. 2024; ESTADOS UNIDOS. *United States Code*. Washington, D.C., 1789. Disponível em: https://uscode.house.gov/. Acesso em: 24 jun. 2024; DEL CAMPO, Agustina *et al*. Olhando Al Sur: rumo a novos consensos regionais em matéria de responsabilidade de intermediários na Internet. *Al Sur*, [*S.l.*], p. 19, abr. 2021. Disponível em: https://www.alsur.lat/sites/default/files/2021-06/Responsabilidad%20de%20intermediarios%20 PT.pdf. Acesso em: 24 jun. 2024; BRENTON, Thierry. Capitol Hill: the 9/11 moment of social media. *Politico*, Bruxelas, 10 jan. 2021. Disponível em: https://www.politico.eu/article/thierry-breton-social-media-capitol-hill-riot/. Acesso em: 25 jun. 2024; LEE, Bertram. Where the rubber meets the road: Section 230 and Civil Rights. *Public Knowledge*, Washington, D.C., 12 ago. 2020. Disponível em https://publicknowledge.org/where-the-rubber-meets-the-road-section-230-and-civil-rights/. Acesso em: 25 jun. 2024).

2. MONTEIRO, Artur Pericles Lima *et al*. *Armadilhas e caminhos na regulação da moderação de conteúdo, diagnósticos & recomendações*. São Paulo: InternetLab, 2021. p. 12. Disponível em: https://internetlab. org.br/wp-content/uploads/2021/09/internetlab_armadilhas-caminho-moderacao.pdf. Acesso em: 30 jun. 2024.

3. A partir da ideia de Jack M. Balkin, é possível afirmar que os provedores, "Em relação ao Estado, são negócios sujeitos a regulamentação – e ameaças ocasionais, queixas e cooptação. Em relação a seus usuários finais, são um novo sistema de governança, governando de forma soberana, e com propósi-

perspectiva regulatória, é relevante fazê-lo, no cenário atual, também a partir da responsabilidade civil.

Após se enfrentar o fenômeno da desinformação, no Capítulo 1, e os desafios da moderação de conteúdo desinformativo, no Capítulo 2, chega-se à etapa final da abordagem aqui proposta: a análise sob a perspectiva da moderação que envolve uma conduta antijurídica[4] – alçando o provedor de aplicação à condição de agente violador de dever(es) jurídico(s) em relação ao usuário. Não se trata aqui, portanto, da tradicional discussão quanto à responsabilidade das plataformas por conteúdo publicado por terceiros – mas de sua responsabilidade por ato próprio, no exercício da atividade de moderação.

Evidenciando os caracteres reparatório (base da responsabilidade civil) e preventivo como elementares à tutela do direito dos usuários e ao refinamento da conduta das plataformas, intenta-se enquadrar, sob o aspecto jurídico, a relação entre estes e aqueles. Está-se, em regra, diante de uma relação de consumo, de modo que, tratando-se de sistema de responsabilidade civil especial, falhas (ou defeitos) na moderação de conteúdo serão tratadas como fato do serviço, à luz do art. 14 do Código de Defesa do Consumidor. A partir dessa exposição, e encerrando a abordagem, cuida-se de enfrentar casos pontuais da jurisprudência brasileira – cujas decisões, tal qual mencionado ainda no início desta obra, sinalizam que, do ponto de vista de definição de *standards* de conduta que se espera sejam adotados pelas plataformas (e cuja inobservância poderia, portanto, configurar defeito na prestação de serviço), o tema da moderação de conteúdo ainda tem muito a evoluir.

3.1 REPARAÇÃO E PREVENÇÃO COMO PILARES DA RESPONSABILIDADE CIVIL NA MODERAÇÃO DE CONTEÚDO

Apesar das relevantes discussões a respeito na seara legislativa, já se demonstrou que, atualmente, a ausência de normas específicas sobre moderação

---

tos especiais, os membros de suas comunidades". Tradução livre. No original: "*Facing the state, they are businesses subject to regulation — and occasional threats, jawboning, and cooptation. Facing their end-users, they are a new system of governors, special-purpose sovereigns ruling over the members of their communities*" (BALKIN, Jack M. Free speech in the algorithmic society: big data, private governance, and new school speech regulation. *UC Davis Law Review*, Davis, Yale Law School, Public Law Research Paper No. 615, 2018. p. 1182. Disponível em: https://lawreview.law.ucdavis.edu/issues/51/3/Essays/51-3_Balkin.pdf. Acesso em: 19 jun. 2024).

4. Conforme lição de Bruno Miragem, "antijuridicidade caracteriza-se pela causação do dano injusto, em violação do preceito de não causar dano a outrem". Trata-se de um gênero que tem por espécie a ilicitude, de modo que, no caso daquele, "a contrariedade a direito (antijurídico) ultrapassa a mera violação expressa de preceito normativo (ilícito ou ilegal)" (MIRAGEM, Bruno. *Responsabilidade civil*. 2. ed. Rio de Janeiro: Forense, 2021. p. 62).

conduz o intérprete a buscar, no art. 19 do Marco Civil da Internet, a base para tratar dos contornos e limites da prática por parte das plataformas.[5] Ainda assim, não é possível extrair daí respostas para todas as perguntas que orbitam em torno do tema.[6] Nesse aspecto, a responsabilidade civil muito tem a contribuir, ao se apresentar, tal qual assinalam Rosa Maria de Andrade Nery e Nelson Nery Júnior, como um microssistema de direito privado que "tem um conteúdo lógico e teórico, capaz de pôr em prática a pretensão indenizatória de quem sofreu prejuízo, com segurança jurídica, coibindo a vindita privada e a desarmonia social e fomentando o reequilíbrio nas relações humanas". Mostra-se a responsabilidade civil, assim, como um mecanismo "voltado, todo ele, para viabilizar a proporcionalidade a que visa o sistema jurídico".[7]

Tornar ainda mais claros os motivos pelos quais se escolheu analisar o tema sob esse prisma exige avaliar como pode a responsabilidade civil incentivar o aprimoramento das práticas de moderação, com vistas a se alcançar o fim precípuo não apenas de reparar danos daí causados, mas também, de forma ainda mais ampla, assegurar a tutela dos direitos dos usuários das aplicações de redes sociais, especialmente no que concerne aos direitos comunicativos fundamentais – que devem ser garantidos de forma conjunta, a fim de afiançar a liberdade de expressão em "sentido amplo".[8]

Ficou demonstrado no capítulo anterior que as plataformas de redes sociais têm se valido de estratégias de moderação que acabam por interferir no fluxo comunicacional de seus usuários,[9] como nos já mencionados episódios envolvendo publicações e contas de autoridades públicas, filtradas, rotuladas e/ou removidas sob a justificativa de configurarem conteúdo desinformativo. Esses exemplos, também como já se relatou, somam-se à tomada de decisão envolvendo outras situações de alegada violação às políticas dos agentes privados

---

5. KELLER, Clara Iglesias. Policy by judicialisation: the institutional framework for intermediary liability in Brazil. *International Review of Law, Computers & Technology*, Leeds, v. 35, n. 3, jul. 2020. p. 7. Disponível em: https://doi.org/10.1080/13600869.2020.1792035. Acesso em: 26 jun. 2024; LONGHI, João Victor Rozatti; MARTINS, Guilherme Magalhães. Liberdade de expressão e redes sociais: a que ponto chegaremos? *Consultor Jurídico*, São Paulo, 13 jan. 2021. Disponível em: https://www.conjur.com.br/2020-abr-12/martins-longhi-liberdade-expressao-redes-sociais/. Acesso em: 29 jun. 2024.
6. SANTOS, Bruna Martins dos. Uma avaliação do modelo de responsabilidade civil de intermediários do Marco Civil para o desenvolvimento do Brasil. *Internet Society*, Brasília, ago. 2020. p. 29. Disponível em: https://isoc.org.br/files/1_5163560127365644511.pdf. Acesso em: 29 jun. 2024.
7. NERY, Rosa Maria de Andrade; NERY JÚNIOR, Nelson. *Instituições de direito civil*: das obrigações, dos contratos e da responsabilidade civil. São Paulo: Thomson Reuters Brasil, 2022. v. II, p. 418.
8. MAGALHÃES, José Luiz Quadros de. *Direito constitucional*: curso de direitos fundamentais. 3. ed. São Paulo: Método, 2008. p. 74.
9. SANTOS, Bruna Martins dos. Uma avaliação do modelo de responsabilidade civil de intermediários do Marco Civil para o desenvolvimento do Brasil. *Internet Society*, Brasília, ago. 2020. p. 29. Disponível em: https://isoc.org.br/files/1_5163560127365644511.pdf. Acesso em: 29 jun. 2024.

(até mesmo coincidindo com hipótese de ilicitude),[10] como discurso de ódio, violência e incitação, *bullying* e assédio, suicídio e automutilação, além de violação à propriedade intelectual.

Se já foi exposto que esse processo de análise, tomada de decisão e adoção de medidas nem sempre se dá de forma adequada,[11] vale esclarecer que, no caso da moderação, a "causação de um dano injusto, em violação do preceito de não causar dano a outrem",[12] pode se dar em, ao menos, duas etapas distintas, que serão aprofundadas adiante: na análise/interpretação do conteúdo em si ou, ainda, nos procedimentos adotados pelo provedor ao moderar (como ao inviabilizar ou dificultar o contraditório e a ampla defesa).

Para melhor compreender esse cenário, caberá estabelecer os direitos do usuário e os deveres jurídicos das plataformas, igualmente perpassando as condições da responsabilização civil, o que se fará, respectivamente, nos próximos dois tópicos. Por ora, volta-se a abordagem às funções da responsabilidade civil no âmbito da moderação de conteúdo desinformativo. Sabe-se que tratar de funções "é caminhar em tereno pantanoso, sujeito a surpresas e deslizes",[13] considerando a constante evolução da sociedade atual. Ainda assim, o desafio merece ser enfrentado, uma vez que a abordagem funcionalista entende o Direito como "um instrumento para direcionar comportamentos e promover transformações".[14]

Muito mais do que reparar o usuário eventualmente lesado pela conduta do provedor, deve-se perseguir a criação de incentivos ao aprimoramento da

---

10. MARQUES, Claudia Lima; MIRAGEM, Bruno. Parecer. *In*: BRASIL. Supremo Tribunal Federal. *Recurso Extraordinário 1.037.396*. Recorrente: Facebook Serviços Online do Brasil Ltda. Recorrido: Lourdes Pavioto Correa. Relator: Ministro Dias Toffoli. [2017-] (ainda não julgado). Porto Alegre, 31 ago. 2020. p. 31.

11. Exemplos são lembrados por Rodrigo da Guia Silva e Marcela Guimarães Barbosa da Silva, que citam o bloqueio, pelo Facebook, da conta do ator Tonico Pereira, sem apresentação de justificativa (e que, ao ter seu acesso restabelecido, manifestou-se na rede: "Não sei de que fui acusado nem por que fui absolvido, mas estou aqui. Eu gostaria de, quando acusado de alguma coisa, eu ser comunicado, como manda a lei, para que eu pudesse fazer, pelo menos, a minha defesa. Mas não é assim que acontece."); o bloqueio, pelo Instagram, de funcionalidades da conta do ator Antonio Fagundes, confundido com um robô após dar a mesma resposta a uma série de comentários feitos em uma de suas publicações; e a exclusão do perfil do influenciador Ícaro de Carvalho, também sob o fundamento de violação aos termos de uso, sem qualquer especificação (SILVA, Rodrigo da Guia; SILVA, Marcela Guimarães Barbosa da. O contraditório e a ampla defesa nas redes sociais. *Consultor Jurídico*, São Paulo, 27 ago. 2021. Disponível em: https://www.conjur.com.br/2021-ago-27/opiniao-contraditorio-ampla-defesa-redes-sociais-virtuais#author. Acesso em: 26 jun. 2024).

12. MIRAGEM, Bruno. *Responsabilidade civil*. 2. ed. Rio de Janeiro: Forense, 2021. p. 62.

13. BRAGA NETTO, Felipe Peixoto; FARIAS, Cristiano Chaves de; ROSENVALD, Nelson. *Novo tratado de responsabilidade civil*. 4. ed. São Paulo: Saraiva Educação, 2019. p. 67.

14. DAL PIZZOL, Ricardo. *Responsabilidade civil*: funções punitiva e preventiva. Indaiatuba, SP: Editora Foco, 2020. pos. 481.

atuação dos agentes econômicos responsáveis pelas aplicações, assegurando os direitos de todos os usuários e promovendo um ambiente aberto, diverso e democrático. No caso do conteúdo com potencial desinformativo, essa preocupação diz respeito tanto à análise do conteúdo pela plataforma (tarefa desafiadora, comumente marcada por subjetividade) quanto à forma como a moderação será, de fato, executada – e em que grau envolverá o usuário, com transparência e viabilizando o contraditório e a ampla defesa. Daí a importância de se pensar a responsabilidade civil como uma das ferramentas passíveis de contribuir para o refinamento das práticas de moderação.

De maneira geral, embora se encontrem abordagens com terminologias e, até mesmo, com classificações diferentes,[15] faz-se pertinente trazer consideração tecida por Cristiano Chaves de Farias, Felipe Peixoto Braga Netto e Nelson Rosenvald, que analisam que, assumindo maior importância de acordo com o período histórico e o ambiente social, seriam quatro as funções fundamentais[16] que a responsabilidade civil absorve (estando as duas primeiras pacificadas nos sistemas de *civil law*):

> (a) a função de reagir ao ilícito danoso, com a finalidade de reparar o sujeito atingido pela lesão; (b) a função de repristinar o lesado ao *status quo ante*, ou seja, estado ao qual o lesado se encontrava antes de suportar a ofensa; (c) a função de reafirmar o poder sancionatório (ou punitivo) do Estado; (d) a função de desestímulo para qualquer pessoa que pretenda desenvolver atividade capaz de causar efeitos prejudiciais a terceiros.[17]

---

15. Anote-se, por exemplo, classificação apresentada por Fabiano Koff Coulon, que assinala as funções como reparatória (com vistas a "tentar, na medida do possível, através de uma soma em pecúnia ou pela reposição *in natura*, colocá-lo em uma situação o mais aproximada possível ao estado [ora hipotético] de inexistência do evento danoso", p. 46), satisfativa (voltada mais especificamente a danos extrapatrimoniais, "uma vez que tratar de recomposição do estado anterior à ocorrência do evento danoso, nessa hipótese, seria algo inapropriado", p. 53), demarcatória (com caráter informativo, "para a demarcação do momento em que uma conduta passe a representar não mais uma atuação juridicamente protegida da liberdade na vida em sociedade, mas, antes, como socialmente danosa e assim apta a ensejar a atribuição da obrigação de indenizar", p. 55), distributiva (que "ocorre uma realocação da perda sofrida pela vítima, cujo custo deve ser distribuído para ser suportado por outrem", p. 58), punitiva à conduta do agente causador do dano e, ainda, dissuasória ("aquela voltada para que o agente não mais repita a conduta socialmente indesejável", p. 87) (COULON, Fabiano Koff. *A função dissuasória da responsabilidade civil sob as lentes da análise econômica do direito: exame dos seus limites e possibilidades de aplicação na responsabilização da empresa*. 2013. 155 f. Tese (Doutorado em Direito) – Programa de Pós-Graduação em Direito, Universidade Federal do Rio Grande do Sul, Porto Alegre, 2013. Disponível em: https://lume.ufrgs.br/handle/10183/196618. Acesso em: 15 jun. 2024).
16. Essas mesmas funções são citadas por Teresa Ancona Lopez, que, amparada em Guido Alpa, pondera que grande parte dos estudiosos aponta para as quatro funções em questão, considerando, de um lado, a distribuição das perdas e, de outro, a alocação de riscos (LOPEZ, Teresa Ancona. *Princípio da precaução e evolução da responsabilidade civil*. São Paulo: Quartier Latin, 2010. p. 73).
17. BRAGA NETTO, Felipe Peixoto; FARIAS, Cristiano Chaves de; ROSENVALD, Nelson. *Novo tratado de responsabilidade civil*. 4. ed. São Paulo: Saraiva Educação, 2019. p. 84-85.

Importa o registro de que, apesar de elencarem as quatro referidas funções como aquelas frequentemente compreendidas como fundamentais, optam os autores pela apresentação de uma "tripartição funcional", dividida em função reparatória, função punitiva e função precaucional. Sem desconsiderar a classificação tradicional, opta-se por esse posicionamento porque, no entender dos autores, o caráter de prevenção (que muito importa ao tema aqui discutido) permearia esses três pilares,[18] a respeito dos quais cabe tecer breves considerações.

A primeira e mais tradicional função, reparatória (consagrada no Código Civil, em seu art. 944, *caput*), tem a finalidade de reparar o sujeito atingido por uma lesão, por meio da transferência de patrimônio do lesante ao lesado, com vistas ao reequilíbrio patrimonial.[19] Nesse ponto, Clóvis Beviláqua aponta as diferenças entre o Direito Civil – e, no caso, da responsabilidade civil, como um microssistema de direito privado – e o Direito Penal. Explica que, enquanto o Direito Penal entende o crime como um "elemento perturbador do equilíbrio social", o Direito Civil se preocupa com o ato ilícito como uma ofensa a um direito privado.[20] Por esse motivo, complementa Eugênio Facchini Neto, enquanto o Direito Penal se preocupa com o agente, disciplinando os casos em que ele deve ser criminalmente responsabilizado, o Direito Civil volta suas atenções à vítima.[21]

É isso que torna evidente a função reparatória um "princípio geral de direito", nas palavras de Silvio Rodrigues, "informador de toda a teoria da responsabilidade, encontradiço no ordenamento jurídico de todos os povos civilizados e sem o qual a vida social é quase inconcebível".[22] É a imposição de que quem causa dano a outrem tem o dever de reparar – muito mais do que a preocupação em censurar o seu responsável.

---

18. BRAGA NETTO, Felipe Peixoto; FARIAS, Cristiano Chaves de; ROSENVALD, Nelson. *Novo tratado de responsabilidade civil*. 4. ed. São Paulo: Saraiva Educação, 2019. p. 67.
19. A tradição da função reparatória, vale dizer, vem disposta no Código Civil, especificamente no art. 944, *caput*, que dispõe que "a indenização mede-se pela extensão do dano", consagrando o princípio da reparação integral. A partir de lição de Paulo de Tarso Vieira Sanseverino: "O princípio da reparação integral ou plena, ou da equivalência entre os prejuízos e a indenização (...) busca colocar o lesado, na medida do possível, em uma situação equivalente à que se encontrava antes de ocorrer o fato danoso. (...) De todo modo, como a responsabilidade tem como função prioritária a reparação mais completa do dano, dentro do possível, essa norma constitui a diretiva fundamental para avaliação dos prejuízos e quantificação da indenização" (SANSEVERINO, Paulo de Tarso Vieira. *Princípio da reparação integral*: indenização no Código Civil. São Paul: Saraiva, 2010. p. 48).
20. BEVILÁQUA, Clóvis. *Teoria geral do Direito Civil*. Campinas, SP: RED Livros, 2001. p. 365.
21. FACCHINI NETO, Eugênio. Da responsabilidade civil no novo código. *Revista do Tribunal Superior do Trabalho*, Porto Alegre, v. 76, n. 1, jan./mar. 2010. p. 20. Disponível em: https://juslaboris.tst.jus.br/handle/20.500.12178/13478. Acesso em: 27 maio 2024.
22. RODRIGUES, Silvio. *Direito civil*: responsabilidade civil. 10. ed. atual de acordo com o novo Código Civil (Lei n. 10.406, de 10-1-2002). São Paulo: Saraiva, 2002.

Essa reparação pode se dar de três formas, como explicam Cristiano Chaves de Farias e outros, citando a possibilidade de tutela restitutória, que se volta "a reconstituir as condições em que se encontrava o titular do interesse antes da violação, como exigência de uma repristinação ao *status quo ante*", neutralizando a consequência do ilícito; a tutela ressarcitória, para "compensar o lesado pelo prejuízo econômico sofrido", especialmente em situações em que não é possível o retorno ao *status quo ante*; e, por fim, a tutela satisfativa, guardada aos casos em que "a tutela civil pode não se voltar à restauração de uma dada estrutura de interesses – seja pela via restitutória ou ressarcitória – mas sobremaneira à satisfação *in natura* de uma posição subjetiva que restou não atuada, ou defeituosamente atuada".[23] Deixa-se claro que a reparação é a função precípua da responsabilidade civil.

Seguindo-se na classificação apontada, a função punitiva tem origem em países de *common law*[24] e aponta para duas finalidades, de acordo com lição de Raul Araújo Filho: de um lado, compensar a vítima em razão da ofensa sofrida; de outro, por meio de um acréscimo econômico na condenação imposta, desestimular o autor da lesão a praticar novamente a conduta – o que dá à reparação um "nítido caráter punitivo-pedagógico".[25] Pontua Sergio Cavalieri Filho que "doutrina e jurisprudência, com respeitosas exceções, admitem hoje o caráter

---

23. BRAGA NETTO, Felipe Peixoto; FARIAS, Cristiano Chaves de; ROSENVALD, Nelson. *Novo tratado de responsabilidade civil*. 4. ed. São Paulo: Saraiva Educação, 2019. p. 70.

24. Considerando o contexto de punição, Teresa Ancona Lopez cita os institutos dos *punitive damages* (ou, em tradução, danos punitivos) e da *deterrence* (do inglês, desencorajar, ou parar por medo), ambos ligados à imposição de medidas "economicamente mais pesadas", com o objetivo de gerar "uma ameaça ou um temor efetivos em todos os cidadãos", em razão da "fraca coerção que exerce a prevenção vinda automaticamente de sanções pecuniárias que pesam sobre o réu". Sem a pretensão de aprofundar o tema, registra-se que a autora promove a distinção entre um e outro instituto: quanto ao primeiro, pontua que, no Brasil, diferentemente do que ocorre nos países de *common law*, os danos punitivos dispensam os requisitos de dolo e fraude por parte do réu, de modo que a aplicação de condenações em quantias indenizatórias superiores assume "valor de desestímulo", levando em conta seu grau de culpa. Quanto à *deterrence*, explica que se trata de instituto jurídico ligado à economia, difundido a partir da Análise Econômica do Direito, e se relaciona ao fato de que "a intimidação ou efeito deterrente (preventivo) das indenizações tem que ser fundado em fatos econômicos para que tenha a finalidade intimidativa desejada perante a população". O expoente da *detterence*, assinala Teresa Ancona Lopez, é o autor Guido Calabresi, por meio da obra *The costs of accidents*. Em conclusão, o que se percebe é que em ambos os casos, apesar de a majoração econômica da pena poder ser compreendida como uma punição, fato é que ela atua, concomitantemente, como mecanismo de prevenção (LOPEZ, Teresa Ancona. *Princípio da precaução e evolução da responsabilidade civil*. São Paulo: Quartier Latin, 2010. p. 86; CALABRESI, Guido. *The cost of accidents*: a legal and economic analysis. New Haven and London: Yale University Press, 1970).

25. ARAÚJO FILHO, Raul. *Punitive Damages* e sua aplicabilidade no Brasil. *Doutrina*: edição comemorativa, 25 anos, Brasília, DF, 2014. p. 333. Disponível em: https://ww2.stj.jus.br/publicacaoinstitucional/index.php/Dout25anos/article/view/1117/1051. Acesso em: 20 jun. 2024.

punitivo do dano moral, pelo menos em determinadas circunstâncias".[26] Ambos os autores entendem que, embora o ordenamento jurídico não disponha de previsão específica a respeito, a Constituição Federal não proibiria a utilização da função punitiva com vistas à majoração do dano – que seria, em muitos casos, aquilo que efetivamente se busca com a indenização pelo dano moral, ante a inviabilidade de que seja efetivamente reparado.[27] Mas essa posição, como já sinalizado, não é unânime.[28]

Por fim, a função precaucional diz respeito à evitação de riscos de dano, sendo estes futuros e desconhecidos – diferentemente do que ocorre em relação à prevenção, relacionada à evitação de dano certo e conhecido: "o primeiro possui como elemento constitutivo a incerteza científica, e o segundo, em oposição, a certeza científica", diferencia Gabriel de Jesus Tedesco Wedy, em abordagem detida ao direito ambiental.[29] Nesse sentido, e apesar de saudar a proposta, observa Rui Stocco que, "Embora a experiência da tese (do princípio da precaução, citada a partir de Teresa Ancona Lopez)[30] tenha se iniciado no direito ambiental, que propicia ações preventivas e acauteladoras, não há ainda um vislumbre dessa possibilidade em outras atividades ou nas relações privadas".[31]

Essas três funções (ressarcitória, punitiva e precaucional) estariam permeadas pelo caráter preventivo – de modo que, muito mais do que uma função, a prevenção evidenciar-se-ia como um princípio do direito dos danos, manifestando-se

---

26. CAVALIERI FILHO, Sergio. *Programa de responsabilidade civil*. 12. ed. São Paulo: Atlas, 2015. p. 136-137.

27. CAVALIERI FILHO, Sergio. *Programa de responsabilidade civil*. 12. ed. São Paulo: Atlas, 2015. p. 137.

28. Ao analisar a tese da função punitiva nos casos de dano moral, Maria Celina Bodin de Moraes cita autores que lhe são favoráveis, em maior ou menor grau – como Caio Mário da Silva Pereira, Silvio Rodrigues, Carlos Alberto Bittar, Sergio Cavalieri, Teresa Ancona Lopez, Carlos Edison do Rêgo Monteiro Filho; e outros contrários a qualquer caráter punitivo – como José Aguiar Dias, Pontes de Miranda, Wilson Melo da Silva e Orlando Gomes. Na obra, a autora reconhece a possibilidade de acolhimento do caráter punitivo para "situações potencialmente causadoras de lesões a um grande número de pessoas", como em relações de consumo e no Direito Ambiental. Alerta, entretanto, para o fato de não se equiparar ao dano punitivo semelhante ao originalmente conhecido, eis que assumiria, como *ratio*, um caráter "preventivo-precaucório", sendo destinado não à vítima/autor da ação, mas a fundos previamente especificados (BODIN DE MORAES, Maria Celina. *Danos à pessoa humana*: uma leitura civil-constitucional dos danos morais. Rio de Janeiro: Renovar, 2009. p. 218 e 262-264).

29. WEDY, Gabriel de Jesus Tedesco. Os elementos constitutivos do princípio da precaução e a sua diferenciação com o princípio da prevenção. Revista de Doutrina TRF4, Porto Alegre, n. 68, 23 out. 2015. Disponível em: https://revistadoutrina.trf4.jus.br/index.htm?https://revistadoutrina.trf4.jus.br/artigos/edicao068/ Gabriel_Wedy.html. Acesso em: 21 jun. 2022.

30. LOPEZ, Teresa Ancona. *Princípio da precaução e evolução da responsabilidade civil*. São Paulo: Quartier Latin, 2010.

31. STOCCO, Rui. *Tratado de responsabilidade civil*. 2. ed. em e-book baseada na 10. ed. impressa. São Paulo: Revista dos Tribunais, 2014. [E-book não paginado]

como o "objetivo primordial da responsabilidade civil contemporânea".[32] Analisando a evolução da responsabilidade civil, Cristiano Chaves de Farias e outros defendem que responsabilizar, de início, significava punir, reprimir e culpar. A partir da teoria do risco, voltou-se à reparação de danos.[33] Na era contemporânea, a responsabilidade soma, além da reparação, também o objetivo de prevenção de ilícitos – de modo que passa a "induzir os cidadãos à prática de comportamentos socialmente desejáveis, prevenindo danos iminentes e futuros (...)".[34]

Essa conclusão, diga-se, caminha no mesmo sentido do já destacado no capítulo anterior, que tratou das escolhas do legislador no que concerne ao microssistema de responsabilidade civil dos provedores por danos causados por conteúdo de terceiros, apontando-se a reponsabilidade civil como um relevante mecanismo de incentivo e desincentivo à adoção de condutas por agentes econômicos.[35] Em linha semelhante caminha Teresa Ancona Lopez, ao sopesar posicionamentos distintos da doutrina, para alcançar a conclusão de que as duas principais funções da responsabilidade civil seriam a reparação e a prevenção de danos. Poder-se-ia considerar, ainda, a precaução como uma terceira função, relativa ao novo século. Quanto ao ponto, a autora ainda observa:

> Portanto, a indenização ou compensação é importantíssima, pois cumpre o *alterum non laedere* e tenta fazer as vítimas voltarem ao *status quo* ante através da "reparação integral", princípio básico de toda a responsabilidade civil. Porém, a indenização trata do passado, do que já aconteceu. As funções fundadas nos princípios da prevenção e precaução cuidam do futuro, tratam das atitudes e condutas que procuram evitar os danos e, nesse aspecto, estão nos moldes constitucionais da segurança e da solidariedade social. Também constituem os mais importantes instrumentos de gestão de riscos na atualidade.[36]

A autora explica que, em muitos casos, apenas a função preventiva pode se mostrar eficaz, como ocorre em hipóteses de lesões à honra, à vida privada, à

---

32. BRAGA NETTO, Felipe Peixoto; FARIAS, Cristiano Chaves de; ROSENVALD, Nelson. *Novo tratado de responsabilidade civil*. 4. ed. São Paulo: Saraiva Educação, 2019. p. 67.
33. No mesmo sentido é a construção elaborada por Alvino Lima, observando que, ante o aumento dos acidentes e a impossibilidade de provar sua causa ou a culpa dos responsáveis, foi necessário buscar "uma nova fórmula capaz de se contrapor à desigualdade patente entre a vítima e o agente do fato danoso" (LIMA, Alvino. *Da culpa ao risco*. São Paulo: Revista dos Tribunais, 1938. p. 219-220. Disponível em: https://bibliotecadigital.stf.jus.br/xmlui/handle/123456789/697?show=full. Acesso em: 6 jun. 2024).
34. BRAGA NETTO, Felipe Peixoto; FARIAS, Cristiano Chaves de; ROSENVALD, Nelson. *Novo tratado de responsabilidade civil*. 4. ed. São Paulo: Saraiva Educação, 2019. p. 86.
35. ACCIARRI, Hugo A. *Elementos da análise econômica do direito de danos*. São Paulo: Revista dos Tribunais, 2014. p. 37; TRINDADE, Manoel Gustavo Neubarth; SANTOLIM, Cesar. A teoria dos *punitive damages*: considerações quanto à aplicabilidade no ordenamento jurídico brasileiro. *In*: GONÇALVES, Oksandro; RIOS, Rodrigo Sánchez; OSORIO, Ricardo Serrano (org.). *Direito e economia entre Peru e Brasil*: alcance da sua institucionalidade jurídico-econômica. Curitiba: Íthala, 2016. p. 400.
36. LOPEZ, Teresa Ancona. *Princípio da precaução e evolução da responsabilidade civil*. São Paulo: Quartier Latin, 2010. p. 75-76.

integridade física, à saúde, ao meio ambiente, nas quais não se alcança uma reparação, de modo que as medidas de prevenção é que servirão a "estancar os danos futuros".[37] Trazendo a teoria para o tema proposto, de um lado, evidentemente, busca-se a *reparação* do usuário lesado pela retirada indevida de conteúdo. De outro, volta-se à *prevenção*, diminuindo a incidência de casos em que o agir das plataformas é arbitrário, baseado em políticas privadas marcadas por uma "lógica de opacidade".[38] Ainda, poder-se-ia cogitar eventual *punição* das plataformas (conforme as ressalvas apontadas), também com vistas a desestimulá-las à adoção das condutas lesivas em questão.

Tem sido sinalizado ao longo desta obra que, não bastasse a moderação de conteúdo, de forma ampla, figurar como um dos grandes desafios da atualidade, por conta da indiscutível interferência das plataformas no fluxo comunicacional das aplicações, certo é que essa atividade é ainda mais sensível quando diz respeito ao conteúdo com potencial desinformativo, em que a linha entre o lícito e o ilícito é muito mais tênue do que aquela que se vislumbra em situações como incitação à violência, assédio sexual e discurso de ódio[39] – hipóteses em que, para o moderador, o potencial lesivo e a inadequação aos termos de uso (e ao próprio ordenamento jurídico) são mais palpáveis.

Nesse contexto, a moderação de conteúdo desinformativo desponta como um dos temas mais desafiadores justamente porque envolve, já em um primeiro momento, a necessidade de que o provedor analise e interprete conteúdo sensível, que, frequentemente, diz respeito a pautas em destaque na sociedade, como política e saúde pública. As consequências do cometimento de equívocos ou excessos nessa tomada de decisão podem extrapolar a esfera do indivíduo/usuário, alcançando a coletividade e impondo riscos à liberdade de expressão, em sentido amplo. Em um segundo momento, o desafio reside na forma como a moderação será efetivada – o que se refere tanto à clareza e objetividade de seus termos de uso (a fim de que o usuário conheça, de fato, as condições às quais se

---

37. LOPEZ, Teresa Ancona. *Princípio da precaução e evolução da responsabilidade civil*. São Paulo: Quartier Latin, 2010. p. 79.

38. A lógica de opacidade já ficou demonstrada no capítulo anterior, mas cabe relembrar que o conceito está relacionado ao fato de as plataformas conduzirem suas estratégias de moderação a partir de "uma complexa teia de regras nebulosas e opacidade processual". Sarah T. Roberts explica que essa complexidade se deve, em grande parte, em razão do próprio *design* das plataformas, pois esses agentes são "relutantes em descrever em detalhes as políticas e práticas internas que regem o conteúdo disponível em um site *mainstream*". Tradução nossa (ROBERTS, Sarah T. Digital detrius: "error" and the logic of opacity in social media content moderation. *First Monday*, Bridgman, MI, v. 23, n. 3, mar. 2018. Disponível em: https://firstmonday.org/ojs/index.php/fm/article/view/8283. Acesso em: 24 jun. 2024).

39. LONGHI, João Victor Rozatti. Censura inversa, riscos à democracia e conteúdos tóxicos: por um repensar da responsabilidade civil dos provedores de aplicação por conteúdo inserido por terceiros. *In*: SCHREIBER, Anderson; MARTINS, Guilherme Magalhães; CARPENA, Heloisa (coord.). *Direitos fundamentais e sociedade tecnológica*. Indaiatuba, SP: Editora Foco, 2022. p. 75.

submete quando passa a utilizar uma aplicação), quanto à transparência e respeito ao contraditório e à ampla defesa, inclusive com o fito de se evitar atos de censura.

É com vistas a incentivar a adoção de melhores práticas nesses dois momentos mencionados (análise do conteúdo e efetiva adoção de medidas de moderação) que, para fins da reflexão aqui proposta, há que se atentar justamente ao caráter preventivo da responsabilidade civil, de maneira ampla. Não se pode desconsiderar, afinal, que, nas hipóteses de ocorrência de dano, este não deixa de existir apenas em razão da reparação, sendo apenas "trasladado da vítima ao autor", conforme observa Eugênio Battesini.[40] É então que se faz premente a necessidade de compreender a prevenção como um aspecto de primordial importância na responsabilidade civil,[41] especialmente no contexto das novas tecnologias, como até aqui se tem defendido.

O autor, a propósito, pontua a importância de que, sob a perspectiva funcionalista, dê-se ênfase à noção de prevenção com vista à de maximização do bem-estar social, de modo que seria melhor prevenir o dano do que repará-lo[42] (o que, sublinhe-se, nem sempre é possível).[43] Repousaria na responsabilidade civil, portanto, o propósito de criar incentivos para reduzir o risco, conforme observa Steven Shavell[44] – necessidade que se acentua perante a sociedade de riscos,[45]

---

40. BATTESINI, Eugênio. *Direito e economia*: novos horizontes no estudo da responsabilidade civil no Brasil. São Paulo: LTr, 2011. p. 104.

41. Ainda nesse sentido: "Verifica-se, assim, que nos dias atuais a função de prevenção da responsabilidade civil (...), o propósito de criação de incentivos aos potenciais autores e vítimas para adoção de conduta que evite ou minimize os custos dos acidentes, mesmo que não seja desempenhada com exclusividade pela responsabilização civil, se alinha à reparação como consistente função de um sistema de responsabilidade civil" (BATTESINI, Eugênio. *Direito e economia*: novos horizontes no estudo da responsabilidade civil no Brasil. São Paulo: LTr, 2011. p. 105).

42. BATTESINI, Eugênio. *Direito e economia*: novos horizontes no estudo da responsabilidade civil no Brasil. São Paulo: LTr, 2011. p. 107.

43. Reforçando a ideia de que o papel da responsabilidade civil contemporânea é o de reparação, prevenção e punição, André Gustavo Corrêa de Andrade defende que "O 'paradigma reparatório', calcado na teoria de que a função da responsabilidade civil é, exclusivamente, a de reparar o dano, tem-se mostrado ineficaz em diversas situações conflituosas, nas quais ou a reparação do dano é impossível, ou não constitui resposta jurídica satisfatória, (...). Essa 'crise' do paradigma reparatório leva o operador do direito a buscar a superação do modelo tradicional. Superação que não se traduz, por óbvio, no abandono da ideia de reparação, mas no redimensionamento da responsabilidade civil, que, para atender aos modernos e complexos conflitos sociais, deve exercer várias funções. Ao lado da tradicional função de reparação pecuniária do prejuízo, outras funções foram idealizadas para aquela disciplina. Avulta, atualmente, a noção de uma responsabilidade civil que desempenhe a função de prevenção de danos, forte na ideia de que mais vale prevenir do que remediar" (ANDRADE, André Gustavo Corrêa de. *Indenização punitiva*. São Paulo, 18 ago. 2008. Disponível em: https://www.editoraroncarati.com.br/v2/phocadownload/indenizacao_punitiva.pdf. Acesso em: 22 jun. 2024).

44. SHAVELL, Steven. *Foundations of economic analysis of law*. Cambridge: The Belknap Press of Harvard University Press, 2004. p. 268.

45. ROSENVALD, Nelson. *As funções da responsabilidade civil*. 3. ed. São Paulo: Saraiva, 2017. p. 40.

na qual se insere a atuação das plataformas e sua já constatada interferência no fluxo comunicacional.

Em uma sociedade economicamente perfeita, como pontuam Siewert Lindenbergh e Peter van Kippersluis, os agentes conhecem os benefícios e custos das ações que pretendem tomar.[46] Adiciona M. Stuart Madden que, "ao mesmo tempo, e pelos mesmos motivos que a responsabilidade civil desencoraja a elevação extracontratual do risco, regras de responsabilização encorajam comportamentos mais seguros".[47] A responsabilidade civil, nesse sentido, pode estimular a tomada de medidas de prevenção, também desincentivando o agir arbitrário dos provedores, para que seja assegurada a liberdade de expressão, fortalecendo o Estado Democrático de Direito – não sem, evidentemente, tutelar direitos fundamentais, como a honra, a imagem, a privacidade etc.

Tal qual se pode perceber, tratar do tema das funções é tarefa tão complexa (e que renderia e tem rendido abordagens específicas, muito mais detalhadas do que o breve panorama que aqui se apresentou) quanto relevante (sobretudo em um cenário que exige que se persiga que às plataformas sejam estabelecidos *standards* de atuação, alcançando-se maior transparência e *accountability* nos procedimentos que adotam no âmbito da moderação). Daí se extrai a importância de se compreender a responsabilidade civil não apenas a partir de sua função de ressarcimento/reparação/compensação do lesado, mas – e, nesse caso, em ainda maior intensidade – no sentido de fornecer, justamente a partir de hipóteses em que seu agir for *causador* de danos, incentivos com vistas a moldar o comportamento dos agentes econômicos, a fim de que busquem *a prevenção* de danos, tendo em vista o primordial papel que exercem na sociedade contemporânea.

3.2 O ENQUADRAMENTO JURÍDICO DA RELAÇÃO PROVEDOR-USUÁRIO: DIREITOS E DEVERES SOB O PRISMA DO CÓDIGO DE DEFESA DO CONSUMIDOR

Visando a avançar na discussão a respeito da responsabilidade civil, e estando demonstrada não apenas sua primordial função reparatória, mas igualmente seu caráter preventivo, há que se debruçar sobre a relação jurídica estabelecida entre os agentes privados e os usuários de aplicações de internet,

---

46. LINDENBERGH, Siewert D.; VAN KIPPERSLUIS, Peter P. M. Non pecuniary losses. *In:* FAURE, Michael (org.). *Tort law and economics.* Bodmin, MPG Books Group Ltd., 2009. p. 218.

47. Tradução livre. No original: "(...) *at the same time, and by the same means as tort law discourages extracontractual elevation of risk, tort rules encourage safer behavior*" (MADDEN, M. Stuart. Tort law through time and culture: themes of economic efficiency. *In:* MADDEN, M. Stuart (ed.). *Exploring tort law.* Cambridge: Cambridge University Press, 2005. p. 48).

notadamente, as de redes sociais. É o que permitirá identificar os deveres de uns e os direitos de outros, também guiando a análise da natureza da responsabilidade civil dos provedores no âmbito da moderação de conteúdo potencialmente com desinformação.

Muito embora, até aqui, tenha se afirmado que a governança da internet tem seu mais importante pilar regulatório no Marco Civil,[48] certo é que as dinâmicas situadas nesse espaço estão sujeitas também a outros diplomas.[49] Para além da Constituição Federal, que assegura os direitos fundamentais dos cidadãos (inclusive na condição de usuários de aplicações de internet) e do Código Civil (que cuida das relações privadas), é pertinente demonstrar a aplicabilidade do Código de Defesa do Consumidor a essas relações – que, como se verá adiante, produz "sensível influência na responsabilidade civil em geral, no direito brasileiro".[50]

Atuando como intermediários que fornecem serviços de acesso e outras funcionalidades, os provedores (seja de acesso, seja de aplicação) acabam enquadrados como fornecedores; já os usuários se classificam como consumidores, nos termos dos arts. 2o[51] e 3o[52] do diploma consumerista, respectivamente. Esse entendimento havia sido assentado pela jurisprudência brasileira antes mesmo do Marco Civil da Internet. Ainda em 2012, em julgado que analisava as relações jurídicas estabelecidas a partir da exploração da internet, a Ministra Nancy Andrighi abalizava sua sujeição à Lei nº 8.078/1990 (Código de Defesa de Consumidor). Esclarecia, na sequência, que o fato de o serviço prestado pelo provedor ser gratuito "não desvirtua a relação de consumo, pois o termo 'mediante

---

48. MONTEIRO, Artur Pericles Lima *et al. Armadilhas e caminhos na regulação da moderação de conteúdo, diagnósticos & recomendações*. São Paulo: InternetLab, 2021. p. 7. Disponível em: https://internetlab. org.br/wp-content/uploads/2021/09/internetlab_armadilhas-caminho-moderacao.pdf. Acesso em: 30 jun. 2024.

49. Eduardo Tomasevicius Filho rememora, em tom crítico ao que aponta como uma redundância entre textos legislativos, que o Marco Civil da Internet surgiu da crença equivocada de que as normas contidas na Constituição Federal, no Código Civil, no Código de Defesa do Consumidor e no Estatuto da Criança e do Adolescente, por exemplo, não seriam aplicáveis às relações estabelecidas na internet (TOMASEVICIUS FILHO, Eduardo. Marco Civil da Internet: uma lei sem conteúdo normativo. *Revista Estudos Avançados*, São Paulo, v. 30, n. 86, jan./abr. 2016. p. 277. Disponível em: https://www. revistas.usp.br/eav/article/view/115093. Acesso em: 26 fev. 2024).

50. MIRAGEM, Bruno. *Responsabilidade civil*. 2. ed. Rio de Janeiro: Forense, 2021. p. 281.

51. Art. 2o, *caput*, do Código de Defesa do Consumidor: "Consumidor é toda pessoa física ou jurídica que adquire ou utiliza produto ou serviço como destinatário final".

52. Art. 3o, *caput*, do Código de Defesa do Consumidor: "Fornecedor é toda pessoa física ou jurídica, pública ou privada, nacional ou estrangeira, bem como os entes despersonalizados, que desenvolvem atividade de produção, montagem, criação, construção, transformação, importação, exportação, distribuição ou comercialização de produtos ou prestação de serviços".

remuneração', contido no art. 3º, § 2º, do CDC,[53] deve ser interpretado de forma ampla, de modo a incluir o ganho indireto do fornecedor".[54]

Muito embora não haja remuneração direta pelos serviços prestados, a doutrina caminha no mesmo sentido da jurisprudência,[55] até hoje acolhendo o posicionamento quanto à existência de remuneração indireta pelo serviço prestado, como explica Cíntia Rosa Pereira de Lima. Nesse caso, a remuneração é advinda dos lucros alcançados por meio de publicidade e do manejo de dados pessoais dos usuários.[56] A essa ponderação, aliás, é possível acrescentar a ideia do capitalismo de vigilância de Shoshana Zuboff, por meio da qual as experiências privadas dos usuários nas plataformas de relacionamento são convertidas em dados e se transformam em *commodities*,[57] como já abordado no tópico 1.4.

O Marco Civil assegura a defesa do consumidor tanto no art. 2º, V,[58] quanto no art. 7º, XIII.[59] Ensina Claudia Lima Marques que a redação dos dispositivos "assegura uma convergência e um diálogo frutífero entre essas duas fontes", o

---

53. Art. 3º, § 2º, do Código de Defesa do Consumidor: "Serviço é qualquer atividade fornecida no mercado de consumo, mediante remuneração, inclusive as de natureza bancária, financeira, de crédito e securitária, salvo as decorrentes das relações de caráter trabalhista".

54. BRASIL. Superior Tribunal de Justiça. *Recurso Especial nº 1.308.830/RS*. Recorrente: Eduardo Bresolin. Recorrido: Google Brasil Internet Ltda. Relatora: Ministra Nancy Andrighi. Brasília, DF, 24 abr. 2012.

55. Como se vê: "A disponibilização de mídia ou rede social é prestada por provedor de serviço, sendo de consumo, logo, regidas pelo Código de Defesa do Consumidor, as relações entre aquele e o usuário que, sem fins empresariais, nela faz inserir informações e entre também o prestador e os destinatários de tais informações".

    "Recurso especial. Direito civil e consumidor. Direito da internet. YouTube. Provedor de aplicação. Responsabilidade pelo conteúdo de terceiros. Fatos anteriores à vigência do Marco Civil da Internet (Lei n. 12.965/14). Entendimento pacificado neste superior tribunal no sentido de que a responsabilidade dos provedores de aplicação é subjetiva. Dever de remoção do conteúdo que apenas se configurava, antes do Marco Civil da Internet, com a notificação para retirada, bem como com a indicação específica das URLs das páginas a serem removidas. Acórdão recorrido proferido de forma contrária ao entendimento deste superior tribunal. Reforma. Multa por litigância de má-fé no julgamento dos embargos de declaração. Afastamento. Súmula 98/STJ. Recurso especial provido" (BRASIL. Superior Tribunal de Justiça. *Recurso Especial nº 1.846.969*. Recorrente: Google Brasil Internet Ltda. Recorrido: Rogério Guedes Campos. Relator: Ministro Paulo de Tarso Sanseverino. Brasília, DF, 3 dez. 2020).

56. LIMA, Cíntia Rosa Pereira de. A responsabilidade civil dos provedores de aplicação de internet por conteúdo gerado por terceiro antes e depois do Marco Civil da Internet (Lei n. 12.965/14). *Revista da Faculdade de Direito da Universidade de São Paulo*, São Paulo, v. 110, jan./dez. 2015. p. 169. Disponível em: https://edisciplinas.usp.br/pluginfile.php/4635701/mod_resource/content/1/artigo%20resp%20civil%20provedores%20Rev%20FDUSP.pdf. Acesso em: 23 jun. 2024.

57. ZUBOFF, Shoshana. *A era do capitalismo de vigilância*: a luta por um futuro na nova fronteira do poder. Rio de Janeiro: Intrínseca, 2020. p. 218.

58. Art. 2º do Marco Civil da Internet (Lei nº 12.965/2014): "A disciplina do uso da internet no Brasil tem como fundamento o respeito à liberdade de expressão, bem como: (...) V – a livre iniciativa, a livre concorrência e a defesa do consumidor; (...)".

59. Art. 7º do Marco Civil da Internet (Lei nº 12.965/2014): "O acesso à internet é essencial ao exercício da cidadania, e ao usuário são assegurados os seguintes direitos: (...) XIII – aplicação das normas de proteção e defesa do consumidor nas relações de consumo realizadas na internet".

que se dá em ainda maior intensidade no que se refere à informação e à transparência.[60] A respeito desse diálogo de fontes, complementa a autora, ao lado de Bruno Miragem, no já referido parecer a respeito da (in)constitucionalidade do art. 19 do Marco Civil:

> A disciplina do CDC, que antecede o Marco Civil da Internet e outras leis que incidem sobre a rede mundial de computadores – como é o caso da Lei 13.709, de 14 de agosto de 2018, a Lei Geral de Proteção de Dados – define conceitos gerais que devem ser observados quando se trata do regramento sobre atividade econômica exercida no ambiente digital. Neste sentido, a definição de consumidor aplica-se ao mercado de consumo da internet sobre as relações de consumo estabelecidas neste ambiente, nas diversas fases do seu desenvolvimento, mediante intermediação, ou os serviços gratuitos, cujo modelo pressuponha remuneração ou vantagem indireta.[61]

O contexto típico da internet acaba por potencializar a condição de vulnerabilidade do consumidor, o que corrobora a ideia de aplicação das normas dispostas na Lei nº 8.078/1990, como pontua Guilherme Magalhães Martins.[62] Não parece haver dúvidas, portanto, de que a relação estabelecida entre o provedor que disponibiliza uma aplicação de rede social e seus usuários é amparada não apenas pelas disposições da Constituição Federal e do Código Civil, mas, também, pelo Código de Defesa do Consumidor[63] (e, evidentemente, por outros diplomas aplicáveis ao caso eventualmente em análise, como a Lei Geral de Proteção de Dados[64] e a Lei de Direitos Autorais[65]).

Porém, para além dessa constatação – necessária a que, mais à frente, vislumbre-se a natureza da responsabilidade civil das plataformas –, importa compreender quais são, sob esse panorama, os direitos dos usuários e os deveres das plataformas no que toca a essa relação. Nesse sentido, é já no art. 7º do

---

60. MARQUES, Claudia Lima. *Contratos no Código de Defesa do Consumidor*: o novo regime das relações contratuais. 9. ed. São Paulo: Thomson Reuters Brasil, 2019. p. 93.

61. MARQUES, Claudia Lima; MIRAGEM, Bruno. Parecer. *In*: BRASIL. Supremo Tribunal Federal. *Recurso Extraordinário 1.037.396*. Recorrente: Facebook Serviços Online do Brasil Ltda. Recorrido: Lourdes Pavioto Correa. Relator: Ministro Dias Toffoli. [2017-] (ainda não julgado). Porto Alegre, 31 ago. 2020. p. 24.

62. MARTINS, Guilherme Magalhães. *Responsabilidade civil por acidentes de consumo na internet*. São Paulo: Thomson Reuters, 2020. pos. RB-1.1.

63. De forma semelhante, acrescenta Rafael de Freitas Valle Dresch que "o Marco Civil da Internet pode ser compreendido como um instrumento complementar na disciplina das relações de consumo, pois se mostra não conflitante com as normas estabelecidas pelo Código de Defesa do Consumidor" (DRESCH, Rafael de Freitas Valle. Reflexões sobre a responsabilidade civil de provedores pelo conteúdo postado por usuários. *In*: BARBOSA, Mafalda Miranda; ROSENVALD, Nelson; MUNIZ, Francisco (coord.). *Desafios da nova responsabilidade civil*. São Paulo: Juspodivm, 2019. p. 397).

64. BRASIL. *Lei nº 13.709, de 14 de agosto de 2018*. Lei Geral de Proteção de Dados Pessoais (LGPD). Brasília, DF: Presidência da República, 2018.

65. BRASIL. *Lei nº 9.610, de 19 de fevereiro de 1998*. Altera, atualiza e consolida a legislação sobre direitos autorais e dá outras providências. Brasília, DF: Presidência da República, 1998.

Marco Civil da Internet[66] que se encontram os direitos e garantias do usuário/consumidor – dentre os quais é possível destacar, no inciso IX, a "publicidade e clareza de eventuais políticas de uso dos provedores de conexão à internet e de aplicações de internet".

O art. 8º, por sua vez, dispõe que "A garantia do direito à privacidade e à liberdade de expressão nas comunicações é condição para o pleno exercício do direito de acesso à internet". A essas disposições vêm se somar os já mencionados direitos fundamentais previstos na Carta Magna[67] (sendo a liberdade de expressão o mais importante deles para a reflexão aqui elaborada), bem como os direitos

---

66. Art. 7º do Marco Civil da Internet (Lei nº 12.965/2014): "O acesso à internet é essencial ao exercício da cidadania, e ao usuário são assegurados os seguintes direitos: I – inviolabilidade da intimidade e da vida privada, sua proteção e indenização pelo dano material ou moral decorrente de sua violação; II – inviolabilidade e sigilo do fluxo de suas comunicações pela internet, salvo por ordem judicial, na forma da lei; III – inviolabilidade e sigilo de suas comunicações privadas armazenadas, salvo por ordem judicial; IV – não suspensão da conexão à internet, salvo por débito diretamente decorrente de sua utilização; V – manutenção da qualidade contratada da conexão à internet; VI – informações claras e completas constantes dos contratos de prestação de serviços, com detalhamento sobre o regime de proteção aos registros de conexão e aos registros de acesso a aplicações de internet, bem como sobre práticas de gerenciamento da rede que possam afetar sua qualidade; VII – não fornecimento a terceiros de seus dados pessoais, inclusive registros de conexão, e de acesso a aplicações de internet, salvo mediante consentimento livre, expresso e informado ou nas hipóteses previstas em lei; VIII – informações claras e completas sobre coleta, uso, armazenamento, tratamento e proteção de seus dados pessoais, que somente poderão ser utilizados para finalidades que: a) justifiquem sua coleta; b) não sejam vedadas pela legislação; e c) estejam especificadas nos contratos de prestação de serviços ou em termos de uso de aplicações de internet; IX – consentimento expresso sobre coleta, uso, armazenamento e tratamento de dados pessoais, que deverá ocorrer de forma destacada das demais cláusulas contratuais; X – exclusão definitiva dos dados pessoais que tiver fornecido a determinada aplicação de internet, a seu requerimento, ao término da relação entre as partes, ressalvadas as hipóteses de guarda obrigatória de registros previstas nesta Lei e na que dispõe sobre a proteção de dados pessoais; XI – publicidade e clareza de eventuais políticas de uso dos provedores de conexão à internet e de aplicações de internet; XII – acessibilidade, consideradas as características físico-motoras, perceptivas, sensoriais, intelectuais e mentais do usuário, nos termos da lei; e XIII – aplicação das normas de proteção e defesa do consumidor nas relações de consumo realizadas na internet".

67. Apesar de o Marco Civil da Internet ser festejado por parte da doutrina, não é imune a críticas, despertando importantes divergências, como já evidenciado no capítulo anterior, ao se tratar do microssistema de responsabilidade civil dos provedores de aplicação por danos causados por conteúdo de terceiro. Apesar de a Seção III, que dispõe sobre o tema, estar entre as mais controversas, é pertinente citar contundente e ainda mais ampla crítica, elaborada por Eduardo Tomasevicius Filho, que defende que "essa lei apresenta poucas inovações e muitas insuficiências e deficiências de cunho jurídico". Em artigo sobre o tema, o autor faz referência a uma série do que considera "redundâncias", observando que várias de suas disposições repetiriam, de maneira insuficiente, direitos e garantias já contemplados na Constituição Federal (como a inviolabilidade da intimidade e da vida privada, sobre a qual versa o art. 7º, I, mas já assegurada no art. 5º, X, da Carta Magna; bem como a garantia à liberdade de expressão, objeto do art. 3º, I, do texto regulatório da internet e do art. 5º, IX, da Constituição Federal) (TOMASEVICIUS FILHO, Eduardo. Marco Civil da Internet: uma lei sem conteúdo normativo. *Revista Estudos Avançados*, São Paulo, v. 30, n. 86, jan./abr. 2016. p. 285. Disponível em: https://www.revistas.usp.br/eav/article/view/115093. Acesso em: 26 fev. 2024).

básicos do consumidor, dispostos no rol não exaustivo[68] do art. 6º do Código de Defesa do Consumidor.[69]

Especificamente falando de moderação de conteúdo, não se pode deixar de mencionar a importância da transparência e da informação, já referidas a partir de Claudia Lima Marques.[70] No contexto da internet, verifica-se a chamada "vulnerabilidade informacional" por parte do consumidor (aqui, reitere-se, o usuário da plataforma de rede social), que, com grande frequência, e com grande facilidade,[71] contrata sem saber o que, exatamente, está contratando. Quanto ao ponto, explica Andreza Cristina Baggio que o direito de informação decorre justamente dessa vulnerabilidade, "uma vez que trata a situação de submissão de

---

68. CAVALIERI FILHO, Sergio. *Programa de direito do consumidor*. 4. ed. São Paulo: Atlas, 2014. p. 98.

69. Art. 6º do Código de Defesa do Consumidor: "São direitos básicos do consumidor: I – a proteção da vida, saúde e segurança contra os riscos provocados por práticas no fornecimento de produtos e serviços considerados perigosos ou nocivos; II – a educação e divulgação sobre o consumo adequado dos produtos e serviços, asseguradas a liberdade de escolha e a igualdade nas contratações; III – a informação adequada e clara sobre os diferentes produtos e serviços, com especificação correta de quantidade, características, composição, qualidade, tributos incidentes e preço, bem como sobre os riscos que apresentem; IV – a proteção contra a publicidade enganosa e abusiva, métodos comerciais coercitivos ou desleais, bem como contra práticas e cláusulas abusivas ou impostas no fornecimento de produtos e serviços; V – a modificação das cláusulas contratuais que estabeleçam prestações desproporcionais ou sua revisão em razão de fatos supervenientes que as tornem excessivamente onerosas; VI – a efetiva prevenção e reparação de danos patrimoniais e morais, individuais, coletivos e difusos; VII – o acesso aos órgãos judiciários e administrativos com vistas à prevenção ou reparação de danos patrimoniais e morais, individuais, coletivos ou difusos, assegurada a proteção Jurídica, administrativa e técnica aos necessitados; VIII – a facilitação da defesa de seus direitos, inclusive com a inversão do ônus da prova, a seu favor, no processo civil, quando, a critério do juiz, for verossímil a alegação ou quando for ele hipossuficiente, segundo as regras ordinárias de experiências; IX – (Vetado); X – a adequada e eficaz prestação dos serviços públicos em geral; XI – a garantia de práticas de crédito responsável, de educação financeira e de prevenção e tratamento de situações de superendividamento, preservado o mínimo existencial, nos termos da regulamentação, por meio da revisão e da repactuação da dívida, entre outras medidas; XII – a preservação do mínimo existencial, nos termos da regulamentação, na repactuação de dívidas e na concessão de crédito; XIII – a informação acerca dos preços dos produtos por unidade de medida, tal como por quilo, por litro, por metro ou por outra unidade, conforme o caso".

70. MARQUES, Claudia Lima. *Contratos no Código de Defesa do Consumidor*: o novo regime das relações contratuais. 9. ed. São Paulo: Thomson Reuters Brasil, 2019. p. 93.

71. Para se contratar na internet, poucos cliques são suficientes. Os contratos por clique (também conhecidos como *click-trough contracts, clickwrap agreements, click and wrap agreements, shrink-wrap agreements, blister agreement, web agreement, envelope agreement, referral agreement* – que, muito embora sejam objeto de estudo mais detido e consequente categorização por parte da doutrina, aqui são entendidos como sinônimos) permitem efetuar uma compra ou contratar um serviço em segundos. É o que ocorre ao se criar uma conta em rede social – que geralmente demanda apenas um clique ao lado da expressão "Li e aceito" (LORENZETTI, Ricardo Luis. *Comércio eletrônico*. São Paulo: Revista dos Tribunais, 2004. p. 331; AZEVEDO, Renato Asamura *et al*. O comércio eletrônico e as novas formas contratuais: *point and click agreement* e *click and wrap agreement*. *Revista de Direito do Consumidor*, São Paulo, v. 105, maio/jun. 2016. p. 68).

sujeição àquilo que é ofertado no mercado, ou seja, a sua situação de dependência em relação ao fornecedor e fragilidade na relação".[72]

A importância da transparência e da informação se evidencia, no caso da moderação, em dois momentos: tanto em relação aos termos de uso em si, quanto à própria tomada de medidas de moderação, com apresentação de justificativa e detalhamento do processo de tomada de decisão da plataforma. É a partir disso que Ana Frazão e Ana Rafaela Medeiros destacam a necessidade de a plataforma observar o dever de cuidado em relação aos usuários.[73]

Pode-se afirmar, a propósito, que o contexto de contratação na internet "muda a imagem do contratante médio porque a necessidade de confiar e a dificuldade de ser diligente diante da complexidade dos produtos e serviços do mundo moderno são maiores".[74] Daí se conclui que, ainda que as partes não assumam riscos e obrigações expressamente, a aparência extraída de uma conduta gera uma expectativa – que, por óbvio, deve ser cumprida. Como ocorre em todas as relações estabelecidas no ambiente virtual,[75] na dinâmica rede social *x* usuário, a confiança[76] passa a ser fundamental, e advém, justamente, do comportamento e da atuação do fornecedor (no caso, a plataforma), que geram uma expectativa legítima e podem ensejar sua responsabilização em caso de violação de deveres.

De acordo com Sergio Cavalieri Filho, "se de um lado a legislação prevê direitos básicos para os consumidores, de outro, por simetria, cria deveres para alguém"[77] – e, no que concerne aos deveres dos provedores, conforme disposto no art. 3º, VI, do Marco Civil, a disciplina do uso da internet no Brasil tem como um de seus ideais a responsabilização dos agentes de acordo com as atividades que

---

72. BAGGIO, Andreza Cristina. *O direito do consumidor brasileiro e a teoria da confiança*. São Paulo: Revista dos Tribunais, 2012. p. 53.
73. FRAZÃO, Ana; MEDEIROS, Ana Rafaela. Responsabilidade civil dos provedores de internet: a liberdade de expressão e o art. 19 do Marco Civil. *In*: ERHARDT JÚNIOR, Marcos; LOBO, Fabíola Albuquerque; ANDRADE, Gustavo (coord.). *Liberdade de expressão e relações privadas*. Belo Horizonte: Fórum, 2021. p. 421.
74. SCHMIDT NETO, André Perin. *Contratos na sociedade de consumo*: vontade e confiança. São Paulo: Revista dos Tribunais, 2016. p. 213.
75. MIRAGEM, Bruno. A proteção da confiança no direito privado: notas sobre a contribuição de Claudia Lima Marques para a construção do conceito no direito brasileiro. *Revista de Direito do Consumidor*, São Paulo, v. 114, nov./dez. 2017. p. 401.
76. Ainda que de maneira breve, cabe esclarecer que não se pode confundir confiança e boa-fé entre os contratantes, embora os dois institutos em muito se aproximem. A boa-fé, sobre a qual se tratará a seguir, deve ser vista como um instrumento para proteção da confiança, de modo que, enquanto aquela se ocuparia do direcionamento das condutas negociais, esta estaria ligada à proteção da legítima expectativa. Nesse sentido: BRANCO, Gerson Luiz Carlos. A proteção das expectativas legítimas derivadas das situações de confiança: elementos formadores do princípio da confiança e seus efeitos. *Revista de Direito Privado*, São Paulo, n. 12, out./dez. 2002. p. 177.
77. CAVALIERI FILHO, Sergio. *Programa de direito do consumidor*. 4. ed. São Paulo: Atlas, 2014. p. 99.

exercem.[78] Por esse motivo, faz-se tão importante compreender quais são, afinal, as atividades desempenhadas pelos provedores, para que se possa refletir sobre os limites de sua responsabilização,[79] do que já se cuidou no capítulo anterior.

A título de exemplo, pode-se tomar como deveres dos provedores, na condição de fornecedores, a manutenção da qualidade contratada de conexão à internet (no caso dos provedores de conexão, nos termos do art. 7º, V, do Marco Civil) e a inviolabilidade das comunicações privadas, salvo por ordem judicial (para os provedores de aplicação, à luz do inciso III do mesmo dispositivo). Nesse caso, constatando-se falha em relação a esses deveres, Rafael de Freitas Valle Dresch esclarece que se aplicam as disposições do Código de Defesa do Consumidor, especialmente do art. 14 (responsabilidade por acidente de consumo) e do art. 20 (responsabilidade pelos vícios de serviços), tratando-se de hipótese de responsabilidade com base em defeito ou vício do serviço ofertado ao mercado.[80]

É de se observar, contudo, que as hipóteses referidas vêm indicadas expressamente no diploma regulatório da internet – que, como tanto já mencionado, é silente em relação à moderação de conteúdo. Já se sabe que não compete aos provedores de aplicação o dever de monitoramento prévio do conteúdo publicado por seus usuários,[81] como também se demonstrou que a ausência de regulação específica é o que, atualmente, viabiliza que os provedores moderem conteúdo, nos limites de seus termos de uso[82] – ou seja, de um contrato.[83] A partir da constatação da ocorrência de uma infração a essa convenção entre as partes

---

78. LEONARDI, Marcel. *Fundamentos do direito digital*. São Paulo: Thomson Reuters, 2019. [E-book não paginado]

79. TEFFÉ, Chiara Spadaccini de; SOUZA, Carlos Affonso; NUNES, Beatriz Laus Marinho. Responsabilidade civil de provedores. *In*: BOTTINO, Celina; LEMOS, Ronaldo; SOUZA, Carlos Affonso (coord.). *Marco Civil da Internet*: jurisprudência comentada. São Paulo: Revista dos Tribunais, 2018. p. 96.

80. Nota o autor que inexiste conflito em relação ao microssistema estabelecido nos arts. 18 e 19 do Marco Civil da Internet, que trata apenas da responsabilidade civil dos provedores por conteúdo de terceiros, de modo que não servem a configurar defeito ou vício na atuação dos fornecedores (DRESCH, Rafael de Freitas Valle. Reflexões sobre a responsabilidade civil de provedores pelo conteúdo postado por usuários. *In*: BARBOSA, Mafalda Miranda; ROSENVALD, Nelson; MUNIZ, Francisco (coord.). *Desafios da nova responsabilidade civil*. São Paulo: Juspodivm, 2019. p. 397-398).

81. TEFFÉ, Chiara Spadaccini de; SOUZA, Carlos Affonso; NUNES, Beatriz Laus Marinho. Responsabilidade civil de provedores. *In*: BOTTINO, Celina; LEMOS, Ronaldo; SOUZA, Carlos Affonso (coord.). *Marco Civil da Internet*: jurisprudência comentada. São Paulo: Revista dos Tribunais, 2018. p. 109.

82. KELLER, Clara Iglesias. Policy by judicialisation: the institutional framework for intermediary liability in Brazil. *International Review of Law, Computers & Technology*, Leeds, v. 35, n. 3, jul. 2020. p. 7. Disponível em: https://doi.org/10.1080/13600869.2020.1792035. Acesso em: 26 jun. 2024.

83. BELLI, Luca *et al*. *Termos de uso e direitos humanos*: uma análise dos contratos das plataformas *online*. Rio de Janeiro: Revan, 2019. p. 18. Disponível em: https://repositorio.fgv.br/items/7b2cef5d-4d-52-412d-b929-3da16a8cd67a. Acesso em: 22 jun. 2024.

(plataforma e usuário), pode-se dar a filtragem, rotulação ou remoção da conta ou do conteúdo.[84]

Contudo, ainda que seus contornos não estejam especificamente delineados pelo texto legal, e mesmo que a jurisprudência não tenha alcançado um consenso a respeito até o momento (do que se tratará no tópico 3.4), certo é que a atividade de moderação não pode ocorrer de forma indiscriminada. Quando procede à gestão, moderação ou controle de conteúdo com base na relação contratual estabelecida com o usuário, impõe-se à plataforma que observe o dever de segurança "inerente à atuação no mercado de consumo".[85] A esse, soma-se o dever de cuidado decorrente da boa-fé objetiva – que, nas palavras de Ana Frazão e Ana Rafaela Medeiros, aplica-se "a qualquer tipo de relação contratual, independentemente de previsão expressa, incluindo aquelas entre as plataformas digitais e seus usuários".[86]

Seja pela perspectiva do Código Civil, seja sob o manto do Código de Defesa do Consumidor, Diógenes Farias de Carvalho e Claudia Lima Marques concordam quanto à necessidade de se atentar à boa-fé, adotando-a como princípio-guia dos negócios jurídicos e como regra de interpretação dos contratos, especialmente os contratos massificados de serviços[87] – o que, a partir das já detalhadas características dos termos de uso, evidencia a necessidade de que a relação aí estabelecida seja pautada por esse princípio. Mais que isso, aliás: os autores entendem que a boa-fé dever figurar como um "supraprincípio, princípio transversal de todo o direito privado e público". No mesmo sentido, complementam, em observação que muito bem se aplica à relação aqui estudada:

---

84. "Da mesma forma, não se deixa de notar que os próprios provedores de aplicações de internet podem estabelecer condições em seus termos de uso para utilização dos serviços que ofertam, que será objeto de adesão dos usuários. Nestes casos, a retirada ou indisponibilização do conteúdo são realizados pelo provedor, considerando a infração pelo usuário do comportamento com o qual se comprometeu como condição para fruição de um serviço. É infração que resulta da convenção das partes, portanto, a regra que resulta da autonomia privada, de caráter negocial, embora nada impeça que coincidam com o conteúdo concreto da violação, com determinada ilicitude" (MARQUES, Claudia Lima; MIRAGEM, Bruno. Parecer. *In*: BRASIL. Supremo Tribunal Federal. *Recurso Extraordinário 1.037.396*. Recorrente: Facebook Serviços Online do Brasil Ltda. Recorrido: Lourdes Pavioto Correa. Relator: Ministro Dias Toffoli. [2017-] (ainda não julgado). Porto Alegre, 31 ago. 2020. p. 31).

85. MIRAGEM, Bruno. *Responsabilidade civil*. 2. ed. Rio de Janeiro: Forense, 2021. p. 286.

86. FRAZÃO, Ana; MEDEIROS, Ana Rafaela. Responsabilidade civil dos provedores de internet: a liberdade de expressão e o art. 19 do Marco Civil. *In*: ERHARDT JÚNIOR, Marcos; LOBO, Fabíola Albuquerque; ANDRADE, Gustavo (coord.). *Liberdade de expressão e relações privadas*. Belo Horizonte: Fórum, 2021. p. 427.

87. MARQUES, Claudia Lima; CARVALHO, Diógenes Farias de. Os significados da boa-fé nos contratos de serviços massificados: convergências entre o CDC, o CC/2002 e a Lei de Liberdade Econômica. *In*: MARQUES, Claudia Lima *et al. Contratos de serviços em tempos digitais*. São Paulo: Revista dos Tribunais, 2021. pos. RB-6.3.

> Boa-fé nos contratos, em especial nos contratos de serviços ou "fazeres" "massificados" significa uma atuação "refletida", atuação refletindo, pensando no outro, no parceiro contratual, respeitando-o, respeitando seus interesses legítimos, seus direitos, respeitando os fins do contrato, agindo com lealdade, sem abuso da posição contratual, sem causar lesão ou desvantagem excessiva, com cuidado para com a pessoa e o patrimônio do parceiro contratual, cooperando para atingir o bom fim das obrigações (isto é, o cumprimento do objetivo contratual e a realização dos interesses legítimos de ambos os parceiros).[88]

Trazendo-se o raciocínio dos autores para o contexto da moderação de conteúdo, o que vem se expondo fica, então, evidenciado: ao criar uma conta em uma plataforma de rede social, o usuário declara sua legítima expectativa (confiança) no sentido de utilizá-la nos termos de uma proposta específica (que varia de acordo com a identidade de cada aplicação). Para tanto, ele concorda com as condições que essa plataforma estabelece. Por outro lado, espera que os fins desse contrato sejam respeitados, que a plataforma atue com lealdade e que não cometa abusos em razão da posição contratual que assume. Dizendo-se de outra forma, ao criar uma conta em uma rede social – que tem, como um de seus fins precípuos, justamente o compartilhamento de conteúdo –, a expectativa legítima desse usuário é de que a plataforma, ainda que possa interferir no fluxo de conteúdo, não cometa abusos no exercício dessa atividade.

Assim, a partir dos termos de uso celebrados entre o provedor e o usuário, há que se observar os ditames relacionados à boa-fé objetiva, princípio norteador da relação jurídica estabelecida – e que, vale esclarecer, difere da boa-fé subjetiva. A partir de distinção elaborada por Judith Martins-Costa, é possível assegurar que a boa-fé subjetiva se relaciona com um estado psicológico e tem, por antinomia, a conotação de má-fé;[89] a boa-fé objetiva, por sua vez, configura uma norma jurídica, constituindo, de maneira concomitante:

> (i) Um instituto ou modelo jurídico (estrutura normativa alcançada pela agregação de duas ou mais normas); (ii) um *standard* ou modelo comportamental pelo qual os participantes do tráfico obrigacional devem ajustar o seu mútuo comportamento (*standard* direcionador de condutas, a ser seguido pelos que pactuam atos jurídicos, em especial os contratantes);

---

88. MARQUES, Claudia Lima; CARVALHO, Diógenes Farias de. Os significados da boa-fé nos contratos de serviços massificados: convergências entre o CDC, o CC/2002 e a Lei de Liberdade Econômica. *In*: MARQUES, Claudia Lima *et al*. *Contratos de serviços em tempos digitais*. São Paulo: Revista dos Tribunais, 2021. pos. RB-6.3.

89. Detalha a autora: "Pela expressão boa-fé subjetiva trata-se ou de designar um fato pelo qual um sujeito tem a convicção, ainda que errônea, de estar a respeitar o Direito, pois crê na legalidade da situação; ou de indicar a situação de um terceiro que deve ser protegido porque confiou – legitimamente – na aparência de certo ato" (MARTINS-COSTA, Judith. *A boa-fé no direito privado*: critérios para a sua aplicação. 2. ed. São Paulo: Saraiva Educação, 2018. p. 280).

e (iii) um princípio jurídico (norma de dever ser que aponta, imediatamente, a um "estado ideal de coisas").[90]

De todo o até aqui exposto, é possível concluir que, na ausência de regulação específica, o que deve guiar as práticas de moderação é, de um lado, o atendimento ao dever geral de segurança por parte da plataforma,[91] na condição de fornecedora de um serviço; o que caminha ao lado do "supraprincípio" da boa-fé objetiva,[92] que impõe a observância, ao longo de toda a relação entre provedor e usuário, de deveres acessórios, como coerência,[93] colaboração[94] e informação,[95] mencionados por Eduardo Tomasevicius Filho; e proteção,[96] esclarecimento[97] e lealdade,[98] citados por António Menezes Cordeiro. Já se deixou claro que as

---

90. MARTINS-COSTA, Judith. *A boa-fé no direito privado*: critérios para a sua aplicação. 2. ed. São Paulo: Saraiva Educação, 2018. p. 281-282.

91. O conceito será detalhado no tópico a seguir, em razão de a violação desse dever jurídico ser, justamente, o fato gerador da responsabilidade civil dos provedores (MIRAGEM, Bruno. *Responsabilidade civil*. 2. ed. Rio de Janeiro: Forense, 2021. p. 287).

92. MARQUES, Claudia Lima; CARVALHO, Diógenes Farias de. Os significados da boa-fé nos contratos de serviços massificados: convergências entre o CDC, o CC/2002 e a Lei de Liberdade Econômica. *In*: MARQUES, Claudia Lima *et al*. *Contratos de serviços em tempos digitais*. São Paulo: Revista dos Tribunais, 2021. pos. RB-6.3.

93. "(...) o princípio da boa-fé, que se relaciona com os efeitos do estado de informação assimétrica e dos custos de transação, proíbe a frustração da confiança legítima despertada nas demais pessoas mediante o dever de coerência" (TOMASEVICIUS FILHO, Eduardo. *O princípio da boa-fé no direito civil*. São Paulo: Almedina, 2020. p. 169).

94. Eduardo Tomasevicius Filho conceitua o dever de cooperação a partir de uma pergunta: "se é possível facilitar a vida da parte contrária sem que haja prejuízo ao seu próprio interesse, por que não fazê-lo?". Trata-se, portanto, da imposição a que cada uma das partes se submete "de preocupar-se com a parte contrária, a fim de lhe facilitar o exercício de seus direitos e obrigações. Cumprindo-se a obrigação da melhor forma e colaborando para que o devedor faça o mesmo, certamente se proporcionará a máxima satisfação possível a todos, contribuindo-se, portanto, para a redução dos custos de transação decorrentes das dificuldades de obtenção de informações, omissão de informações relevantes, criação de empecilhos abusivos e quebra de expectativas. Quando não há cooperação, surgem entraves que dificultam o bom desenvolvimento das relações obrigacionais, sendo necessário ter custo para superá-los" (TOMASEVICIUS FILHO, Eduardo. *O princípio da boa-fé no direito civil*. São Paulo: Almedina, 2020. p. 310).

95. "(...) o princípio da boa-fé, que é uma instituição jurídica, impõe o dever de informação, que consiste em transmitir o que for relevante para a formação do consentimento no contrato, bem como outras necessárias a sua boa execução e que perduram, mesmo após seu total adimplemento e extinção" (TOMASEVICIUS FILHO, Eduardo. *O princípio da boa-fé no direito civil*. São Paulo: Almedina, 2020. p. 235).

96. "Por eles, considera-se que as partes, enquanto perdure um fenómeno contratual, estão ligadas a evitar que, no âmbito desse fenómeno, sejam infligidos danos mútuos, nas suas pessoas ou nos seus patrimônios" (CORDEIRO, António Menezes. *Da boa fé no direito civil*. Coimbra: Almedina, 2013. p. 604).

97. "Os deveres acessórios de esclarecimento obrigam as partes a, na vigência do contrato que as une, informarem-se mutuamente de todos os aspectos atinentes ao vínculo, de ocorrências que, com ele, tenham certa relação e ainda de todos os efeitos que, da execução contratual, possam advir" (CORDEIRO, António Menezes. *Da boa fé no direito civil*. Coimbra: Almedina, 2013. p. 605).

98. "Os deveres acessórios de lealdade obrigam as partes a, na pendência contratual, absterem-se de comportamentos que possam falsear o objectivo do negócio ou desequilibrar o jogo das prestações por elas consignado" (CORDEIRO, António Menezes. *Da boa fé no direito civil*. Coimbra: Almedina, 2013. p. 606).

plataformas podem moderar. Ainda assim, considerando-se estar diante de um contrato (e um contrato de adesão, sendo evidente a situação de assimetria entre os dois polos), fica imposta, à plataforma, uma série de deveres, guiados pelo princípio da boa-fé objetiva.

A partir da análise desse arcabouço de direitos dos usuários e deveres das plataformas, chega-se à conclusão que se aproxima do que vem sendo apontado pela doutrina[99] quanto aos aspectos que devem ser observados pelas plataformas no âmbito da atividade de moderação de conteúdo, notadamente, aquele desinformativo: para além do aprimoramento das próprias ferramentas de detecção e análise desse tipo de conteúdo,[100] impõe-se que sejam mais bem lapidadas as medidas de moderação em si. Percebe-se que a notória carência de informações a respeito das justificativas que embasam o agir das plataformas, que se soma à corriqueira inviabilização ao exercício da ampla defesa e do contraditório, caminha em sentido contrário à legítima expectativa (e ao próprio dever geral de segurança) que emerge(m) da relação estabelecida com os usuários.

Não se pretende retomar todas as recomendações já apresentadas pela doutrina com vistas ao refinamento da atividade de moderação, mas vale rememorar os Princípios de Santa Clara, detalhados no capítulo anterior, e que assinalam, como medidas procedimentais a serem seguidas pelos provedores: (i) a publicação de relatórios detalhando todas as ações tomadas pela plataforma no âmbito da moderação; (ii) o envio de comunicações aos usuários discriminando os motivos que conduziram à adoção de uma medida de moderação (com a indicação expressa, nos termos de uso, de casos passíveis de exceção); e (iii) a disponibilização, pela plataforma, ao usuário, de acesso a instrumentos de prestação de esclarecimentos, revisão e apelação.[101]

Embora não haja dúvidas de que, sob a perspectiva da boa-fé objetiva, as três sugestões estão inter-relacionadas, nota-se que, enquanto as duas primeiras se pautam por deveres acessórios, como esclarecimento e informação, a terceira se aproxima de cooperação e lealdade – e o atendimento das duas primeiras se

---

99. MONTEIRO, Artur Pericles Lima *et al. Armadilhas e caminhos na regulação da moderação de conteúdo, diagnósticos & recomendações*. São Paulo: InternetLab, 2021. p. 28-30. Disponível em: https://internetlab.org.br/wp-content/uploads/2021/09/internetlab_armadilhas-caminho-moderacao.pdf. Acesso em: 30 jun. 2024.

100. WARDLE, Claire; DERAKHSHAN, Hossein. *Information disorder*: toward an interdisciplinary framework for research and policy making. Strasbourg: Council of Europe, 2017. p. 8. Disponível em: https://rm.coe.int/information-disorder-toward-an-interdisciplinary-framework-for-research/168076277c. Acesso em: 27 maio 2024.

101. ACLU FOUNDATION OF NORTHERN CALIFORNIA *et al. The Santa Clara Principles on transparency and accountability in content moderation*. [S.l.], 2021. Disponível em: https://santaclaraprinciples.org/. Acesso em: 27 jun. 2024.

apresenta como um requisito para o cumprimento da terceira. O fim, como se tem sustentado a partir da doutrina, é o acolhimento da legítima expectativa, oferecendo "a segurança que o consumidor poderia legitimamente esperar",[102] sendo esse o cerne do já referido dever geral de segurança.

O próprio Marco Civil da Internet, a propósito, já trilha caminho semelhante. Lembra-se que, à época de suas discussões em âmbito legislativo, a moderação não figurava entre as pautas enfrentadas. Ainda assim, o legislador cuidou de resguardar o contraditório e a ampla defesa ao tratar das hipóteses de determinação judicial para remoção de conteúdo. Veja-se: se o próprio diploma regulatório determina, em seu art. 20,[103] que a aplicação de internet comunique ao usuário responsável pelo conteúdo a sua remoção em razão de uma determinação judicial, apresentando os motivos e informações que justificaram essa decisão, por analogia, essa determinação pode ser estendida também aos casos em que essa remoção ocorrer por ato próprio da plataforma.

Embasando essa conclusão, ao comentar o microssistema de responsabilidade civil previsto no art. 19 e seguintes, Claudia Lima Marques e Bruno Miragem registram que as regras definidas pelo legislador priorizam a liberdade de expressão e a pretensão de evitar casos de censura – o que estaria demonstrado não apenas a partir de mero enunciado, mas igualmente pela definição de um procedimento apto a assegurar o direito ao contraditório e à ampla defesa do usuário responsável pela publicação.[104]

Pelo cenário apresentado, conclui-se que há uma importante carência no que concerne à observância do dever geral de segurança e dos deveres acessórios do supraprincípio da boa-fé, mormente em relação à proteção, à informação e à colaboração – que demandam estrita atenção, inclusive porque "o conhecimento sobre as práticas adotadas permite a conciliação entre o limite ao conteúdo circulado e o exercício democrático da liberdade de expressão", tal qual destacam Gustavo Ramos Rodrigues e Lahis Pasquali Kurtz.[105] A respeito disso, nota-se que, para além da própria tutela dos direitos dos usuários em relação às manifes-

---

102. MIRAGEM, Bruno. *Responsabilidade civil*. 2. ed. Rio de Janeiro: Forense, 2021. p. 286.
103. Art. 20 do Marco Civil da Internet (Lei nº 12.965/2014): "Sempre que tiver informações de contato do usuário diretamente responsável pelo conteúdo a que se refere o art. 19, caberá ao provedor de aplicações de internet comunicar-lhe os motivos e informações relativos à indisponibilização de conteúdo, com informações que permitam o contraditório e a ampla defesa em juízo, salvo expressa previsão legal ou expressa determinação judicial fundamentada em contrário".
104. MARQUES, Claudia Lima; MIRAGEM, Bruno. Parecer. *In*: BRASIL. Supremo Tribunal Federal. *Recurso Extraordinário 1.037.396*. Recorrente: Facebook Serviços Online do Brasil Ltda. Recorrido: Lourdes Pavioto Correa. Relator: Ministro Dias Toffoli. [2017-] (ainda não julgado). Porto Alegre, 31 ago. 2020. p. 48.
105. RODRIGUES, Gustavo Ramos; KURTZ, Lahis Pasquali. *Transparência sobre moderação de conteúdo em políticas de comunidade*. Belo Horizonte: Instituto de Referência em Internet e Sociedade, 2020.

tações efetuadas no ambiente virtual, a adoção de instrumentos de transparência e *accountability* pode, inclusive, "agregar legitimidade às práticas de moderação e possibilitar a construção participativa de aprimoramentos".[106]

Nesse cenário, e dando mais um passo na discussão aqui proposta, cumpre finalmente se debruçar sobre a caracterização da responsabilidade civil dos provedores na atividade de moderação de conteúdo desinformativo. Busca-se, dessa forma, compreender quais são as situações potencialmente lesivas no desempenho dessa atividade e de que forma a responsabilização dos provedores se assenta, atualmente, no ordenamento jurídico brasileiro – sempre com vistas a perseguir não apenas a reparação de usuários lesados, mas, igualmente, o aprimoramento das condutas com vistas à prevenção dos danos.

3.3 A CARACTERIZAÇÃO DA RESPONSABILIDADE CIVIL DOS PROVEDORES NA ATIVIDADE DE MODERAÇÃO DE CONTEÚDO A PARTIR DO FATO DO SERVIÇO

Seja por meio da verificação independente, seja pela análise a partir de mecanismos próprios, e apesar da frequentemente alegada (mas nem sempre contemplada) preocupação em assegurar a fluidez do discurso nas redes,[107] a tomada de decisão de uma plataforma sobre uma publicação ou conta com potencial desinformativo pode falhar; ou, mesmo que acertada a decisão, não necessariamente a forma como são adotadas as medidas de filtragem, rotulagem e exclusão pode ser a mais adequada a assegurar a tutela dos direitos dos usuários. Nesse contexto, é chegado o momento de se analisar os possíveis enquadramentos jurídicos da responsabilidade das plataformas em razão da moderação de conteúdo.

O tópico anterior tratou de estabelecer os deveres jurídicos dos provedores em relação a seus usuários no âmbito da atividade de moderação. Embora a atividade careça de regulação específica, demonstrou-se que suas práticas devem ser exercidas em atenção aos princípios basilares do direito do consumidor, sendo guiadas pelo princípio da boa-fé objetiva. Dando sequência à abordagem, buscar-se-á caracterizar a responsabilidade civil dos provedores em razão da moderação a partir do Código de Defesa do Consumidor, cujas disposições se

---

p. 6. Disponível em: https://irisbh.com.br/publicacoes/transparencia-sobre-moderacao-de-conteudo-em-politicas-de-comunidade/. Acesso em: 18 jun. 2024.

106. RODRIGUES, Gustavo Ramos; KURTZ, Lahis Pasquali. *Transparência sobre moderação de conteúdo em políticas de comunidade*. Belo Horizonte: Instituto de Referência em Internet e Sociedade, 2020. p. 66. Disponível em: https://irisbh.com.br/publicacoes/transparencia-sobre-moderacao-de-conteudo-em-politicas-de-comunidade/. Acesso em: 18 jun. 2024.

107. GILLESPIE, Tarleton. *Custodians of the internet*: platforms, content moderation, and the hidden decisions that shape social media. New Heaven: Yale University Press, 2018. p. 21.

aplicam à relação entre usuário e plataforma, mormente quanto a ato próprio do provedor; bem como, logo adiante – mas também sob o amparo da matriz consumerista –, quanto à configuração de abuso de direito, fundada no art. 187 do Código Civil.

De início, cabe atentar ao próprio conceito da responsabilidade civil, elaborado por Sergio Cavalieri Filho, que ensina estar essa relacionada a "um dever jurídico sucessivo que surge para recompor o dano decorrente da violação de um dever jurídico originário". Complementa o autor que "assim o é porque a responsabilidade pressupõe um dever jurídico preexistente, uma obrigação descumprida".[108] Em linha semelhante é a lição de Rui Stocco:

> Mas não se pode deixar de entender que a responsabilidade civil é uma instituição, enquanto assecuratória de direitos, e um estuário para onde acorrem os insatisfeitos, os injustiçados e os que se danam e se prejudicam por comportamentos dos outros. É o resultado daquilo que não se comportou ou não ocorreu *secundum ius*. É, portanto, uma consequência e não uma obrigação original, considerando que esta constitui sempre um dever jurídico originário, enquanto a responsabilidade é um dever jurídico sucessivo ou consequente.[109]

Ainda apresentando um panorama inicial da responsabilidade civil, que servirá a amparar toda a discussão aqui trilhada, importa fazer referência à tradicional distinção do regime de responsabilidade a partir da fonte do dever violado. Nesse aspecto, o Código Civil estabelece, originalmente, uma classificação dualista,[110] evidenciada por Sílvio de Salvo Venosa, dividida em responsabilidade contratual, ou negocial, configurada quando o dever violado estiver estabelecido em um negócio jurídico; e responsabilidade extracontratual, ou extranegocial, que diz respeito à violação de dever nascido de outra fonte, sendo a lei a mais comum delas.[111]

---

108. CAVALIERI FILHO, Sergio. *Programa de responsabilidade civil*. 12. ed. São Paulo: Atlas, 2015. p. 16.
109. STOCCO, Rui. *Tratado de responsabilidade civil*. 2. ed. em e-book baseada na 10. ed. impressa. São Paulo: Revista dos Tribunais, 2014. [E-book não paginado]
110. Sergio Cavalieri Filho pondera que, no Brasil, "a divisão entre responsabilidade contratual e extracontratual não é estanque", mencionando uma "verdadeira simbiose" entre ambas. O autor comenta que essa dicotomia seria até mesmo criticada por corrente doutrinária que defende que a distinção não teria efeito prático, já que os efeitos da responsabilidade civil, independentemente de ser contratual ou extracontratual, seriam os mesmos (CAVALIERI FILHO, Sergio. *Programa de responsabilidade civil*. 12. ed. São Paulo: Atlas, 2015. p. 16).
111. O autor esclarece que a responsabilidade contratual é contemplada no art. 389 e seguintes, enquanto os arts. 186 a 188 e 297 e seguintes se relacionam à responsabilidade extracontratual. Ainda assim, sustenta que "não existe na realidade uma diferença ontológica, senão meramente didática, entre responsabilidade contratual e aquiliana", o que permitiria afirmar que "existe um paradigma abstrato para o dever de indenizar" (VENOSA, Sílvio de Salvo. *Direito civil*: obrigações e responsabilidade civil. 22. ed. Barueri, SP: Ed. Atlas, 2022. p. 376).

Mais do que atentar à *origem* do dever originário violado (se de um contrato ou da lei), com a evolução do sistema de responsabilidade civil, passou a ser objeto de atenção o *conteúdo* do dever violado. A respeito, Bruno Miragem comenta que, assim, alcançou-se uma "visão mais unitária" da responsabilidade civil,[112] que não necessariamente depende de se haver um contrato previamente pactuado entre as partes. É essa visão que ganha espaço a partir do Código de Defesa do Consumidor, cujas disposições se aplicam a relações como as que são objetos desta obra, estabelecidas entre o provedor e o usuário. Como relatam Cristiano Chaves de Farias e outros: "no direito do consumidor, portanto, nenhuma pertinência tem a dicotomia, porquanto o sistema de responsabilidade aqui estabelecido ignora o fundamento contratual ou extracontratual do dano, protegendo, de modo precípuo, a vítima".[113]

Por esse motivo é que se afirma que, a partir do Código de Defesa do Consumidor, ficou estabelecida, como regra, a responsabilidade objetiva do fornecedor,[114] que dispensa o pressuposto da culpa, trazendo o risco como fundamento do dever de indenizar.[115] Desse modo, estando preenchidos os pressupostos da responsabilidade (no caso, defeito, dano e nexo de causalidade),[116] estará configurado o dever de indenizar por parte do fornecedor[117] – nesse caso, o provedor, pelo defeito no serviço que disponibiliza ao mercado, por meio da aplicação de rede social. Evidencia-se o defeito, no caso, especificamente no exercício da atividade de moderação.

A superação da dicotomia entre a responsabilidade contratual e a extracontratual é reforçada por Claudia Lima Marques e Bruno Miragem no já referido parecer apresentado nos autos do Recurso Extraordinário 1.037.396 (Tema nº 987 do STF), em que explicitam a aplicação das normas previstas no Código de Defesa do Consumidor à relação estabelecida entre o usuário e a plataforma,

---

112. MIRAGEM, Bruno. *Responsabilidade civil*. 2. ed. Rio de Janeiro: Forense, 2021. p. 46.
113. BRAGA NETTO, Felipe Peixoto; FARIAS, Cristiano Chaves de; ROSENVALD, Nelson. *Novo tratado de responsabilidade civil*. 4. ed. São Paulo: Saraiva Educação, 2019. p. 838.
114. NERY, Rosa Maria de Andrade; NERY JÚNIOR, Nelson. *Instituições de direito civil*: das obrigações, dos contratos e da responsabilidade civil. São Paulo: Thomson Reuters Brasil, 2022. v. II, p. 419.
115. "A culpa constitui um dos elementos da responsabilidade civil subjetiva (...). No entanto, nos últimos tempos adquiriu realce a responsabilidade objetiva, decorrente do fato em si, em especial nas situações que envolvem atividade de risco" (RIZZARDO, Arnaldo. *Responsabilidade civil*. 8. ed. Rio de Janeiro: Forense, 2019. p. 25).
116. Sobre a relação de causalidade (nexo de causalidade), José de Aguiar Dias leciona se tratar do "laço ou relação direta de causa a efeito entre o fato gerador da responsabilidade e o dano". Esclarece, ainda, que "causalidade é o que se exige e não mera coincidência entre o dano e o procedimento do imputado responsável" (DIAS, José de Aguiar. *Da responsabilidade civil*. 11. ed. rev. e atual. de acordo com o Código Civil de 2022, e ampl. por Rui Berford Dias. Rio de Janeiro: Renovar, 2006. p. 131-132).
117. PEREIRA, Caio Mário da Silva. *Responsabilidade civil*. 13. ed. atual. por Gustavo Tepedino. Rio de Janeiro: Forense, 2022. p. 284.

como demonstrado no tópico anterior. Os autores trazem ao debate a teoria da qualidade,[118] "que supõe um dever geral de qualidade de produtos e serviços oferecidos no mercado de consumo". Essa teoria se desdobra em dois deveres: o dever de segurança, ligado à proteção da integridade do consumidor; e o dever de adequação, que trata da necessidade de o produto ou serviço atender a finalidade a que originalmente se destina.[119]

A inobservância de um desses dois deveres faz nascer a responsabilidade civil do fornecedor, amparada em dois regimes distintos, que superam a antes referida divisão do direito civil: o fato do produto ou do serviço, ou dos acidentes de consumo[120] – aplicável ao caso em análise; e o vício do produto ou do serviço.[121] Quanto à diferença entre responsabilidade civil pelo "fato do produto ou do serviço" e "vício do produto e do serviço", leciona Gustavo Tepedino, em atualização de obra de Caio Mário da Silva Pereira, que o primeiro se verifica quando "há dano decorrente de inconformidade, que se traduz na ruptura de legítima expectativa do consumidor em relação às características do produto ou serviço"; já o segundo se volta para a "adequação dos produtos e serviços às suas finalidades próprias (assim, por exemplo, a faca deve cortar, o rádio deve emitir sons, a batedeira precisa bater a massa de bolo e assim por diante)".[122] Enquanto no vício o dano está no próprio produto/serviço (impedindo sua utilização, por

---

118. A evolução da teoria dos vícios redibitórios, que servia a tutelar direitos civis e do consumidor antes do diploma específico, para a teoria da qualidade, que se bifurca nos vícios de qualidade por inadequação e nos vícios de qualidade por insegurança, é retomada por Antonio Herman Benjamin (BENJAMIN, Antonio Herman. Notas sobre a teoria da qualidade no Código de Defesa do Consumidor: uma homenagem à Ada Pellegrini Grinover. *In*: BENJAMIN, Antonio Herman; MARQUES, Claudia Lima; MIRAGEM, Bruno (org.). *O direito do consumidor no mundo em transformação*. São Paulo: Thomson Reuters Brasil, 2020. pos. RB 1.1.-RB 1.6.).

119. MARQUES, Claudia Lima; MIRAGEM, Bruno. Parecer. *In*: BRASIL. Supremo Tribunal Federal. *Recurso Extraordinário 1.037.396*. Recorrente: Facebook Serviços Online do Brasil Ltda. Recorrido: Lourdes Pavioto Correa. Relator: Ministro Dias Toffoli. [2017-] (ainda não julgado). Porto Alegre, 31 ago. 2020. p. 33-34.

120. Ao comentar as expressões "fato do serviço" e "acidente de consumo", Luiz Antonio Rizzatto Nunes pondera que esta poderia confundir, levando a crer pela efetiva ocorrência de um acidente. Registra, assim, que mais adequada seria a utilização de "fato do serviço" para tratar de defeito, tendo em vista que englobaria todas as ocorrências danosas (e não apenas acidentes, no sentido literal). Registra-se que, embora as expressões sejam tomadas pela doutrina como sinônimas, "fato do produto e do serviço" é aquela adotada pelo legislador (NUNES, Luiz Antonio Rizzatto. *Curso de direito do consumidor*. 13. ed. São Paulo: Saraiva Educação, 2019. p. 345).

121. MARQUES, Claudia Lima; MIRAGEM, Bruno. Parecer. *In*: BRASIL. Supremo Tribunal Federal. *Recurso Extraordinário 1.037.396*. Recorrente: Facebook Serviços Online do Brasil Ltda. Recorrido: Lourdes Pavioto Correa. Relator: Ministro Dias Toffoli. [2017-] (ainda não julgado). Porto Alegre, 31 ago. 2020. p. 33.

122. PEREIRA, Caio Mário da Silva. *Responsabilidade civil*. 13. ed. atual. por Gustavo Tepedino. Rio de Janeiro: Forense, 2022. p. 284.

exemplo), no fato, o que se tem é uma consequência externa, que provoca um dano que não apenas impede a devida utilização.

No caso da moderação de conteúdo, esse fato, como gatilho à responsabilização, estaria configurado a partir de um defeito na forma como o provedor interfere no fluxo informacional de seus usuários (a partir da exclusão, diminuição de alcance, rotulagem de conteúdo), atingindo o usuário e lhe causando prejuízos patrimoniais ou extrapatrimoniais. A partir de Claudia Lima Marques e Bruno Miragem, fica claro que é o dever de segurança (e sua violação, que caracteriza fato do serviço) que mais importa aqui, em que se trata da moderação, na condição de serviço prestado pelos provedores. Os autores enfrentam em mais detalhes esse dever jurídico, contemplado no art. 8º do Código de Defesa do Consumidor,[123] que:

> (...) impõe ao fornecedor que introduza no mercado produtos e serviços com a segurança que legitimamente se espera. Significa, sobretudo, que devem oferecer apenas os riscos normais e previsíveis (art. 8º), razão pela qual a identificação de quaisquer outros riscos mais graves ou distintos do legitimamente esperado caracteriza um defeito do produto ou serviço, critério para a imputação de responsabilidade do fornecedor pelos danos causados ao consumidor.[124]

Constatando-se o defeito, há que se recorrer ao art. 14 do diploma consumerista, cujo *caput* dispõe que "O fornecedor de serviços responde, independentemente da existência de culpa, pela reparação dos danos causados aos consumidores por defeitos relativos à prestação dos serviços, bem como por informações insuficientes ou inadequadas sobre sua fruição e riscos". O § 1º, na sequência, indica que seria defeituoso o serviço que "não fornece a segurança que o consumidor dele pode esperar", quanto a seu modo de fornecimento, resultados ou riscos razoáveis que dele se esperam ou época em que foi fornecido.[125]

---

123. Art. 8º, *caput*, do Código de Defesa do Consumidor: "Os produtos e serviços colocados no mercado de consumo não acarretarão riscos à saúde ou segurança dos consumidores, exceto os considerados normais e previsíveis em decorrência de sua natureza e fruição, obrigando-se os fornecedores, em qualquer hipótese, a dar as informações necessárias e adequadas a seu respeito".

124. MARQUES, Claudia Lima; MIRAGEM, Bruno. Parecer. *In*: BRASIL. Supremo Tribunal Federal. *Recurso Extraordinário 1.037.396*. Recorrente: Facebook Serviços Online do Brasil Ltda. Recorrido: Lourdes Pavioto Correa. Relator: Ministro Dias Toffoli. [2017-] (ainda não julgado). Porto Alegre, 31 ago. 2020. p. 33.

125. Art. 14 do Código de Defesa do Consumidor: "O fornecedor de serviços responde, independentemente da existência de culpa, pela reparação dos danos causados aos consumidores por defeitos relativos à prestação dos serviços, bem como por informações insuficientes ou inadequadas sobre sua fruição e riscos. § 1º O serviço é defeituoso quando não fornece a segurança que o consumidor dele pode esperar, levando-se em consideração as circunstâncias relevantes, entre as quais: I – o modo de seu fornecimento; II – o resultado e os riscos que razoavelmente dele se esperam; III – a época em que foi fornecido. (...)".

Assim, na hipótese de que seja identificado serviço distinto daquele legitimamente esperado, estará caracterizado um defeito do produto ou, no caso aqui em análise, do serviço (prestado pela plataforma) – sendo esse o critério para que lhe seja imputada a responsabilidade pelos danos causados ao consumidor/usuário, conforme disposto no art. 14 do diploma consumerista. Essa conclusão se aproxima do que antes foi mencionado com base em Rafael de Freitas Valle Dresch: constatando-se defeito na atividade do provedor, o usuário/consumidor fará jus à reparação integral dos danos sofridos.[126]

É precisamente a esse ponto que se deve atentar ao tratar da responsabilidade dos provedores por danos causados no exercício da atividade de moderação de conteúdo. Embora esse seja um tema candente, certo é que, no cerne das discussões atualmente em curso a respeito da responsabilidade civil dos provedores, estão as disposições previstas nos arts. 18 e 19 do Marco Civil da Internet – que, tal qual amplamente já enfrentado, dizem respeito a danos causados por conteúdo de terceiros.

Especificamente quanto a essa hipótese (responsabilidade do provedor por atos de terceiros), de fato, não há que se cogitar a responsabilidade objetiva a partir da aplicação do art. 14 do Código de Defesa do Consumidor. Explica Tarcisio Teixeira que, nos termos do art. 927, parágrafo único, do Código Civil,[127] que apresenta cláusula geral da responsabilidade civil,[128] a responsabilidade objetiva é cabível em hipóteses previstas em lei. Sendo o Marco Civil da Internet uma lei especial, em relação à generalidade do Código de Defesa do Consumidor, suas disposições devem prevalecer – e, no caso da responsabilidade por danos causados por terceiros, apontam para a responsabilidade subjetiva da plataforma.[129]

---

126. DRESCH, Rafael de Freitas Valle. Reflexões sobre a responsabilidade civil de provedores pelo conteúdo postado por usuários. *In*: BARBOSA, Mafalda Miranda; ROSENVALD, Nelson; MUNIZ, Francisco (coord.). *Desafios da nova responsabilidade civil*. São Paulo: Juspodivm, 2019. p. 397-398.

127. Art. 927 do Código Civil: "Aquele que, por ato ilícito (arts. 186 e 187), causar dano a outrem, fica obrigado a repará-lo. Parágrafo único. Haverá obrigação de reparar o dano, independentemente de culpa, nos casos especificados em lei, ou quando a atividade normalmente desenvolvida pelo autor do dano implicar, por sua natureza, risco para os direitos de outrem".

128. "O sistema subsidiário do CDC/2002 é o da responsabilidade objetiva (art. 927, par. ún.), que se funda na teoria do risco – e se estrutura em previsões específicas no ordenamento jurídico. Para que haja o dever de indenizar, é irrelevante a conduta (dolo ou culpa) do agente, pois basta a existência: a) do dano; b) do nexo de causalidade entre o fato e o dano. Dar-se-á a hipótese de responsabilidade civil objetiva quando a lei assim determinar (CC 933), ou quando a atividade habitual do agente, por sua natureza, implicar risco para o direito de outrem (*v.g.*, exercício de atividades perigosas – CC 927 par. ún.)" (NERY, Rosa Maria de Andrade; NERY JÚNIOR, Nelson. *Instituições de direito civil*: das obrigações, dos contratos e da responsabilidade civil. São Paulo: Thomson Reuters Brasil, 2022. v. II, p. 419).

129. TEIXEIRA, Tarcisio. *Direito digital e processo eletrônico*. 6. ed. São Paulo: Saraiva Educação, 2022. p. 43.

Também esse é o aspecto sobre o qual se debruça João Victor Rozatti Longhi, em obra a respeito da responsabilidade civil e redes sociais. Analisando a posição doutrinária previamente ao Marco Civil da Internet, anota o autor que a atividade desempenhada pelos provedores de internet poderia se aproximar da responsabilidade objetiva. Logo à frente, contudo, refere que o marco regulatório, a partir do microssistema instituído por meio do art. 19, acabou por impor o regime de responsabilidade subjetiva dos provedores, ante a ausência do dever de vigilância em relação ao conteúdo que é publicado por seus usuários.[130] Mas, como bem esclarece em sua abordagem, isso se aplica especificamente à responsabilidade por atos de terceiros, que se distancia da reflexão aqui elaborada.

Tem-se por imprescindível fazer nota quanto a essa distinção porque, do estudo da responsabilidade civil dos provedores de aplicação, é notório que a atenção frequentemente se volta aos atos de terceiros. De fato, compreender esse contexto é imprescindível também para tratar de moderação de conteúdo, como muito já se insistiu, porque o sistema de responsabilidade inaugurado pelo art. 19 exerce importante impacto na forma como as plataformas de posicionam em relação ao conteúdo publicado por seus usuários. Ainda assim, enfrentar os desafios da moderação exige que se dê um passo à frente em relação ao que dispõe o Marco Civil, diploma carente de regulação sobre a matéria.

A reflexão proposta nesta obra está ligada, em verdade, a uma conduta própria do provedor, quando opta por interferir no fluxo comunicacional da aplicação, moderando o discurso a partir de ferramentas diversas, já detalhadas. Ou seja: está-se a tratar de hipótese de *responsabilização por ato próprio* – relacionado à natureza das atividades exercidas e das cláusulas contratuais estabelecidas com seus usuários, conforme conceito de Marcel Leonardi.[131] Se a base para que se sinalize que a moderação pode ser exercida é o contrato que o provedor celebra com seus usuários, certo é que, quando disposições desse contrato não são observadas (frustrando a legítima expectativa do consumidor a respeito do serviço), o que se tem é a violação do referido dever de segurança, nascida da um ato próprio do fornecedor em questão.

Veja-se que, enquanto a responsabilização por ato de terceiros é motivo de controvérsia doutrinária e jurisprudencial, o mesmo não se pode dizer da responsabilização por ato próprio, tendo em vista que "as regras do Código de Defesa

---

130. LONGHI, João Victor Rozatti. *Responsabilidade civil e redes sociais*: retirada de conteúdo, perfis falsos, discurso de ódio e *fake news*. Indaiatuba, SP: Editora Foco, 2020. p. 57-58.
131. LEONARDI, Marcel. *Fundamentos do direito digital*. São Paulo: Thomson Reuters, 2019, [E-book não paginado]

do Consumidor e do Código Civil bem equacionam a matéria".[132] Assim, sendo constatada a violação a um dever jurídico de segurança por parte da plataforma, fica configurado o fato de serviço – que, reitere-se, diz respeito a um ato próprio e não se enquadra nas hipóteses contempladas nos arts. 18 e 19 do Marco Civil, sobre responsabilidade por ato de terceiros.

Para a hipótese de fato do serviço, o Código de Defesa do Consumidor assegura o direito à reparação integral dos danos sofridos, nos termos do já mencionado art. 14. Quanto ao diploma consumerista, conclui-se que adota, como regra, a responsabilidade objetiva, bastando que se comprove a existência de dano e o nexo de causalidade entre o fato e o dano, o que impõe ao fornecedor o dever de indenizar.[133] Apesar da regra geral do Código de Defesa do Consumidor quanto à responsabilidade objetiva, vale citar posicionamento de Rafael de Freitas Valle Dresch, que observa que essa responsabilidade seria, na verdade, objetiva especial:[134]

> Com relação ao critério central dessa responsabilidade civil objetiva especial por danos decorrentes de prestação de serviços é interessante lembrar que esse critério está fundado na prestação de um serviço defeituoso. O serviço é considerado defeituoso quando não fornece a segurança que legitimamente dele se espera, ou seja, o critério de responsabilidade civil na prestação de serviços ao consumidor é a falha na segurança. É possível, assim, compreender que se trata de uma responsabilidade civil objetiva *sui generis* – decorrente de falha na segurança ou informação do serviço – que poderia ser compreendida a partir da teoria do risco criado ou de uma culpa levíssima presumida.[135]

Observa o autor, então, que é com base na responsabilidade dessa natureza que o usuário, a partir da proteção conferida pelo Código de Defesa do Consumidor, pode buscar a reparação integral de danos sofridos em razão de defeitos

---

132. BRASIL. Superior Tribunal de Justiça. *Recurso Especial nº 1.770.422/SP*. Recorrente: S. A. P. R. de S. Recorrido: Yahoo Brasil Internet Ltda. Relator: Ministro Marco Aurélio Belizze. Brasília, DF, 4 maio 2021.

133. NERY, Rosa Maria de Andrade; NERY JÚNIOR, Nelson. *Instituições de direito civil*: das obrigações, dos contratos e da responsabilidade civil. São Paulo: Thomson Reuters Brasil, 2022. v. II, p. 420.

134. Analisando a responsabilidade sobre o fato do produto e do serviço, o autor alcança conclusão de que, no Código de Defesa do Consumidor, a responsabilidade civil pelo fato do produto e do serviço seria objetiva especial em razão de ser fundada no defeito, "o que, tecnicamente, determina a análise da culpa levíssima presumida". Também refere que, "(...) como salientado, o consumidor não precisa comprovar a culpa do fornecedor para poder pleitear a responsabilização, pois há expressa determinação legal nesse sentido através do elemento normativo 'independentemente da existência de culpa'. Como, entretanto, há a possibilidade de o fornecedor afastar a sua responsabilidade para comprovar que não faltou com o cuidado exigível segundo a melhor técnica existente, há a presença de culpa presumida" (DRESCH, Rafael de Freitas Valle. *Fundamentos da responsabilidade civil pelo fato do produto e do serviço*: um debate jurídico-filosófico entre o formalismo e o funcionalismo no direito privado. Porto Alegre: Livraria do Advogado, 2009. p. 138).

135. DRESCH, Rafael de Freitas Valle. Reflexões sobre a responsabilidade civil de provedores pelo conteúdo postado por usuários. *In*: BARBOSA, Mafalda Miranda; ROSENVALD, Nelson; MUNIZ, Francisco (coord.). *Desafios da nova responsabilidade civil*. São Paulo: Juspodivm, 2019. p. 398.

ou vícios na atividade do provedor[136] – no que é possível incluir as medidas de moderação, caracterizadas como acidente de consumo, com frustração da legítima expectativa do usuário de fruição do espaço ao compartilhamento e acesso a conteúdo (evidentemente, respeitados os termos de uso previamente estabelecidos).

Percebe-se que o fato de a relação entre provedor e usuário ser caracterizada como de consumo acaba por conferir novos contornos aos tradicionais pressupostos do dever de indenizar. Ainda assim, os pressupostos essenciais – conduta, dano e nexo de causalidade[137] – seriam mantidos independentemente do sistema de atribuição de responsabilidade.[138] Esses mesmos elementos são indispensáveis a todos os casos de responsabilidade civil, como se depreende de semelhante lição de José de Aguiar Dias, que faz referência ao fato gerador da responsabilidade (conduta), ao dano e à relação (nexo) de causalidade entre um e outro.[139]

No caso da responsabilidade civil pelo fato do serviço (ou do produto), contudo, o que se identifica é o afastamento da culpa como "elemento integrante do suporte fático da norma que determina a eficácia da responsabilidade".[140] Assim, o fato do serviço tem, como requisito para imputação da responsabilidade, não a culpa do agente,[141] mas o defeito, cujo critério para constatação é a já detalhada violação do dever de segurança, a partir do enquadramento nas hipóteses pre-

---

136. DRESCH, Rafael de Freitas Valle. Reflexões sobre a responsabilidade civil de provedores pelo conteúdo postado por usuários. *In*: BARBOSA, Mafalda Miranda; ROSENVALD, Nelson; MUNIZ, Francisco (coord.). *Desafios da nova responsabilidade civil*. São Paulo: Juspodivm, 2019. p. 398.

137. Sobre os pressupostos (ou elementos) da responsabilidade civil, Gustavo Tepedino, Aline de Miranda Valverde e Gisela Sampaio da Cruz Guedes tecem raciocínio de que, "contemporaneamente, apontam-se três elementos para a responsabilidade civil: ato culposo ou atividade objetivamente considerada, dano e nexo de causalidade" (TEPEDINO, Gustavo; TERRA, Aline de Miranda Valverde; GUEDES, Gisela Sampaio da Cruz. *Fundamentos do direito civil*: responsabilidade civil. 2. ed. Rio de Janeiro: Forense, 2021. [E-book não paginado]).

138. MIRAGEM, Bruno. *Responsabilidade civil*. 2. ed. Rio de Janeiro: Forense, 2021. p. 289.

139. DIAS, José de Aguiar. *Da responsabilidade civil*. 11. ed. rev. e atual. de acordo com o Código Civil de 2022, e ampl. por Rui Berford Dias. Rio de Janeiro: Renovar, 2006. p. 131.

140. MIRAGEM, Bruno. *Responsabilidade civil*. 2. ed. Rio de Janeiro: Forense, 2021. p. 291.

141. Sobre o afastamento do requisito da culpa, pondera Antonio Herman Benjamin: "A alteração da sistemática da responsabilização, retirando-se o requisito de prova da culpa, não implica dizer que a vítima nada tenha de provar. Ao contrário, cabe-lhe comprovar o dano e o nexo de causalidade entre este e o produto ou serviço. Lembre-se, contudo, que em relação a estes elementos o juiz pode inverter o ônus da prova quando 'for verossímil a alegação' ou quando o consumidor for 'hipossuficiente', sempre de acordo com 'as regras ordinárias de experiência' (art. 6º, VIII). Recorde-se, por último, que o consumidor não necessita provar o defeito (art. 12, § 3º, II). Não havia, realmente, outra forma de se implantar, em matéria de acidentes de consumo, a *justiça distributiva*, do que aquela que se mostra capaz de redistribuir os riscos inerentes à sociedade de consumo, como a prevista no CDC" (BENJAMIN, Antonio Herman. Notas sobre a teoria da qualidade no Código de Defesa do Consumidor: uma homenagem à Ada Pellegrini Grinover. *In*: BENJAMIN, Antonio Herman; MARQUES, Claudia Lima; MIRAGEM, Bruno (org.). *O direito do consumidor no mundo em transformação*. São Paulo: Thomson Reuters Brasil, 2020. pos. RB-1.4.).

vistas no Código de Defesa do Consumidor (art. 12, § 1º, I a III, para produto; e art. 14, § 1º, I a III, para serviço). Não se trata de garantir a "segurança absoluta", como esclarecem Antonio Herman Benjamin, Claudia Lima Marques e Leonardo Roscoe Bessa, mas de assegurar "a segurança dentro dos padrões da legítima expectativa dos consumidores".[142]

Quanto à origem desse defeito[143] – que, logo à frente, será transposta para a prática, analisando-se as etapas da atividade de moderação de conteúdo –, Bruno Miragem faz referência a três categorias: defeitos de projeto e concepção, que "afetam a característica geral" de um produto ou serviço;[144] defeitos de execução, produção ou fabricação, que, não sendo constatadas na concepção, "decorrem do processo de crescente padronização e automatização da produção de produtos e prestação de serviços", em razão de erro de pessoas envolvidas ou máquinas empregadas;[145] e, por fim, defeitos de comercialização ou de informação, decorrentes da apresentação ou informações insuficientes ou inadequadas quanto à fruição e riscos.[146]

Acerca da moderação de conteúdo, parece ser possível afirmar que as três categorias de defeitos seriam passíveis de identificação, o que poderia se dar em, ao menos, dois momentos distintos do exercício da atividade: na análise/interpretação do conteúdo em si, com a subsunção de sua conclusão aos termos de uso; ou, ainda, nos próprios procedimentos adotados pelo provedor ao moderar. Em uma dessas duas etapas (ou em ambas), pode residir a conduta resultante em dano ao usuário, em razão da violação ao dever geral de segurança. Passa-se a analisar essas duas etapas – desde já registrando que se trata de abordagem exemplificativa, tendo em vista que, por óbvio, não seria possível esgotar todas as hipóteses passíveis de configurar fato do serviço na atividade de moderação.

Quanto à análise/interpretação do conteúdo (etapa "conteúdo"), no sentido de classificá-lo ou não como desinformativo, esta obra já se ocupou de esclarecer que se trata de tema sensível – mesmo porque, como pontuam Tula Wesendonck e Luísa Dresch da Silveira Jacques, "de um lado figura a democracia do conteúdo e, de outro, o desafio de distinguir a mentira da realidade; o conteúdo lícito do

---

142. BENJAMIN, Antonio Herman; MARQUES, Claudia Lima; BESSA, Leonardo Roscoe. *Manual de direito do consumidor*. São Paulo: Thomson Reuters Brasil, 2020. pos. RB-6.14.

143. A doutrina apresenta outras classificações, embora semelhantes entre si, e que aqui não se pretende esgotar. Como: CAVALIERI FILHO, Sergio. *Programa de responsabilidade civil*. 12. ed. São Paulo: Atlas, 2015. p. 592-598; BENJAMIN, Antonio Herman; MARQUES, Claudia Lima; BESSA, Leonardo Roscoe. *Manual de direito do consumidor*. São Paulo: Thomson Reuters Brasil, 2020. pos. RB-6.14.

144. MIRAGEM, Bruno. *Responsabilidade civil*. 2. ed. Rio de Janeiro: Forense, 2021. p. 296.

145. MIRAGEM, Bruno. *Responsabilidade civil*. 2. ed. Rio de Janeiro: Forense, 2021. p. 297.

146. MIRAGEM, Bruno. *Responsabilidade civil*. 2. ed. Rio de Janeiro: Forense, 2021. p. 298.

ilícito".[147] Nem sequer há, até o momento, conceito definitivo quanto ao que, afinal, configuraria desinformação. Ainda assim, ao contemplar a hipótese de conteúdo desinformativo como passível de moderação em seus termos de uso, a verdade factual pode se apresentar como um parâmetro a nortear a conduta desses agentes, a partir de atuação humana e automatizada, com vistas à identificação, checagem e verificação de fatos, como apontado por Claire Wardle e Hossein Derakshan.[148]

De equívocos na checagem de fatos a problemas interpretativos, a análise de conteúdo – seja por pessoas, seja por máquinas – pode falhar, denunciando defeito na execução (ou, nos casos de inteligência artificial, eventualmente, até de concepção).[149] Embora não envolvam especificamente casos clássicos de desinformação, dois exemplos servem a sinalizar essas possíveis vulnerabilidades.[150]

O primeiro deles foi identificado em pesquisa da organização InternetLab, que evidenciou a dificuldade dos provedores em, por meio de inteligência artificial, distinguir, de um lado, discurso de ódio direcionado à comunidade LGBTQIAPN+ e, de outro, conteúdo publicado pelos próprios membros da comunidade, que frequentemente empregam linguagem "pseudo-ofensiva" (o que se dá, como observa o relatório, justamente para que os membros dessa comunidade se preparem para a hostilidade com que são frequentemente tratados).

---

147. WESENDONCK, Tula; JACQUES, Luísa Dresch da Silveira. Desordem informacional: uma análise sob o olhar das características do fenômeno e da responsabilidade civil no Brasil. *Pensar – Revista de Ciências Jurídicas*, Fortaleza, v. 27, n. 2, p. 1-13, jul./set. 2022. Disponível em: https://doi.org/10.5020/2317-2150.2022.12835. Acesso em: 30 jun. 2024.

148. Defendem os autores que o combate à desordem informacional – na qual a desinformação está inserida – passa pela adoção de medidas a serem tomadas pelo Estado, por organizações de mídia, pela sociedade civil, por órgãos de financiamento, por ministérios de educação e por empresas de tecnologia. Quanto a essas, são apontadas treze sugestões, dentre as quais se destacam, além da adoção e aprimoramento de ferramentas de checagem e verificação de fatos, a criação de um conselho consultivo internacional, a eliminação de incentivos econômicos à criação e disseminação de conteúdo lesivo, a adequação de moderação de conteúdo em idiomas que não o inglês, a atenção a *mis-information* e *dis-information* em formato audiovisual, a adoção de medidas para diminuir o impacto dos filtros bolha e a estruturação de mecanismos de autenticação (WARDLE, Claire; DERAKHSHAN, Hossein. *Information disorder*: toward an interdisciplinary framework for research and policy making. Strasbourg: Council of Europe, 2017. p. 20. Disponível em: https://rm.coe.int/information-disorder-toward-an-interdisciplinary-framework-for-researc/168076277c. Acesso em: 27 maio 2024).

149. Embora não se desconheça a possibilidade de a inteligência artificial apresentar problemas já em sua concepção, deixa-se de enfrentar essa possibilidade em detalhes, em razão da carência de informações a respeito de como esses mecanismos são idealizados e de que forma são empregados pelas plataformas.

150. Outro exemplo foi relatado no capítulo anterior, quanto a publicações legítimas sobre Covid-19 terem sido classificadas como *spam* pelo Facebook (MAGALHÃES, João Carlos; KATZENBACH, Christian. Coronavirus and the frailness of platform governance. *Internet Policy Review – Journal on Internet Regulation*, Berlin, 29 mar. 2020. Disponível em: https://policyreview.info/articles/news/coronavirus-and-frailness-platform-governance/1458. Acesso em: 26 jun. 2024).

Ao utilizar ferramenta de *machine learning*, parecida com aquelas empregadas pela plataforma, a tecnologia tomou os níveis de toxicidade de perfis de *drag queens* como mais elevados do que os de nacionalistas brancos dos Estados Unidos. A partir disso, a pesquisa concluiu que, ao operarem em contextos que divergem entre si do ponto de vista cultural, político e social, "os sistemas automatizados e equipes de revisores não têm dado conta de realizar a moderação sem cometer erros e abusos à liberdade de expressão de seus usuários ou reforçar discursos discriminatórios e violentos ilegais".[151]

Episódio semelhante diz respeito ao caso Napalm, do famoso registro fotográfico da garota Kim Phúc, então com nove anos, correndo nua ao lado de outras vítimas, durante o ataque de uma bomba de Napalm, na Guerra do Vietnã. Lembra João Quinelato de Queiroz que mecanismos automáticos chegaram a banir o compartilhamento da imagem, por ser considerada pornografia infantil. Posteriormente, a plataforma reviu a decisão, reconhecendo seu caráter documental.[152]

Quanto ao conteúdo potencialmente desinformativo, há que se rememorar que, nos casos do Facebook e do Instagram, por exemplo, a análise tem se dado por meio de verificadores independentes, instados a "identificar, analisar e classificar possíveis casos de desinformação".[153] Evidentemente, as medidas tomadas variam de plataforma para plataforma, o que, necessariamente, impõe uma análise pormenorizada das particularidades que envolvem cada caso. Ainda assim, é possível observar que, em geral, aplicações com maior alcance têm adotado mecanismos de verificação de fatos, que se somam a *feedbacks* e denúncias dos próprios usuários, além de detecção por meio de inteligência artificial (por similaridade e palavras-chave, que permitem o agrupamento de conteúdo sobre temas considerados sensíveis, como questões de saúde pública, eleições globais, desastres naturais, conflitos etc.).[154]

---

151. MONTEIRO, Artur Pericles Lima *et al*. *Armadilhas e caminhos na regulação da moderação de conteúdo, diagnósticos & recomendações*. São Paulo: InternetLab, 2021. p. 12. Disponível em: https://internetlab.org.br/wp-content/uploads/2021/09/internetlab_armadilhas-caminho-moderacao.pdf. Acesso em: 30 jun. 2024; OLIVA, Thiago Dias; ANTONIALLI, Dennys Marcelo; GOMES, Alessandra. Fighting hate speech, silencing drag queens? Artificial intelligence in content moderation and risks to LGBTQ voices online. *Sexuality & Culture*, [S.l.], n. 25, abr. 2021. Disponível em: https://doi.org/10.1007/s12119-020-09790-w. Acesso em: 23 jun. 2024.

152. QUEIROZ, João Quinelato de. *Responsabilidade civil na rede*: danos e liberdade à luz do Marco Civil da Internet. Rio de Janeiro: Processo, 2019. p. 56-57.

153. META PLATFORMS, INC. *Como funciona o programa de verificação de fatos independente do Facebook*. Menlo Park, 1º jun. 2021. Disponível em: https://www.facebook.com/formedia/blog/third-party-fact-checking-how-it-works?locale=pt_PT. Acesso em: 28 jun. 2024.

154. META PLATFORMS, INC. *Como funciona o programa de verificação de fatos independente do Facebook*. Menlo Park, 1º jun. 2021. Disponível em: https://www.facebook.com/formedia/blog/third-party-fact-checking-how-it-works?locale=pt_PT. Acesso em: 28 jun. 2024.

Identificado o conteúdo potencialmente lesivo, e ainda de acordo com os procedimentos adotados pelo grupo Meta, passa-se à etapa de análise, em que os verificadores "analisam e classificam a exatidão das histórias por meio de apurações originais, que podem incluir entrevistas com fontes primárias, consulta de dados públicos e análise de mídia, que inclui fotos e vídeos". Quando um conteúdo é classificado como falso, parte-se para as ações a serem tomadas pelo próprio provedor, de acordo com seus termos de uso – a quem cabe, então, enquadrar a conclusão do verificador/checador de fatos (independente ou não) a suas políticas privadas. É quando ocorre a filtragem, etiquetação e remoção de publicações e contas.[155]

Na hipótese de que se evidencie discordância entre usuário e plataforma, o dever de ponderação deve ser assumido pelo Poder Judiciário, como esclarece André Zonaro Giacchetta. O autor acrescenta que, quando se estiver diante de uma hipótese de remoção que não se enquadre nos termos[156] (ou cujos termos violados não tenham sido especificados, como frequentemente acontece), igualmente ao Judiciário será endereçada a tarefa de ponderar os direitos envolvidos.[157] Complementa Bruno Zampier: "Da mesma forma que pode ter havido abuso no exercício da liberdade de expressão, pode também ter ocorrido abuso no direito de supressão. E, em última análise, quem irá verificar isso será o Estado, no âmbito de sua função jurisdicional".[158]

Quanto à adoção de condutas após a tomada de decisão (etapa "forma"), já se demonstrou que é dever da plataforma atender a legítima expectativa do usuário, igualmente observando os ditames da boa-fé objetiva. Parece ficar evidente, aqui, embora não haja previsão expressa a respeito, que é dever da plataforma conduzir a moderação de forma transparente, viabilizando o exercício do contraditório

---

155. META PLATFORMS, INC. *Como funciona o programa de verificação de fatos independente do Facebook*. Menlo Park, 1º jun. 2021. Disponível em: https://www.facebook.com/formedia/blog/third-party-fact-checking-how-it-works?locale=pt_PT. Acesso em: 28 jun. 2024.
156. A fim de preservar o recorte aqui proposto, o abuso especificamente na estruturação de termos de uso não será tratado em profundidade nesta obra. Limita-se a abordagem, até mesmo à luz dos termos de uso das plataformas com maior número de usuários, à previsão de moderação de conteúdo com desinformação. Não se desconhece, ainda assim, a dificuldade de se estabelecer os limites dessa definição, do que tratou o capítulo inaugural (e em relação aos quais, havendo divergência, caberá ao Poder Judiciário a decisão). Quanto ao abuso de termos de uso, sugere-se a leitura de: BELLI, Luca *et al. Termos de uso e direitos humanos*: uma análise dos contratos das plataformas *online*. Rio de Janeiro: Revan, 2019. p. 18. Disponível em: https://repositorio.fgv.br/items/7b2cef5d-4d52-412d-b929-3da-16a8cd67a. Acesso em: 22 jun. 2024; CARNEIRO, Ramon Mariano. "Li e aceito": violações a direitos fundamentais nos termos de uso das plataformas digitais. *Internet & Sociedade*, [S.l.], n. 1, v. 1, fev. 2020. Disponível em: https://revista.internetlab.org.br/li-e-aceitoviolacoes-a-direitos-fundamentais--nos-termos-de-uso-das-plataformas-digitais/. Acesso em: 26 jun. 2024.
157. GIACHETTA, André Zonaro. Atuação e responsabilidade dos provedores diante das *fake news* e da desinformação. *In*: RAIS, Diogo (coord.). *Fake news*: a conexão entre a desinformação e o direito. 2. ed. São Paulo: Thomson Reuters Brasil, 2020. p. 291.
158. ZAMPIER, Bruno. *Bens digitais*: cibercultura, redes sociais, e-mails, músicas, livros, milhas aéreas, moedas virtuais. 2. ed. Indaiatuba, SP: Editora Foco, 2021. p. 248.

e da ampla defesa, atendendo ao dever de segurança no que diz respeito ao fornecimento, ao usuário/consumidor, de informações suficientes e adequadas à fruição e aos riscos do serviço, nos termos do antes mencionado art. 8º do Código de Defesa do Consumidor.

No exercício da moderação, esse aspecto se evidencia também em duas etapas: a primeira trata da necessidade de informar ao usuário (se possível, com antecedência razoável) quanto à adoção de medidas como filtragem, sinalização e remoção – justificando-as com base em seus termos de uso (o que, evidentemente, exige mais do que a indicação genérica de "violação dos termos de uso"), sob pena de se ver configurado defeito de informação.[159]

Quanto ao defeito de informação, há que se mencionar hipótese que sinaliza possível falta de transparência nas condutas dos provedores: enquanto, em situações de exclusão de publicações e contas, o usuário costuma ser cientificado (ainda que por meio da indicação genérica de violação a termos de uso), em casos de filtragem, já contemplados no Capítulo 2, essa medida não costuma ser adotada. Trata-se de prática conhecida como "*shadow bannig*" (ou "banimento às sombras", em tradução livre), por meio da qual o provedor limita a distribuição de conteúdo sem o conhecimento do usuário.[160] Nesses casos, até mesmo o nexo de causalidade se faria mais difícil de provar, dado o caráter de obscuridade dos critérios adotados pelos provedores para a personalização de *feeds*.

Na segunda etapa do efetivo exercício da moderação, figura o acesso ao contraditório e à ampla defesa (ou, no caso, sua inviabilização) – cuja garantia poderia ser relacionada à própria horizontalização dos direitos fundamentais,[161]

---

159. Quanto ao dever de informação, é a lição de Sergio Cavalieri Filho: "A informação é uma decorrência do princípio da transparência e tem por finalidade dotar o consumidor de elementos objetivos de realidade que lhe permitam conhecer produtos e serviços e exercer escolha consciente. Escolha consciente, por sua vez, propicia ao consumidor diminuir os seus riscos e alcançar suas legítimas expectativas" (CAVALIERI FILHO, Sergio. *Programa de responsabilidade civil*. 12. ed. São Paulo: Atlas, 2015. p. 39).

160. MARCONDES, Francisco S. *et al*. A profile on Twitter Shadowban: an ai ethics position paper on free-speech. *Lecture Notes in Computer Science*, [*S.l.*], v. 13113, 2021. p. 397. Disponível em: https://doi.org/10.1007/978-3-030-91608-4_39. Acesso em: 27 jun. 2024.

161. Registre-se que o tema ainda é motivo de controvérsia na doutrina, não tanto em relação à aplicabilidade dos direitos fundamentais às relações entre particulares, mas mais quanto à intensidade com que essa eficácia se operaria. A esse respeito: "O como (e não o se) da eficácia dos direitos fundamentais nas relações entre particulares, então, põe-se como ponto de disputa entre duas grandes correntes, flanqueadas, meio a distância, por uma terceira, carente de prestígio na comunidade jurídica brasileira. Dum lado, agrupam-se os adeptos da eficácia direta dos direitos fundamentais nas relações entre particulares. Doutro, os propagandistas duma eficácia (apenas) indireta, explicada segundo variadas estratégias argumentativas. A terceira orientação, que 'corre por fora', tem que os direitos fundamentais não vinculam os particulares nas relações com outros privados" (RAMOS, André Luiz Arnt. Eficácia dos direitos fundamentais nas relações interprivadas: o estado da questão. *Revista de Informação Legislativa*, Brasília, v. 53, n. 210, abr./jun. 2015. p. 293. Disponível em: https://www2.senado.leg.br/bdsf/bitstream/handle/id/522910/001073211.pdf?sequence=1. Acesso em: 20 jun. 2024).

oponíveis pelo cidadão já não apenas ao Estado, mas também aos particulares, em suas relações privadas. Tem-se, aqui, um pilar duplo, que parte, de um lado, também do cumprimento do dever de informação[162] e, de outro, da importância de as aplicações disponibilizarem ferramentas a seus usuários, a fim de que esclarecimentos possam ser prestados e medidas possam ser contestadas e revisadas dentro do ambiente da própria plataforma.[163]

A garantia ao contraditório e à ampla defesa, como se tem destacado, vem se mostrando uma importante preocupação quanto à moderação de conteúdo. No âmbito da legítima expectativa do consumidor e da confiança daí advinda,[164] bem como do "supraprincípio",[165] é possível assegurar que a não observância dessa conduta poderia ser tomada como arbitrariedade da plataforma – inclusive a caracterizar hipótese de exercício abusivo do direito.

Há que se citar, aqui, o art. 187 do Código Civil,[166] cujo aspecto de transversalidade extrapolaria as relações reguladas pelo Código Civil, alcançando todo o direito privado,[167] conforme tese de Bruno Miragem.[168] Sem qualquer

---

162. A falta de informações a respeito dos motivos que conduziram à adoção de determinadas medidas pela plataforma pode não apenas prejudicar o contraditório e a ampla defesa por meio de mecanismos disponibilizados pela plataforma, quanto, igualmente, dificultar que o consumidor pleiteie, judicialmente, reparação em razão dos danos sofridos por conta de medidas de moderação.

163. Exemplo é o antes mencionado Comitê de Supervisão do Facebook e do Instagram, que se propõe a analisar, de forma independente e com posicionamento vinculante, as decisões tomadas pelas plataformas da Meta (COMITÊ DE SUPERVISÃO. *Apelação ao Comitê de Supervisão*. [S.l.], 2024. Disponível em: https://www.oversightboard.com/appeals-process/. Acesso em: 24 jun. 2024).

164. BENJAMIN, Antonio Herman. Notas sobre a teoria da qualidade no Código de Defesa do Consumidor: uma homenagem à Ada Pellegrini Grinover. *In*: BENJAMIN, Antonio Herman; MARQUES, Claudia Lima; MIRAGEM, Bruno (org.). *O direito do consumidor no mundo em transformação*. São Paulo: Thomson Reuters Brasil, 2020. pos. RB-1.4.

165. MARQUES, Claudia Lima; CARVALHO, Diógenes Farias de. Os significados da boa-fé nos contratos de serviços massificados: convergências entre o CDC, o CC/2002 e a Lei de Liberdade Econômica. *In*: MARQUES, Claudia Lima *et al*. *Contratos de serviços em tempos digitais*. São Paulo: Revista dos Tribunais, 2021. pos. RB-6.3.

166. Art. 187 do Código Civil: "Também comete ato ilícito o titular de um direito que, ao exercê-lo, excede manifestamente os limites impostos pelo seu fim econômico ou social, pela boa-fé ou pelos bons costumes".

167. Não se desconhece o fato de que, *a priori*, o art. 187 do Código Civil trataria de hipótese de "ato ilícito dentro de uma visão objetiva", ligada à violação dos limites impostos por boa-fé, bons costumes, fim econômico ou social, conforme lição de Sergio Cavalieri Filho. Está, no entanto, relacionado à responsabilidade civil extracontratual, mencionada no início deste tópico. Embora, nesta oportunidade, a relação consumerista evidenciada entre o usuário e a plataforma aponte para outros dispositivos com vistas a discutir a responsabilidade civil em razão da moderação de conteúdo, a menção se faz necessária, tanto a partir da tese de Bruno Miragem, que aponta a transversalidade do artigo, quanto pelo fato de que, corriqueiramente, a jurisprudência, embora nem sempre faça menção expressa ao dispositivo do Código Civil, tem classificado como abuso de direito algumas das condutas adotadas pelas plataformas (como, em alguns casos, a remoção de conteúdo sem notificação prévia, sobre o que se tratará no tópico 3.4) (CAVALIERI FILHO, Sergio. *Programa de responsabilidade civil*. 12. ed. São Paulo: Atlas, 2015. p. 26).

168. MIRAGEM, Bruno. *Abuso de direito*: ilicitude objetiva e limite ao exercício de prerrogativas jurídicas no direito privado. 2. ed. rev., atual. e ampl. São Paulo: Revista dos Tribunais, 2013. p. 248.

pretensão de esgotar complexa abordagem, tal qual sinalizado por Claudia Lima Marques,[169] não se pode deixar de relacioná-la ao caso porque, ao reconhecer que o abuso no direito civil e do consumidor partiria de compreensões distintas, refere o autor que "guardam unidade em relação a sua finalidade": a proteção da confiança. Nesse sentido:

> A inteligência das normas de direito do consumidor demonstra que a violação dos deveres decorrentes da boa-fé é o segundo elemento identificado no exame de uma determinada conduta e sua verificação como abusiva ou não. O primeiro, parece fora de dúvida, é a definição do próprio consumidor como sujeito vulnerável, parte de uma relação jurídica desigual com o fornecedor. É essa desigualdade o fundamento essencial da conduta abusiva do fornecedor.[170]

No contexto da moderação – e notando que "as promissoras possibilidades hermenêuticas do art. 187"[171] ainda vêm sendo desenvolvidas pela doutrina –, faz-se menção à hipótese com vistas a formar uma compreensão mais ampla a respeito das possibilidades no que toca à responsabilidade civil dos provedores.[172] Assim, quanto às conclusões alcançadas por Bruno Miragem, cabe o registro de que, na condição de cláusula geral, o art. 187 "constitui permissivo legal genérico para intervenção do juiz na autonomia privada", sendo sua concreção "reservada ao juiz, que, para tanto, deverá avaliar a conduta do titular do direito".[173]

Por outro lado – e fechando o aparte que tratou da perspectiva civilista, para retornar à abordagem principal, que cuida do sistema de responsabilidade extraído do Código de Defesa do Consumidor –, há que se concluir o seguinte: caso se identifique defeito em alguma das etapas da moderação (seja na etapa "conteúdo", seja na etapa "forma"), e estando demonstrada a existência de nexo de causalidade desse defeito em relação ao dano, estará configurada a hipótese de responsabilidade civil pelo fato do serviço, que determina ao fornecedor "seu

---

169. MARQUES, Claudia Lima. Prefácio. *In*: MIRAGEM, Bruno. *Abuso de direito*: ilicitude objetiva e limite ao exercício de prerrogativas jurídicas no direito privado. 2. ed. rev., atual. e ampl. São Paulo: Revista dos Tribunais, 2013. p. 9-18.

170. MIRAGEM, Bruno. *Abuso de direito*: ilicitude objetiva e limite ao exercício de prerrogativas jurídicas no direito privado. 2. ed. rev., atual. e ampl. São Paulo: Revista dos Tribunais, 2013. p. 227.

171. BRAGA NETTO, Felipe Peixoto; FARIAS, Cristiano Chaves de; ROSENVALD, Nelson. *Novo tratado de responsabilidade civil*. 4. ed. São Paulo: Saraiva Educação, 2019. p. 259.

172. Sobre lesões oriundas da conduta do provedor, com menção a hipóteses de suspensão e exclusão de contas por provedores como hipóteses de abuso de direito de controle, à luz do art. 187 do CC, menciona-se obra de Bruno Zampier, no ponto que trata de responsabilidade civil e bens digitais (ZAMPIER, Bruno. *Bens digitais*: cybercultura, redes sociais, e-mails, músicas, livros, milhas aéreas, moedas virtuais. 2. ed. Indaiatuba, SP: Editora Foco, 2021. p. 244-248).

173. MIRAGEM, Bruno. *Abuso de direito*: ilicitude objetiva e limite ao exercício de prerrogativas jurídicas no direito privado. 2. ed. rev., atual. e ampl. São Paulo: Revista dos Tribunais, 2013. p. 247.

dever de indenizar pela violação do dever geral de segurança inerente à sua atuação no mercado de consumo".[174]

Concluindo esta reflexão, não se pode deixar de tratar, também, das hipóteses em que o fornecedor não será responsabilizado por danos eventualmente causados no exercício da moderação. As excludentes de responsabilização por fato do serviço podem ser extraídas da redação do art. 14 do diploma consumerista, especialmente em seu § 3º, e apontam que "O fornecedor de serviços só não será responsabilizado quando provar" que o defeito inexiste (inciso I)[175] ou que há culpa exclusiva do consumidor ou de terceiro (inciso II).[176]

Estando demonstrado o direito de os provedores estabelecerem as regras de moderação, ao se concluir pelo cometimento de abuso por parte do usuário na hipótese em análise (ou seja, se a classificação do conteúdo como desinformativo tiver sido feita corretamente pela plataforma – e, por tudo o que se expôs ao longo desta obra, essa é uma análise nem sempre objetiva e, especialmente em casos limítrofes, complexa) e tendo sido a moderação executada de forma adequada, não haverá que se falar em existência de um defeito, nos termos do inciso I. Estaria, assim, afastado o nexo de causalidade entre a conduta do provedor e o eventual dano sofrido pelo usuário.[177]

Somando-se à perspectiva consumerista, e considerando-se a anterior menção ao art. 187 do Código Civil, seria possível buscar amparo em outra disposição do diploma, com vistas a, nesse mesmo cenário, tratar de hipótese de exercício regular do direito: nos casos de conteúdo desinformativo, a liberdade de expressão (em sentido amplo)[178] não fica assegurada – porque, como antes

---

174. MIRAGEM, Bruno. *Abuso de direito*: ilicitude objetiva e limite ao exercício de prerrogativas jurídicas no direito privado. 2. ed. rev., atual. e ampl. São Paulo: Revista dos Tribunais, 2013. p. 286.

175. Conforme Leonardo Roscoe Bessa, trata-se de rol fechado, que não admite ampliação. Quanto à ausência de defeito como excludente, observa: "Pode parecer, numa primeira análise, que não faz qualquer sentido sua previsão: afinal, se o defeito é um dos elementos necessários para configurar o dever de indenizar, parece óbvio que sua ausência afasta, consequentemente, tal dever. É verdade, mas o propósito maior do dispositivo foi indicar que o ônus da prova da ausência do defeito é do fornecedor, o que, reitere-se, pode ocorrer a partir da argumentação" (BESSA, Leonardo Roscoe. *Código de Defesa do Consumidor comentado*. Rio de Janeiro: Forense, 2021. p. 126).

176. A hipótese prevista no inciso II, quanto à culpa exclusiva do consumidor ou de terceiro, em regra, parece não se aplicar ao caso, porque se opera "apenas se o dano tiver sido causado por evento cuja causa deva-se apenas à própria conduta do consumidor ou de terceiro", como preceitua Bruno Miragem (MIRAGEM, Bruno. *Abuso de direito*: ilicitude objetiva e limite ao exercício de prerrogativas jurídicas no direito privado. 2. ed. rev., atual. e ampl. São Paulo: Revista dos Tribunais, 2013. p. 310).

177. Conforme explica Bruno Miragem, ambas "as causas de exclusão de responsabilidade representam a desconstituição do nexo de causalidade" (MIRAGEM, Bruno. *Abuso de direito*: ilicitude objetiva e limite ao exercício de prerrogativas jurídicas no direito privado. 2. ed. rev., atual. e ampl. São Paulo: Revista dos Tribunais, 2013. p. 305).

178. Tomando-se a liberdade de expressão em sentido amplo, é possível considerar, de acordo com José Luiz Quadros de Magalhães, que trata do conjunto de direitos "aqueles que emitem e recebem informações,

já anotado, a partir de lição de Ingo Wolfgang Sarlet, Luiz Guilherme Marinoni e Daniel Mitidiero, a informação que goza de proteção constitucional é a informação verdadeira.[179]

Desse modo, e como reforçam Samantha Ribeiro Meyer-Pflug e Flávia Piva Almeida Leite, a liberdade de expressão não é um direito absoluto, sendo o seu exercício abusivo vedado pela própria Constituição Federal.[180] Assim, estando a conduta da plataforma amparada em seus termos de uso, e tendo esta se atentado à legítima expectativa do usuário e aos deveres atinentes à boa-fé objetiva, verificar-se-ia o exercício regular do direito, nos termos do art. 188, I, do Código Civil.[181] A respeito, comenta Caio Mário da Silva Pereira:

> O fundamento moral da escusativa encontra-se no enunciado do mesmo adágio: *qui iure suo utitur neminem laedit*, ou seja, quem usa de um direito seu não causa dano a ninguém. (...) Partindo deste princípio, não há ilícito, quando inexiste procedimento contra direito. Daí a alínea I do art. 188 do Código Civil, enunciar a inexistência de ato ilícito quando o dano é causado no exercício regular de direito. A regularidade do exercício do direito deve ser apreciada pelo juiz com seu *arbitrium boni viri* – o árbitro de homem leal e honesto. Só assim equilibra-se o subjetivismo contido na escusativa do agente que, não obstante causar dano, exime-se de repará-lo.[182]

Como se tem sustentado desde as primeiras linhas desta obra, a análise que aqui se elabora cuida de tema complexo e novo, repleto de nuances que se desvelam a cada nova oportunidade em que, sob perspectivas diversas, é analisado pela doutrina e pela jurisprudência. Aqui, optou-se por enfrentá-lo buscando compreender a responsabilidade civil da plataforma com especial olhar à ocorrência de fato do serviço – e novamente reconhecendo que outras análises se mostram relevantes (como a abordagem especificamente em relação aos danos daí advindos, ou a abusividade dos termos de uso das plataformas, que extrapolam o recorte aqui proposto).

Com base na doutrina, e a partir da análise específica de aspectos da atividade de moderação (alguns dos quais anteriormente já abordados), buscou-se

---

críticas e opiniões" (MAGALHÃES, José Luiz Quadros de. *Direito constitucional*: curso de direitos fundamentais. 3. ed. São Paulo: Método, 2008. p. 74).

179. SARLET, Ingo Wolfgang; MARINONI, Luiz Guilherme; MITIDIERO, Daniel. *Curso de direito constitucional*. 6. ed. São Paulo: Saraiva, 2017. p. 518-519.

180. MEYER-PFLUG, Samantha Ribeiro; LEITE, Flávia Piva Almeida. Liberdade de expressão e o direito à privacidade no Marco Civil da Internet. *In*: DE LUCCA, Newton; SIMÃO FILHO, Adalberto; LIMA, Cíntia R. P. (coords.). *Direito & Internet III – Tomo I*: Marco Civil da Internet (Lei nº 12.965/14). São Paulo: Quartier Latin, 2015. p. 431.

181. Art. 188 do Código Civil: "Não constituem atos ilícitos: I – os praticados em legítima defesa ou no exercício regular de um direito reconhecido; (...)".

182. PEREIRA, Caio Mário da Silva. *Responsabilidade civil*. 13. ed. atual. por Gustavo Tepedino. Rio de Janeiro: Forense, 2022. p. 408-409.

apontar os aspectos sensíveis de duas de suas etapas (a análise do conteúdo e a efetiva adoção de medidas de moderação), notadamente, com o objetivo de contribuir para a melhor compreensão de suas particularidades. Essa necessidade se evidencia ao se lançar o olhar para a jurisprudência. É o que se fará a seguir, de forma qualitativa, chamando a atenção para aspectos de controvérsia a respeito do tema nos tribunais brasileiros.

3.4 A MODERAÇÃO EM PAUTA NA JURISPRUDÊNCIA BRASILEIRA: ASPECTOS CONTROVERTIDOS

Assentado o regramento aplicável à relação entre os provedores de rede social e seus usuários, sobretudo a partir da perspectiva consumerista, e demonstrado seu impacto na delimitação da responsabilidade civil desse provedor, destina-se este tópico final a uma breve análise de como temáticas envolvendo moderação de conteúdo têm sido tratadas pelos tribunais brasileiros.[183] Tampouco aqui a abordagem é exaustiva, porque o tema é recente e ainda enseja análises inconclusivas e heterogêneas.[184] Ainda, não se busca promover um exame crítico dos julgados (que envolvem, evidentemente, particularidades que não se pretende, aqui, discutir), ou alcançar conclusões definitivas sobre o tema. O que se almeja é, ao final, ter ilustrado algumas das discussões propostas ao longo do estudo.

A partir tanto das disposições que servem para reger a relação estabelecida entre os provedores de rede social e seus usuários – em especial, o Marco Civil da Internet, o Código de Defesa do Consumidor e o próprio Código Civil –, quanto dos posicionamentos que têm sido adotados pela doutrina e pela jurisprudência, é possível extrair um panorama com importantes elementos a

---

183. Os julgados em relação aos quais serão tecidos breves e ilustrativos comentários foram identificados ao longo da elaboração desta obra, por meio de pesquisa de jurisprudência nos sites dos cinco maiores tribunais estaduais brasileiros (conforme relatório do Conselho Nacional de Justiça em 2023, respectivamente, Tribunal de Justiça de São Paulo – TJSP, Tribunal de Justiça de Minas Gerais – TJMG, Tribunal de Justiça do Rio de Janeiro – TJRJ, Tribunal de Justiça do Rio Grande do Sul – TJRS e Tribunal de Justiça do Paraná – TJPR). Com exceção do TJSP (que concentra a maioria absoluta dos julgados aqui comentados), percebe-se que o enfrentamento da matéria ainda é incipiente na jurisprudência brasileira (CONSELHO NACIONAL DE JUSTIÇA. *Justiça em números 2023*. Brasília, DF: CNJ, 2023. p. 37. Disponível em: https://www.cnj.jus.br/wp-content/uploads/2023/08/justica-em-numeros-2023.pdf. Acesso em: 14 jun. 2024).

184. Apesar de a exclusão de publicações e contas não ser a única forma de moderação, registra-se que todos os casos aqui comentados tratam dessa medida, que se configura como a mais comum (até porque, evidentemente, mais gravosa). A ausência, ou baixa frequência, de discussões envolvendo outras categorias de moderação não afasta a necessidade de se retomar que a filtragem, por exemplo, pode ser medida praticamente tão lesiva quanto a remoção, porque interfere no alcance da mensagem, o que pode nem ser identificado pelo usuário.

se compreender pela possibilidade de aplicar medidas voltadas à moderação de conteúdo no âmbito das redes sociais. Se os limites dessa atuação estão, de certa forma, bem delineados, os meios pelos quais ela se dá, entretanto, não parecem tão claros.

A sucinta reflexão jurisprudencial aqui empreendida tem por objeto casos que apresentam pontos de atenção, que podem contribuir para trazer à prática o debate proposto. Parte-se de divergências sobre a possibilidade de moderação em si, passando por aspectos sensíveis quanto ao momento da identificação e análise de conteúdo com potencial desinformativo, para chegar a controvérsias sobre como as medidas de moderação foram efetivamente empregadas pelos provedores. Logicamente, os casos acabam por envolver plataformas com maior número de usuários. Ainda assim, espera-se evidenciar que, como referido no tópico 3.1 deste capítulo, a responsabilidade civil pode auxiliar na estruturação de melhores práticas pelas plataformas, com maior grau de transparência e *accountability*, inclusive assegurando a ampla defesa e o contraditório – e contribuindo para o fortalecimento da diversidade e da democracia na internet.

A pretensão, neste momento, também não é retomar todos os aspectos que devem ser considerados no que tange aos deveres da plataforma em relação a seus usuários. De qualquer forma, mostra-se imprescindível dizer que, se a moderação de conteúdo com potencial desinformativo se dá em etapas, o mesmo acontecerá na análise do julgador: ao tratar de controvérsias envolvendo a atividade, em geral, será necessário que proceda, primeiro, à análise do conteúdo em si (e, portanto, da conduta do usuário) e, depois, à análise da conduta da plataforma (no sentido de como foi efetuada a moderação).

Em relação à possibilidade de moderação, ainda que, especialmente no capítulo anterior, tenha se demonstrado que a doutrina[185] vem reconhecendo amplamente que as plataformas podem moderar conteúdo com base em seus termos de uso (e o mesmo tem se verificado na jurisprudência),[186] cita-se, em

---

185. Rememora-se, como exemplos: BELLI, Luca *et al. Termos de uso e direitos humanos*: uma análise dos contratos das plataformas *online*. Rio de Janeiro: Revan, 2019. p. 18. Disponível em: https://repositorio. fgv.br/items/7b2cef5d-4d52-412d-b929-3da16a8cd67a. Acesso em: 22 jun. 2024; GIACHETTA, André Zonaro. Atuação e responsabilidade dos provedores diante das *fake news* e da desinformação. *In*: RAIS, Diogo (coord.). *Fake news*: a conexão entre a desinformação e o direito. 2. ed. São Paulo: Thomson Reuters Brasil, 2020. p. 299; e MARQUES, Claudia Lima; MIRAGEM, Bruno. Parecer. *In*: BRASIL. Supremo Tribunal Federal. *Recurso Extraordinário 1.037.396*. Recorrente: Facebook Serviços Online do Brasil Ltda. Recorrido: Lourdes Pavioto Correa. Relator: Ministro Dias Toffoli. [2017-] (ainda não julgado). Porto Alegre, 31 ago. 2020. p. 31.

186. Com exceção da primeira, todas as decisões apresentadas neste tópico reconhecem a possibilidade de moderação, diferenciando-se apenas em relação aos requisitos necessários para fazê-lo (necessidade de notificação prévia, indicação expressa de justificativa, viabilização de mecanismos de contraditório e ampla defesa na plataforma etc.).

sentido contrário, decisão de 4 de maio de 2022, do Tribunal de Justiça de São Paulo.[187] A ação (no caso, apenas cominatória de obrigação de fazer) pretendia o restabelecimento de vídeos veiculados na plataforma YouTube, tratando, sobretudo, da utilização de vacinas no contexto da pandemia de Covid-19. O material havia sido excluído após alegação de violação a termos de uso e diretrizes de comunidade.

Mantendo sentença de procedência proferida pelo juízo de primeira instância, que determinou o restabelecimento dos vídeos e a publicação de uma carta de retratação na página inicial do YouTube Brasil, o acórdão menciona a prevalência dos direitos previstos no art. 5º, IV e IX, da Constituição Federal,[188] quanto à "livre manifestação do pensamento, bem como a livre expressão das mais variadas formas de comunicação, banindo, por completo, qualquer possibilidade de censura ou obtenção de licença de quem quer seja".

Chama a atenção o fato de que a decisão considera que deveria haver, por parte da plataforma, uma análise do perfil do interessado previamente à formalização da relação jurídica (criação da conta). Havendo violação dos termos de uso, fundamenta o voto do relator, caberia à plataforma notificar o usuário quanto à rescisão do contrato celebrado, não sendo possível a remoção de conteúdo, como se extrai do trecho a seguir:

> Ocorre que lhe cumpre, preliminarmente à formalização da relação jurídica a ser firmada, a análise do perfil do interessado na utilização de sua plataforma a fim de verificar o atendimento às suas diretrizes e termos de uso. Uma vez formalizado o contrato, constatadas infringências às suas disposições normativas na linha do quanto exposto em contestação, cabia-lhe notificar o usuário, rescindindo a avença. Jamais censurar os conteúdos

---

187. "Apelação. Ação de obrigação de fazer pretensão ao restabelecimento de vídeos veiculados em canal dos autores e excluídos da plataforma Youtube, bem como à retirada de todas as punições impostas, além de veiculação de vídeo de retratação. Exclusão após alegada violação aos termos de serviço e às diretrizes da comunidade do Youtube. Sentença de procedência. Relação contratual. Conduta do réu que afronta as garantias fundamentais previstas no art. 5º, incisos IV e IX da Constituição Federal. Impossibilidade do requerido de exercer qualquer forma de controle prévio a respeito dos conteúdos veiculados nos canais integrantes da plataforma que administra Marco Civil da Internet calcado no espírito liberal da Carta Magna. Respeito à liberdade de expressão e pensamento, garantias fundamentais de um Estado Democrático de Direito. Confirmada a determinação de restabelecimento dos vídeos ao canal bem como de retirada de todas as punições impostas. Dever de publicação de texto na página inicial do Youtube Brasil em retratação. Deliberação necessária à efetiva reparação da censura praticada. Razoabilidade e proporção respeitadas. Sentença mantida. Recurso desprovido" (SÃO PAULO. Tribunal de Justiça. *Apelação Cível nº 1044476-68.2021.8.26.0100*. 17ª Câmara de Direito Privado. Apelante: Google Brasil Internet Ltda. Apelados: Paulo Antonio Papini, Guillermo Frederico Piacesi Ramos e Marcio Engelberg Moraes. Relator: Des. Irineu Fava. São Paulo, SP, 4 maio 2022).

188. Art. 5º, IV e IX, da Constituição Federal: "(...) IV – é livre a manifestação do pensamento, sendo vedado o anonimato; (...) IX – é livre a expressão da atividade intelectual, artística, científica e de comunicação, independentemente de censura ou licença; (...)".

divulgados, retirando-os do ar, o que no caso, fora feito em diversas oportunidades, em hedionda afronta à liberdade constitucional de expressão e pensamento, o que se mostra inadmissível.[189]

Não é a pretensão aqui tecer críticas às decisões elencadas (a partir das quais o que se busca é demonstrar que o tema ainda é permeado por importantes controvérsias). Contudo, não se pode deixar de dizer que a argumentação até mesmo se distancia da dinâmica que hoje é adotada pelos provedores, seja porque é sabido que viabilizam a criação de cadastro e início da utilização de forma praticamente imediata, seja porque qualquer tipo de análise prévia fugiria à própria essência da atividade da plataforma. Essas duas características, aliás, estão atreladas à ideia de transmissão de dados em tempo real, apontada pelo Superior Tribunal de Justiça como um dos maiores atrativos da internet ainda em 2012,[190] antes mesmo do advento do Marco Civil da Internet.

O julgamento não foi unânime, evidenciando entendimentos distintos a respeito do tema. O voto que acompanhou o relator sustentou que haveria apenas uma hipótese em que o Marco Civil viabilizaria a retirada de conteúdo por meio de simples notificação, prevista no art. 21, de modo que, para outras situações, a remoção de publicações poderia se dar apenas a partir de determinação do Poder Judiciário,[191] em razão de que "não cabe o sopesamento de valores à empresa privada em detrimento da liberdade de expressão".

---

189. SÃO PAULO. Tribunal de Justiça. *Apelação Cível nº 1044476-68.2021.8.26.0100*. 17ª Câmara de Direito Privado. Apelante: Google Brasil Internet Ltda. Apelados: Paulo Antonio Papini, Guillermo Frederico Piacesi Ramos e Marcio Engelberg Moraes. Relator: Des. Irineu Fava. São Paulo, SP, 4 maio 2022.

190. BRASIL. Superior Tribunal de Justiça. *Recurso Especial nº 1.308.830/RS*. Recorrente: Google Brasil Internet Ltda. Recorrido: Eduardo Brasolin. Relatora: Ministra Nancy Andrighi. Brasília, DF, 24 jun. 2012.

191. Em sentido semelhante, cita-se outra decisão do Tribunal de Justiça de São Paulo, de 1º de junho de 2022, na qual igualmente parece haver equívoco quando da interpretação dos arts. 19 e 21 do Marco Civil da Internet: em ação requerendo a exclusão de conteúdo alegadamente íntimo, com a condenação da plataforma ao pagamento de indenização por danos morais, entendeu o julgador que "Da leitura dos arts. 19 e 21 do Marco Civil da Internet, verifica-se que a necessidade de ordem judicial para a remoção de conteúdo é regra, e que apenas excepcionalmente caberá remoção por mera notificação do participante, no caso de 'vídeos ou outros materiais contendo cenas de nudez ou de atos sexuais de caráter privado'". Conforme melhor já demonstrado no tópico 2.2, o art. 21 apresenta uma exceção à regra que exige inércia da plataforma em relação a comando judicial para que seja responsabilizada pelo conteúdo de terceiro. Embora consigne a inexistência de dever de indisponibilização sem ordem judicial, o julgado parece apresentar inconsistência técnica ao sustentar que "a necessidade de ordem judicial para a remoção de conteúdo é regra" – quando, na verdade, essa, reitere-se, é a condição para responsabilização (e não, necessariamente, para moderação, que pode se dar de forma proativa ou a partir de denúncias dos usuários) (SÃO PAULO. Tribunal de Justiça. *Apelação de Justiça nº 1045609-40.2020.8.26.0114*. 4ª Câmara de Direito Privado. Apelante: C. R. da S. Apelado: Facebook Serviços Online do Brasil Ltda. Relator: Des. Alcides Leopoldo. São Paulo, 1º jun. 2022).

O voto divergente, por sua vez, aponta que seria "plenamente possível que no exercício da liberdade contratual, valendo-se de sua autonomia privada, de boa-fé, a apelante (no caso, o provedor) estipule os termos contratuais que regerão a relação jurídica que venha a se formar entre ela e os usuários do serviço que disponibiliza". Indica, então, que a plataforma teria avisado os usuários previamente sobre a possibilidade de remoção dos vídeos publicados, mas eles teriam se mantido inertes, de modo que a remoção se deu "dentro dos termos contratuais". Essa tem sido a posição majoritária da jurisprudência, como se percebe dos casos a seguir (que, embora deem um passo à frente ao concordar quanto à possibilidade de moderação, acabam apresentando outros aspectos nos quais se identificam divergências).

Quanto à etapa de identificação e análise do conteúdo, por sua vez, pode-se extrair, da pandemia de Covid-19, caso envolvendo posicionamento expresso da jurisprudência em relação a conteúdo potencialmente desinformativo. Trata-se de hipótese[192] envolvendo pleito indenizatório por danos morais, formulado por usuária do Facebook que teve publicações apagadas, sob a justificativa de violação de padrões de comunidade. A autora da ação havia publicado estudos sobre a eficácia do chamado "tratamento precoce" em pacientes com Covid-19 e teve as publicações excluídas sob o argumento de se enquadrarem em disposições sobre desinformação que pode causar dano físico. Chama-se a atenção para a conduta do julgador no que diz respeito à análise do conteúdo.

Em sentença, o juízo de primeira instância sustentou que "em uma simples pesquisa junto à rede mundial de computadores verifica-se que tal site faz estudos que não podem ser acolhidos com segurança", elencando publicações de agências de checagem a respeito do tema. Assim, acabou por julgar improcedente a ação, por entender que o Facebook teria agido de acordo com exercício regular de direito, acrescentando que nenhum direito seria absoluto, no que se inclui o direito de livre manifestação e pensamento. Na linha de uma abordagem consumerista (que o julgador não menciona, pois se exime de apresentar dispositivos legais em sua fundamentação), significaria dizer que não identificou defeito a caracterizar fato do serviço.

Vale destacar que, em se tratando de discussão concernente a conteúdo potencialmente desinformativo, fez-se necessária a análise a respeito da informação em si, o que demandou que o julgador recorresse a agências de checagens com vistas a buscar mais elementos a formar seu convencimento. Ainda assim – e isso

---

192. SÃO PAULO. Sentença. *Processo nº 1050851-85.2021.8.26.0100*. 11ª Vara Cível do Foro Central Cível. Requerente: Maria Dulce de Souza Leão Sampaio. Requerido: Facebook Serviços Online do Brasil Ltda. Juiz de Direito: Luiz Gustavo Esteves. São Paulo, 22 jul. 2021.

é bastante relevante para se tratar dos tênues contornos que envolvem conteúdo desinformativo e sua análise tanto pelas plataformas quanto pelo Judiciário –, a sentença não se ocupa de determinar se as publicações são verdadeiras ou falsas, factuais ou opinativas, descontextualizadas ou não. Atém-se, em verdade, à necessidade de se ter cautela diante desse tipo de conteúdo, mormente por se tratar de uma questão de saúde pública, com potencial para causar danos físicos. Somando a isso a disposição da plataforma sobre o tema nos termos de uso, entendeu ter havido exercício regular de direito, não havendo que se falar em indenização por danos morais. A decisão foi ratificada pelo TJSP, em acórdão publicado em 16 de dezembro de 2021.[193]

Em outro caso de remoção promovida pelo Facebook, o TJSP[194] manteve sentença de improcedência de ação que buscava indenização por danos materiais e morais de publicação de página que igualmente exigiu que o julgador procedesse à análise do contexto da publicação para ratificar a conduta adotada pela plataforma. Em síntese, a página havia compartilhado reportagem verdadeira, da revista Forbes, que, em janeiro de 2019, analisava a reação direta do mercado financeiro à posse do então presidente Jair Bolsonaro. Ocorre que o compartilhamento se deu dez meses depois, com os dizeres: "Diferentemente da mídia nacional, a imprensa estrangeira vem dando destaque aos feitos importantes do novo governo".

O juízo de segunda instância entendeu que "A publicação mostra-se contrária aos fatos, com o escopo de alimentar notícia passada como se recente fosse".

---

193. "Obrigação de fazer e não fazer c/c indenização por danos morais – Publicação feita por usuária da plataforma 'Facebook' – Bloqueio realizado pela ré por violação aos 'Termos de Serviço' e 'Padrões da Comunidade' – Cabimento – Procedimento adotado pela ré devidamente justificado na espécie – Conteúdo veiculado que diz respeito a uso de fármaco 'Ivermectina', relacionado ao 'tratamento precoce' da 'Covid-19' – Incerteza científica da eficácia do tratamento em questão que justifica o bloqueio perpetrado pela plataforma – Exercício regular do direito devidamente reconhecido – Sentença de improcedência da ação mantida, nos termos do art. 252 do RITJSP – Honorários de sucumbência majorados (art. 85, parágrafo 11º, do CPC) – Recurso não provido" (SÃO PAULO. Tribunal de Justiça. *Apelação Cível nº 1050851-85.2021.8.26.0100*. 34ª Câmara de Direito Privado. Apelante: Maria Dulce de Souza Leão Sampaio. Apelado: Facebook Serviços Online do Brasil Ltda. Juiz de Direito: Luiz Gustavo Esteves. São Paulo, 22 jul. 2021).

194. "Apelação – Ação de obrigação de fazer cumulada com reparação por danos materiais, morais, lucros cessantes e pedido de tutela de urgência – Sentença de improcedência – Recurso – Referência a artigo publicado dez meses antes, passando a ideia de contemporaneidade e de aprovação de dez meses de governo, quando só destacava a reação da bolsa após duas semanas da posse – Instituto que deve respeitar as regras do provedor, às quais anuiu, aplicáveis a todos os usuários, mormente no que tange à veracidade das informações – Necessidade de tratamento isonômico – Direito à livre manifestação do pensamento que não é absoluto e hierarquicamente superior ao da igualdade e da livre iniciativa – Recurso desprovido" (SÃO PAULO. Tribunal de Justiça. *Apelação Cível nº 1070223-91.2019.8.26.0002*. 14ª Câmara de Direito Privado. Apelante: Instituto Acorda Brasil. Apelado: Facebook Serviços On-line do Brasil Ltda. Relator: Des. Carlos Abrão. São Paulo, 22 jul. 2020).

Reconhecendo a necessidade de que as diversas comunidades do Facebook atentem às suas regras de gestão da informação, tendo o usuário anuído as cláusulas e condições do serviço, o julgador manteve a decisão de primeira instância, no sentido de julgar improcedentes os pleitos indenizatórios.

Por fim, no que toca *à efetivação das medidas de moderação*, observa-se a existência de julgados que, ao reconhecerem a possibilidade de moderar, apontam caminhos distintos, ora dispensando, ora exigindo notificação prévia – mas sempre com tendência a determinar que o provedor indique a violação dos termos ao usuário quando da tomada de medidas.[195] No ponto, cabe citar caso julgado pelo TJSP em fevereiro de 2022:[196] trata-se de apelação cível em ação de obrigação de fazer ajuizada por usuário, com vistas ao restabelecimento de conta no Twitter, com pedido de indenização por danos morais. Embora o Tribunal tenha reconhecido expressamente que os usuários estão sujeitos às regras estabelecidas pelo provedor, na hipótese, compreendeu que a suspensão e o encerramento das contas teriam se dado sem aviso prévio e sem que tivessem sido especificadas as violações que os fundamentariam.

---

195. No curso processual, evidentemente, a discriminação dos termos que foram violados é exigida até mesmo com vistas a que o provedor possa se desincumbir de comprovar fato impeditivo, extintivo ou modificativo do direito do autor, nos termos do art. 373, II, do Código de Processo Civil (BRASIL. *Lei nº 13.105, de 16 de março de 2015*. Institui o Código de Processo Civil. Brasília, DF: Presidência da República, 2015).

196. "Ação de obrigação de fazer. Restabelecimento de conta em rede social. Twitter. Ausência de demonstração pela ré da conduta abusiva do autor. Danos morais. Não configuração. Ação promovida por usuário em face da suspensão promovida pelo Twitter. Era necessário que a ré apontasse especificamente qual conduta do autor havia infringido os limites comportamentais da rede social a resultar na aplicação da suspensão da conta. Entretanto, no caso concreto, além de não apontar postagens ou comportamento, a ré terminou por reativar voluntariamente a conta após o bloqueio temporário. Desse modo, a aplicação da penalidade mostrou-se abusiva, diante da ausência de indicação de qual publicação ou comportamento do usuário da rede social havia violado as regras de uso, não desincumbindo-se de seu ônus de demonstrar fato extintivo, modificativo ou impeditivo do direito do autor, nos termos do artigo 373, II, do Código de Processo Civil. Entretanto, o recurso da ré é acolhido para ser excluída indenização dos danos morais. O autor não demonstrou dano extrapatrimonial advindo dos fatos. Embora a procedência da obrigação de fazer de restabelecimento das contas do autor na rede social tenha sido mantida, não se pode deixar de reconhecer a existência de algumas postagens de viés político-partidário com intuito de gerar polêmica por meio de insinuações (fl. 75) e ironias (fl. 79). A partir do momento que o autor assumiu essa postura agressiva, mesmo que suavizada pelo tom de humor, ele submeteu-se ao risco de ter sua conta suspensa. O comportamento do autor foi chamariz de polêmicas e uma pesquisa pela Internet com seu nome retratou envolvimento intenso com manifestações agressivas, inclusive em momento posterior aos fatos. Esse perfil de atuação do autor indicou uma pessoa que não viu suas suscetibilidades atingidas pela medida (temporária) promovida pela ré. Ação parcialmente procedente. Sentença reformada. Recurso parcialmente provido" (SÃO PAULO. Tribunal de Justiça. *Apelação Cível nº 1002074-69.2020.8.26.0564*. 17ª Câmara de Direito Privado. Apelante: Twitter Brasil Rede de Informação Ltda. Apelado: Luiz Acacio Galeazzo Vareta. Relator: Des. Alexandre David Malfatti. São Paulo, 22 fev. 2022).

Tanto pelo teor das publicações que motivaram o bloqueio ("o autor limitou-se a fazer comentários sobre sua impressão em determinados fatos, ainda que inseridos num contexto político nacional"), quanto pela ausência de indicação expressa de quais seriam os termos violados, entendeu-se por abusiva a conduta da plataforma (que, àquela altura, já havia restabelecido os perfis). Por outro lado, a não demonstração dos danos extrapatrimoniais sofridos, somada à postura do usuário, considerada agressiva, afastou a indenização por danos morais.

Observe-se que a configuração de uma conduta abusiva por parte da plataforma aponta para uma determinação de restabelecimento de conta (obrigação de fazer). Para fins de responsabilização, no caso, exigiu-se a comprovação do dano, esclarecendo o julgador que a remoção, ainda que indevida (seja pelo conteúdo, seja pela forma), não configuraria dano *in re ipsa*.[197]

O julgado permite identificar que as plataformas podem formular seus próprios termos de uso – mas, ao moderar conteúdo a partir dessas disposições, devem adotar uma postura de transparência de colaboração para com o usuário. É o que se traduz em relação à determinação de que tivessem sido especificados os termos supostamente violados. A isso se somam outras exigências que têm partido do Judiciário – como a cientificação prévia do usuário acerca da violação, inclusive oportunizando que se manifeste a respeito.

Nesse sentido, cabe citar outro caso julgado pelo TJSP, também em fevereiro de 2022,[198] referente a ação ajuizada com vistas ao restabelecimento de perfil e páginas no Facebook utilizadas para fins profissionais (locação de espaços publicitários), por suposta prática de *spam* e representação falsa, bem como indenização por danos materiais (lucros cessantes e morais). Ao se ressaltar que a relação jurídica é de consumo, foram reconhecidas a vulnerabilidade material e a hipossuficiência processual do consumidor. Somada à necessidade de indicação

---

197. Essa informação é trazida tão somente a título de complementação, tendo em vista que a discussão a respeito dos danos decorrentes de medidas de moderação de conteúdo não se insere no objeto desta obra.

198. "Obrigação de fazer. Preliminar de ilegitimidade passiva afastada. Apelado que integra o conglomerado econômico detentor do aplicativo Facebook. Bloqueio de perfil e páginas vinculados à rede social. Alegação de violação dos termos de uso e das normas de segurança do site. Suposta prática de spam e representação falsa. Inexistência de provas de práticas irregulares. Réu não se desincumbiu de comprovar fato impeditivo, extintivo ou modificativo do direito do autor, nos termos do art. 373, II, do CPC. Remoção realizada de forma arbitrária sem oportunidade de manifestação e defesa. Ofensa aos princípios e garantias previstos na Lei 12.965/2014. De rigor o restabelecimento de perfil e das páginas indicadas na inicial. Lucros cessantes devidos. Queda brusca no rendimento do apelante após o bloqueio. Dano moral *in re ipsa*. Cabimento. Montante fixado em atenção aos critérios de razoabilidade e proporcionalidade. Litigância de má-fé. Inocorrência. Sentença reformada. Recurso provido" (SÃO PAULO. Tribunal de Justiça. *Apelação Cível nº 1039380-23.2018.8.26.0506*. 38ª Câmara de Direito Privado. Apelante: Renato Cesar Rodrigues. Apelado: Facebook Serviços Online do Brasil Ltda. Relator: Des. Alexandre David Malfatti. São Paulo, 10 fev. 2022).

expressa quanto à prática violadora dos termos de uso, o acórdão aponta para a necessidade de cientificação prévia do usuário, viabilizando o contraditório, como se observa:

> (...) não restou comprovado que houve qualquer aviso prévio de violação aos termos de uso da plataforma. Tampouco foi concedida oportunidade de manifestação e defesa antes que as páginas e perfil fossem retirados do ar. Com efeito, as penas de remoção de conteúdo ou bloqueio de página devem ser aplicadas após análise interna da própria plataforma do Facebook, dando oportunidade ao usuário de se defender ou justificar eventual infração. A mera previsão na cláusula contratual de cancelamento do perfil não implica, de imediato, a legitimidade da penalidade. Além disso, ausente qualquer tipo de assistência ao usuário, não sendo esclarecido especificamente qual teria sido a suposta violação. De fato, o demandante somente teve conhecimento dos reais motivos após se socorrer ao Judiciário.

Entendeu-se que, ante o não atendimento dos requisitos de respeito ao contraditório e à ampla defesa, o pedido de restabelecimento da conta, cumulado com pleito indenizatório, deveria ser julgado procedente. Destaca-se, ainda, que o julgador se posicionou pela ocorrência de dano moral *in re ipsa*,[199] decorrente "da

---

199. No mesmo sentido: "Prestação de serviços. Perfil em rede social. Ação de condenação à obrigação de fazer. Demanda de usuário, pessoa natural, em face de empresa prestadora do referido serviço. Alegação da ré no sentido de que o perfil do autor foi desativado por violação dos termos de serviço, em decorrência da postagem de conteúdo contrário a direito de terceiros. Inconsistência da ré, que sequer apontou qual seria o conteúdo que levou à desativação da conta. Arguições absolutamente genéricas. Ré que não se desincumbiu do ônus de comprovar a ocorrência de descumprimento das regras de conduta por parte do autor. Inteligência ao art. 6º, VIII, do CDC, e do art. 373, II, do CPC. Sentença mantida. Recurso improvido nessa parte. 1.- A mera existência de uma denúncia genérica de que o autor teria utilizado a sua conta para violar direito, sequer indicado, não pode ser compreendida como verdade absoluta para embasar a extrema punição de exclusão de sua conta por parte da ré. E isso sem ao menos uma anterior confirmação de que houve a conduta praticada pelo usuário (autor) em detrimento de terceiro. 2.- A ré, enquanto prestadora do serviço, cerceou, de maneira injustificada, o acesso do autor ao aplicativo e, consequentemente, à rede social por este utilizada para interagir com seu público alvo, razão pela qual responde objetivamente pelos danos que causou. Prestação de serviços. Perfil em rede social. Ação de condenação à obrigação de fazer. Demanda de usuário, pessoa natural, em face de empresa prestadora do referido serviço. Dano moral caracterizado. Indenização devida. Redução. Descabimento. Sentença mantida. Recurso improvido nessa parte. 1.- O apagamento do perfil do autor equivale a uma morte virtual, haja vista que as redes sociais, hoje, fazem parte do cotidiano de qualquer pessoa, cujo perfil constitui verdadeiro direito de sua personalidade, considerado o direito de expressão, sem contar ainda os aspectos de ordem econômica, social, política entre outros, sendo descabida a alegação de mero dissabor, se considerado o número de seguidores, como o notório impacto sobre sua reputação, credibilidade, honra etc. 2.- À míngua de uma legislação tarifada, deve o juiz socorrer-se dos consagrados princípios da razoabilidade e proporcionalidade, de modo que a quantificação não seja ínfima, a ponto de não se prestar ao desiderato de desestímulo dos atos ilícitos e indesejáveis. Ao mesmo tempo, não pode ser tão elevada, que implique enriquecimento sem causa. No presente caso, suas particularidades e a situação financeira de ambas as partes, possível a fixação do montante indenizatório em R$ 10.000,00 (dez mil reais), sendo impertinente, portanto, o pedido de sua redução. Prestação de serviços. Perfil em rede social. Ação de condenação à obrigação de fazer. Demanda de usuário, pessoa natural, em face de empresa prestadora do referido serviço. Multa diária para a hipótese de não cumprimento do comando judicial. Fixação do limite máximo das 'astreintes'. Recurso provido em parte, com determinação sobre o limite máximo das 'astreintes'. 1.- Improcedente

conduta abusiva e negligente do requerido, corporificada no indevido bloqueio do perfil e páginas do autor, realizado sem prévio aviso e sem oportunidade para que o requerente pudesse se manifestar".

Embora o entendimento quanto à possibilidade de remoção de conteúdo e suspensão de contas seja praticamente uníssono, há divergências em relação aos requisitos a serem preenchidos para que a conduta adotada pela plataforma não seja abusiva. Também em caso julgado pelo TJSP,[200] a 36ª Câmara Cível reformou a sentença proferida pelo juízo de primeira instância em que havia sido reconhecia a possibilidade de a plataforma desativar o perfil do usuário. A possibilidade seguiu reconhecida, mas acabou condicionada à notificação prévia do usuário, com a indicação de justificativa para moderação.[201]

Compreendeu o juízo de segunda instância que, de fato, o art. 5º, LV, da Constituição Federal[202] assegura, a acusados em geral, o contraditório e a ampla defesa por meio do uso de meios e recursos necessários a esse fim, o que se aplicaria, por

---

o pedido de redução ou limitação da multa cominatória antes do cumprimento da obrigação. De fato, a sua redução antes do cumprimento do comando judicial retiraria a sua força coativa. 2.- Correta a ordem judicial liminar dirigida à ré. Contudo, necessário apenas fixar um limite máximo exigível, sem alterar o valor unitário arbitrado em R$ 2.000,00 (dois mil reais), elevado em sede de execução provisória para R$ 3.000,00 (três mil reais), considerado razoável ao caso. 3.- Determina-se limite máximo das 'astreintes' em R$ 500.000,00 (quinhentos mil reais), considerado o porte econômico da empresa ré no mercado, ficando apenas nesse tema provido o recurso, sem afetar a sucumbência declarada na sentença" (SÃO PAULO. Tribunal de Justiça. *Apelação Cível nº 1102264-11.2019.8.26.0100*. 31ª Câmara de Direito Privado. Apelante: Facebook Serviços Online do Brasil Ltda. Apelado: Lucas Marino de Souza Viana. Relator: Des. Adilson de Araujo. São Paulo, SP, 6 jul. 2020).

200. "Ação de obrigação de fazer. Suspensão de conta no Instagram. Alegada violação aos 'termos de uso'. Desnecessidade de prévia notificação. No caso das redes sociais é manifesta a necessidade de se conferir ao administrador da plataforma a possibilidade de suspender de imediato a conta que esteja sendo utilizada sem atenção aos termos do serviço, como quando ocorre veiculação de conteúdo proibido ou desvirtuamento da rede social, desde que se assegure oportuno direito de defesa. Hipótese de contraditório postergado, não vedado pelo princípio que inspirou o artigo 5º, inciso LV, da Constituição Federal. Recurso provido" (SÃO PAULO. Tribunal de Justiça. *Apelação Cível nº 1013579-91.2020.8.26.0100*. 36ª Câmara Cível. Apelante: Facebook Serviços Online do Brasil Ltda. Apelado: Rodrigo de Melo Sousa Santos. Relator: Des. Arantes Theodoro. São Paulo, 20 out. 2020).

201. Quanto à possibilidade e suspensão ou desativação de conta sem que ocorra a notificação do usuário, cita-se: "Recurso inominado. Consumidor. Ação de obrigação de fazer c/c indenização por danos morais. Publicação na rede social facebook que incorreu em abuso cívico e eleitoral. Violação aos termos de uso do serviço do Facebook. Possibilidade expressa contratualmente de desativação da conta, sem necessidade de notificação. Ausência de abuso por parte do réu ao proceder a fiscalização do conteúdo publicado. Exercício regular de direito. Parte autora que não comprovou fato constitutivo do direito alegado. Sentença reformada para julgar improcedente a demanda. Recurso inominado provido" (RIO GRANDE DO SUL. Tribunal de Justiça. *Recurso Cível nº 71010058469*. 4ª Turma Recursal Cível. Recorrente: Facebook Serviços Online do Brasil Ltda. Recorrida: Paula Holzmann de Almeida. Relator: Oyana Assis Brasil. Porto Alegre, RS, 20 ago. 2021).

202. Art. 5º, LV, da Constituição Federal: "(...) aos litigantes, em processo judicial ou administrativo, e aos acusados em geral são assegurados o contraditório e ampla defesa, com os meios e recursos a ela inerentes; (...)".

analogia, a outros casos. Ainda assim, o dispositivo constitucional não obstaria a tomada de medidas acautelatórias, sem prévia oitiva do interessado, se assim se fizesse necessário, quando a situação concreta assim recomendasse, desde que a medida fosse reversível e estivesse, ao acusado, assegurada oportuna defesa:

> No caso das redes sociais, em particular, é evidente a necessidade de se conferir ao administrador da plataforma a possibilidade de suspender de imediato a conta que esteja sendo utilizada em atenção aos termos do serviço, desde que resguarde oportuno direito de defesa, isso sem prejuízo de depois responder por eventuais danos caso a suspensão se mostre indevida. Tal medida se justifica, em especial, quando ocorre veiculação de conteúdo proibido ou desvirtuamento da rede social.[203]

Reitere-se que, com os exemplos trazidos aqui, não se tem a pretensão de apresentar o posicionamento jurisprudencial de forma quantitativa ou sistematizada, nem de esgotar as possibilidades que vêm sendo ventiladas pela jurisprudência. Pelo contrário: o que se quer é justamente lançar luz sobre a inexistência de consenso a respeito da prática de moderação. Compreendendo-se pela possibilidade de que seja (como tem sido) a moderação, e ciente de que pode configurar danos ao usuário, o que se busca é contribuir para o debate acerca dos limites da atuação das plataformas no exercício da moderação de conteúdo potencialmente desinformativo.

Nesse aspecto, aliás, cabe registrar que a jurisprudência ainda tangencia o enfrentamento dos casos, até mesmo deixando de apontar dispositivos legais aplicáveis e de se debruçar sobre a natureza da relação estabelecida entre usuário e plataforma (que, conforme reflexão traçada no tópico 3.3, entende-se ser de consumo). Diverge, ainda, acerca de aspectos que se revelam em fases distintas (possibilidade ou não de moderação, necessidade de notificação prévia do usuário, viabilização do contraditório e ampla defesa na esfera privada etc.). No campo da desinformação, esses desafios se potencializam ante a dificuldade de se definir o que configuraria, de fato, conteúdo desinformativo, bem como diante dos riscos de conferir essa tarefa tanto aos agentes privados quanto ao Estado.[204]

---

203. SÃO PAULO. Tribunal de Justiça. *Apelação Cível nº 1013579-91.2020.8.26.0100*. 36ª Câmara Cível. Apelante: Facebook Serviços Online do Brasil Ltda. Apelado: Rodrigo de Melo Sousa Santos. Relator: Des. Arantes Theodoro. São Paulo, 20 out. 2020.

204. MACEDO JR., Ronaldo Porto. *Fake news* e novas ameaças à liberdade de expressão. *In*: ABBOUD, Georges; NERY JR., Nelson; CAMPOS, Ricardo (org.). Fake news *e regulação*. 2. ed. São Paulo: Thomson Reuters Brasil, 2020. pos. 7693. No ponto, sugere-se leitura de artigo de Cristiano Carvalho, Fernando Araújo e Luciano Benetti Timm, no qual, a partir da menção a hipóteses de censura prévia em decisões do Supremo Tribunal Federal, alertam para os riscos do controle de informações, especialmente pelo Estado, e defendem que a desinformação pode ser combatida de forma mais eficiente, no âmbito das redes sociais, pelo livre mercado de ideias. Nesse sentido, argumentam que há que se prezar "por informação aberta, desconcentrada, fornecida por indivíduos e não pelo Estado, e as asserções que melhor correspondam aos fatos tendem a prevalecer". Prosseguem os professores: "É como uma espécie

Assim, e sem adiantar as conclusões (não definitivas) desta obra, mostra-se relevante ponderar que, ante a ausência de regulação específica, e não estando estabelecidos os *standards* a serem seguidos pelos provedores na atividade de moderação de conteúdo, parece salutar que a análise casuística considere tanto a confiança e a legítima expectativa do usuário/consumidor em relação à plataforma/fornecedora, quanto os deveres acessórios da boa-fé objetiva, inclusive a fim de guiar a conclusão do julgador quanto ao preenchimento dos pressupostos da responsabilidade civil e à ocorrência ou não de fato do serviço, em razão de violação do dever de segurança, para fins de aplicação do art. 14 do Código de Defesa do Consumidor.

Soma-se a isso a importância de atentar às considerações não apenas da doutrina, mas igualmente de organizações voltadas ao estudo das práticas de moderação, que têm apontado possíveis caminhos, como é o caso dos Princípios de Santa Clara[205] e suas disposições. A partir da melhor compreensão, entre outros aspectos, quanto à dinâmica da internet e das redes sociais, à relação que se estabelece entre as partes envolvidas (provedor e usuário), à complexidade que emerge do fenômeno da desinformação e à legítima expectativa a respeito da atuação das plataformas, poderá a jurisprudência, a partir da responsabilidade civil, contribuir no intento de melhor balizar a conduta dos provedores.

---

de seleção natural darwiniana, que permite que, do diálogo, do entrechoque livre de opiniões, possa emergir uma verdade que forme consenso e permita o progresso da ciência, do direito e dos demais valores civilizacionais" (CARVALHO, Cristiano; ARAUJO, Fernando; TIMM, Luciano Benetti. Twitter Files, liberdade de expressão e o livro mercado de ideias. *Jota*, São Paulo, 26 abr. 2024. Disponível em: https://www.jota.info/artigos/twitter-files-liberdade-de-expressao-e-o-livre-mercado-de-ideias--26042024?non-beta. Acesso em: 4 jul. 2024).

205. ACLU FOUNDATION OF NORTHERN CALIFORNIA *et al*. *The Santa Clara Principles on transparency and accountability in content moderation*. [S.l.], 2021. Disponível em: https://santaclaraprinciples.org/. Acesso em: 27 jun. 2024.

CONCLUSÃO

A epígrafe desta obra faz referência a trecho da obra *Memórias Póstumas de Brás Cubas*, na qual o narrador, homônimo, deseja que o leitor seja livrado de uma ideia fixa: "antes um argueiro, antes um entrave no olho". Escrita por Machado de Assis em 1880, a passagem parece muito bem se encaixar ao tema aqui proposto: primeiro, porque ideias fixas são um importante pilar do fenômeno da desinformação; segundo, porque o objeto deste estudo é dinâmico – tal qual é o Direito em geral, mas, especialmente, o Direito quando trata de dinâmicas próprias da sociedade contemporânea. São utópicas quaisquer pretensões de alcançar certezas definitivas a respeito.

Desde o início, deixou-se claro que certezas definitivas não seriam perseguidas nesta reflexão. O que se buscava, em verdade, era contribuir para o debate acerca de uma atividade que tem recebido cada vez mais espaço no debate legislativo, doutrinário e jurisprudencial – e isso se dá em razão de seus notórios impactos na esfera pública, com episódios que envolvem personalidades conhecidas, mas que também se estende a usuários anônimos.

Tomou-se como premissa, a partir da doutrina majoritária, a possibilidade de que provedores adotem medidas de moderação com base em seus termos de uso. Ante a ausência de disposições expressas a regularem a atividade, mostrou-se a necessidade de recorrer a outros elementos com vistas a conduzir sua atuação no sentido de assegurar os direitos dos usuários, em especial, quanto a suas liberdades comunicativas (de se expressar, de se informar, de ser informado) – que, também como se viu, não são absolutas, e cujo abuso serve a legitimar a adoção de medidas de moderação, de acordo com condições previamente estipuladas. Mas, se a moderação, de maneira ampla, já é uma tarefa desafiadora, ao se tratar de desinformação, ficou claro que esses desafios se potencializam.

Se nem a doutrina especializada foi capaz de alcançar consenso em relação ao que configuraria desinformação (e, no Brasil, o debate legislativo também se viu impossibilitado de fazê-lo, como evidenciado nas discussões do Projeto de Lei nº 2.630/2020 – Lei das *Fake News*), outra não pode ser a conclusão: para as plataformas, definir o que é desinformação é tarefa das mais complexas. No dia a dia, diz respeito a, por meio de inteligência artificial e atuação humana, identificar, analisar e decidir sobre um sem-fim de publicações relacionadas a temas variados, com abordagens diversas, que partem de contextos sociais, políticos e culturais diversos. Abordagens objetivas e sistematizadas não parecem ser suficientes. Desinformação, especialmente em casos limítrofes, tem a subjetividade como uma de suas principais características.

O vácuo regulatório quanto à prática permite (quiçá fosse possível afirmar que até mesmo exige) que outras ferramentas sejam empregadas para se discutir o tema, e esse foi o norte do estudo aqui elaborado. Escolheu-se a perspectiva da responsabilidade civil, assentando que, para além de seu elementar caráter reparatório, pode contribuir como um balizador de condutas das plataformas, aprimorando suas condutas e prevenindo danos futuros. A partir disso, verificando-se haver existência de relação entre o usuário e a plataforma, avançou-se às discussões sobre fato do serviço (acidente de consumo), contemplado no art. 14 do Código de Defesa do Consumidor, para refletir sobre o que poderia configurar, no âmbito da moderação de conteúdo, defeito na prestação de serviço, pressuposto elementar da responsabilidade civil nas relações de consumo.

A legislação e a doutrina[1] respondem que o defeito está na violação do dever geral de segurança, que emerge da legítima e razoável expectativa do consumidor quanto à prestação de serviços, conforme a redação do referido art. 14, § 1º, do Código de Defesa do Consumidor. Nesse aspecto, verifica-se a necessidade de atentar à confiança estabelecida pelo usuário em relação à plataforma quanto à utilização plena das aplicações – notadamente voltadas ao debate plural, diverso e democrático, respeitando, é claro, sua proposta e sua identidade. Soma-se a isso a importância de tomar a boa-fé objetiva como princípio norteador das relações estabelecidas nesse âmbito, exigindo que as plataformas atuem prezando por deveres acessórios como transparência, colaboração, lealdade, proteção etc.

Assim, nas duas principais etapas da moderação de conteúdo potencialmente desinformativo – análise de conteúdo e efetiva adoção de medidas –, esses devem ser os pilares da atuação das plataformas. Primeiro, quanto ao cuidado empregado na classificação de uma publicação ou conta, que frequentemente demandará (além do aprimoramento dos mecanismos de inteligência artificial empregados) que se recorra a agentes externos e independentes (como agentes de verificação e checagem de fatos), a isso se somando até mesmo a necessidade de aplicação de critérios interpretativos. Mas a atuação da plataforma *após* a tomada de decisão é o que parece ser ainda mais importante.

---

1. MARQUES, Claudia Lima; MIRAGEM, Bruno. Parecer. *In:* BRASIL. Supremo Tribunal Federal. *Recurso Extraordinário 1.037.396.* Recorrente: Facebook Serviços Online do Brasil Ltda. Recorrido: Lourdes Pavioto Correa. Relator: Ministro Dias Toffoli. [2017-] (ainda não julgado). Porto Alegre, 31 ago. 2020. p. 33-34.

CONCLUSÃO **173**

Após a tomada de decisão a respeito do conteúdo (quanto a configurar ou não desinformação), mostra-se imprescindível que o provedor – evidentemente, considerando-se as particularidades e os riscos observados em cada caso – atue de forma transparente e colaborativa em relação ao usuário. Significa dizer que, atenta às legítimas expectativas quanto a seu serviço e à boa-fé objetiva que deve conduzir sua relação com o usuário, deve cientificá-lo a respeito de suas conclusões quanto a uma eventual violação de termos de uso, de maneira detalhada e justificada, fornecendo elementos com vistas, inclusive, a viabilizar o contraditório e a ampla defesa (seja na esfera da própria plataforma, seja em âmbito judicial).

É isso que permitirá ao usuário não apenas que adeque suas condutas aos termos previamente pactuados entre as partes, mas, também, que os dois polos da relação alinhem suas expectativas. Especificamente ao tratar de conteúdo desinformativo, permeado por elementos de subjetividade, a condução colaborativa se mostra ainda mais relevante – porque permite que, juntos, plataformas e usuários possam alcançar melhor compreensão (e, consequentemente, convencimento) a respeito dos chamados casos limítrofes, que não apenas demandam mera checagem de fatos, mas, igualmente, desafiam esforços interpretativos.

Amparadas na doutrina especializada, as recomendações quanto a quais seriam algumas das práticas de moderação mais adequadas, seja quanto a conteúdo, seja quanto a forma, caminham no sentido de assegurar as tantas vezes mencionadas "transparência" e "*accountability*", corroborando a importância de que os provedores tornem mais clara, aos usuários, sua forma de atuação. Isso passa, entre outras medidas, pela adequação de termos de uso, para que sejam didáticos e objetivos; pelo aprimoramento das ferramentas de comunicação com seus usuários, até mesmo com vistas a viabilizar a sinalização de publicações e contas potencialmente lesivas; pela indicação prévia, e de forma detalhada, de alegada violação a termos de uso; bem como pela viabilização do acesso ao contraditório e à ampla defesa.

Não bastassem as sugestões extraídas da doutrina, *standards* de conduta têm sido elaborados a partir de movimentos da sociedade civil organizada, como é o caso dos Princípios de Santa Clara, já endossados pelas plataformas com maior abrangência. Ante a relevância da temática, no horizonte, igualmente despontam várias possibilidades também do ponto de vista regulatório, como se tratou no Capítulo 2, ainda que de maneira breve – até mesmo em razão de o tema igualmente merecer abordagens específicas, porque de indiscutível relevância.

Observa-se, ainda, a importância de que os tribunais – cujos posicionamentos, como se viu no tópico 3.4, ainda são heterogêneos e, em alguns casos, até mesmo distantes da realidade das dinâmicas estabelecidas na internet – estejam cada vez mais atentos às temáticas envolvendo desinformação e moderação, apropriando-se das características do fenômeno e da atividade, tendo por norte, de um lado, a autonomia das plataformas no gerenciamento das aplicações que disponibilizam ao mercado; e, de outro, a legítima expectativa do usuário, com o fim precípuo de tutelar suas liberdades comunicativas. Espera-se, assim, que a jurisprudência possa contribuir, a partir da responsabilidade civil, para o refinamento das práticas de moderação.

Por fim, ante a compreensão da importância de se livrar de ideias fixas, conclui-se esta obra de forma inquieta, com apenas uma (mas importante) certeza: a de que se tem, aqui, área de estudo repleta de questionamentos ainda a serem respondidos e debates a serem enfrentados, com vasto material (teórico e, principalmente, prático) a ser explorado. É o que se espera estar fazendo tão logo estas linhas, de forma despretensiosa, alcancem seus primeiros leitores.

REFERÊNCIAS

ABBOUD, Georges; CAMPOS, Ricardo. A autorregulação regulada como modelo do Direito proceduralizado: regulação de redes sociais e proceduralização. *In*: ABBOUD, Georges; NERY JR., Nelson; CAMPOS, Ricardo (org.). *Fake news e regulação*. 2. ed. São Paulo: Thomson Reuters Brasil, 2020. p. 121-141.

ACCIARRI, Hugo A. *Elementos da análise econômica do direito de danos*. São Paulo: Revista dos Tribunais, 2014.

ACKLAND, Robert; GWYNN, Karl. Truth and the dynamics of news diffusion on Twitter. *In*: GREIFENEDER, Rainer *et al.* (org.). *The psychology of fake news*. Nova Iorque: Routledge, 2021. p. 26-46.

ACLU FOUNDATION OF NORTHERN CALIFORNIA *et al.* *The Santa Clara Principles on transparency and accountability in content moderation*. [*S.l.*], 2021. Disponível em: https://santaclaraprinciples.org/. Acesso em: 27 jun. 2024.

ALEMANHA. *Network Enforcement Act (Netzdurchsetzunggesetz, NetzDG), de 01 de setembro de 2017*. Berlim, out. 2017. Disponível em: https://germanlawarchive.iuscomp.org/?p=1245. Acesso em: 27 jun. 2024.

ALVES, Marco Antônio Sousa; MACIEL, Emmanuela R. Halfeld. O fenômeno das fake news: definição, combate e contexto. *Revista Internet & Sociedade*, São Paulo, v. 1, n. 1, p. 144-171, jan. 2020. Disponível em: https://revista.internetlab.org.br/o-fenomeno-das-fake-news-definicao-combate-e-contexto/. Acesso em: 10 jun. 2024.

ANDRADE, André Gustavo Corrêa de. *Indenização punitiva*. São Paulo, 18 ago. 2008. Disponível em: https://www.editoraroncarati.com.br/v2/phocadownload/indenizacao_punitiva.pdf. Acesso em: 22 jun. 2024.

AOS FATOS. *Desinformação e Google Ads*. Rio de Janeiro, abr./maio 2020. Disponível em: https://docs.google.com/spreadsheets/d/1J7HFLJjd2ep3Tdy0nKXkZ2HOWHB4NyE H4IzvcBvvTUU/edit#gid=187653037. Acesso em: 27 maio 2024.

ARAÚJO FILHO, Raul. *Punitive Damages* e sua aplicabilidade no Brasil. *Doutrina*: edição comemorativa, 25 anos, Brasília, p. 329-345, 2014. Disponível em: https://ww2.stj.jus.br/publicacaoinstitucional/index.php/Dout25anos/article/view/1117/1051. Acesso em: 20 jun. 2024.

ARENDT, Hannah. Truth and politics. *The New Yorker*, Nova Iorque, p. 48-88, 1967. Disponível em: https://www.newyorker.com/magazine/1967/02/25/truth-and-politics. Acesso em: 29 maio 2024.

ASSIS, Joaquim Maria Machado de. *Memórias Póstumas de Brás Cubas*. São Paulo: Ática, 1975.

AZEVEDO, Renato Asamura *et al.* O comércio eletrônico e as novas formas contratuais: *point and click agreement* e *click and wrap agreement*. *Revista de Direito do Consumidor*, São Paulo, v. 105, p. 65-78, maio/jun. 2016.

BAGGIO, Andreza Cristina. *O direito do consumidor brasileiro e a teoria da confiança*. São Paulo: Revista dos Tribunais, 2012.

BALKIN, Jack M. Free speech in the algorithmic society: big data, private governance, and new school speech regulation. *UC Davis Law Review*, Davis, Yale Law School, Public Law Research Paper No. 615, p. 1149-1210, 2018. Disponível em: https://lawreview.law.ucdavis.edu/issues/51/3/Essays/51-3_Balkin.pdf. Acesso em: 19 jun. 2024.

BALKIN, Jack M. Free speech is a triangle. *Columbia Law Review*, Rochester, v. 118, n. 7, p. 2011-2056, 2011. Disponível em: https://papers.ssrn.com/sol3/papers.cfm?abstract_id=3186205. Acesso em: 25 jun. 2024.

BALKIN, Jack M. Old-School/New-School Speech Regulation. *Harvard Law Review*, Nova Iorque, v. 27, n. 8, p. 2296-2342, 2014. Disponível em: https://harvardlawreview.org/print/vol-127/old-schoolnew-school-speech-regulation/. Acesso em: 25 jun. 2024.

BARBERÁ, Pablo *et al.* Tweeting from left to right: is online political communication more than an echo chamber? *Psychological Science*, [S.l.], v. 26, n. 10, p. 1531-1542, ago. 2015. Disponível em: https://journals.sagepub.com/doi/10.1177/0956797615594620. Acesso em: 26 maio 2024.

BARBOSA, David. Coleta de dados por Google e Facebook criou "capitalismo de vigilância", diz Shoshana Zuboff. *O Globo*, Rio de Janeiro, 7 mar. 2021. Disponível em: https://oglobo.globo.com/cultura/livros/coleta-de-dados-por-google-facebook-criou-capitalismo-de-vigilancia-diz-shoshana-zuboff-24901334. Acesso em: 23 maio 2024.

BARBOSA, Marialva. *História da comunicação no Brasil*. Petrópolis, RJ: Vozes, 2013. [E-book não paginado]

BARLOW, John Perry. A declaration of the independence of cyberspace. *Electronic Frontier Foundation*, Davos, 8 fev. 1996. Disponível em: https://www.eff.org/cyberspace-independence. Acesso em: 23 jun. 2024.

BARON, Jonathan. Heuristic and biases. *In*: ZAMIR, Eyal; TEICHMAN, Doron (Ed.). *The Oxford Handbook of Behavioral Economics and the Law*. Nova Iorque: Oxford Press University, 2014. p. 3-27.

BARRET, Paul M. *Who moderates the social media giants? A call to end outsourcing*: June 2020. Nova Iorque: New York University Stern Center for Business and Human Rights, 2020. Disponível em: https://bhr.stern.nyu.edu/tech-content-moderation-june-2020. Acesso em: 25 jun. 2024.

BARROSO, Luís Roberto. Colisão entre liberdade de expressão e direitos da personalidade. Critérios de ponderação. Interpretação constitucionalmente adequada do Código Civil e da Lei de Imprensa. *Revista de Direito Administrativo*, Rio de Janeiro, v. 235, p. 1-36, 2004. Disponível em: https://bibliotecadigital.fgv.br/ojs/index.php/rda/article/view/45123. Acesso em: 28 maio 2024.

BASTOS, Marcos T.; MERCEA, Dan. Serial activists: political Twitter beyond influentials and the twittertariat. *New Media & Society*, v. 18, n. 10, p. 2359-2378, 2016. Disponível em: https://journals.sagepub.com/doi/epub/10.1177/1461444815584764. Acesso em: 30 maio 2024.

REFERÊNCIAS **177**

BATTESINI, Eugênio. *Direito e economia*: novos horizontes no estudo da responsabilidade civil no Brasil. São Paulo: LTr, 2011.

BEARAK, Max. Facebook apologizes for taking down a pro-Israel post. *The Washington Post*, Washington, D.C., 15 jun. 2016. Disponível em: https://www.washingtonpost.com/news/worldviews/wp/2016/06/15/facebook-apologizes-for-taking-down-a-pro-israel-post/. Acesso em: 25 jun. 2024.

BELLI, Luca *et al. Termos de uso e direitos humanos*: uma análise dos contratos das plataformas online. Rio de Janeiro: Revan, 2019. Disponível em: https://repositorio.fgv.br/items/7b2cef5d-4d52-412d-b929-3da16a8cd67a. Acesso em: 22 jun. 2024.

BENJAMIN, Antonio Herman. Notas sobre a teoria da qualidade no Código de Defesa do Consumidor: uma homenagem à Ada Pellegrini Grinover. *In:* BENJAMIN, Antonio Herman; MARQUES, Claudia Lima; MIRAGEM, Bruno (org.). *O direito do consumidor no mundo em transformação*. São Paulo: Thomson Reuters Brasil, 2020. pos. RB 1.1.-RB 1.6.

BENJAMIN, Antonio Herman; MARQUES, Claudia Lima; BESSA, Leonardo Roscoe. *Manual de direito do consumidor*. São Paulo: Thomson Reuters Brasil, 2020.

BESSA, Leonardo Roscoe. *Código de Defesa do Consumidor comentado*. Rio de Janeiro: Forense, 2021.

BEVILÁQUA, Clóvis. *Teoria geral do Direito Civil*. Campinas, SP: RED Livros, 2001.

BIYANI, Prakhar; TSIOUTSIOULIKLIS, Kostas; BLACKMER, John. "8 amazing secrets for getting more clicks": detecting clickbaits in news streams using article informality. *Proceedings of the AAAI Conference on Artificial Intelligence*, [*S.l.*], v. 30, n. 1, p. 94-100, 2016. Disponível em: https://ojs.aaai.org/index.php/AAAI/article/view/9966. Acesso em: 27 maio 2024.

BLOCH, Marc. *História e historiadores*. Trad. Telma Costa. Lisboa: Ed. Teorema, 1998.

BODIN DE MORAES, Maria Celina. *Danos à pessoa humana*: uma leitura civil-constitucional dos danos morais. Rio de Janeiro: Renovar, 2009.

BOTTINO, Celina; PERRONE, Christian; ARCHEGAS, João Victor. Moderação de conteúdo em 2021: quem regula o moderador? *JOTA*, São Paulo, 17 jan. 2022. Disponível em: https://www.jota.info/opiniao-e-analise/artigos/moderacao-de-conteudo-2021-quem-regula-moderador-17012022. Acesso em: 25 jun. 2024.

BOYD, Danah M.; ELLISON, Nicole B. Social network sites: definition, history and scolarship. *Journal of Computer-Mediated Communication*, Oxford, v. 13, n. 1, p. 210-230, out. 2007. Disponível em: https://onlinelibrary.wiley.com/doi/epdf/10.1111/j.1083-6101.2007.00393.x. Acesso em: 10 jun. 2024.

BRAGA NETTO, Felipe Peixoto; FARIAS, Cristiano Chaves de; ROSENVALD, Nelson. *Novo tratado de responsabilidade civil*. 4. ed. São Paulo: Saraiva Educação, 2019.

BRANCO, Gerson Luiz Carlos. A proteção das expectativas legítimas derivadas das situações de confiança: elementos formadores do princípio da confiança e seus efeitos. *Revista de Direito Privado*, São Paulo, n. 12, p. 160-225, out./dez. 2002.

BRASIL. Câmara dos Deputados. *Projeto de Lei nº 213, de 2021*. Altera o Marco Civil da Internet para possibilitar a indisponibilização de conteúdo por provedor de aplicações de internet somente devido a ordem judicial. Autoria: Dep. Luiz Philippe de Orleans e Bragança. Brasília, DF: Câmara dos Deputados, 2021.

BRASIL. Câmara dos Deputados. *Projeto de Lei nº 246, de 2021*. Dispõe sobre a responsabilidade civil de provedores de aplicações de internet pela atividade de moderação, na forma de rotulagem de conteúdo que expresse a opinião de usuário, e assim caracterize exercício de liberdade fundamental. Autoria: Dep.ª Caroline De Toni. Brasília, DF: Câmara dos Deputados, 2021.

BRASIL. Câmara dos Deputados. *Projeto de Lei nº 291, de 2021*. Altera a Lei nº 12.965, de 23 de abril de 2014, para vedar a retirada de mensagens de usuários por provedor de aplicação em desacordo com as garantias constitucionais de liberdade de expressão, comunicação e manifestação de pensamento. Autoria: Dep. Daniel Silveira. Brasília, DF: Câmara dos Deputados, 2021.

BRASIL. Câmara dos Deputados. *Projeto de Lei nº 495, de 2021*. Altera o art. 18 da Lei nº 12.965, de 23 de abril de 2014, o Marco Civil da Internet – MCI, para proibir a censura sobre palavras e expressões ou posições políticas nos conteúdos postados por usuários na rede mundial de computadores. Autoria: Dep.ª Soraya Manato. Brasília, DF: Câmara dos Deputados, 2021.

BRASIL. Câmara dos Deputados. *Projeto de Lei nº 1.362, de 2021*. Dispõe sobre a liberdade de expressão e informação na internet. Autoria: Dep. Daniel Silveira. Brasília, DF: Câmara dos Deputados, 2021.

BRASIL. Câmara dos Deputados. *Projeto de Lei nº 2.831, de 2021*. Altera o Marco Civil da Internet – Lei nº 12.965, de 23 de abril de 2014 – para proibir a exclusão de postagens em redes sociais sem que se tenha concedido direito de ampla defesa e ao contraditório ao usuário responsável pela postagem, e dá outras providências. Autoria: Dep. Capitão Alberto Neto. Brasília, DF: Câmara dos Deputados, 2021.

BRASIL. *Constituição da República Federativa do Brasil de 1988*. Brasília, DF: Presidência da República, 1988. Disponível em: http://www.planalto.gov.br/ccivil_03/constituicao/constituicao.htm. Acesso em: 28 jun. 2024.

BRASIL. *Exposição de Motivos do Marco Civil da Internet*. Lei nº 12.965, de 23 de abril de 2014. Brasília, DF: Presidência da República, 2014. Disponível em: http://www.planalto.gov.br/ccivil_03/Projetos/ExpMotiv/EMI/2011/86-MJ%20MP%20MCT%20MC.htm. Acesso em: 26 jun. 2024.

BRASIL. *Lei nº 8.078, de 11 de setembro de 1990*. Dispõe sobre a proteção do consumidor e dá outras providências. Brasília, DF: Presidência da República, 1990.

BRASIL. *Lei nº 9.610, de 19 de fevereiro de 1998*. Altera, atualiza e consolida a legislação sobre direitos autorais e dá outras providências. Brasília, DF: Presidência da República, 1998.

BRASIL. *Lei nº 10.406, de 10 de janeiro de 2002*. Institui o Código Civil. Brasília, DF: Presidência da República, 2002.

BRASIL. *Lei nº 12.965, de 23 de abril de 2014*. Estabelece princípios, garantias, direitos e deveres para o uso da Internet no Brasil. Brasília, DF: Presidência da República, 2014.

BRASIL. *Lei nº 13.105, de 16 de março de 2015*. Institui o Código de Processo Civil. Brasília, DF: Presidência da República, 2015.

BRASIL. *Lei nº 13.709, de 14 de agosto de 2018*. Lei Geral de Proteção de Dados Pessoais (LGPD). Brasília, DF: Presidência da República, 2018.

BRASIL. *Lei nº 13.874, de 20 de setembro de 2019*. Institui a Declaração de Direitos de Liberdade Econômica; estabelece garantias de livre mercado; altera as Leis nºs 10.406, de 10 de janeiro de 2002 (Código Civil), 6.404, de 15 de dezembro de 1976, 11.598, de 3 de dezembro de 2007, 12.682, de 9 de julho de 2012, 6.015, de 31 de dezembro de 1973, 10.522, de 19 de julho de 2002, 8.934, de 18 de novembro 1994, o Decreto-Lei nº 9.760, de 5 de setembro de 1946 e a Consolidação das Leis do Trabalho, aprovada pelo Decreto-Lei nº 5.452, de 1º de maio de 1943; revoga a Lei Delegada nº 4, de 26 de setembro de 1962, a Lei nº 11.887, de 24 de dezembro de 2008, e dispositivos do Decreto-Lei nº 73, de 21 de novembro de 1966; e dá outras providências. Brasília, DF: Presidência da República, 2019.

BRASIL. *Medida Provisória nº 1.068, de 6 de setembro de 2021*. Altera a Lei nº 12.965, de 23 de abril de 2014, e a Lei nº 9.610, de 19 de fevereiro de 1998, para dispor sobre o uso de redes sociais. Brasília, DF: Presidência da República, 2021.

BRASIL. *Portaria nº 148, de 31 de maio de 1995*. Aprova a Norma nº 004/95 – Uso da Rede Pública de Telecomunicações para acesso à Internet. Brasília, DF: Agência Nacional de Telecomunicações, 1995.

BRASIL. Senado Federal. *Comissão Parlamentar de Inquérito da Pandemia (instituída pelos Requerimentos nºs 1.371 e 1.372, de 2021)* – Relatório final. Brasília, DF, 26 out. 2021. Disponível em: https://legis.senado.leg.br/comissoes/mnas?codcol=2441&tp=4. Acesso em: 27 maio 2024.

BRASIL. Senado Federal. *Projeto de Lei nº 2.630/2020*. Institui a Lei Brasileira de Liberdade, Responsabilidade e Transparência na Internet. Autoria: Senador Alessandro Vieira. Brasília, DF, 2020.

BRASIL. Tribunal Superior Eleitoral. Portaria TSE nº 510 de 4 de agosto de 2021. Institui o Programa Permanente de Enfrentamento à Desinformação no âmbito da Justiça Eleitoral e disciplina a sua execução. *Diário da Justiça Eletrônico do Tribunal Superior Eleitoral (DJE/TSE)*, Brasília, DF, n. 145, p. 466-467, 6 ago. 2021. Disponível em: https://sintse.tse.jus.br/documentos/2021/Ago/6/diario-da-justica-eletronico-tse/portaria-no-510-de-4-de-agosto-de-2021-institui-o-programa-permanente-de-enfrentamento-a-desinformac. Acesso em: 26 jun. 2024.

BRENTON, Thierry. Capitol Hill: the 9/11 moment of social media. *Politico*, Bruxelas, 10 jan. 2021. Disponível em: https://www.politico.eu/article/thierry-breton-social-media-capitol-hill-riot/. Acesso em: 25 jun. 2024.

BROWN, Nina I. Deepfake and the weaponization of disinformation. *Virginia Journal of Law & Technology*, Charlottesville, v. 23, n. 1, p. 1-59, 2020. Disponível em: https://static1.squarespace.com/static/5e793709295d7b60295b2d29/t/5f0b7e4e0f4f095f7e70613f/1594588750542/v23i1_1-Brown.pdf. Acesso em: 30 maio 2024.

BRUNTON, Finn. *Spam*: a shadow history of the Internet. Cambridge: The MIT Press, 2013.

BUCCI, Eugênio. *Existe democracia sem verdade factual?* Barueri, SP: Estação das Letras e Cores, 2019.

BYTEDANCE BRASIL TECNOLOGIA LTDA. Manifestação. *In:* BRASIL. Supremo Tribunal Federal. *Recurso Extraordinário nº 1.037.396.* Recorrente: Facebook Serviços Online do Brasil LTDA. Recorrido: Lourdes Pavioto Correa. Relator: Ministro Dias Toffoli. [2017-] (ainda não julgado). Brasília, 22 de abril de 2022.

CALABRESI, Guido. *The cost of accidents*: a legal and economic analysis. New Haven and London: Yale University Press, 1970.

CALDAS, Camilo Onoda Luiz; CALDAS, Pedro Neri Luiz. Estado, democracia e tecnologia: conflitos políticos no contexto do *big-data*, das *fake news* e das *shitstorms. Perspectivas em Ciência da Informação*, Belo Horizonte, v. 24, n. 2, p. 196-220, 2019. Disponível em: https://brapci.inf.br/index.php/res/v/120136. Acesso em: 11 maio 2024.

CAMPOS, Ricardo; OLIVEIRA, Samuel Rodrigues de.; SANTOS, Carolina Xavier. Riscos sistêmicos e dever de cuidado. *In:* CAMPOS, Ricardo (org.); GRINGS, Maria Gabriela *et al.* (coord.). *O futuro da regulação de plataformas digitais: Digital Services Act* (DSA) e *Digital Markets Act* (DMA) e seus impactos no Brasil. São Paulo: Contracorrente, 2023. pos. 5782-6081.

CAPLAN, Robyn. *Content or context moderation*: artisanal, community-reliant, and industrial approaches. Nova Iorque: Data & Society, 2018. Disponível em: https://datasociety.net/library/content-or-context-moderation/. Acesso em: 25 jun. 2024.

CARNEIRO, Ramon Mariano. "Li e aceito": violações a direitos fundamentais nos termos de uso das plataformas digitais. *Internet & Sociedade*, [S.l.], n. 1, v. 1, fev. 2020. Disponível em: https://revista.internetlab.org.br/li-e-aceitoviolacoes-a-direitos-fundamentais-nos-termos-de-uso-das-plataformas-digitais/. Acesso em: 26 jun. 2024.

CAROLYN, Wilson *et al. Alfabetização midiática e informacional*: currículo para formação de professores. Brasília, DF: Unesco, 2013. Disponível em: https://unesdoc.unesco.org/ark:/48223/pf0000220418. Acesso em: 21 jun. 2024.

CARVALHO, Cristiano; ARAUJO, Fernando; TIMM, Luciano Benetti. Twitter Files, liberdade de expressão e o livro mercado de ideias. *Jota*, São Paulo, 26 abr. 2024. Disponível em: https://www.jota.info/artigos/twitter-files-liberdade-de-expressao-e-o-livre-mercado-de-ideias-26042024?non-beta. Acesso em: 4 jul. 2024.

CARVALHO, Talita de. Como identificar notícias falsas? O caso de Marielle Franco. *Politize!*, [S.l.], 29 mar. 2018. Disponível em: https://www.politize.com.br/como-identificar-noticias-falsas/. Acesso em: 21 jun. 2024.

CASSINO, João Francisco. Modulação deleuziana, modulação algorítmica e manipulação midiática. *In:* SOUZA, Joyce; AVELINO, Rodolfo; SILVEIRA, Sérgio Amadeu da (org.). *A sociedade do controle*: manipulação e modulação nas redes sociais. São Paulo: Hedra, 2018. p. 13-30.

CASTELLS, Manuel. *A sociedade em rede*. São Paulo: Paz e Terra, 1999.

CASTELLS, Manuel. *O poder da comunicação*. 4. ed. São Paulo: Paz e Terra, 2019.

CAVALIERI FILHO, Sergio. *Programa de direito do consumidor*. 4. ed. São Paulo: Atlas, 2014.

CAVALIERI FILHO, Sergio. *Programa de responsabilidade civil*. 12. ed. São Paulo: Atlas, 2015.

CHESNEY, Robert; CITRON, Danielle. Deepfakes and the New Disinformation War: the coming age of post-truth geopolitics. *Foreing Affairs*, [S.l.], v. 98, n. 1, p. 147, jan./fev. 2019. Disponível em: https://heinonline.org/HOL/P?h=hein.journals/fora98&i=149. Acesso em: 30 maio 2024.

CHOKSHI, Niraj. That wasn't Mark Twain: how a misquotation is born. *The New York Times*, Nova Iorque, 26 abr. 2017. Disponível em: https://www.nytimes.com/2017/04/26/books/famous-misquotations.html. Acesso em: 30 maio 2024.

CLEGG, Nick. Ending Suspension of Trump's Accounts With New Guardrails to Deter Repeat Offenses. *Meta*, Menlo Park, 25 jan. 2023. Disponível em: https://about.fb.com/news/2023/01/trump-facebook-instagram-account-suspension/. Acesso em: 18 jun. 2024.

COLOMBO, Cristiano; FACCHINI NETO, Eugênio. Ciberespaço e conteúdo ofensivo gerado por terceiros: a proteção dos direitos de personalidade e a responsabilização civil dos provedores de aplicação, à luz da jurisprudência do Superior Tribunal de Justiça. *Revista Brasileira de Políticas Públicas*, Brasília, DF, v. 7, n. 3, p. 216-234, 2017. Disponível em: https://www.publicacoes.uniceub.br/RBPP/article/view/4910. Acesso em: 25 jun. 2024.

COMITÊ DE SUPERVISÃO. *Apelação ao Comitê de Supervisão*. [S.l.], 2024. Disponível em: https://www.oversightboard.com/appeals-process/. Acesso em: 24 jun. 2024.

COMITÊ GESTOR DA INTERNET NO BRASIL (CGI.BR). *Nota pública em razão de recentes proposições, da MP 1.068/2021 e debates sobre remoção de conteúdos na internet*. São Paulo, 13 set. 2021. Disponível em: https://www.cgi.br/esclarecimento/nota-publica-em-razao-de-recentes-proposicoes-da-mp-1068-2021-e-debates-sobre-remocao-de-conteudos-na-internet/. Acesso em: 29 jun. 2024.

CONSELHO NACIONAL DE JUSTIÇA. *Justiça em números 2023*. Brasília, DF: CNJ, 2023. Disponível em: https://www.cnj.jus.br/wp-content/uploads/2023/08/justica-em-numeros-2023.pdf. Acesso em: 14 jun. 2024.

CONSTINE, Josh. Facebook swells to 1.65B users and beats Q1 estimates with $5.38B revenue. *TechCrunch*, Bay Area, 27 abr. 2016. Disponível em: https://techcrunch.com/2016/04/27/facebook-q1-2016-earnings/. Acesso em: 27 maio 2024.

CORDEIRO, António Menezes. *Da boa fé no direito civil*. Coimbra: Almedina, 2013.

COSTER, Helen; DANG, Sheila. Trump returns to X, formerly Twitter, with mug shot and appeal for donation. *Reuters*, [S.l.], 25 ago. 2023. Disponível em: https://www.reuters.com/technology/trump-returns-social-media-site-x-formerly-twitter-with-mug-shot-post-2023-08-25/. Acesso em: 17 jun. 2024.

COULON, Fabiano Koff. *A função dissuasória da responsabilidade civil sob as lentes da análise econômica do direito: exame dos seus limites e possibilidades de aplicação na responsabilização da empresa*. 2013. 155 f. Tese (Doutorado em Direito) – Programa de Pós-Graduação em Direito, Universidade Federal do Rio Grande do Sul, Porto Alegre, 2013. Disponível em: https://lume.ufrgs.br/handle/10183/196618. Acesso em: 15 jun. 2024.

COUTO, Marlen. Estratégia de Bolsonaro chegou ao seu limite. *O Globo*, Rio de Janeiro, 6 fev. 2022. Disponível em: https://oglobo.globo.com/politica/estrategia-de-bolsonaro-chegou-ao-seu-limite-analisa-cientista-politico-giuliano-da-empoli-25382733?utm_source=meio&utm_medium=email. Acesso em: 22 maio 2024.

DAL PIZZOL, Ricardo. *Responsabilidade civil*: funções punitiva e preventiva. Indaiatuba, SP: Editora Foco, 2020.

DEL CAMPO, Agustina *et al*. Olhando Al Sur: rumo a novos consensos regionais em matéria de responsabilidade de intermediários na Internet. *Al Sur*, [S.l.], p. 19, abr. 2021. Disponível em: https://www.alsur.lat/sites/default/files/2021-06/Responsabilidad%20de%20intermediarios%20PT.pdf. Acesso em: 24 jun. 2024.

DEL VICARIO, Michela *et al*. Echo chambers in the age of misinformation. *Proceedings of the National Academy of Sciences*, v. 113, n. 3, p. 554-559, jan. 2016. Disponível em: https://www.pnas.org/content/113/3/554. Acesso em: 16 jun. 2024.

DIAS, José de Aguiar. *Da responsabilidade civil*. 11. ed. rev. e atual. de acordo com o Código Civil de 2022, e ampl. por Rui Berford Dias. Rio de Janeiro: Renovar, 2006.

DIRETORIA DE ANÁLISE DE POLÍTICAS PÚBLICAS DA FUNDAÇÃO GETULIO VARGAS (DAPP-FGV). *Robôs, redes sociais e política no Brasil*: interferências de perfis automatizados e atores políticos no debate eleitoral brasileiro. Rio de Janeiro, 2018. Disponível em: https://repositorio.fgv.br/server/api/core/bitstreams/99caf6a7-07b3-4dcc-9c5b-b73879fab73e/content. Acesso em: 29 maio 2024.

DORSEY, Jack. How Twitter need to change. *TED Conference*, [S.l.], abr. 2019. Disponível em: https://www.ted.com/talks/jack_dorsey_how_twitter_needs_to_change/transcript. Acesso em: 26 jun. 2024.

DOURADO, Tatiana. *Fake news*: quando as mentiras viram fatos políticos. Porto Alegre: Zouk, 2021.

DRESCH, Rafael de Freitas Valle. *Fundamentos da responsabilidade civil pelo fato do produto e do serviço*: um debate jurídico-filosófico entre o formalismo e o funcionalismo no direito privado. Porto Alegre: Livraria do Advogado, 2009.

DRESCH, Rafael de Freitas Valle. Reflexões sobre a responsabilidade civil de provedores pelo conteúdo postado por usuários. *In*: BARBOSA, Mafalda Miranda; ROSENVALD, Nelson; MUNIZ, Francisco (coord.). *Desafios da nova responsabilidade civil*. São Paulo: Juspodivm, 2019. p. 395-406.

ECHO CHAMBER. *In*: Oxford Learner's Dictionaries. Oxford, 2022. Disponível em: https://www.lexico.com/definition/echo_chamber. Acesso em: 26 maio 2024.

EIFERT, Martin. A lei alemã para a melhoria da aplicação da lei das redes sociais e a regulação da plataforma. *In*: ABBOUD, Georges; NERY JR., Nelson; CAMPOS, Ricardo (org.). Fake news *e regulação*. 2. ed. São Paulo: Thomson Reuters Brasil, 2020. pos. 5166-6208.

EIFERT, Martin; METZGER, Axel; SCHWEITZER, Heike; WAGNER, Gerhard. Domesticando os gigantes: o pacote DMA/DSA. *In*: CAMPOS, Ricardo (org.); GRINGS, Maria Gabriela *et al*. (coord.). *O futuro da regulação de plataformas digitais: Digital Services Act* (DSA) e *Digital Markets Act* (DMA) e seus impactos no Brasil. São Paulo: Contracorrente, 2023. pos. 1090-2285.

EMPOLI, Giuliano da. *Os engenheiros do caos*. São Paulo: Vestígio, 2020.

ESCOLA Base – 20 anos depois. Direção de Bianca Vasconcellos. *TV Brasil*, Brasília, DF, 7 nov. 2014. 1 vídeo (50 min 39 s). Disponível em: https://tvbrasil.ebc.com.br/caminhosdareportagem/episodio/escola-base-20-anos-depois. Acesso em: 15 jun. 2024.

ESTADOS UNIDOS. *Digital Millennium Copyright Act of 1998 (DMCA)*. Washington, D.C., 1998. Disponível em: https://www.copyright.gov/legislation/dmca. pdf. Acesso em: 24 jun. 2024.

ESTADOS UNIDOS. Suprema Corte. *Schenck v. United States*, 249 U.S. 47, 1919. Disponível em: https://tile.loc.gov/storage-services/service/ll/usrep/usrep249/usrep249047/usrep249047.pdf. Acesso em: 29 maio 2024.

ESTADOS UNIDOS. *U. S. Constitution (1787)*. Washington, D.C., 1787. Disponível em: https://www.law.cornell.edu/constitution/index.html. Acesso em: 24 jun. 2024.

ESTADOS UNIDOS. *United States Code*. Washington, D.C., 1789. Disponível em: https://uscode.house.gov/. Acesso em: 24 jun. 2024.

EU EAST STRATCOM TASK FORCE. Means, goals and consequences of the pro-Kremlin disinformation campaign. *Istituto per gli Studi di Politica Internazionale*, Milão, 19 jan. 2017. Disponível em: https://www.ispionline.it/it/pubblicazione/means-goals-and-consequences-pro-kremlin-disinformation-campaign-16216. Acesso em: 23 maio 2024.

EUROPEAN COMMISSION. *A multi-dimensional approach to disinformation*: report of the independent High-Level Group on fake news and online disinformation. Luxemburgo: Publications Office of the European Union, 2018. Disponível em: https://digital-strategy.ec.europa.eu/en/library/final-report-high-level-expert-group-fake-news-and-online-disinformation. Acesso em: 26 maio 2024.

FACCHINI NETO, Eugênio. Da responsabilidade civil no novo código. *Revista do Tribunal Superior do Trabalho*, Porto Alegre, v. 76, n. 1, p. 17-63, jan./mar. 2010. Disponível em: https://juslaboris.tst.jus.br/handle/20.500.12178/13478. Acesso em: 27 maio 2024.

FAKE NEWS. *In*: Dictionary.com. [*S.l.*], 2017. Disponível em: https://www.dictionary.com/browse/fake-news. Acesso em: 26 maio 2022.

FALEIROS JÚNIOR, José Luiz. Liberdade de expressão, *fake news* e responsabilidade civil: breves reflexões. *In*: ERHARDT JÚNIOR, Marcos; LOBO, Fabíola Albuquerque; ANDRADE, Gustavo (coord.). *Liberdade de expressão e relações privadas*. Belo Horizonte: Fórum, 2021a. p. 177-200.

FALEIROS JÚNIOR, José Luiz. Responsabilidade civil e *fake news*: a educação digital como meio para a superação da desinformação e do negacionismo. *In*: BARBOSA, Mafalda Miranda; ROSENVALD, Nelson; MUNIZ, Francisco (coord.). *Responsabilidade civil e comunicação*: IV Jornadas Luso-Brasileiras de Responsabilidade Civil. Indaiatuba, SP: Editora Foco, 2021b. p. 237-259.

FALLIS, Don. What is disinformation? *Library Trends*, Baltimore, v. 63, n. 3, p. 401-426, 2015. Disponível em: https://muse.jhu.edu/article/579342. Acesso em: 25 maio 2024.

FARIAS, Edilsom Pereira de. *Colisão de direitos*: a honra, a intimidade, a vida privada e a imagem *versus* a liberdade de expressão e informação. Porto Alegre: Sergio Antonio Fabris Editor, 1996.

FARINHO, Domingos Soares. Os direitos humanos no Regulamento Serviços Digitais. *In:* CAMPOS, Ricardo; GRINGS, Maria *et al.* (coord.). *O futuro da regulação de plataformas digitais: digital services act* (DSA) e *digital markets act* (DMA) e seus impactos no Brasil. São Paulo: Contracorrente, 2023. pos. 3834-4578.

FERNANDES, André Lucas; VALVERDE, Danielle Novaes de Siqueira; CONSTANTE, Isabel Meira; VALOIS, Rhaiana Caminha. *Regulação de plataformas digitais*: modelos de sistemas regulatórios para supervisão de plataformas digitais. Recife: IP.rec, 2023. Disponível em: https://ip.rec.br/wp-content/uploads/2023/12/Modelos-de-Sistemas-Regulatorios-para-Supervisao-de-Plataformas-Digitais.pdf. Acesso em: 30 jun. 2024.

FERRARA, Emilio *et al.* The rise of social bots. *Communications of the ACM*, Nova Iorque, v. 59, n. 7, p. 96-104, jun. 2016. Disponível em: https://arxiv.org/abs/1407.5225. Acesso em: 29 maio 2024.

FLORIDI, Luciano. *The 4th Revolution*: how the infosphere is reshaping human reality. Oxford: Oxford University Press, 2014.

FRAGOSO, Suely. "HUEHUEHUE eu sou BR": *spam, trollagem* e *griefing* nos jogos *online*. *Revista FAMECOS*, Porto Alegre, v. 22, n. 3, p. 129-163, jul. 2015. Disponível em: https://revistaseletronicas.pucrs.br/ojs/index.php/revistafamecos/article/view/19302. Acesso em: 24 maio 2024.

FRAZÃO, Ana; MEDEIROS, Ana Rafaela. Responsabilidade civil dos provedores de internet: a liberdade de expressão e o art. 19 do Marco Civil. *In:* ERHARDT JÚNIOR, Marcos; LOBO, Fabíola Albuquerque; ANDRADE, Gustavo (coord.). *Liberdade de expressão e relações privadas*. Belo Horizonte: Fórum, 2021. p. 413-431.

FRENKEL, Sheera. The Rise and Fall of the 'Stop the Steal' Facebook Group. *The New York Times*, Nova Iorque, 5 nov. 2020. Disponível em: https://www.nytimes.com/2020/11/05/technology/stop-the-steal-facebook-group.html. Acesso em: 19 jun. 2022.

FRIAS FILHO, Otávio. O que é falso sobre *fake news*. *Revista USP*, São Paulo, n. 116, p. 39-44, jan./mar. 2018. Disponível em: https://www.revistas.usp.br/revusp/article/view/146576. Acesso em: 10 jun. 2024.

GEBHARDT, Gennie. Who has your back? Censorship Edition 2019. *Electronic Frontier Foundation (EFF)*, San Francisco, 12 jun. 2019. Disponível em: https://www.eff.org/wp/who-has-your-back-2019#santa-clara-principles. Acesso em: 30 jun. 2024.

GELFERT, Axel. Fake news: a definition. *Informal Logic*, Windsor, v. 38, n. 1, p. 84-117, 2018. Disponível em: https://www.erudit.org/en/journals/informallogic/2018-v38-n1-informallogic04379/1057034ar.pdf. Acesso em: 25 maio 2024.

GIACHETTA, André Zonaro. Atuação e responsabilidade dos provedores diante das *fake news* e da desinformação. *In:* RAIS, Diogo (coord.). *Fake news*: a conexão entre a desinformação e o direito. 2. ed. São Paulo: Thomson Reuters Brasil, 2020. p. 277-312.

GIGERENZER, Gerd; TODD, Peter M. *Simple heuristics that make us smart*. Nova Iorque: Oxford University Press, 2001.

GILLESPIE, Tarleton. Content moderation, AI, and the question of scale. *Big Data and Society*, p. 1-5, jul./dez. 2020. Disponível em: https://journals.sagepub.com/doi/10.1177/2053951720943234. Acesso em: 6 jun. 2024.

GILLESPIE, Tarleton. *Custodians of the internet*: platforms, content moderation, and the hidden decisions that shape social media. New Heaven: Yale University Press, 2018.

GILLESPIE, Tarleton. The politics of 'platforms'. *New Media & Society*, Thousand Oaks, v. 12, n. 3, p. 359, maio 2010. Disponível em: https://doi.org/10.1177/1461444809342738. Acesso em: 16 maio 2024.

GILLESPIE, Tarleton. The relevance of algorithms. *In*: GILLESPIE, Tarleton; BOCZKOWSKI, Pablo J.; FOOT, Kirsten A. (ed.). *Media Technologies*: essays on communication, materiality, and society. Cambridge: The MIT Press, 2014. p. 167-193.

GOMES, Neusa Demartini. Publicidade ou propaganda? É isso aí! *Revista FAMECOS*, Porto Alegre, v. 8, n. 16, p. 111-121, 10 abr. 2008. Disponível em: https://revistaseletronicas.pucrs.br/ojs/index.php/revistafamecos/article/view/ 3142. Acesso em: 24 maio 2024.

GOMES, Orlando. *Contratos*. 27. ed. atual. por Edvaldo brito e Reginalda Paranhos de Brito. Rio de Janeiro: Forense, 2019.

GOODFELLOW, Ian J. *et al.* Generative Adversarial Networks. *Communications of the ACM*, Nova Iorque, v. 63, n. 11, p. 139-144, nov. 2020. Disponível em: https://dl.acm.org/doi/10.1145/3422622. Acesso em: 20 jun. 2024.

GOOGLE, INC. *Quer saber como gerar receita com anúncios no seu site?* Teste o Google AdSense. Disponível em: https://www.google.com/adsense/start/resources/make-money-with-ads/. Acesso em: 24 maio 2024.

GRAGNANI, Juliana. Como identificar os diferentes tipos de *fakes* e robôs que atuam nas redes. *BBC Brasil*, Londres, 16 dez. 2017. Disponível em: https://www.bbc.com/portuguese/brasil-42172154. Acesso em: 29 maio 2024.

GRIMMELMANN, James. The virtues of moderation. *Yale Journal of Law and Technology*, New Haven, v. 17, n. 1, p. 42-109, 2015. Disponível em: https://scholarship.law.cornell.edu/facpub/1486/. Acesso em: 28 jun. 2024.

GROSS, Clarissa Piterman. *Fake news* e democracia: discutindo o status normativo do falso e a liberdade de expressão. *In*: RAIS, Diogo (coord.). *Fake news*: a conexão entre a desinformação e o direito. 2. ed. São Paulo: Thomson Reuters Brasil, 2020. p. 91-112.

HARTMANN, Ivar Alberto; MONTEIRO, Julia Iunes. *Fake news* no contexto de pandemia e emergência social: os deveres e responsabilidades das plataformas de redes sociais na moderação de conteúdo *online* entre a teoria e as proposições legislativas. *Direito Público*, Brasília, DF, v. 17, n. 94, p. 388-414, jul./ago. 2020. Disponível em: https://portal.idp.emnuvens.com.br/direitopublico/article/view/4607. Acesso em: 25 jun. 2024.

HILDEBRANDT, Mireille. *Smart technologies and the end(s) of law*. Cheltenham: Edward Elgar Publishing Limited, 2015.

HOFFMANN-RIEM, Wolfgang. *Teoria geral do direito digital*: transformação digital: desafios para o direito. Rio de Janeiro: Forense, 2021.

HUGHES, Heather C.; WAISMEL-MANOR, Israel. The Macedonian Fake News Industry and the 2016 US Election. *Political Science & Politics*, Cambridge, v. 54, n. 1, p. 19-23, ago. 2020. Disponível em: https://www.cambridge.org/core/journals/ps-political-science-and-politics/article/macedonian-fake-news-industry-and-the-2016-us-election/79F67 A4F23148D230F120A3BD7E3384F. Acesso em: 27 maio 2024.

INSTITUTO BRASILEIRO DE GEOGRAFIA E ESTATÍSTICA (IBGE). *Acesso à Internet e à televisão e posse de telefone móvel celular para uso pessoal 2019*. Rio de Janeiro, 2019. Disponível em: https://biblioteca.ibge.gov.br/visualizacao/livros/liv101794_informativo. pdf. Acesso em: 10 jun. 2024.

INSTITUTO DATAFOLHA. *Grau de confiança nas instituições*. São Paulo, jul. 2019. Disponível em: http://media.folha.uol.com.br/datafolha/2019/07/10/9b9d682bfe0f 1c6f228717d59ce49fdfci.pdf. Acesso em: 10 jun. 2024.

INSTITUTO DE PESQUISA DATASENADO. *Redes sociais, notícias falsas e privacidade na internet*. Brasília, nov. 2019. Disponível em: https://www12.senado.leg.br/institucional/ datasenado/arquivos/mais-de-80-dos-brasileiros-acreditam-que-redes-sociais-influenciam-muito-a-opiniao-das-pessoas. Acesso em: 10 jun. 2024.

ISAAC, Mike. Facebook renames itself Meta. *The New York Times*, Nova Iorque, 28 out. 2021. Disponível em: https://www.nytimes.com/2021/10/28/technology/facebook-meta-name-change.html. Acesso em: 17 jun. 2024.

KAHNEMAN, Daniel. Maps of bounded rationality: psychology for behavioral economics. *The American Economic Review*, Nashville, v. 93, n. 5, p. 1449-1475, dez. 2003. Disponível em: https://www.jstor.org/stable/3132137?seq=1. Acesso em: 22 maio 2024.

KELLER, Clara Iglesias. Policy by judicialisation: the institutional framework for intermediary liability in Brazil. *International Review of Law, Computers & Technology*, Leeds, v. 35, n. 3, p. 185-203, 13 jul. 2020. Disponível em: https://doi.org/10.1080/13600869.2020.1792 035. Acesso em: 26 jun. 2024.

KEMP, Simon. Digital 2024 Brazil. *DataReportal*, [S.l.], 2024. Disponível em: https:// datareportal.com/reports/digital-2024-brazil. Acesso em: 17 jun. 2024.

KEMP, Simon. Digital 2024 Global Overview Report. *DataReportal*, [S.l.], 31 jan. 2024. Disponível em: https://datareportal.com/reports/digital-2024-global-overview-report. Acesso em: 19 abr. 2024.

KIRBY, Emma Jane. A cidade europeia que enriquece inventando notícias – e influenciando eleições. *BBC News*, Londres, 12 dez. 2016. Disponível em: https://www.bbc.com/ portuguese/internacional-38206498. Acesso em: 27 maio 2024.

KURTZ, Lahis. Astroturfing: when misinformation meets activism. *Institute for Research on Internet and Society (IRIS)*, Belo Horizonte, 23 dez. 2019. Disponível em: https://irisbh. com.br/en/when-disinformation-meets-activism/. Acesso em: 1º jun. 2024.

LAZER, David *et al*. The science of fake news. *Science*, Washington, DC, v. 359, n. 6380, p. 1094-1096, mar. 2018. Disponível em: https://www.science.org/doi/abs/10.1126/science. aao2998. Acesso em: 22 maio 2024.

LEE, Bertram. Where the rubber meets the road: Section 230 and Civil Rights. *Public Knowledge*, Washington, D.C., 12 ago. 2020. Disponível em: https://publicknowledge.org/where-the-rubber-meets-the-road-section-230-and-civil-rights/. Acesso em: 25 jun. 2024.

LEMOS, André; LÉVY, Pierre. *O futuro da internet*: em direção a uma ciberdemocracia. São Paulo: Paulus, 2010.

LEMOS, Ronaldo. Mídias digitais estão em momento de mudança. *Folha de S.Paulo*, São Paulo, 22 fev. 2022. Disponível em: https://www1.folha.uol.com.br/colunas/ronaldolemos/2022/02/midias-digitais-estao-em-momento-de-mudanca.shtml. Acesso em: 28 jun. 2024.

LEMOS, Ronaldo. Uma breve história da criação do Marco Civil. *In*: DE LUCCA, Newton; SIMÃO FILHO, Adalberto; LIMA, Cíntia R. P. (coord.). *Direito & Internet III – Tomo I*: Marco Civil da Internet (Lei nº 12.965/14). São Paulo: Quartier Latin, 2015. p. 79-100.

LEONARDI, Marcel. *Fundamentos do direito digital*. São Paulo: Thomson Reuters, 2019. [E-book não paginado]

LEVITIN, Daniel J. *O guia contra mentiras*: como pensar criticamente na era da pós-verdade. Rio de Janeiro: Objetivo, 2019.

LEWANDOWSKY, Stephan *et al*. Misinformation and its correction: continued influence and successful debiasing. *Psychological Science in the Public Interest*, Washington, DC, v. 13, n. 3, p. 106-131, dez. 2012. Disponível em: https://journals.sagepub.com/doi/10.1177/1529100612451018. Acesso em: 13 maio 2024.

LIMA, Alvino. *Da culpa ao risco*. São Paulo: Revista dos Tribunais, 1938. Disponível em: https://bibliotecadigital.stf.jus.br/xmlui/handle/123456789/697?show=full. Acesso em: 6 jun. 2024.

LIMA, Cíntia Rosa Pereira de. A responsabilidade civil dos provedores de aplicação de internet por conteúdo gerado por terceiro antes e depois do Marco Civil da Internet (Lei n. 12.965/14). *Revista da Faculdade de Direito da Universidade de São Paulo*, São Paulo, v. 110, p. 155-176, jan./dez. 2015. Disponível em: https://edisciplinas.usp.br/pluginfile.php/4635701/mod_resource/content/1/artigo%20resp%20civil%20provedores%20Rev%20FDUSP.pdf. Acesso em: 23 jun. 2024.

LIMA, Cristiano. *A whistleblower's power*: Key takeaways from the Facebook Papers. Washington, DC, 26 out. 2021. Disponível em: https://www.washingtonpost.com/technology/2021/10/25/what-are-the-facebook-papers/. Acesso em: 17 jun. 2024.

LINDENBERGH, Siewert D.; VAN KIPPERSLUIS, Peter P. M. Non pecuniary losses. *In*: FAURE, Michael (org.). *Tort law and economics*. Bodmin, MPG Books Group Ltd., 2009. p. 215-227.

LIPMAN, Dov. To whom it may concern – an open letter to Facebook. *The Jerusalem Post*, Jerusalém, 9 jun. 2016. Disponível em: https://www.jpost.com/Opinion/To-whom-it-may-concern-an-open-letter-to-Facebook-456388. Acesso em: 25 jun. 2024.

LONGHI, João Victor Rozatti. Censura inversa, riscos à democracia e conteúdos tóxicos: por um repensar da responsabilidade civil dos provedores de aplicação por conteúdo inserido por terceiros. *In*: SCHREIBER, Anderson; MARTINS, Guilherme Magalhães; CARPENA, Heloisa (coord.). *Direitos fundamentais e sociedade tecnológica*. Indaiatuba, SP: Editora Foco, 2022. p. 73-89.

LONGHI, João Victor Rozatti. *Responsabilidade civil e redes sociais*: retirada de conteúdo, perfis falsos, discurso de ódio e *fake news*. Indaiatuba, SP: Editora Foco, 2020.

LONGHI, João Victor Rozatti; MARTINS, Guilherme Magalhães. Liberdade de expressão e redes sociais: a que ponto chegaremos? *Consultor Jurídico*, São Paulo, 13 jan. 2021. Disponível em: https://www.conjur.com.br/2020-abr-12/martins-longhi-liberdade-expressao-redes-sociais/. Acesso em: 29 jun. 2024.

LOPEZ, Teresa Ancona. *Princípio da precaução e evolução da responsabilidade civil*. São Paulo: Quartier Latin, 2010.

LORENZETTI, Ricardo Luis. *Comércio eletrônico*. São Paulo: Revista dos Tribunais, 2004.

LOVELUCK, Benjamin. *Redes, liberdades e controle*: uma genealogia política da internet. Trad. Guilherme João de Freitas Teixeira. Petrópolis, RJ: Vozes, 2018.

MACEDO JR., Ronaldo Porto. *Fake news* e novas ameaças à liberdade de expressão. *In:* ABBOUD, Georges; NERY JR., Nelson; CAMPOS, Ricardo (org.). *Fake news e regulação*. 2. ed. São Paulo: Thomson Reuters Brasil, 2020. pos. 7468-7997.

MACEDO JR., Ronaldo Porto. Liberdade de expressão ou dever de falar a verdade? *In:* BARBOSA, Mariana (org.). *Pós-verdade e fake news*: reflexões sobre a guerra de narrativas. Rio de Janeiro: Cobogó, 2019. p. 79-85.

MACHADO, Jónatas E. M.; BRITO, Iolanda Rodrigues de. *Curso de direito da comunicação social*. Lisboa: Wolters Kluwer, 2013. [E-book não paginado]

MADDEN, M. Stuart. Tort law through time and culture: themes of economic efficiency. *In:* MADDEN, M. Stuart (ed.). *Exploring tort law*. Cambridge: Cambridge University Press, 2005. p. 11-51.

MAGALHÃES, João Carlos; KATZENBACH, Christian. Coronavirus and the frailness of platform governance. *Internet Policy Review – Journal on Internet Regulation*, Berlin, 29 mar. 2020. Disponível em: https://policyreview.info/articles/news/coronavirus-and-frailness-platform-governance/1458. Acesso em: 26 jun. 2024.

MAGALHÃES, José Luiz Quadros de. *Direito constitucional*: curso de direitos fundamentais. 3. ed. São Paulo: Método, 2008.

MANUAL de redação. São Paulo: Publifolha, 2013.

MARANHÃO, Juliano; CAMPOS, Ricardo. *Fake news* e autorregulação regulada das redes sociais no Brasil: fundamentos constitucionais. *In:* ABBOUD, Georges; NERY JR., Nelson; CAMPOS, Ricardo (coord.). *Fake news e regulação*. São Paulo: Thomson Reuters Brasil, 2018. pos. 10362-11029.

MARCONDES, Francisco S. *et al*. A profile on Twitter Shadowban: an ai ethics position paper on free-speech. *Lecture Notes in Computer Science*, [S.l.], v. 13113, p. 397-405, 2021. Disponível em: https://doi.org/10.1007/978-3-030-91608-4_39. Acesso em: 27 jun. 2024.

MARQUES, Claudia Lima. *Contratos no Código de Defesa do Consumidor*: o novo regime das relações contratuais. 9. ed. São Paulo: Thomson Reuters Brasil, 2019.

MARQUES, Claudia Lima; CARVALHO, Diógenes Farias de. Os significados da boa-fé nos contratos de serviços massificados: convergências entre o CDC, o CC/2002 e a Lei de Liberdade Econômica. *In:* MARQUES, Claudia Lima *et al. Contratos de serviços em tempos digitais*. São Paulo: Revista dos Tribunais, 2021. pos. RB-6.1-RB-6.4.

MARQUES, Claudia Lima; MIRAGEM, Bruno. Parecer. *In:* BRASIL. Supremo Tribunal Federal. *Recurso Extraordinário nº 1.037.396.* Recorrente: Facebook Serviços Online do Brasil Ltda. Recorrido: Lourdes Pavioto Correa. Relator: Ministro Dias Toffoli. [2017-] (ainda não julgado). Porto Alegre, 31 ago. 2020.

MARQUES, José. Depois do Twitter, Facebook e Instagram também apagam post de Bolsonaro. *Folha de S.Paulo*, São Paulo, 30 mar. 2020. Disponível em: https://www1.folha.uol.com. br/poder/2020/03/depois-do-twitter-facebook-tambem-apaga-post-de-bolsonaro.shtml. Acesso em: 28 jun. 2024.

MARTINS, Guilherme Magalhães. *Responsabilidade civil por acidentes de consumo na internet.* São Paulo: Thomson Reuters, 2020. [E-book não paginado]

MARTINS-COSTA, Judith. *A boa-fé no direito privado*: critérios para a sua aplicação. 2. ed. São Paulo: Saraiva Educação, 2018.

MCHANGAMA, Jacob; FISS, Joelle. The digital Berlin Wall: how Germany (accidentally) created a prototype for global online censorship. *Justitia*, Copenhagen, nov. 2019. Disponível em: https://globalfreedomofexpression.columbia.edu/wp-content/uploads/2019/11/ Analyse_The-Digital-Berlin-Wall-How-Germany-Accidentally-Created-a-Prototype-for-Global-Online-Censorship.pdf. Acesso em: 28 jun. 2024.

META PLATFORMS, INC. *Como funciona o programa de verificação de fatos independente do Facebook.* Menlo Park, 1º jun. 2021. Disponível em: https://www.facebook.com/formedia/ blog/third-party-fact-checking-how-it-works?locale=pt_PT. Acesso em: 28 jun. 2024.

META PLATFORMS, INC. *Desinformação*: fundamentos da política. Menlo Park, jul. 2024. Disponível em: https://transparency.meta.com/pt-br/policies/community-standards/ misinformation/. Acesso em: 18 jul. 2024.

META PLATFORMS, INC. *Introducing Meta*: a social technology company. Menlo Park, 28 out. 2021. Disponível em: https://about.fb.com/news/2021/10/facebook-company-is-now-meta/. Acesso em: 17 jun. 2024.

META PLATFORMS, INC. *Mídia manipulada.* Menlo Park, 2024. Disponível em: https://transparency.fb.com/pt-br/policies/community-standards/ manipulated-media/?source=https%3A%2F%2Fwww.facebook. com%2Fcommunitystandards%2Fmanipulated_media. Acesso em: 25 jun. 2024.

META PLATFORMS, INC. *Nossa abordagem contra a desinformação.* Menlo Park, 2 abr. 2024. Disponível em: https://transparency.fb.com/pt-br/features/approach-to-misinformation/. Acesso em: 26 jun. 2024.

META PLATFORMS, INC. *Padrões de Comunidade do Facebook.* Menlo Park, 2024. Disponível em: https://transparency.meta.com/pt-br/policies/community-standards/. Acesso em: 22 jun. 2024.

META PLATFORMS, INC. *Programa de verificação de fatos independente do Facebook.* Menlo Park. Disponível em: https://www.facebook.com/formedia/mjp/programs/third-party-fact-checking. Acesso em: 27 jun. 2024.

META PLATFORMS, INC. *Reduzindo a distribuição de conteúdo problemático.* Menlo Park, 18 maio 2023. Disponível em: https://transparency.meta.com/en-gb/enforcement/taking-action/lowering-distribution-of-problematic-content/. Acesso em: 25 jun. 2024.

META PLATFORMS, INC. *Remoção de conteúdo em violação*. Menlo Park, 22 fev. 2023. Disponível em: https://transparency.fb.com/pt-br/enforcement/taking-action/taking-down-violating-content/. Acesso em: 25 jun. 2024.

META PLATFORMS, INC. *Restrições de usuários*. Menlo Pak, 23 fev. 2023. Disponível em: https://transparency.fb.com/pt-br/enforcement/taking-action/restricting-accounts/. Acesso em: 25 jun. 2024.

META PLATFORMS, INC. *Termos de Serviço*. Menlo Park, 26 jul. 2022. Disponível em: https://www.facebook.com/terms. Acesso em: 22 jun. 2024.

METZGER, Miriam J.; FLANAGIN, Andrew J. Credibility and trust of information in online environments: The use of cognitive heuristics. *Journal of Pragmatics*, Santa Barbara, v. 59-B, p. 210-220, dez. 2013. Disponível em: https://flanagin.faculty.comm.ucsb.edu/CV/Metzger&Flanagin,2013(JoP).pdf. Acesso em: 7 jun. 2024.

MEYER-PFLUG, Samantha Ribeiro; LEITE, Flávia Piva Almeida. Liberdade de expressão e o direito à privacidade no Marco Civil da Internet. *In:* DE LUCCA, Newton; SIMÃO FILHO, Adalberto; LIMA, Cíntia R. P. (coord.). *Direito & Internet III – Tomo I*: Marco Civil da Internet (Lei nº 12.965/14). São Paulo: Quartier Latin, 2015. p. 431-446.

MIRAGEM, Bruno. A proteção da confiança no direito privado: notas sobre a contribuição de Claudia Lima Marques para a construção do conceito no direito brasileiro. *Revista de Direito do Consumidor*, São Paulo, v. 114, p. 397-407, nov./dez. 2017.

MIRAGEM, Bruno. *Abuso de direito*: ilicitude objetiva e limite ao exercício de prerrogativas jurídicas no direito privado. 2. ed. rev., atual. e ampl. São Paulo: Revista dos Tribunais, 2013.

MIRAGEM, Bruno. *Responsabilidade civil*. 2. ed. Rio de Janeiro: Forense, 2021.

MIRANDA, César. Facebook e Instagram excluem live de Bolsonaro com *fake news* sobre AIDS e a vacina da Covid. *O Estado de S. Paulo*, São Paulo, 25 out. 2021. Disponível em: https://politica.estadao.com.br/noticias/geral,facebook-e-instagram-excluem-live-de-bolsonaro-com-fake-news-sobre-aids-e-a-vacina-da-covid,70003879214. Acesso em: 28 jun. 2024.

MOHAN, Neal. Perspective: tackling misinformation on YouTube. *YouTube Official Blog*, San Bruno, 25 ago. 2021. Disponível em: https://blog.youtube/inside-youtube/tackling-misinfo/. Acesso em: 26 jun. 2024.

MONTEIRO, Artur Pericles Lima *et al. Armadilhas e caminhos na regulação da moderação de conteúdo, diagnósticos & recomendações*. São Paulo: InternetLab, 2021. Disponível em: https://internetlab.org.br/wp-content/uploads/2021/09/internetlab_armadilhas-caminho-moderacao.pdf. Acesso em: 30 jun. 2024.

MORAIS, José Luiz Bolzan de; FESTUGATTO, Adriana Martins Ferreira. *A democracia desinformada*: eleições e *fake news*. Porto Alegre: Livraria do Advogado, 2021.

MOROZOV, Evgeny. *Big tech*: a ascensão dos dados e a morte da política. São Paulo: Ubu Editora, 2018.

MULHOLLAND, Caitlin. Responsabilidade civil indireta dos provedores de serviço de Internet e sua regulação no Marco Civil da Internet. *In:* CELLA, José Renato Gaziero; ROVER, Aires

Jose; NASCIMENTO, Valéria Ribas do (org.). *Direito e novas tecnologias*. Florianópolis: CONPEDI, 2015. p. 479-502. Disponível em: http://site.conpedi.org.br/publicacoes/ c178h0tg/vwk790q7/ dTa7488W12NDA0SJ.pdf. Acesso em: 24 jun. 2024.

NALON, Tai; RIBEIRO, Amanda. Como sete sites lucraram com anúncios do Google ao publicar informações sobre a pandemia. *Aos Fatos*, Rio de Janeiro, 21 maio 2020. Disponível em: https://www.aosfatos.org/noticias/como-sete-sites-lucraram-com-anuncios-no-google-ao-publicar-desinformacao-sobre-pandemia/. Acesso em: 27 maio 2024.

NERY, Rosa Maria de Andrade; NERY JÚNIOR, Nelson. *Instituições de direito civil*: das obrigações, dos contratos e da responsabilidade civil. São Paulo: Thomson Reuters Brasil, 2022. v. II.

NIELSEN, Rasmus Kleis; GRAVES, Lucas. "News you don't believe": audience perspectives on fake news. *Reuters Institute*, [*S.l.*], out. 2017. Disponível em: https://reutersinstitute. politics.ox.ac.uk/sites/default/files/2017-10/Nielsen%26Graves_factsheet_1710v3_ FINAL_download.pdf. Acesso em: 1º jun. 2024.

NITRINI, Rodrigo Vidal. *Liberdade de expressão nas redes sociais*: o problema jurídico da remoção de conteúdo das plataformas. Belo Horizonte: Dialética, 2021.

NOVO laudo aponta que vídeo íntimo de João Doria é verdadeiro. *Metrópoles*, Brasília, DF, 26 out. 2018. Disponível em: https://www.metropoles.com/brasil/eleicoes-2018/novo-laudo-aponta-que-video-intimo-de-joao-doria-e-verdadeiro. Acesso em: 30 maio 2024.

NÚCLEO DE INFORMAÇÃO E COORDENAÇÃO DO PONTO BR (NIC.br). Manifestação. *In*: BRASIL. Supremo Tribunal Federal. *Recurso Extraordinário nº 1.037.396*. Recorrente: Facebook Serviços Online do Brasil Ltda. Recorrido: Lourdes Pavioto Correa. Relator: Ministro Dias Toffoli. [2017-] (ainda não julgado).

NUNES, Luiz Antonio Rizzatto. *Curso de direito do consumidor*. 13. ed. São Paulo: Saraiva Educação, 2019.

OLIVA, Thiago. Responsabilidade de intermediários e a garantia da liberdade de expressão na rede. *InternetLab*, São Paulo, 23 abr. 2019. Disponível em: https://internetlab.org.br/pt/ especial/responsabilidade-de-intermediarios-e-a-garantia-da-liberdade-de-expressao-na-rede/. Acesso em: 26 jun. 2024.

OLIVA, Thiago Dias; ANTONIALLI, Dennys Marcelo; GOMES, Alessandra. Fighting hate speech, silencing drag queens? Artificial intelligence in content moderation and risks to LGBTQ voices online. *Sexuality & Culture*, [*S.l.*], n. 25, abr. 2021. Disponível em: https:// doi.org/10.1007/s12119-020-09790-w. Acesso em: 23 jun. 2024.

OLIVA, Thiago Dias; TAVARES, Victor Pavarin; VALENTE, Mariana G. *Uma solução única para toda a internet?*: riscos do debate regulatório brasileiro para a operação de plataformas de conhecimento. São Paulo: InternetLab, 2020. Disponível em: https://www.internetlab. org.br/wp-content/uploads/2020/09/policy_plataformas-conhecimento_20200910.pdf. Acesso em: 26 jun. 2024.

OPICE BLUM, Renato. O Marco Civil da Internet e a educação digital no Brasil. *In*: ABRUSIO, Juliana (coord.). *Educação digital*. São Paulo: Revista dos Tribunais, 2015. [E-book não paginado]

OXFORD UNIVERSITY PRESS. *Word of the year 2016*. Oxford, 2016. Disponível em: https://languages.oup.com/word-of-the-year/2016/. Acesso em: 10 jun. 2024.

PACHECO, Rodrigo. Ato declaratório do Presidente da Mesa do Congresso Nacional nº 58, de 2021. *Senado Federal*, Brasília, 14 set. 2021. Disponível em: https://legis.senado.leg.br/sdleg-getter/documento?dm=9016003&ts=1650634284524&disposition=inline. Acesso em: 26 jun. 2024.

PARISER, Eli. *O filtro invisível*: o que a internet está escondendo de você. Rio de Janeiro: Zahar, 2012.

PAUL, Christopher; MATTHEWS, Miriam. The russian "firehose of falsehood" propaganda model: why it might work and options to counter it. *RAND Corporation*, Santa Monica, p. 1-15, 2016. Disponível em: https://www.rand.org/pubs/perspectives/PE198.html. Acesso em: 23 maio 2024.

PEREIRA, Caio Mário da Silva. *Responsabilidade civil*. 13. ed. atual. por Gustavo Tepedino. Rio de Janeiro: Forense, 2022.

POLLO, Luiza. Moderação de conteúdo por redes sociais divide especialistas. *CNN Brasil*, São Paulo, 16 set. 2021. Disponível em: https://www.cnnbrasil.com.br/tecnologia/moderacao-de-conteudo-por-redes-sociais-divide-especialistas-saiba-como-e-hoje/. Acesso em: 27 jun. 2024.

POSNER, Richard A. *Fronteiras da teoria do Direito*. São Paulo: WMF Martins Fontes, 2011.

QUEIROZ, João Quinelato. *Responsabilidade civil na rede*: danos e liberdade à luz do Marco Civil da Internet. Rio de Janeiro: Processo, 2019.

QUEIROZ, João Quinelato. Responsabilidade civil solidária entre provedores de conteúdo ofensivo à luz do Marco Civil: critérios objetivos na perspectiva constitucional. *In:* SCHREIBER, Anderson; MORAES, Bruno Terra de; TEFFÉ, Chiara Spadaccini de (coord.). *Direito e mídia*: tecnologia e liberdade de expressão. Indaiatuba, SP: Editora Foco, 2020. p. 291-324.

QUINTELLA, Sérgio. Perícia revela laudo sobre vídeo íntimo atribuído a João Doria. *Veja São Paulo*, São Paulo, 24 out. 2018. Disponível em: https://vejasp.abril.com.br/coluna/poder-sp/pericia-aponta-montagem-em-video-intimo-atribuido-a-joao-doria/. Acesso em: 30 maio 2024.

RAIS, Diogo; SALES, Stela Rocha. *Fake news, deepfakes* e eleições. *In:* RAIS, Diogo (coord.). *Fake news*: a conexão entre a desinformação e o direito. 2. ed. São Paulo: Thomson Reuters Brasil, 2020. p. 25-52.

RAMOS, André Luiz Arnt. Eficácia dos direitos fundamentais nas relações interprivadas: o estado da questão. *Revista de Informação Legislativa*, Brasília, DF, v. 53, n. 210, p. 291-314, abr./jun. 2015. Disponível em: https://www2.senado.leg.br/bdsf/bitstream/handle/id/522910/001073211.pdf?sequence=1. Acesso em: 20 jun. 2024.

RAMOS, Carlos Eduardo Vieira. *Direito das plataformas digitais*: regulação privada da liberdade de expressão na internet. Curitiba: Juruá, 2021.

REQUIÃO, Maurício; GALRÃO, Luiza Moraes. *Fake news*, capitalismo de vigilância e redes sociais. *In:* ERHARDT JÚNIOR, Marcos; LOBO, Fabíola Albuquerque; ANDRADE, Gustavo (coord.). *Liberdade de expressão e relações privadas*. Belo Horizonte: Fórum, 2021.

RIZZARDO, Arnaldo. *Responsabilidade civil*. 8. ed. Rio de Janeiro: Forense, 2019.

ROBERTS, Sarah T. Digital detrius: "error" and the logic of opacity in social media content moderation. *First Monday*, Bridgman, MI, v. 23, n. 3, mar. 2018. Disponível em: https://firstmonday.org/ojs/index.php/fm/article/view/8283. Acesso em: 24 jun. 2024.

RODRIGUES, Gustavo Ramos; KURTZ, Lahis Pasquali. *Transparência sobre moderação de conteúdo em políticas de comunidade*. Belo Horizonte: Instituto de Referência em Internet e Sociedade, 2020. Disponível em: https://irisbh.com.br/publicacoes/transparencia-sobre-moderacao-de-conteudo-em-politicas-de-comunidade/. Acesso em: 18 jun. 2024.

RODRIGUES, Silvio. *Direito civil*: responsabilidade civil. 10. ed. atual de acordo com o novo Código Civil (Lei n. 10.406, de 10-1-2002). São Paulo: Saraiva, 2002.

ROSA, Raúlo Magallón. *Unfaking news*: como combater a desinformação. Porto: Media XXI, 2019.

ROSENVALD, Nelson. *As funções da responsabilidade civil*. 3. ed. São Paulo: Saraiva, 2017.

ROSS, Andrew S.; RIVERS, Damien J. Discursive deflection: accusation of "Fake News" and the spread of mis- and Disinformation in the tweets of President Trump. *Social Media and Society*, [*S.l.*], v. 4, n. 2, p. 1-12, abr. 2018. Disponível em: https://doi.org/10.1177/2056305118776010. Acesso em: 26 jun. 2024.

SANSEVERINO, Paulo de Tarso Vieira. *Princípio da reparação integral*: indenização no Código Civil. São Paul: Saraiva, 2010.

SANTOS, Bruna Martins dos. Uma avaliação do modelo de responsabilidade civil de intermediários do Marco Civil para o desenvolvimento do Brasil. *Internet Society*, Brasília, ago. 2020. Disponível em: https://isoc.org.br/files/1_5163560127365644511.pdf. Acesso em: 29 jun. 2024.

SARLET, Ingo Wolfgang; MARINONI, Luiz Guilherme; MITIDIERO, Daniel. *Curso de direito constitucional*. 6. ed. São Paulo: Saraiva, 2017.

SASTRE, Angelo; OLIVEIRA, Claudia Silene Pereira de; CORREIO, Francisco Rolfsen Belda. A influência do "filtro bolha" na difusão de *Fake News* nas mídias sociais: reflexões sobre as mudanças nos algoritmos do Facebook. *Revista GEMInIS*, São Carlos, SP, v. 9, n. 1, p. 4-17, jun. 2018. Disponível em: https://www.revistageminis.ufscar.br/index.php/geminis/article/view/366. Acesso em: 26 maio 2024.

SCHMIDT NETO, André Perin. *Contratos na sociedade de consumo*: vontade e confiança. São Paulo: Revista dos Tribunais, 2016.

SCHREIBER, Anderson. Liberdade de expressão e tecnologia. *In*: SCHREIBER, Anderson; MORAES, Bruno Terra de; TEFFÉ, Chiara Spadaccini de (coord.). *Direito e mídia*: tecnologia e liberdade de expressão. Indaiatuba, SP: Editora Foco, 2020. p. 1-27.

SCHREIBER, Anderson. Marco Civil da Internet: avanço ou retrocesso? A responsabilidade civil por dano derivado do conteúdo gerado por terceiro. *In*: DE LUCCA, Newton; SIMÃO FILHO, Adalberto; LIMA, Cíntia Rosa Pereira de (coord.). *Direito & Internet III – Tomo II*: Marco Civil da Internet (Lei nº 12.965/2014). São Paulo: Quartier Latin, 2015. p. 277-306.

SCHWAB, Klaus. *A quarta revolução industrial*. Trad. Daniel Moreira Miranda. São Paulo: Edipro, 2016.

SECTION 230 of the Communications Decency Act. *Electronic Frontier Foundation*, São Francisco. Disponível em: https://www.eff.org/issues/cda230. Acesso em: 24 jun. 2024.

SELTZER, Wendy. Free speech unmoored in copyright's safe harbor: DMCA and chilling effects on free speech. *Harvard Journal of Law & Technology*, Massachusetts, v. 24, n. 1, p. 171-232, set./dez. 2020. Disponível em: http://jolt.law.harvard.edu/articles/pdf/v24/24HarvJLTech171.pdf. Acesso em: 17 jun. 2024.

SHAREVKSI, Filipo *et al*. Misinformation warning labels: Twitter's soft moderation effects on COVID-19 vaccine belief echoes. *arXiv*, [*S.l.*], 1º abr. 2021. Disponível em: https://arxiv.org/abs/2104.00779. Acesso em: 25 jun. 2024.

SHAVELL, Steven. *Foundations of economic analysis of law*. Cambridge: The Belknap Press of Harvard University Press, 2004.

SHU, Kai *et al*. Fake news detection on social media: a data mining perspective. *ACM SIGKDD Explorations Newsletter*, v. 19, n. 1, p. 22-36, set. 2017. Disponível em: https://dl.acm.org/doi/abs/10.1145/3137597.3137600. Acesso em: 29 maio 2024.

SILVA, Rodrigo da Guia; SILVA, Marcela Guimarães Barbosa da. O contraditório e a ampla defesa nas redes sociais. *Consultor Jurídico*, São Paulo, 27 ago. 2021. Disponível em: https://www.conjur.com.br/2021-ago-27/opiniao-contraditorio-ampla-defesa-redes-sociais-virtuais#author. Acesso em: 26 jun. 2024.

SILVEIRA, Sérgio Amadeu da. A noção de modulação e os sistemas algorítmicos. *In*: SOUZA, Joyce; AVELINO, Rodolfo; SILVEIRA, Sérgio Amadeu da (org.). *A sociedade do controle*: manipulação e modulação nas redes sociais. São Paulo: Hedra, 2018. p. 31-46.

SILVERMAN, Craig. This Analysis shows how viral fake election news stories outperformed real news on Facebook. *BuzzFeed News*, Canadá, 16 nov. 2016. Disponível em: https://www.buzzfeednews.com/article/craigsilverman/viral-fake-election-news-outperformed-real-news-on-facebook. Acesso em: 27 maio 2024.

SILVERMAN, Craig; ALEXANDER, Lawrence. How teens in the Balkans are dumping Trump suportes with fake news. *Buzzfeed News*, Canadá, 3 nov. 2016. Disponível em: https://www.buzzfeednews.com/article/craigsilverman/how-macedonia-became-a-global-hub-for-pro-trump-misinfo#.hcRNEk6Ox. Acesso em: 22 maio 2024.

SILVERMAN, Craig; KAO, Jeff. In the Ukraine Conflict, fake fact-checks are being used to spread disinformation. *ProPublica*, Nova Iorque, 8 Mar. 2022. Disponível em: https://www.propublica.org/article/in-the-ukraine-conflict-fake-fact-checks-are-being-used-to-spread-disinformation. Acesso em: 22 maio 2024.

SOLON, Olivia. Underpaid and overburdened: the life of a Facebook moderator. *The Guardian*, Londres, 25 maio 2017. Disponível em: https://www.theguardian.com/news/2017/may/25/facebook-moderator-underpaid-overburdened-extreme-content. Acesso em: 26 jun. 2024.

SOUZA, Carlos Affonso; LEMOS, Ronaldo. *Marco civil da internet*: construção e aplicação. Juiz de Fora: Editar Editora Associada, 2016.

STEINMETZ, Katy. The Dictionary is adding and entry for "fake news". *TIME*, Nova Iorque, 27 set. 2017. Disponível em: https://time.com/4959488/donald-trump-fake-news-meaning/. Acesso em: 26 maio 2024.

STOCCO, Rui. *Tratado de responsabilidade civil.* 2. ed. em e-book baseada na 10. ed. impressa. São Paulo: Revista dos Tribunais, 2014. [E-book não paginado]

STROPPA, Tatiana. *Plataformas digitais e moderação de conteúdos*: por uma regulação democrática. Belo Horizonte: Fórum, 2021.

SUBRAMANIAM, Tara. Key quotes from the Facebook Papers. *CNN Business,* [*S.l.*], 30 out. 2021. Disponível em: https://edition.cnn.com/2021/10/30/tech/facebook-papers-quotes/index.html. Acesso em: 24 jun. 2024.

SUNSTEIN, Cass R. *A verdade sobre os boatos*: como se espalham e por que acreditamos neles. Rio de Janeiro: Elsevier, 2010.

SUNSTEIN, Cass R. *#Republic*: divided democracy in the age of social media. New Jersey: Princeton University Press, 2017.

TEFFÉ, Chiara Spadaccini de. Marco Civil da Internet: considerações sobre a proteção da liberdade de expressão, neutralidade da rede e privacidade. *In:* BECKER, Daniel; FERRARI, Isabela (org.). *Regulação 4.0*: novas tecnologias sob a perspectiva regulatória. São Paulo: Thomson Reuters Brasil, 2019. p. 133-160.

TEFFÉ, Chiara Spadaccini de; SOUZA, Carlos Affonso; NUNES, Beatriz Laus Marinho. Responsabilidade civil de provedores. *In:* BOTTINO, Celina; LEMOS, Ronaldo; SOUZA, Carlos Affonso (coord.). *Marco Civil da Internet*: jurisprudência comentada. São Paulo: Revista dos Tribunais, 2018. p. 95-164.

TEIXEIRA, Tarcisio. *Direito digital e processo eletrônico.* 6. ed. São Paulo: Saraiva Educação, 2022.

TEPEDINO, Gustavo; TERRA, Aline de Miranda Valverde; GUEDES, Gisela Sampaio da Cruz. *Fundamentos do direito civil*: responsabilidade civil. 2. ed. Rio de Janeiro: Forense, 2021. [E-book não paginado]

THALER, Richard H.; SUNSTEIN, Cass R. *Nudge*: como tomar melhores decisões sobre saúde, dinheiro e felicidade. Rio de Janeiro: Objetiva, 2019.

THE FACEBOOK Files: a Wall Street Journal investigation. *The Wall Street Journal,* Nova Iorque, set. 2021. Disponível em: https://www.wsj.com/articles/the-facebook-files-11631713039. Acesso em: 19 jun. 2024.

THE FAKE news machine: inside a town gearing up for 2020. *CNN,* Atlanta, 2017. Disponível em: https://money.cnn.com/interactive/media/the-macedonia-story/. Acesso em: 24 maio 2024.

THE MANILLA Principles on Intermediary Liability. *Electronic Frontier Foundation (EFF),* San Francisco, 30 maio 2015. Disponível em: https://www.eff.org/files/2015/07/08/manila_principles_background_paper.pdf. Acesso em: 30 jun. 2024.

THORNHILL, Calum *et al.* A digital nudge to counter confirmation bias. *In:* INTERNATIONAL AAAI CONFERENCE ON WEB AND SOCIAL MEDIA, 3., 2019, Munique. *Anais eletrônicos...* Munique: Association for the Advancement of Artificial Intelligence (AAAI), 2019. Disponível em: https://doi.org/10.3389/fdata.2019.00011. Acesso em: 26 jun. 2024.

TIKTOK. *Diretrizes da comunidade.* Culver City, fev. 2022. Disponível em: https://www.tiktok.com/community-guidelines?lang=pt-BR. Acesso em: 26 jun. 2024.

TOFFOLI, José Antonio Dias. *Fake news*, desinformação e liberdade de expressão. *In:* ABBOUD, Georges; NERY JR., Nelson; CAMPOS, Ricardo (org.). Fake news *e regulação*. 2. ed. São Paulo: Thomson Reuters Brasil, 2020. p. 17-28.

TOMASEVICIUS FILHO, Eduardo. Marco Civil da Internet: uma lei sem conteúdo normativo. *Revista Estudos Avançados*, São Paulo, v. 30, n. 86, p. 269-285, jan./abr. 2016. Disponível em: https://www.revistas.usp.br/eav/article/view/115093. Acesso em: 26 fev. 2024.

TOMASEVICIUS FILHO, Eduardo. *O princípio da boa-fé no direito civil*. São Paulo: Almedina, 2020.

TORRES, Russel; GERHART, Natalie; NEGAHBAN, Arash. Epistemology in the Era of Fake News: an exploration of information verification behaviors among social networking site users. *SIGMIS Database*, [*S.l.*], v. 3, n. 49, p. 78-97, ago. 2018.

TRINDADE, Manoel Gustavo Neubarth; MAIA, Pedro Antonacci; SANTOLIM, Cesar. A necessária distinção entre normatização, regulamentação e regulação: conceitos e efeitos jurídicos. *Revista Jurídica Luso-Brasileira*, Lisboa, v. 10, n. 1, p. 513-555, 2024. Disponível em: https://www.cidp.pt/revistas/rjlb/2024/1/2024_01_0513_0555.pdf. Acesso em: 10 jul. 2024.

TRINDADE, Manoel Gustavo Neubarth; SANTOLIM, Cesar. A teoria dos *punitive damages:* considerações quanto à aplicabilidade no ordenamento jurídico brasileiro. *In:* GONÇALVES, Oksandro; RIOS, Rodrigo Sánchez; OSORIO, Ricardo Serrano (org.). *Direito e economia entre Peru e Brasil:* alcance da sua institucionalidade jurídico-econômica. Curitiba: Íthala, 2016. p. 385-437.

TWITTER, INC. *Covid-19*: nossa abordagem para informações enganosas sobre vacina. Brasil, 16 dez. 2020. Disponível em: https://blog.twitter.com/pt_br/topics/company/2020/covid-19-nossa-abordagem-para-informacoes-enganosas-sobre-vacinas.html. Acesso em: 25 jun. 2024.

TWITTER, INC. *Permanent suspension of @realDonaldTrump*. São Francisco, 8 jan. 2021. Disponível em: https://blog.twitter.com/en_us/topics/company/2020/suspension. Acesso em: 28 jun. 2024.

UNIÃO EUROPEIA. *Directiva 2000/31/CE do Parlamento Europeu e do Conselho, de 8 de junho de 2000*, relativa a certos aspectos legais dos serviços da sociedade de informação, em especial do comércio electrónico, no mercado interno (Directiva sobre o comércio electrónico). Disponível em: https://eur-lex.europa.eu/legal-content/PT/TXT/?uri=CELEX:32000L0031. Acesso em: 20 jun. 2024.

UNIÃO EUROPEIA. *Diretiva (UE) 2019/790 do Parlamento Europeu e do Conselho, de 17 de abril de 2019*, relativa aos direitos de autor e direitos conexos no mercado único digital e que altera as Diretivas 96/9/CE e 2001/29/CE. Disponível em: https://eur-lex.europa.eu/legal-content/PT/TXT/?uri=CELEX%3A32019L0790. Acesso em: 20 jun. 2024.

UNIÃO EUROPEIA. *Regulamento (UE) 2022/1925 do Parlamento Europeu e do Conselho, de 14 de setembro de 2022*, relativo à disputabilidade e equidade dos mercados no setor digital e que altera as Diretivas (UE) 2019/1937 e (UE) 2020/1828 (Regulamento dos Mercados Digitais). Disponível em: https://eur-lex.europa.eu/legal-content/PT/TXT/HTML/?uri=CELEX:32022R1925. Acesso em: 21 jun. 2024.

UNIÃO EUROPEIA. *Regulamento (UE) 2022/2065 do Parlamento Europeu e do Conselho de 19 de outubro de 2022*, relativo a um mercado único para os serviços digitais e que altera a Diretiva 2000/31/CE (Regulamento dos Serviços Digitais). Disponível em: https://eur-lex. europa.eu/legal-content/PT/TXT/?uri=CELEX%3A32022R2065. Acesso em: 21 jun. 2024.

VAROL, Onur *et al*. Online human-bot interactions: detection, estimation, and characterization. *Proceedings of the international AAAI conference on web and social media*, Montréal, v. 11, n. 11, maio 2017. Disponível em: https://arxiv.org/abs/1703.03107. Acesso em: 29 maio 2024.

VENOSA, Sílvio de Salvo. *Direito civil*: obrigações e responsabilidade civil. 22. ed. Barueri, SP: Ed. Atlas, 2022.

VON LOHMANN, Fred. Unintended consequences: twelve years under the DMCA. *Electronic Frontier Foundation*, fev. 2010. Disponível em: https://www.eff.org/files/eff-unintended-consequences-12-years.pdf. Acesso em: 20 jun. 2024.

VOSOUGHI, Soroush; ROY, Deb; ARAL, Sinan. The spread of true and false news online. *Science*, v. 359, n. 6380, p. 1146-1151, mar. 2018. Disponível em: https://www.science.org/doi/10.1126/science.aap9559. Acesso em: 30 maio 2024.

WARDLE, Claire; DERAKHSHAN, Hossein. *Information disorder*: toward an interdisciplinary framework for research and policy making. Strasbourg: Council of Europe, 2017. Disponível em: https://rm.coe.int/information-disorder-toward-an-interdisciplinary-framework-for-researc/168076277c. Acesso em: 27 maio 2024.

WEDY, Gabriel de Jesus Tedesco. Os elementos constitutivos do princípio da precaução e a sua diferenciação com o princípio da prevenção. *Revista de Doutrina TRF4*, Porto Alegre, n. 68, 23 out. 2015. Disponível em: https://revistadoutrina.trf4.jus.br/index.htm?https://revista doutrina.trf4.jus.br/artigos/edicao068/Gabriel_Wedy.html. Acesso em: 21 jun. 2022.

WESENDONCK, Tula; JACQUES, Luísa Dresch da Silveira. Desordem informacional: uma análise sob o olhar das características do fenômeno e da responsabilidade civil no Brasil. *Pensar – Revista de Ciências Jurídicas*, Fortaleza, v. 27, n. 2, p. 1-13, jul./set. 2022. Disponível em: https://doi.org/10.5020/2317-2150.2022.12835. Acesso em: 30 jun. 2024.

X COORP. *Regras do X*. Disponível em: https://help.x.com/pt/rules-and-policies/x-rules#:~:text=M%C3%ADdia%20sens%C3%%20ADvel%2C%20incluindo%20 viol%C3%AAncia%20expl%C3%ADcita,agress%C3%A3o%20tamb%C3%A9m%20n-%C3%A3o%20s%C3%A3o%20permitidas. Acesso em: 26 jun. 2024.

YOUTUBE. *Como o YouTube promove conteúdo confiável?* Disponível em: https://www.youtube.com/intl/ALL_br/howyoutubeworks/our-commitments/fighting-misinformation/#raising-high-quality-information. Acesso em: 26 jun. 2024.

ZAMPIER, Bruno. *Bens digitais*: cybercultura, redes sociais, e-mails, músicas, livros, milhas aéreas, moedas virtuais. 2. ed. Indaiatuba, SP: Editora Foco, 2021.

ZANNETTOU, Savvas. "I won the election!": an empirical analysis of soft moderation interventions on Twitter. *arXiv*, [*S.l.*], 18 jan. 2021. Disponível em: https://arxiv.org/abs/2101.07183. Acesso em: 25 jun. 2024.

ZUBOFF, Shoshana. *A era do capitalismo de vigilância*: a luta por um futuro na nova fronteira do poder. Rio de Janeiro: Intrínseca, 2020.

ANOTAÇÕES